임상
심리사

1급 필기|&실기

이경희 저

KB213637

다락원

머리말

　임상심리사는 인간의 심리적 건강 및 효과적인 적응을 위해 임상심리학적 지식을 활용하여 궁극적으로는 각 개인의 심신 건강증진을 돕는 것으로, 심리적 장애가 있는 사람에게 심리평가와 심리검사, 개인 및 집단 심리상담, 심리 재활 프로그램의 개발 및 실시, 심리학적 교육, 심리학적 지식을 응용해 자문하는 역할입니다. 주로 인지, 정서, 행동적인 심리상담 일을 하며, 정신과병원, 심리상담기관, 심리상담센터, 사회복지기관, 학교, 병원의 재활의학과, 신경과, 심리건강 관련 연구소 등 다양한 사회기관에 진출하여 활동하고 있습니다.

　이와 같이 여러 분야에서 활동할 수 있는 임상심리사가 되기 위해 임상심리사 시험을 준비하는 수험생들에게 꼭 필요한 교재로 출간된 〈원큐패스 임상심리사 1급 필기·실기〉는 단기간에 집중해서 요약 정리할 수 있는 필기 핵심 포인트 해설과 실기 모범답안 예시를 수록하였습니다.

〈원큐패스 임상심리사 1급 필기·실기〉 구성 및 특징

Chapter 01 임상심리사 1급 필기 기출문제
2016년부터 2019년까지 각 과목별 기출문제 및 핵심요약 해설 수록

Chapter 02 임상심리사 1급 실기 기출문제
2009년부터~2024년까지 심리평가, 심리치료, 자문·교육·심리재활에 대한 기출문제 및 모범답안 수록

부록 임상심리사 1급 필기·실기 기출문제
[필기]
2020년~2021년 임상심리사 1급 필기
[실기]
2020년~2024년 임상심리사 1급 실기

　아무쪼록 〈원큐패스 임상심리사 1급 필기·실기〉를 통해 최선을 다한 수험생 여러분들에게 반드시 합격 소식이 있게 될 것을 간절히 기원합니다.

시험안내

1 실시기관 : 한국산업인력공단

2 시험일정

구분	필기원서접수 (인터넷, 휴일제외)	필기 시험	필기합격 (예정자)발표	실기원서접수 (휴일제외)	실기 시험	최종합격자 발표
2025년 기사 3회	2025. 07. 21. ~ 2025. 07. 24.	2025. 08. 09. ~ 2025. 09. 01.	2025. 09. 10.	2025. 09. 22. ~ 2025. 09. 25.	2025. 11. 01. ~ 2025. 11. 21.	2025. 12. 24.

- 원서접수기간은 원서접수 첫날 10:00부터 마지막 날 18:00까지임
- 필기시험 합격예정자 및 최종합격자 발표시간은 해당 발표일 09:00임
- 주말 및 공휴일, 공단창립기념일(03.18.)에는 실기시험 원서 접수 불가

3 시험 개요

(1) 수행직무
국민의 심리적 건강과 적응을 위해 임상심리학적 지식을 활용하여 심리평가, 심리검사, 심리치료
상담, 심리재활, 심리교육 및 심리자문 등의 업무를 수행한다.

(2) 변경된 시험 출제기준
2025년 1월 1일부터 출제기준이 새롭게 변경되어 2029년 12월 31일까지 적용된다. 대부분 큰 변
화 없이 세부적인 기준만 변경되었기 때문에 기존 문제를 공부해도 무관하다.

(3) 응시자격
① 임상심리와 관련하여 2년 이상 실습수련을 받은 자 또는 4년 이상 실무에 종사한 자로서 심리
학 분야에서 석사학위 이상의 학위를 취득한 자 및 취득 예정자
② 임상심리사 2급 자격 취득 후 임상심리와 관련하여 5년 이상 실무에 종사한 자
③ 외국에서 동일한 종목에 해당하는 자격을 취득한 자
※ 더 자세한 응시자격 확인은 큐넷 홈페이지 공지사항에서 확인 바랍니다.

(4) 시험 수수료
① 필기 19,400원
② 실기 20,800원

4 시험과목

(1) 필기

    ① 심리연구방법론, 고급이상심리학, 고급심리검사, 고급임상심리학, 고급심리치료
    ② 객관식 4지 택일형 과목당 20문항(과목당 30분)

(2) 실기

    ① 고급임상실무
    ② 필답형(3시간 정도, 100점)

5 합격점수

(1) 필기 : 100점 만점으로 하여 과목당 40점 이상, 전 과목 평균 60점 이상

(2) 실기 : 100점 만점으로 하여 60점 이상

6 답안지(실기) 작성 시 유의사항

① 필기구는 흑색만(청색 필기구 사용할 수 없음) 사용할 수 있으며, 연필로 작성된 답안지는 답안 내용을 지우개로 깨끗하게 지워야 한다. 깨끗하게 지워지지 않을 시 대리 작성을 통한 부정행위 개연성의 사전방지 차원으로 채점에서 제외될 수 있다.

② 답안에 문제와 관련이 없는 불필요한 낙서나 특이한 기록사항 등을 기재해서는 안 된다.

③ 답안 내용을 수정해야 할 때는 반드시 두 줄로 긋고 수정해야 한다. 두 줄로 긋지 않은 것은 답안을 정정하지 않은 것으로 간주하게 된다.

④ 문제에서 요구한 가지 수 이상을 표기한 경우 답안 기재 순으로 요구한 가지 수만 채점된다.

⑤ 답안을 채점하기 위해 채점 위원 한 사람이 그 해 응시한 모든 수험생의 두 문제 가량을 채점하므로 지나치게 서술화 된 답안을 피하도록 한다.

⑥ 답안은 간략하고 요약적으로 기술한다.

⑦ 채점을 검안하는 이들은 심리학이나 상담학을 전공하지 않은 비전공자들로 제공된 검안지의 키워드와 답안의 키워드만을 검안하기 때문에 출제자가 원하는 키워드를 찾아 키워드 위주로 답안을 작성해야 한다.

⑧ 모호하고 개방성이 높은 문제는 채점이 곤란하므로 출제자는 가급적 단답형으로 제시할 수 있는 문제만을 출제하게 됨을 고려해야 한다.

⑨ 답안의 채점 문항 수를 많게 하면 할수록 채점이 곤란해지므로 대체로 5가지 이상을 준비하되 3가지씩은 반드시 기억하도록 한다.

특징

● **Chapter 01** 필기 과목별 기출문제 포인트 해설로 자기주도 학습 가능

● **Chapter 02** 실기 과목별 기출문제 모법답안 제시

● **부록** 최종 점검을 위한 필기·실기 연도별 기출문제 수록

※ CBT 대비 모바일 모의고사 1회 수록

목차

Chapter 01 | 임상심리사 1급 필기 기출문제

Chapter 02 | 임상심리사 1급 실기 기출문제

부록 | 임상심리사 1급 필기 · 실기 기출문제

Chapter
01
임상심리사 1급 필기
기출문제

1 2016년 기출문제

01 평균이 30이고, 표준편차가 5인 분포에서, 원점수 25를 Z점수로 변환하면?

① -1　　　　　　② 0　　　　　　③ 1　　　　　　④ 2

해설

- Z=(원점수−평균)÷표준편차
- Z=(25−30)÷5=−1

02 다음 사례의 표본추출방법에 해당하는 것은?

> 새로 개발한 심리검사에 대한 사전조사를 위해 연구자를 연구실과 지리적으로 가까운 명동 전
> 철역에 배치하고 그 시간대에 명동 전철역에서 지나가는 사람들을 대상으로 간단한 심리검사
> 를 실시하여 그 결과를 활용한다.

① 판단표본추출방법　　　　　　② 할당표본추출방법

③ 층화표본추출방법　　　　　　④ 편의표본추출방법

해설

- 연구자를 연구실과 지리적으로 가까운 곳에 선정하여 그 시간대에 지나가는 사람을 대상으로 심리검사를 진행한 것은 편의표본추출방법이다.
- 연구목적에 적합한 집단을 연구자의 주관에 따라 선정하는 방법은 판단표본추출방법이다.

03 가설 설정 시 유의해야 할 사항과 가장 거리가 먼 것은?

① 가설은 가치중립적인 성질을 띠어야 한다.

② 가설의 조작적 정의는 추상적인 성질을 띤다.

③ 가설은 항상 실증적으로 검증이 가능해야 한다.

④ 가설은 구체적인 성질의 것이어야 하며 그 뜻이 명확하여야 한다.

해설

- 가설은 실험대상, 연구주제, 연구방법을 검증 가능한 형태로 만든 문장이다.
- 추상적인 성질일 때 변수는 조작적 정의가 어렵다.
- 가설의 조작적 정의는 변수 조작과 측정 절차를 구체적으로 명시하는 것이다.

{ 정답 } 01 ①　02 ④　03 ②

04 가설검증을 위한 유의수준을 0.01 대신 0.05로 설정하였을 때의 설명으로 옳은 것은?

① 1종 오류의 위험이 증가한다.

② 2종 오류의 위험이 증가한다.

③ 1종 오류, 2종 오류 모두의 위험이 증가한다.

④ 1종 오류, 2종 오류 모두의 위험이 감소한다.

해설

- 1종 오류는 영가설(귀무가설)이 참인데 거짓이라 하고 연구가설을 수락하는 오류이다.
- 2종 오류는 영가설이 거짓인데 참이라 하고 연구가설을 기각하는 오류이다.
- 유의도 수준 0.05는 영가설이 발생할 확률이 0.05란 의미로 연구가설이 거짓인데 참으로 수락할 확률이 5%인 것을 의미한다.
- 0.01 수준보다 0.05 유의도 수준에서 1종 오류의 가능성이 더 크다. 0.05 수준을 보수적인 유의도라 하고 0.01 수준을 엄격한 수준의 유의도라 한다.

05 편차점수의 속성과 관계가 없는 것은?

① 특정한 사례가 평균으로부터 떨어져 있는 유클리드 거리(euclidean distance)이다.

② 원 변인에서 상수인 평균을 빼서 선형 변환한 점수이다.

③ 원 변인과 편차점수 간 상관은 0이다.

④ 한 변인의 편차점수들의 합은 0이다.

해설

- 편차점수는 평균에서 이탈된 정도이다. 즉, 평균으로부터의 유클리드 직선거리이다.
- 원점수와 편차점수 간 상관이 있는 경우가 많다. 평균에 가까운 원점수는 편차점수가 작고 평균에서 많이 이탈한 원점수는 편차점수가 큰 경향이 있다.

06 표집오차에 관한 설명으로 옳은 것은?

① 표준편차의 제곱이다.

② 완벽한 표집의 추정치이다.

③ 완벽한 표집의 평균이다.

④ 표본의 추정값과 모집단의 실제값 간의 차이다.

해설

표집오차는 모집단 대신에 표본을 사용했기 때문에 발생하는 오차이다. 즉, 표본을 사용하여 얻은 추정값과 모집단을 측정했을 때 나올 수 있는 실제값 간의 차이다.

07 다중공선성(multicollinearity)이 의심스러운 상황과 가장 거리가 먼 것은?

① 중다상관제곱 값이 지나치게 크다.

② 표준화 회귀계수가 −1과 1을 벗어나는 경우가 있다.

③ 회귀계수의 부호가 이론과 반대인 경우에 생긴다.

④ 한 두 개의 사례수 첨가 또는 제거에 회귀계수가 크게 달라진다.

> **해설**
> - 다중공선성(multicollinearity)은 중다회귀분석에서 2개 이상의 독립변수가 상관관계가 있는 것을 말한다. 다중공선성이 있는 경우, 회귀계수는 한 두 개의 사례로부터 크게 영향을 받는다.
> - 다중공선성이 있는 회귀모형을 가지고 집단 전체를 설명하는 것은 별 문제가 안 되지만, 개인의 예측은 부정확하므로 주의해야 한다.
> - ①에서 언급된 중다상관제곱이 큰 경우에는 다중공선성의 가능성이 작다.

08 상위 25%와 하위 25%에 해당하는 점수 간의 차이를 2로 나눈 값을 지칭하는 것은?

① 평균편차   ② 사분편차

③ 표준편차   ④ 표본편차

09 질문 문항의 형식에 의해 영향을 받는 효과로서 먼저 제시된 문항이 택해질 가능성이 높은 효과는?

① 망원경효과(telescope effect)   ② 후광효과(halo effect)

③ 초두효과(primacy effect)   ④ 최신효과(recency effect)

> **해설**

초두효과	• 처음에 제시된 정보가 나중에 제시된 정보보다 영향력이 더 큰 것을 말한다. • 초두현상이 나타나는 이유는 우리의 뇌가 보고 들은 정보를 본능적으로 일관성 있게 받아들이려 하기 때문이다. • 처음에 입력된 정보가 긍정적이면 나중에 입력된 정보도 일관성 있게 긍정적으로 받아들이고, 반대로 처음에 입력된 정보가 부정적이면 나중에 입력된 정보도 부정적으로 받아들이는 경향이 있다. • 처음에 들은 정보와 나중에 들은 정보가 반대되는 것이라도 뇌는 나중에 들은 정보를 기억하지 못하고 무시한다.
최신효과	• 최근 마지막에 들어온 정보가 판단에 더 큰 영향을 끼치는 현상이다. • 최신효과가 일어나는 이유는 단기기억의 용량 한계로 마지막에 들어온 정보가 그 전에 들어온 정보보다 단기기억에 더 오래 머물기 때문이다.
후광효과	• 어떤 사물이나 사람을 평가할 때 일부의 긍정적 혹은 부정적 특성(예 외모, 직위)이 전체적인 평가에 영향을 주어 객관성을 잃게 만드는 효과이다.
망원경효과	• 먼 과거의 일이 최근에 일어난 일처럼 생생하게 느껴지고 확대해석하게 되어 응답에 영향을 주는 효과이다.

10 상관관계에 관한 설명으로 틀린 것은?

① 사례수가 부족하면 상관의 크기가 작아질 수 있다.

② 두 변인 간 곡선적인 관계가 있는 경우에 상관계수가 통계적으로 유의미하지 않게 나올 수 있다.

③ 모집단으로부터 제한된 범위의 표본만을 표집하는 경우에 상관관계가 통계적으로 유의미하지 않게 나올 수 있다.

④ 두 변인 간 인과관계가 있다고 해서 두 변인 간에 반드시 상관관계가 존재하는 것은 아니다.

해설

상관관계는 두 변수 간의 어떤 관련성이 있지만 무엇이 원인이고 무엇이 결과인지는 모른다. 그러나 두 변수 간에 인과관계가 있다면 상관관계도 있는 것이다.

11 다음 중 횡단조사에 관한 설명으로 옳은 것은?

① 동일한 현상을 동일한 대상에 대해 반복적으로 측정하는 조사방법이다.

② 특정 시점에서의 집단 간 차이를 연구하는 방법이다.

③ 각 기간 동안에 일어난 변화에 대한 측정이 목적이다.

④ 종단조사에 비해 표본의 크기가 상대적으로 작다.

해설

①, ③은 종단조사의 특징이다. 횡단조사는 종단조사에 비해 표본의 크기가 상대적으로 크다.

12 통계적 추론에서 추정에 대한 설명으로 틀린 것은?

① 통계적 추정이란 표본에서 얻은 통계량을 이용하여 모집단의 모수를 추정하는 것이다.

② 기술통계학도 엄격히 말하면 추리통계적 요소를 가지고 있다고 할 수 있다.

③ 모수를 추정하기 위한 통계량을 추정치(estimate)라고 하고, 표본조사의 결과로 얻은 추정치의 측정값을 추정량(estimator)이라고 한다.

④ 기술통계학은 그 자신이 모수가 되는 것이고, 추리통계학은 그 자신이 모수가 되기 어려운 표본에서 모수를 추정하는 것이다.

해설

통계적 추론에서 모수를 추정하기 위한 통계량을 추정량(estimator)이라고 하고, 표본조사 등의 결과로 얻은 구체적인 수치로 얻어진 추정량을 추정치(estimate)라고 한다.

10 ④ 11 ② 12 ③ { 정답 }

13 과학적인 인과관계를 추정하기 위한 기본 조건과 가장 거리가 먼 것은?

① 일관성이 있는 특정 공변성(covariation)

② 원인에서의 변화가 결과에 선행하는 시간적 순서

③ 원인에서의 변화와 결과에서의 변화를 제외한 다른 현상의 통제

④ 유사(spurious)관계의 존재

해설

④의 유사관계. 즉, 거짓된 관계는 과학적 연구에서 통제해야 할 요인이다.

14 요인분석에서의 고유치(eigenvalue)에 대한 설명으로 가장 적합한 것은?

① 요인에서 각 측정변수로의 표준화 회귀계수

② 한 종속변수에 대한 여러 독립변수들의 설명량

③ 전체 측정변수의 분산에서 각 요인이 설명하는 분산 정도

④ 각 측정변수의 분산에서 추출된 요인들이 설명하는 분산 정도

해설

요인분석에서의 고유치는 전체 측정변수의 분산에서 각 요인이 설명하는 분산의 정도이다. 이 값이 1보다 클 때 하나의 요인이 하나 이상의 변수를 설명할 수 있음을 의미한다.

15 순수실험설계(true experimental design)의 특징이 아닌 것은?

① 외생변수의 통제

② 독립변수의 조작

③ 비동질 통제집단의 설정

④ 실험집단과 통제집단에 대한 무작위 할당

해설

• 실험은 인과적 결론에 도달하도록 설계된 테스트이다.

• 순수실험설계의 주된 목적은 다른 효과를 통제하고 순수한 연구변인의 효과를 증명하는 것이다.

• 비동질 통제집단을 실험집단과 비교하는 것은 순수실험설계가 아니라 준실험설계 혹은 유사실험설계이다.

{ 정답 } 13 ④ 14 ③ 15 ③

16 우울증을 측정하기 위해 새로 개발한 검사가 기존의 불안증 검사와 상관이 낮은 것으로 나타났다면 이 검사는 어떤 종류의 타당도가 높은 것인가?

① 안면타당도
② 수렴타당도
③ 변별타당도
④ 예언타당도

해설

새로 개발된 검사가 같은 속성을 측정하는 기존의 검사와 상관관계가 높고, 이질적인 속성을 측정하는 기존의 검사와 상관관계가 낮으면 변별타당도가 높은 것이다.

17 다음 ( )에 알맞은 용어를 순서대로 나열할 것은?

> 분산분석은 2개 이상의 집단 간 평균 차이를 검증할 때 사용된다. 일원분산분석에서 통계적으로 유의한 차이를 나타내기 위해서 ( ) 평균 자승을 ( ) 평균 자승으로 나누게 된다.

① 집단 간, 집단 간
② 집단 간, 집단 내
③ 집단 내, 집단 내
④ 집단 내, 집단 간

해설

F검증은 전체 변화 중에서 실험효과가 차지하는 비율이다. 일원분산분석의 유의도를 검정하는 F값을 '집단 간 분산/집단 내 분산'으로 표기하는데 여기에서 집단 간 분산은 실험효과로 인한 변량이고 집단 내 분산은 전체 변량을 의미한다.

18 아직 연구되지 않은 심리학적 특성 A가 무엇에 의해 발현되는지 알아보고자 한다. 이 경우 특성 A에 영향을 미칠 것이라고 생각되는 25개의 변인들을 대상으로 어떠한 분석을 실시하는 것이 가장 적합한가?

① 탐색적 판별분석
② 탐색적 요인분석
③ 확인적 판별분석
④ 확인적 요인분석

해설

• 요인분석은 미지의 특성을 규명하기 위하여 문항이나 변인들 간의 상호관계를 분석하여 상관이 높은 것들을 묶어서 요인별로 명칭이나 의미를 부여하는 통계방법이다.
• 판별분석은 뒤섞여 있는 집단 구성원을 독립변수의 요건에 따라 각기 다른 집단으로 분류하는 분석법으로 두 개 집단으로 나누면 단순 판별분석이고 3개 이상의 집단으로 나누면 다중 판별분석이다.

탐색적 요인분석	탐색적 요인분석은 연구자가 요인과 요인의 수에 대한 확실한 정보가 없는 경우에 사용한다.
확인적 요인분석	확인적 요인분석은 연구자가 요인과 요인의 수에 대한 정보를 가지고 있을 때 사용한다.

19 문제의 규명과 관련된 변수들의 관계를 명확히 하고자 할 때는 효과적이지만 일반적으로 사후적인 조사방법이기 때문에 그 결과가 결정적인 의미를 지니지 못하며 주로 시사적인 의미를 가지는 연구 방법은?

① 문헌조사
② 전문가 의견조사
③ 실험조사
④ 사례조사

해설 💕

[탐색적 조사]

문헌연구	이미 발표된 연구결과나 역사적 문서를 수집하여 연구자가 연구문제를 분석하는 방법
델파이 기법	전문가의 경험적 지식을 묻는 기법, 사례조사–분석사례와 주어진 문제 사이의 유사점과 상이점을 찾아내어 현재 상황에 대한 논리적인 유추를 하는데 도움을 얻는 방법

20 명목척도로 조사된 변수들에 대해 통계분석을 하고자 할 때 적합한 분석방법은?

① F 검정
② Z 검정
③ t 검정
④ x^2 검정

해설 💕

F 검정	• F 검정은 모집단의 분산과 표준편차를 모르고, 등간척도나 비율척도로 측정된 독립적인 3개 이상의 집단을 대상으로 평균차이에 대한 가설검정이다.
Z 검정	• Z 검정은 표본이 크고, 모집단의 분산과 표준편차를 알고 있을 때 두 집단의 평균을 비교하는 가설검정이다.
t 검정	• t 검정은 모집단의 분산과 표준편차를 모르고 표본이 작을 때, 등간척도나 비율척도로 비교하는 가설검정이다. • 현실적인 상황에서 모집단의 분산과 표준편차를 알기가 힘든 경우에는 t검정을 사용한다.
x^2 검정	• x^2 검정은 x^2 분포에 기초한 통계적 방법으로 관찰빈도가 기대빈도와 유의미하게 다른지를 검증하기 위해 사용되는 검증방법이다. • 자료가 빈도로 주어졌을 때, 특히 명목척도 자료의 분석에 이용된다. • 동질성(적합성) 검증과 독립성 검증 2가지 유형이 있다. • 동질성 검증은 표본이 모집단을 잘 대표하고 있는지 혹은 이론이 적합한지를 검증하는 것이다. • 독립성 검증은 변인이 두 개 이상일 때 두 변인이 독립적인지 혹인 연관성이 있는지를 검증한다.

2 2017년 기출문제

01 한국판 Wechsler 지능검사를 표준화하는 과정에서 사용된 표집방법은 무엇인가?

① 무선표집(random sampling)　　　② 층화표집(stratified sampling)

③ 체계적 표집(systematic sampling)　　④ 유의적 표집(purposive sampling)

해설 🧡

층화(유층)표집은 대표성이 있는 표본을 얻기 위해서 모집단을 동질적인 작은 집단으로 나누어 표집하는 방법으로 소집단 간은 이질적이고 소집단 내는 동질적이며 가장 신뢰로운 방식 중 하나이다.

02 크론바흐 알파계수에 대한 설명으로 틀린 것은?

① Hoyt 신뢰도와 그 값이 다르게 산출된다.

② 부분점수가 있는 문항에도 사용 가능하다.

③ 속도검사 요인이 큰 경우에는 사용하면 안 된다.

④ 동일한 영역에서 표집된 문항들이라 할 수 있는지 평가할 수 있다.

해설 🧡

- 문항내적 일관성 신뢰도는 문항 하나하나를 독립된 별개 검사로 문항 내 득점의 일관성을 상관계수로 나타내는 것으로 이분문항(Yes/No)에 적용되는 KR20, Hoyt 신뢰도, 크론바흐 알파계수가 있다.
- 크론바흐 알파계수는 연속적으로 점수가 부여되는 문항신뢰도 추정이 가능하고 계산이 간단하다.
- 집단 수준이면 알파계수가 0.6 이상, 개인 수준이면 0.9 이상 신뢰도가 높다고 할 수 있다.

03 측정오차(error of measurement)에 관한 설명으로 틀린 것은?

① 비체계적 오차는 상호 상쇄되는 경향도 있다.

② 체계적 오차는 항상 일정한 방향으로 작용하는 편향(bias)이다.

③ 비체계적 오차는 측정대상, 측정과정, 측정수단 등에 따라 일관성 없이 영향을 미침으로써 발생한다.

④ 측정의 오차를 신뢰성 및 타당성과 관련지었을 때 신뢰성과 타당성은 정도의 개념이 아닌 존재개념이다.

해설 🧡

체계적 오차	• 인구통계학적 요인, 사회경제적 특성, 개인적 성향에 따라 발생하는 오차이다.
비체계적 오차	• 측정자, 측정대상자, 측정상황, 측정도구 등으로 인해 발생하는 오차이다.
측정오차	• 측정도구, 측정과정, 결과 해석, 검사 환경, 피험자 요소(피로, 동기, 심리적 상태, 검사 경험) 등의 영향으로 인해 발생하는 오차이다. • 측정오차를 줄이기 위한 방법 　– 집단 간에 동등한 검사 조건 마련 　– 검사 표준화 　– 신뢰도와 타당도를 위협하는 문항을 제거하고, 문항수를 늘림

01 ②　02 ①　03 ④　{ 정답 }

04 약물치료, 인지행동치료, 정신분석을 3개의 우울증 집단에 각각 실시하였다. 사후검증으로 복합대비(complex contrast)를 하려고 할 때 영가설로 적합한 것은?

① 각 집단 간 우울증 평균의 차이가 없다.
② 각 집단에서 사전 사후간 차이가 없다.
③ 인지행동치료 집단의 우울증 평균간 차이가 없다.
④ 약물집단의 우울증 평균과 심리치료(인지행동치료와 정신분석) 집단의 우울증 평균간 차이가 없다.

해설

사후검정은 전체 가설이 기각되었을 때 구체적으로 어떤 집단 간의 차이에 기인하는지 분석하는 방법이다. 사후검정 방법으로는 Scheffe, LSD, S−N−K, Turkey, Walter−Duncan, Bonferroni, Sidak 등이 있다.

영가설	귀무가설로 연구가설을 부정하거나 기각하기 위해 한시적으로 설정한 가설이다. 예 ~ 차이가 없다.
대립가설	대안가설로 영가설이 거짓이면 채택되는 가설이다. 예 ~ 차이가 있다.

05 변산도를 나타내는 통계치를 바르게 짝지은 것은?

ㄱ. 중앙값	ㄴ. 범위	ㄷ. 최빈값
ㄹ. 사분편차	ㅁ. 평균편차	ㅂ. 평균

① ㄱ, ㄴ, ㄹ   ② ㄱ, ㄷ, ㅂ   ③ ㄴ, ㄹ, ㅁ   ④ ㄷ, ㄹ, ㅂ

해설

범위, 사분편차, 평균편차는 변산도이고, 중앙값, 최빈치(값), 평균은 집중경향치이다.

06 요인들 간의 관계가 상호 독립적이라고 간주할 수 있는 경우 사용하는 요인회전 방식은?

① Oblimin   ② Oblique   ③ Quartimin   ④ Varimax

해설

1. 요인분석

(1) 요인분석 정의

요인분석은 문항이나 변수들 간의 상호관계를 분석하여 상관이 높은 문항이나 변수들을 모아 요인으로 규명하고 그 요인의 의미를 부여하는 통계적 방법이다.

{ 정답 } 04 ④   05 ③   06 ④

(2) 요인분석을 하는 이유
　① 차원을 축소하여 대상을 파악하기 위함이다.
　② 차원축소를 통한 다중공선성의 문제를 해결하기 위함이다.
　③ 데이터를 축소하여 분석을 용이하게 하기 위함이다.

(3) 요인분석 순서
　요인분석 순서는 탐색적 요인분석에서 확인적 요인분석 순으로 이루어진다.

(4) 요인분석의 종류
　요인분석을 할 때에는 직교회전과 사각회전이 있다.

직교회전		회전된 인자들이 서로 상관되지 않도록 제약하는 방법으로 가장 전통적이고 관습적인 방법이다.
	Varimax	한 공통인자에 대해 변수가 가지는 인자적재값 제곱의 분산이 최대가 되도록 변환하는 방법으로 loading matrix 각 열의 분산을 최대화한다(가로방향).
	Quartimax	한 변수가 각각의 공통인자에서 차지하는 비중의 제곱에 대한 분산을 최대화 하는 방법으로 loading matrix 각 행의 분산을 최대화한다(세로방향).
사각회전		상관된 인자들을 허용하는 방법이다.
	Oblimin	인자들 사이의 상관성 정도를 제어한다.
	Promax	회전에 의해 적재값을 어떤 승수로 올리는 방법으로 인자들 사이에 낮은 상관성을 갖도록 한다.

2. 요인회전

(1) 요인회전의 의미
　요인을 회전한다는 것은 용인행렬을 좌표계 위에서 새롭게 생각한다는 의미이다.

(2) 요인회전의 목적
　요인회전의 목적은 가장 해석이 쉬운 용인행렬, 즉 최종구조(final structure)를 산출하는 데 있다.

---

07 가설검정에 있어서 연구자가 범할 수 있는 제2종 오류(Type II error)는 어떤 경우에 발생하는가?

① 영가설이 참일 때 영가설을 수용하는 경우

② 영가설이 거짓일 때 영가설을 수용하는 경우

③ 영가설이 참일 때 영가설을 기각하는 경우

④ 영가설이 거짓일 때 영가설을 기각하는 경우

해설
- ①과 ④는 검증력과 관련이 있다.
- ②는 제2종 오류(혹은 베타오류)에 관한 설명이다. 즉 영가설이 거짓인데 수락하고 연구가설을 기각하는 오류이다.
- ③은 제1종 오류(혹은 알파오류)에 관한 것이다. 즉 영가설이 참인데 연구가설을 수락하는 오류이다.

07 ② { 정답 }

08 다음에서 설명하고 있는 실험설계의 타당성을 저해하는 요인은?

> 사전측정에서 극단적인 점수를 얻은 경우에 사후측정에서 독립변수의 효과와 관계없이 평균치로 값이 근접하려는 경향을 보이는 것

① 우연적 사건(history)
② 통계적 회귀(statistical regression)
③ 시험효과(testing effect)
④ 인과방향의 모호성(causal time-order)

해설

연구설계의 내적 타당도를 저해하는 요소로서 아래와 같은 경우가 있다.

우연한 사건	• 예상치 못한 사건의 발생으로 종속변수에 영향으로 미치는 경우
성숙효과	• 사전측정과 사후측정 사이 시간의 경과에 따라 조사대상자 특성이 변화하는 경우
시험효과	• 동일 측정의 반복으로 조사대상자가 측정에 익숙해질 때 나타나는 효과
상호작용 효과	• 사전측정이 실험변수의 강도에 영향을 주어 종속변수에 영향을 주는 경우
통계적 회귀현상	• 사전측정이 극단적인 상태에서 측정된 경우 • 사후 측정 시 평균치로 수렴하는 효과가 나타나서 실험효과가 왜곡되는 경우 등

09 중심경향 측정치(measures of central tendency) 중 명목척도(nominal scale)에서 구할 수 있는 유일한 중심경향 측정치로 표본오차에 크게 영향을 받는 것은?

① 최빈치
② 중앙치
③ 산술평균
④ 가중평균

해설

명목척도에는 집중 경향값으로 최빈치, 서열척도에서는 중앙값(치), 등간척도에서는 산술평균, 비율척도에서는 기하평균이 사용된다.

10 처치의 충실성(fidelity) 또는 처치의 통합성(integrity)을 나타내는 요소에 관한 설명으로 옳은 것은?

① 치료자 역량(competence) – 처치 요소들이 매뉴얼에 기술된 대로 전달되었는가?
② 치료의 변별(differentiation) – 원리와 기법을 얼마나 기술적으로 잘 적용하였는가?
③ 매뉴얼에 대한 충실도(adherence) – 둘 또는 그 이상의 처치가 실행의 핵심적인 차원에 따라 서로 다른가?
④ 처치의 구체화(specifying the treatment) – 문제의 원인, 처치 기법 등이 잘 정의된 처치 매뉴얼이 개발되었는가?

해설

처치의 충실성 또는 처치의 통합성을 나타내는 요소로는 처치의 구체화(문제의 원인, 처치 기법 등이 잘 정의된 처치 매뉴얼)가 있다.

{ 정답 } 08 ② 09 ① 10 ④

11 사례연구(case study)의 장점과 가장 거리가 먼 것은?

① 사례연구는 다양한 평가 또는 치료절차와 관련된 가설 생성에 도움을 준다.

② 사례연구는 임상가로 하여금 연구전략이나 치료적 접근에서 빠른 변화를 도모할 기회를 제공한다.

③ 사례연구는 잘 알려져 있지 않거나 아직 병의 원인과 치료법 등이 입증되지 않은 희귀한 장애의 경과와 임상양상을 기록하고 연구하는 데 사용될 수 있다.

④ 사례연구는 내담자의 개인적 성장배경, 가족 내력, 병력, 성격특성, 양육방식 등 다양한 정보를 통합적으로 활용하기 때문에 타당한 과학적 결론을 내리는데 유리하다.

해설

사례연구는 질적연구의 한 방법으로 하나의 현장이나 맥락 내에서 단일 사례나 여러 사례에 대한 심층 기술과 분석을 통해 특정 이슈나 문제를 이해하고자 하는 것으로 한 개인이나 여러 사람들, 집단, 전체 프로그램을 대상으로 한다. 시간, 사건, 과정 등에 의해 사례의 경계들을 규정하는 것이 중요하고 관찰, 면접, 문서, 시청각 자료 등 다양한 정보원천을 활용한다. 사례가 많아질수록 개별 사례의 깊이가 얕아지기 때문에 4개 이상의 사례는 선택하지 않는다.

12 공변량 분석에서 타당한 자료 해석을 위한 가정으로 가장 중요한 것은?

① 회귀선 기울기의 동일성 가정   ② 대칭행렬 가정

③ 비직선성 가정   ④ 상호작용 효과 유효성 가정

해설

공변량 분석은 회귀분석과 변량분석이 결합된 것으로 첫 번째 단계에서 단계적 다중회귀적분석의 과정을 거친다. 회귀선 기울기의 동질성 가정은 회귀선의 기울기 방향과 기울어진 정도가 비슷해야 한다는 가정으로 각 회귀선이 반드시 평행을 이루어야 하는 것은 아니다. 또한 공변량 분석은 공변수의 수준과 종속변수가 상호작용하지 않으며, 공변수와 종속변수의 관계가 선형일 것을 요구한다. 따라서 위의 ②, ③, ④은 공변량 분석과 무관한 가정이다.

13 구조방정식 모형에서의 적합도 지수 중 전반적 적합도를 평가하는 절대적합지수에 해당하는 것은?

① GFI(Goodness of Fit Index)   ② NFI(Normed Fit Index)

③ NNFI(Non Normed Fit Index)   ④ CFI(Comparative Fit Index)

해설

- 모형의 적합도는 표본 자료를 토대로 한 모형과 이론적 모형이 어느 정도 일치하는지 혹은 두 모형의 격차가 어느 정도인지 알려주는 지표이다.
- 절대 적합도 지수는 GFI, AGFI, RMSEA가 있으며 상대 적합도 지수에는 NFI, NNFI, CFI 가 있다.

14 피험자내 실험설계에서 하나의 처치가 다음 처치에 영향을 미쳐 연구 결과에 심각한 위기를 초래하는 것을 방지하기 위한 방법으로 가장 적합한 것은?

① 이월효과   ② 피험자 소모   ③ 상대균형화   ④ 짝짓기 설계

해설

집단 내 설계의 오류(연습효과, 이월효과), 최소화 노력으로 무선화(예 난수표 사용), 상대균형화(예 약 복용량 조건의 순서를 체계적으로 변동), 라틴방격 설계(각 처치가 실험의 똑같은 빈도로 나타나는 실험설계를 하는 것) 등이 있다.

15 상관과 예언에 관한 설명 중 그 내용이 부적절한 것은?

① 예언이 정확할수록 예언점수의 변량은 실제 점수의 변량에 가까워진다.

② r의 값이 크다는 것은 두 변인 간에 강력한 상관이 있다는 것을 의미한다.

③ 하나의 예언변인만 사용하는 예언에서 표준화 회귀계수 β와 상관계수 r은 동일하다.

④ X와 Y 간의 상관이 완벽하지 않는 한 예언한 Y점수의 변량은 원점수의 변량보다 크다.

해설

• 이 문제에서 예언이란 회귀분석을 의미한다.
• 회귀분석이 정확할수록 회귀(예측)점수의 변량은 실제 점수의 변량에 가까워진다.
• r의 값이 크다는 것은 두 변인 간에 강력한 상관이 있다는 것을 의미한다. r의 값이 1에 수렴한다면 강한 정적상관을, −1에 수렴한다면 강한 부적상관을 의미한다.
• 하나의 예언변인만 사용하는 회귀분석에서 표준화 회귀계수 β와 상관계수 r은 동일하다.
• X와 Y 간의 상관이 완벽하지 않는 한 회귀분석을 통해 예언된 Y점수의 변량은 원점수의 변량보다 작다.

16 다음 중 확률변수에 관한 설명으로 틀린 것은?

① 확률변수 X에 대한 특성을 수치로 나타낸 것을 확률변수의 특정치라 하고, 그 특정치로는 기대치(expected value), 분산(variance) 그리고 적률(moment) 등이 있다.

② 확률변수 X, Y가 독립일 때 E(XY)=E(X)·E(Y)이다.

③ X와 Y가 독립확률변수일 때 V(X+Y)=V(X)+V(Y)이고 V(X−Y)=V(X)−V(Y)이다.

④ 각 자료와 평균의 차이를 평균한 것은 1이다.

해설

• ④의 각 자료와 평균의 차이를 평균한 것은 0이다.
• 확률변수란 일정한 확률을 가지고 발생하는 사건에 수치를 부여한 것으로 통계에서 관측치(개별자료)와 전체 자료 평균 간 차이를 '편차'라 한다. 이러한 편차의 평균은 0이 되는데 이는 개별자료의 편차를 모두 더하면 "0"이 되기 때문이다.

{ 정답 } 14 ③   15 ④   16 ④

17 다음 내용이 공통적으로 설명하는 것은?

> • 독립된 현상이나 개념의 공통점을 발견한다.
> • 현상을 설명, 조작, 예언한다.
> • 다음 연구 영역을 확장시킨다.
> • 논리적인 체계로 조직된다.

① 가설　　　　　　　　　　　② 구인
③ 이론　　　　　　　　　　　④ 경험

해설

이론은 현상에 대한 설명과 예측을 목적으로 변수 간의 관계를 밝힘으로써 그 현상에 대한 체계적인 견해를 제공하는 개념, 정의, 명제로 사실의 예측 및 설명을 한다.

18 분산(variance)에 관한 설명으로 옳은 것을 모두 고른 것은?

> ㄱ. 동일한 값들에 대한 분산은 1이다.
> ㄴ. 분산 양의 제곱근을 표준편차라고 한다.
> ㄷ. 모든 변수값에 10을 더하더라도 분산은 변하지 않는다.
> ㄹ. 모든 변수값에 2를 곱하면 분산은 2배 커진다.

① ㄴ, ㄷ　　　　　　　　　　② ㄱ, ㄴ, ㄹ
③ ㄱ, ㄷ, ㄹ　　　　　　　　④ ㄴ, ㄷ, ㄹ

해설

• 분산은 각 측정치들이 평균으로부터 떨어진 정도로 분산의 양의 제곱근을 표준편차라고 한다.
• 분산이나 표준편차를 사용하는 것은 비율척도(기하평균)로 더하기와 빼기로는 분산은 변하지 않는다.

19 한 설문조사에서 "답변자의 57%가 A 후보를 지지한다고 답하였고 95%의 신뢰구간에 오차범위는 ±3%이다."의 결과를 얻었다. 여기서 신뢰구간은 어떠한 개념을 내포하는가?

① 구간 추정　　　　　　　　② 점 추정
③ 평균 추정　　　　　　　　④ 예언오차 추정

해설

신뢰구간(유의수준)은 추론통계에서 판단이 틀릴 확률을 말하는데 예를 들어 95%의 신뢰구간은 보통 95% 정답일 확률, 즉 오답확률이 5%보다 작을(구간) 때 유의미하다고 말한다.

20 **통계적 결론 타당도에 관한 설명으로 옳은 것은?**

① 통계적 가정의 위반 여부와는 관련이 없다.

② 기술통계에서는 논의의 대상이 되지 않는다.

③ 종속변인보다는 독립변인의 신뢰도가 통계적 결론 타당도에 더 큰 영향을 미친다.

④ 통계적 검증 방법의 엄격함의 정도는 통계적 결론 타당도에 영향을 미치지 않는다.

해설

- 연구설계의 타당도로는 내적타당도(각 변인 간의 인과추론 가능 정도), 통계적 결론타당도(추리통계로 통계적 의사 결정과정 정도), 외적타당도(대상, 시간 등의 일반화 정도), 구인타당도(개념이나 이론을 반영하는 정도)가 있다.
- 기술통계는 평균, 표준편차, 각 변인 간의 상관을 표시한다.

3 2018년 기출문제

01 과학적 방법에 관한 설명으로 옳은 것은?

① 선별적 관찰에 근거한다.

② 윤리적 실천을 수행할 수 있게 한다.

③ 모든 지식은 잠정적이라는 태도에 기반한다.

④ 연역법적 논리의 상대적 우월성을 지지한다.

> **해설**
>
> 과학적 사고는 증거를 중요시하고, 실험과정의 체계화, 방법의 객관성, 오차나 오류를 인정하는 것이며 과학적 방법의 기본 가정으로는 객관성, 규칙성, 지식습득 가능성, 추리성이 있다.

02 다음에서 설명하는 분석은?

> 기존의 이론이나 선행연구의 결과를 바탕으로 측정변수와 잠재변수 간의 관계를 사전에 미리 규정한 후, 실제 자료를 통해 사전에 가정한 요인구조가 적합한지 검정하는 분석방법이다.

① 확인적 요인분석

② 탐색적 요인분석

③ 혼합 요인분석

④ 다층 요인분석

> **해설**
>
> | 확인적 요인분석 | 요인의 수와 요인의 내용을 알고 있는 상태에서 요인분석을 하여 문항이나 변인이 정해진 요인으로 묶이는지 확인하거나 요인으로 묶이지 않은 문항을 제거하는 방법이다. |
> |---|---|
> | 탐색적 요인분석 | 요인의 수나 요인의 내용을 모르는 상태에서 문항이나 변인을 연관성이 있는 것끼리 묶고 각 묶음에 명칭(요인)과 의미를 부여하는 방법이다. |

03 상관계수에 대한 설명으로 틀린 것은?

① 두 변수 사이의 선형관계의 정도를 측정한다.

② 상관계수가 음이면 대부분의 관찰값들이 평균점을 중심으로 2분면 및 4분면에 위치한다.

③ 상관계수 값은 측정단위의 영향을 받지 않는다.

④ 상관계수가 1에 가까우면 두 변수 사이에는 아무런 관계도 없다.

> **해설**
>
> 일반적으로 상관계수(피어슨)는 두 변수 간의 직선형 상관관계를 정량화 목적으로 사용되며, 상관계수가 1이면 완벽한 정 혹은 양(+)의 관계, 상관계수가 -1이면 완벽한 부(역) 혹은 음(-)의 관계, 상관계수가 0이면 두 변수들 간에 설명할 근거가 없다.

01 ③　02 ①　03 ④　{ 정답 }

04 예언변인 P가 준거 C에 미치는 영향을 매개변인 M이 부분매개 한다고 할 때, 변인 P, C, M의 관계에 대한 설명으로 틀린 것은?

① P와 C의 단순상관은 유의하다.

② P와 M의 단순상관은 유의하다.

③ C를 준거로 P와 M을 동시에 투입한 회귀방정식의 회귀계수는 모두 유의하다.

④ P와 C의 단순 상관계수와 P와 M을 동시에 투입한 회귀방정식의 P의 회귀계수 간 차이는 0에 가깝다.

해설 🫶

예언변인(독립변인) P가 준거(종속변인) C에 미치는 영향을 매개변인 M이 부분매개 한다고 할 때, 각 변수 간의 단순 상관이 유의하고, 독립변수와 매개변수 동시 투입 시 회귀계수와 매개변수의 회귀계수도 유의하다고 할 수 있다.

05 다음 조사결과에 대한 설명으로 틀린 것은?

> 임상심리 전문가에 대한 선호도를 조사한 결과, Likert 5점 척도에서 여자 대학생 응답자 50명의 평균이 4.5인 반면에 남자 대학생 응답자 50명의 평균은 3.0으로 나타났다. 이 때 남녀 평균 간 차이의 표준오차는 1.0이었다.

① 이러한 분석을 독립표본 간 평균의 차이검정이라고 부른다.

② 남녀 두 집단 간에 임상심리 전문가에 대한 선호도 평균 차이는 양방검증으로 $\alpha = 0.05$ 수준에서 유의하지 않는다.

③ 이 분석에 있어서 검정의 자유도는 99이다.

④ 이러한 검정에는 t 분포가 사용된다.

해설 🫶

모집단의 분산을 모를 경우 평균값을 비교하는 통계적 방법으로 두 집단이 서로 독립적일 때, 독립표본 t 검증을 사용한다. 자유도(df)는 집단별로 N−1이므로 남자 집단의 자유도 49(50−1)와 여자 집단의 자유도 49(50−1)를 합산하면 전체 자유도는 98이 된다.

06 가설에 관한 설명으로 틀린 것은?

① 가설이란 둘 이상의 변수들 간의 관계를 예측하는 진술이다.

② 연구가설은 이론으로부터 도출된다.

③ 가설은 경험적으로 검증할 수 있어야 한다.

④ 동일분야의 다른 이론과 연관성이 없어야 한다.

해설 🫶

• 가설은 두 개 이상의 변수나 현상을 검증 가능한 형태로 서술한 문장으로 아직 검증되지 않은 잠정적 결론이다.

• 가설은 두 개 이상의 변수들 간 관계에 대해 명확하게 서술되어야 하고 검증 가능해야 한다.

• 가설의 특성으로는 문제 해결성, 상호 연관성, 검증 가능성, 명확성, 추계성, 구체성이 있어야 한다.

{ 정답 } 04 ④   05 ③   06 ④

07 평균이 800, 표준편차가 200으로 알려진 모집단에서 10,000명의 표집을 무한 번 선정하여 얻은 표본평균들에 대한 기대분포는?

① 평균 800, 표준편차 200인 정규분포

② 평균 800, 표준편차 200이면서 모집단과 동일한 분포

③ 평균 800, 표준편차 2인 정규분포

④ 평균 800, 표준편차 2이면서 모집단과 동일한 분포

해설

모집단과 표본집단의 평균은 동일하나 표준편차가 다를 경우, 동일하지 않은 분포를 나타내고 있다.

08 실험설계의 내적타당도에 관한 설명으로 틀린 것은?

① 실험요인 이외의 대안적 설명을 배제하고자 한다.

② 인과관계에 대한 확신 정도와 관련 있다.

③ 통계적 회귀효과를 배제하는 것이 필요하다.

④ 일반화 가능성에 관한 것이다.

해설

내적타당도는 연구결과가 정확하게 해석되는 정도이다. 연구의 내적타당도가 낮으면 연구가 신뢰감을 주지 못한다. 실험연구에서 내적타당도를 고려하는 가장 큰 목적은 독립변수가 종속변수에 영향을 준 효과로 인과관계를 확신하기 위해서이다.

09 다음과 같은 특징을 가지고 있는 것은?

수집된 자료 가운데서 단지 2개의 점수만을 사용하기 때문에 전체 자료의 분포를 잘 기술하지 못한다. 또한 표본이 커지면 극단의 점수가 더 나타날 수 있기 때문에 이것은 표본의 크기에 따라 변하는 경향이 있다. 따라서 이것은 분포에 대한 안정성이 높은 통계량이라고 볼 수 없다.

① 표준편차   ② 사분위편차

③ 범위   ④ 분산

해설

범위는 최대값과 최소값의 거리로, 클수록 분산되어 있다는 것을 의미한다.

10 통계적 가설 검정에 관한 설명으로 틀린 것은?

① 유의수준이란 제1종 오류를 범할 확률의 최대 허용한계를 말한다.

② 제1종 오류가 증가하면 제2종 오류가 감소한다.

③ t 검정은 모집단의 평균과 분산을 아는 경우에 사용하며, 종속변인이 연속변인이어야 한다.

④ 변량분석은 집단 간 변량과 집단 내 변량의 비율인 F 값을 통하여 집단 간 차이나 처치의 효과를 검증한다.

해설 🧡

t 검정은 모집단의 평균과 분산을 모르는 경우에 사용하고, Z 검정은 모집단의 평균과 분산을 아는 경우에 사용한다.

11 일원분산분석(ANOVA)에서 사후검증의 목적은 무엇인가?

① 일원분산분석의 사용을 정당화하기 위해서이다.

② 1종 오류를 범했는지 판단하기 위해서이다.

③ 다음에 필요한 분석 방법을 결정하기 위해서이다.

④ 어느 집단에서 차이가 발생하였는지 판단하기 위해서이다.

해설 🧡

일원분산분석(ANOVA)에서 사후검증은 분산분석에서 전체 가설이 기각되었을 경우, 구체적으로 어떤 집단 간의 차이에 기인하는지 분석하는데 있다.

12 실험설계를 사전실험설계, 순수실험설계, 유사실험설계, 사후실험설계로 구분할 때 유사실험설계에 해당하는 것은?

① 집단비교설계(static-group comparison)

② 단일집단 사후측정설계(one group posttest-only design)

③ 비동질 통제집단설계(nonequivalent control group design)

④ 솔로몬 4집단설계(Solomon four-group design)

해설 🧡

유사실험설계(준실험설계)에 해당하는 것은 비동질 통제집단설계(비동일통제 집단비교설계), 분리표본 사전사후비교설계, 시계열설계, 복수 시계열설계가 있다.

{ 정답 } 10 ③   11 ④   12 ③

13 한 연구자는 10세에서 20세까지 연령별로 500명의 연구대상을 무작위로 표집하여 30문항의 리커트 5점 척도로 구성된 대인관계 검사를 실시하였다. 이 결과를 통해 분석할 수 있는 것을 모두 고른 것은?

> ㄱ. 대인관계의 연령별 평균을 비교할 수 있다.
> ㄴ. 대인관계의 개인별 변화를 분석할 수 있다.
> ㄷ. 대인관계와 연령 간의 상관을 분석할 수 있다.

① ㄱ, ㄴ   ② ㄱ, ㄷ   ③ ㄴ, ㄷ   ④ ㄱ, ㄴ, ㄷ

해설

횡단연구에 대한 설명이다. 횡단연구는 설문결과의 통계분석을 통해 대인관계의 연령별 평균, 표준편차를 산출하여 비교할 수 있고 대인관계와 연령 간의 상관을 분석할 수 있다.

14 다음 중 측정과정에서 발생하는 체계적 오류의 주요 발생 원인에 해당하는 것은?

① 응답자의 기분   ② 설문지 문항 수   ③ 복잡한 응답절차   ④ 사회적 바람직성

해설

• 체계적 오류의 주요 발생 원인은 인구통계학적, 사회경제적 특성으로 인한 오류로 응답의 선행효과와 후행효과가 있다.
• 개인적 성향으로 인한 오류로는 관용의 오류(무조건 긍정적), 가혹의 오류(무조건 부정적), 중앙집중경향의 오류(무조건 중립적), 대조의 오류, 후광효과가 있다.

15 500점 만점인 시험에서 평균이 300점이며, 표준편차가 50점일 때, A씨가 400점을 얻었다면 A씨의 T점수는?

① 65점   ② 70점   ③ 75점   ④ 80점

해설

> • Z 점수＝(원점수－평균)÷(표준편차) $Z=(400-300)\div50=2$
> • T 점수＝50＋10×Z $T=50+10\times2=70$

16 다음 중 탐색적 조사(exploratory research)에 관한 설명으로 가장 적합한 것은?

① 시간의 흐름에 따라 일반적인 대상집단의 변화를 관찰하는 조사이다.

② 어떤 현상을 정확하게 기술하는 것을 주목적으로 하는 연구이다.

③ 연구문제의 발견, 변수의 규명, 가설의 도출을 위해서 실시하는 조사로서 예비적 조사로 실시한다.

④ 동일한 표본을 대상으로 일정한 시간간격을 두고 반복적으로 측정하는 조사이다.

해설

탐색적 요인분석은 어떤 요인이나 요인의 수에 대해 확실한 정보가 없을 경우 실시하는 분석이고, 확인적 요인분석은 요인의 수에 대한 정보를 가지고 있을 때 실시하는 분석이다.

13 ②   14 ④   15 ②   16 ③   { 정답 }

17 심리학 과목의 기말고사 성적은 평균(mean)이 40점, 중위값(median)이 38점이었다. 점수가 너무 낮아서 담당 교수는 12점의 기본점수를 더해 주었다. 새로 산정한 점수의 중위값은?

① 40점　　　　　　　　　　　② 42점

③ 50점　　　　　　　　　　　④ 52점

해설 💗

> • 신 중위값＝중위값＋기본점수
> • 50＝38＋12

18 확률표집(probability sampling)에 관한 설명으로 옳은 것은?

① 표본의 추출 확률을 알 수 있다.

② 모집단 전체에 대한 구체적 자료가 없는 경우 사용된다.

③ 표본이 모집단에 대해 갖는 대표성을 추정하기 어렵다.

④ 모집단이 무한하게 클 경우에 적용할 수 있는 표집방법이다.

해설 💗

• 확률표집은 누구나 확률적으로 추출될 가능성과 모집단을 알 수 있어 표집오차 측정이 가능하다.

• 확률표집법에는 단순무선표집, 체계적표집, 층화표집, 군집표집, 비율표집 등이 있다.

19 다중공선성(multicollinearity)을 진단하는 척도가 아닌 것은?

① 분산팽창계수(VIF)

② Durbin-Watson 통계량

③ 조건지수(condition indices)

④ 분산분해비율(variance decomposition proportion)

해설 💗

• 다중공선성은 두 변인 간의 밀접한 관련성을 말하는 것으로 이들 관계는 상관도는 높아지지만 의미없는 변인들이기에 이들을 피해야 한다.

• 진단하는 척도로는 분산팽창계수(VIF), 조건지수, 분산분해비율 등이 있으며 일반적으로 공차(tolerance)가 0.1 이하이거나 VIF(variance inflation factor)가 10 이상이면 다중공선성이 있고 회귀식이 잘못된 것을 의미한다.

• DW(Durbin-Watson) 통계량은 0~4의 값을 가진다. 0에 가까울수록 양의 상관관계를 4에 가까울수록 음의 상관관계를 가지며 2에 가까울수록 독립적이다.

{ 정답 } 17 ③　18 ①　19 ②

20 척도에 관한 설명으로 틀린 것은?

① 명명척도는 숫자를 부여함으로써 대상을 구별할 수 있게 한다.

② 등간척도의 예로서 "A군의 IQ 90은 B양의 IQ 30에 비해 세 배가 더 높다."를 들 수 있다.

③ 비율척도에서 절대 0점의 의미는 실제 양적으로 존재하지 않음을 의미한다.

④ 서열척도는 단지 점수들의 순위에만 초점을 둔다.

해설

• 지능은 등간척도로서 IQ 0점은 절대 0점이 아니라 임의의 0점이다. 등간척도는 덧셈, 뺄셈 연산은 가능하지만 곱셈·나눗셈 연산은 불가능하다.
• 사칙연산이 가능한 척도는 절대 0점을 가지고 있는 비율척도이다.
• 명목척도와 서열척도는 가감승제를 사용할 수 없다.

01 다음 ( )에 알맞은 것은?

> 과학적인 연구를 함에 있어서 이론으로부터 시작할 수도 있고 관찰로부터 시작할 수도 있다.
> 연역적 연구방법은 이론으로부터 (ㄱ)를(을) 설정하고 이를 검증하기 위해 관찰하는 접근이
> 고, 관찰로부터 시작하여 (ㄴ)를(을) 거쳐 이론을 수립하는 것은 귀납적 연구방법이다.

① ㄱ : 연구문제   ㄴ : 가설   ② ㄱ : 가설   ㄴ : 자료분석
③ ㄱ : 연구문제   ㄴ : 자료분석   ④ ㄱ : 가설   ㄴ : 경험적 일반화

해설

연역법은 원리에서 출발하여 원리를 뒷받침하는 사실을 수집하여 논리를 입증하는 방법이고, 귀납법은 사실에서 출발하여 사실들의 규칙적인 패턴이나 이면의 원리를 찾는 방법이다. 즉 연역법은 가설 → 조작화 → 관찰경험 → 검증 순이고, 귀납법은 주제 → 관찰 → 유형발견 → 이론 순으로 이루어진다.

02 확률에 대한 설명으로 틀린 것은?

① 상호배타적(mutually exclusive)인 한 집합이 있을 때, 한 사상이나 다른 사상이 일어날 확률은 두 확률 간의 차와 같다.
② 둘 이상의 독립적인 사상들이 같이 일어날 확률은 각 사상들의 확률을 곱한 것과 같다.
③ 결합확률(joint probability)이란 둘 혹은 그 이상의 사상이 같이 일어날 확률을 말한다.
④ 조건확률(conditional probability)이란 다른 사상이 일어난 조건 하에서 어떤 사상이 일어날 확률을 말한다.

해설

상호배타적인 한 집합이 있을 때, 한 사상이나 다른 사상이 일어날 확률은 두 확률 간의 차와 다르다.

03 유사실험(quasi-experimental)설계와 구분되는 순수실험(true experimental)설계의 가장 큰 특징은?

① 독립변수의 조작 가능성   ② 외생변수의 통제 정도
③ 대상의 무작위화   ④ 측정 시기 및 대상 통제

해설

순수 실험설계의 주된 목적은 다른 효과를 통제하고 순수한 연구변인의 효과를 증명하는 것이다. 순수 실험이 되려면 실험집단과 통제집단의 동질성을 확보하기 위해 균등화하거나 무작위 할당해야 하고, 독립변수의 조작, 외생변수의 통제 등이 충족되어야 한다.

{ 정답 } 01 ④   02 ①   03 ③

04 삼원분산 분석에 관한 설명으로 옳은 것을 모두 고른 것은?

> ㄱ. 독립변수는 3개, 종속변수는 1개이다.
> ㄴ. 주효과는 3개까지 나타날 수 있다.
> ㄷ. 상호작용 효과는 4개까지 나타날 수 있다.

① ㄱ, ㄴ   ② ㄱ, ㄷ   ③ ㄴ, ㄷ   ④ ㄱ, ㄴ, ㄷ

해설

삼원분산 분석에서는 독립변수는 3개, 종속변수는 1개이고, 주효과(독립변수 → 종속변수)는 3개이며, 상호작용 효과
(독립변수 간 효과)는 4개까지 나타날 수 있다.

05 통계적 검정력을 제고할 수 있는 방안과 가장 거리가 먼 것은?

① 사례 수를 늘린다.
② 측정도구의 신뢰도를 제고한다.
③ 측정도구의 타당도를 제고한다.
④ 단측검정보다는 양측검정을 활용한다.

해설

통계적 검정력을 높이는 방법
- 표집(사례수)을 늘림
- 신뢰도, 타당도를 높여 오차를 줄임
- 양측검정보다는 단측검정을 활용
- 1종오류(a) 수준을 높임 ($p < .01$ 보다는 $p < .05$)

06 정규분포를 이루는 한 집단의 평균 점수가 80이고 표준편차가 20일 때 원점수 65의
Z점수는?

① −15   ② −0.75   ③ +0.05   ④ +4

해설

Z점수는 평균 0, 표준편차 1, 범위는 −1≤Z≤+1이다.

> Z점수＝(원점수−평균)÷(표준편차)
> Z＝(65−80)÷(20)＝−15÷20＝−0.75

07 다음 사례의 결과는 어떤 효과가 나타났다는 것을 의미하는가?

> 기분과 지능이 창의성에 미치는 효과를 알아보기 위해 이원변량분석을 실시하였다. 결과에 따르면, 지능이 높았던 사람들은 부정적인 기분 조건에서 창의성이 높아지는 것으로 나타났지만, 지능이 낮았던 사람들은 긍정적인 기분 조건에서 창의성이 높아지는 것으로 나타났다.

① 기분의 주효과 ② 지능의 주효과
③ 창의성의 주효과 ④ 기분과 지능의 상호작용 효과

해설
- 위 사례에서 기분과 지능이 독립변인이고 종속변인은 창의성이다.
- 주효과(독립변인 → 종속변인 효과)는 기분에 따른 창의성의 변화와 지능에 따른 창의성의 변화 2가지이다.
- 창의성이 기분 수준에 따라 지능의 영향을 다르게 받는다면 기분과 지능의 상호작용 효과(독립변수 간의 효과)가 나타난 것이다.

08 내용분석에 관한 설명으로 가장 적합한 것은?

① 조사대상에게 영향을 미칠 수 있다.
② 시간, 비용에 대한 부담이 크다는 단점이 있다.
③ 타당성 확보가 용이하다.
④ 현지조사로 불가능한 자료를 수집할 수 있으며 장기간 시간적 변화흐름을 파악할 수 있다.

해설
- 내용분석법은 질적연구의 한 방법으로 체계적이고 객관적이며 양적인 방식으로 커뮤니케이션을 연구하고 분석하는 방법이다.
- 예를 들어 연구자는 피험자에게 전기, 이야기, 수필 등을 쓰라고 하고 거기에 담겨있는 단어, 주제, 인물, 물건, 시공간 등의 특성을 몇 개의 범주로 분류하고 빈도, 서열, 평정 점수 등을 부여하여 수량화하고 통계적 처리를 한다.

09 척도 제작 시 요인분석(factor analysis)이 활용되는 경우로 틀린 것은?

① 척도의 구성요인 확인 ② 문항들 간의 관련성 분석
③ 척도의 신뢰도 계수 산출 ④ 척도의 단일 차원성에 대한 검증

해설
- 요인분석은 문항이나 변인들 간의 상호관계를 분석하여 상관이 높은 것들을 묶어서 요인의 명칭과 의미를 부여하는 통계방법이다.
- 척도 제작 시의 요인분석은 척도를 구성하는 요인들을 확인하거나 같은 요인을 측정하는 문항들이 하나로 묶이는지 확인하거나 요인으로 묶이지 않는 문항을 제거하기 위해 사용된다.
- ③의 신뢰도 계수는 검사를 두 번 이상 반복 실시하고 상관관계를 구하는 것이므로 요인분석과는 무관하다.

{ 정답 } 07 ④ 08 ④ 09 ③

10 Likert 척도, 의미분화 척도, Stapel 척도와 같은 척도를 구성할 때 고려해야 하는 사항과 가장 거리가 먼 것은?

① 연구대상의 수준   ② 자료수집 방법

③ 표본의 크기   ④ 자료분석 방법

해설 🐾

척도 구성 시 고려사항으로는 연구대상의 수순(학력 등), 자료수집 방법(설문조사 등), 자료분석 방법(통계 등)이 있으며 표본의 크기는 표본오차와 관련이 있다.

---

11 두 변수 X와 Y의 상관계수 r_{xy}에 대한 설명으로 틀린 것은?

① r_{xy}는 두 변수 X와 Y의 산포의 정도를 나타낸다.

② $-1 \leq r_{xy} \leq +1$

③ $r_{xy} = 0$이면 두 변수는 선형이 아니거나 무상관이다.

④ $r_{xy} = -1$이면 두 변수는 완전한 음의 상관관계에 있다.

해설 🐾

• 상관관계의 기본 가정은 선형성, 등분산성, 정규성, 무선독립성이다.
• 상관계수는 $-1 \leq r_{xy} \leq +1$에 있다. 상관계수 $r_{xy} = -1$이면 두 변수는 완전한 음의 상관관계에 있고 상관계수 $r_{xy} = +1$이면 두 변수는 완전한 양의 상관관계에 있으며 $r_{xy} = 0$이면 두 변수는 선형(직선적 관계)이 아니거나 무상관이다.

선형성	독립변수(X)와 종속변수(Y)가 직선적 관계를 이루는 것이다.
등분산성	X값에 관계없이 Y값의 분산, 즉 표준편차가 같은 것이다.
정규성	X, Y가 모집단에서 정규분포를 이룬다.
무선독립성	각 표본은 모집단에서 무선 추출된 독립된 표본이어야 한다는 가정이다.

---

12 집합단위의 자료를 바탕으로 개인의 특성을 추리할 때 저지를 수 있는 오류는?

① 의도적 오류(intentional fallacy)   ② 생태학적 오류(ecological fallacy)

③ 일반화 오류(generalization fallacy)   ④ 개인주의적 오류(individualistic fallacy)

해설 🐾

생태학적 오류	집단의 특성을 개인에게 적용하고 설명하는 현상이다.
개인주의(개체주의)적 오류	개인의 특성을 집단에 적용하고 집단을 설명하는 현상이다.
일반화의 오류	특수한 현상을 일반적인 현상으로 설명하는 오류이다.
환원주의(축소주의) 오류	어떤 현상을 설명하는 개념 등을 지나치게 제한하거나 한가지로 귀착하는 오류이다.

13 어떤 연구자가 단기심리치료 초기 작업동맹 수준과 최종 성과 간의 관계를 치료자 내 (within therapist)와 치료자 간(between therapist)으로 나누어 살펴보려고 한다. 이 때 활용할 수 있는 통계적 분석방법은?

① 요인분석 (factor analysis)

② 단순상관분석 (simple correlation)

③ 단순회귀분석 (simple regression)

④ 위계적 선형모형 분석 (hierarchical linear modeling)

해설 🐾

위계적 선형모형 분석은 두 개 이상의 독립변인(군집단위)의 값을 써서 하나의 종속변수의 값을 예측하는 선형 모델이다.

14 단순회귀모형 $Y_i = \alpha + \beta x_i + \varepsilon_i (i = 1, 2, 3, y, n)$에서 잔차 $\varepsilon_i = y_i - \hat{y_i}$의 성질을 모두 고른 것은?

ㄱ. $\sum_{i=1}^{n} \varepsilon_i = 0$ ㄴ. $\sum_{i=1}^{n} x_i \varepsilon_i = 0$ ㄷ. $\sum_{i=1}^{n} y_i \varepsilon_i = 0$

① ㄱ, ㄴ   ② ㄱ, ㄷ   ③ ㄴ, ㄷ   ④ ㄱ, ㄴ, ㄷ

해설 🐾

- 잔차는 관측치와 추정치의 차이로서 식으로 표현하면 $\varepsilon_i = y_i - \hat{y_i}$이다.
- 잔차의 합은 0이며 이를 식으로 표현한 것이 ㉠이다.
- 잔차에 x_i를 곱해 모두 더한 값(잔차의 가중합)은 0이며 이를 식으로 표현한 것이 ㉡이다.
- ㉢은 y의 추정치와 잔차를 곱해 모두 더한 값을 표현한 것이다. 이 값은 0이 아니다. 그러나 y의 관측치와 잔차를 곱해 모두 더한 값은 0이다.

15 대도시 학생의 ADHD 가능성을 알아보기 위한 연구가 시작되었다. 표집방법은 군집표집법(cluster sampling)을 사용하였다. 다음 중 무선표집 순서로 가장 적합한 것은?

① 대도시 → 학군 → 학교 → 학급 → 학생

② 학생 → 학급 → 학교 → 학군 → 대도시

③ 대도시 → 학생 → 학급 → 학교 → 학군

④ 학교 → 학급 → 학생 → 대도시 → 학군

해설 🐾

군집표집법에서 무선표집은 큰 범위부터 시작해서 점점 작은 범위로 이동한다. 즉, 모집단을 지리적, 행정적 구획으로 나누어 무작위로 표집하는 방법이다.

{ 정답 } 13 ④   14 ①   15 ①

16 모분산이 알려져 있는 정규모집단의 모평균에 대한 구간 추정을 하는 경우, 표본의 수를 4배로 늘리면 신뢰구간의 길이는 어떻게 되는가?

① 신뢰구간의 길이는 표본의 수와 관계없다.

② 2배로 늘어난다.

③ $\frac{1}{2}$로 줄어든다.

④ 모집단과 표본의 성격에 따라 달라진다.

해설

• 모분산이 알려져 있는 정규모집단의 모평균에 대한 구간추정을 하고 싶을 때는 Z값을 사용한다.
• 신뢰구간의 공식에서 표본의 수 n에 4를 넣으면 $\sqrt{4}$로 분모가 2가 되므로 신뢰구간은 $\frac{1}{2}$로 줄어든다.

17 명목척도에 사용할 수 있는 집중 경향값으로 가장 적합한 것은?

① 중앙값   ② 최빈값   ③ 평균값   ④ 기댓값

해설

명목척도에는 집중 경향값으로 최빈치(값), 서열척도에서는 중앙값, 등간척도에서는 산술평균, 비율척도에서는 기하평균이 사용된다.

18 측정오차(error of measurement)에 관한 설명으로 옳은 것은?

① 체계적 오차(systematic error)의 값은 상호상쇄되는 경향이 있다.

② 비체계적 오차(random error)는 인위적이지 않아 오차의 값이 다양하게 분산되어 있다.

③ 신뢰성은 체계적 오차(systematic error)와 관련된 개념이다.

④ 타당성은 비체계적 오차(random error)와 관련된 개념이다.

해설

측정오차	• 측정도구, 측정과정, 결과해석, 검사환경, 피험자 요소(피로, 동기, 심리적 상태, 검사 경험) 등의 영향으로 인해 발생하는 오차이다.
	 • 측정오차를 줄이기 위한 방법
	   – 집단 간 동등한 검사 조건 마련
	   – 검사 표준화
	   – 신뢰도와 타당도를 위협하는 문항을 제거하고, 문항수를 늘림

체계적 오차	• 인구통계학적 요인, 사회경제적 특성, 개인적 성향에 따라 발생하는 것이다.
비체계적 오차	• 측정자, 측정대상자, 측정상황, 측정도구 등으로 인해 발생하는 오차이다.

19 **조사연구를 양적연구와 질적연구로 구분할 때 질적연구의 특징에 해당하는 것은?**

① 통계적 접근

② 높은 신뢰도

③ 해석학적 접근

④ 부분적 접근(local approach)

해설 🐾

- 양적 연구는 객관적 연구로 주로 구조화된 검사지를 사용하고 실증주의에 기반을 둔다.
- 질적 연구는 주관적 연구법으로 검사지가 만들어지기 이전의 원래 상태에 관심을 기울이고 있고 현상학에 기반을 두고 있다.
- 질적 연구의 주요 접근방법으로는 생애사 연구, 현상학적 연구, 근거이론, 문화기술지, 사례연구 등이 있다.

20 **표본의 크기결정을 위한 고려사항과 가장 거리가 먼 것은?**

① 타당도

② 신뢰수준

③ 오차와 한계

④ 모집단의 표준편차

Plus

표본의 크기를 결정할 때 고려할 사항

- 모집단의 성격(모집단의 이질성 여부)
- 통계분석 기법
- 연구목적의 실현 가능성
- 허용 오차의 크기
- 연구 비용, 연구 기간
- 유의도, 신뢰수준
- 변수 및 범주의 수
- 가설의 내용
- 모집단의 표준편차
- 표본추출 방법

{ 정답 } 19 ③   20 ①

1 2016년 기출문제

01 DSM-5에서 다음의 증상에 가장 적합한 진단은?

> 3주 전 10대 후반의 여자 청소년이 남자친구의 오토바이를 함께 타고 가다가 자동차와 부딪쳐 남자친구는 사망하고 자신은 가벼운 찰과상을 입게 되었다. 그녀는 2주 만에 병원에서 퇴원하였으나 사고가 반복되는 악몽과 두통, 사고 장면이 순간순간 떠오르는 증상, 자동차와 오토바이에 대한 극심한 불안을 주 호소로 하여 심리치료센터에 방문하였다.

① 급성 스트레스 장애(acute stress disorder)
② 반응성 애착장애(reactive attachment disorder)
③ 외상 후 스트레스 장애(Post traumatic stress disorder)
④ 적응 장애(adjustment disorder)

해설

- 문제의 사례는 외상 및 스트레스 관련 장애 중급성 스트레스 장애에 대한 설명이다.
- 급성 스트레스 장애는 외상 후 스트레스 장애와 매우 유사한 증상을 나타내는 불안장애로서 외상사건 경험(실제적이거나 위협적인 죽음, 심각한 부상 또는 성폭력에 노출) 후에 단기간 해리 증상이 나타나는 경우를 말한다.
- 증상의 기간은 외상 노출 후 3일부터 1개월까지이다.
- 증상으로는 침습증상, 부정적 기분, 해리증상, 회피증상, 각성증상이 있으며, 이러한 장애가 사회적·직업적 또는 임상적으로 현저한 고통이나 손상을 초래한다.
- 문제의 사례에서 중요한 포인트는 '그녀는 2주 만에 병원에서 퇴원하였으나 사고가 반복되는 악몽과 두통, 사고 장면이 순간순간 떠오르는 증상, 자동차와 오토바이에 대한 극심한 불안을 주 호소'한다는 부분이다.

02 아동 청소년기에 흔한 심리장애에 관한 설명과 가장 거리가 먼 것은?

① 분리불안장애는 집이나 애착 대상과의 분야에 대한 과도한 공포와 불안이다.
② 반응성 애착장애는 생후 9개월부터 만 5세 이전의 아동에게 주로 발생한다.
③ 선택적 무언증은 증상이 1개월 이상 지속되는 경우이다.
④ 만성 틱장애는 증상이 연속적으로 6개월 이상 지속되는 경우이다.

해설

만성 틱장애는 증상이 연속적으로 1년 이상 지속되는 경우이다.

01 ① 02 ④ { 정답 }

03 **DSM 진단체계에 관한 설명과 가장 거리가 먼 것은?**

① DSM보다 앞서 정신장애를 진단하는 체계가 있었다.

② DSM-Ⅱ부터 다축 분류를 채택하였다.

③ 정신지체는 DSM-Ⅳ의 2축으로 분류된다.

④ DSM-5에서 DSM-Ⅳ까지 적용되었던 다축 진단체계가 폐기되었다.

해설
- 미국 정신의학협회가 세계보건기구(WHO)의 ICD-6(국제 질병 및 사인 분류 6판)를 기초로 하였다.
- DSM-Ⅳ부터 다축 분류를 채택하였다.

04 **DSM-5에서 적응장애에 관한 설명과 가장 거리가 먼 것은?**

① 분명히 확인될 수 있는 심리사회적 스트레스 사건에 대한 반응으로 부적응 증상이 나타나야 한다.

② 청소년의 경우 비행 행동이 나타날 수 있다.

③ 우울 및 불안 등 정서적인 어려움을 보인다.

④ 적응장애를 지닌 아동은 흔히 인지발달과 언어발달이 늦어지거나 상동적 행동문제를 나타낸다.

해설
자폐성향을 지닌 아동은 흔히 인지발달과 언어발달이 늦어지거나 상동적 행동문제를 나타낸다.

05 **DSM-5에서 파괴적, 충동통제 및 품행장애의 특징을 짝지은 것은?**

ㄱ. 정서와 행동에 대한 자기통제 문제와 관련된다.
ㄴ. 타인의 권리를 침해하거나 사회적 규범을 위반하는 부적응적 행동들이 여기에 포함된다.
ㄷ. DSM-5에서 적대적 반항장애, 병적 방화, 반사회적 성격장애 등을 포함한다.
ㄹ. 대체적으로 성인기에 발병한다.
ㅁ. 충동 행동 후회 결과를 통해 새로운 학습이 일어나 충동행동은 자연스럽게 점점 줄어든다.

① ㄱ, ㄴ, ㄷ   ② ㄱ, ㄴ, ㄹ

③ ㄱ, ㄹ, ㅁ   ④ ㄴ, ㄷ, ㄹ

해설
- 파괴적, 충동통제 및 품행장애는 대개 아동청소년기에 발병한다.
- 파괴적, 충동통제 및 품행장애는 충동 행동 후회 결과로 새로운 학습이 일어나지 않는다. 치료를 하지 않으면 충동 행동은 자연스럽게 점점 줄어들지 않는다.

{ 정답 } 03 ②   04 ④   05 ①

06 정신분석이론에서 강박성 성격장애와 관련된다고 보는 심리적 발달단계는?

① 구강기   ② 항문기

③ 남근기   ④ 성기기

해설

정신분석이론에서 강박성 성격장애는 오이디푸스 시기의 거세불안으로 인해 항문기의 안정된 상태로 퇴행한 것으로 보았다. 배변 훈련 과정에서 나타난 어머니의 양육방식이 과잉통제적일 때 강박성 성격장애가 초래된다.

07 다음 증상에 가장 적합한 진단은?

> A씨는 어떤 성취를 하여도 언제나 다음 목표를 채워야 하며 즐겁지가 않다. 휴가를 가서도 일할 거리를 가지고 가기 때문에 가족과 함께 시간을 보내기가 어렵다.

① 의존성 성격장애   ② 편집성 성격장애

③ 강박성 성격장애   ④ 회피성 성격장애

해설

[강박성 성격장애]

문제의 사례와 같이 A씨가 어떤 성취를 하여도 언제나 다음 목표를 세워야 하며 즐겁지가 않다든지, 휴가를 가서도 일할 거리를 가지고 가서 가족과 함께 시간을 보내기가 어렵다면 강박성 성격장애로 진단이 가능하다.

의미	• 지나치게 완벽주의적이고 세부적인 사항에 집착하며 과도한 성취지향성과 인색함을 특징적으로 나타내는 성격장애를 말한다.
특징	• 정리 정돈, 완벽주의, 마음의 통제와 대인관계의 통제에 집착하는 행동특성이 생활전반에 나타나며 이러한 특성으로 인해 융통성, 개방성, 효율성을 상실하는 대가를 치르게 된다. • 일과 생산성에만 과도하게 몰두하여 여가 활동과 우정을 희생한다. • 도덕, 윤리 또는 가치문제에 있어서 지나치게 양심적이고 고지식하며 융통성이 없다.

08 DSM-5에서 성기능부전(Sexual Dysfunction)에 해당하지 않는 것은?

① 성별 불쾌감(Gender Dysphoria)

② 조기 사정(Premature Ejaculation)

③ 발기 장애(Erectile Disorder)

④ 여성극치감 장애(Female Orgasmic Disorder)

해설

성별 불쾌감 장애는 성불편증이라고 하며 자신의 생물학적 성과 성역할에 대해서 지속적으로 불편감을 느끼는 경우를 말하며 성정체감 장애 또는 성전환증이라고 불리기도 한다.

06 ②   07 ③   08 ① { 정답 }

09 **Clark의 인지이론에서 공황발작을 유발하는 핵심적 요인은?**

① 신체감각에 대한 파국적 오해석

② 자신에 대한 부정적이고 역기능적인 신념

③ 공황발작 상황에 대한 학습된 무기력함

④ 불안유발 상황에 대한 부적절한 방어기제

해설 🦰
Clark는 공황발작이 사소한 신체감각을 위험한 것으로 지나치게 과대평가하고, 확대 해석하여 파국적인 사고로 발전시킴으로써 극도의 불안인 공황에 도달하는 것으로 보았다.

10 **DSM-5에서 성격장애에 관한 설명과 가장 거리가 먼 것은?**

① B군 성격장애는 정서적, 극적인 성격 특성을 나타낸다.

② 반사회성 성격장애는 아동기 및 청소년기에 진단되며, 10세 이전에 품행장애를 나타낸 증거가 있어야 한다.

③ 반사회성 성격장애와 자기애성 성격장애는 타인의 감정과 욕구에 대한 공감 능력 결여가 공통된 특징이다.

④ 경계성 성격장애와 기분장애가 함께 나타날 때 자살 가능성이 높아진다.

해설 🦰
반사회성 성격장애는 성인기에 진단되며, 타인의 권리를 무시하거나 침해하는 행동양식이 생활전반에 나타나며 이러한 특성이 15세부터 시작되어야 한다.

11 **이상행동 및 정신장애의 판별기준과 가장 거리가 먼 것은?**

① 주관적 불편감과 개인적 고통

② 법적 규제

③ 적응적 기능의 저하 및 손상

④ 문화적 규범의 이탈

해설 🦰
이상행동 및 정신장애의 판별기준은 통계적 규준의 일탈, 주관적 불편감과 개인적 고통, 적응적 기능의 저하 및 손상, 문화적 규범의 이탈이며 ②의 법적 규제는 해당되지 않는다.

{ 정답 } 09 ① 10 ② 11 ②

12 **Bandura의 사회적 학습 이론에 근거해 이상행동의 형성 혹은 치료를 설명한 예는?**

① A군은 주인공이 각종 범죄를 저지르며 부자로 성공하는 영화를 시청한 후 이를 모방한 범죄를 저질렀다.

② B양이 백화점에서 큰 소리로 울고 때를 쓸 때마다 어머니는 B양을 진정시키기 위해 장난감을 사 주었다.

③ 야뇨증을 보이는 C군에게 이불이 젖을 때마다 시끄럽게 울리는 부저를 설치하여 소변을 보도록 하였다.

④ D양은 수업시간에 돌아다니지 않으면 선생님께 스티커를 한 장씩 받고 10장을 모으면 햄버거를 선물 받았다.

해설 🖊

①은 모델링, ②는 강화, ③은 혐오치료, ④는 토큰강화이다. 이 중 모델링은 반두라(Bandura)의 사회학습이론과 관련이 있다.

13 **DSM-5의 신경인지장애에 대한 설명으로 가장 적합한 것은?**

① 주요 신경인지장애(major neuro cognitive disorder)는 2가지 이상의 인지적 영역에서 과거의 수행 수준에 비해 심각한 인지적 저하가 나타나는 경우를 말한다.

② 경도 신경인지장애(minor neuro cognitive disorder)는 인지적 저하로 인해서 일상생활을 독립적으로 영위할 수 있는 능력이 없는 경우를 말한다.

③ DSM-Ⅳ에서 치매(dementia)로 지칭되었던 장애가 DSM-5에서는 그 심각도에 따라 경도 또는 주요 신경인지장애로 지칭되고 있다.

④ 섬망(delirium)은 의식이 혼미해지고 주의집중 및 전환능력이 현저하게 감소하지만 기억, 언어, 현실 판단 등의 인지기능에는 장애가 나타나지 않는 경우를 말한다.

해설 🖊

• 주요 신경인지장애는 뇌의 손상으로 인해 의식, 기억, 언어, 판단 등의 인지적 기능에 심각한 결손이 나타나는 경우를 말한다.

• 알츠하이머 질환, 뇌혈관 질환, 충격에 의한 뇌 손상, HIV 감염, 파킨슨 질환, 물질 사용, 신체적 질병과 같은 다양한 원인에 의해서 유발될 수 있다.

• DSM-Ⅳ에서 치매(dementia)로 지칭되었던 장애가 DSM-5에서는 그 심각도에 따라 경도 또는 주요 신경인지장애로 지칭되고 있다.

12 ① 13 ③ { 정답 }

14 양극성 장애의 치료에 가장 적합한 것은?

① 리튬 카보네이트(lithium carbonate)

② 플록세틴(fluoxetine)

③ 벤조다이아제핀(benzodiazepine)

④ 알프라졸람(alprazolam)

해설
- 조증 치료에는 탄산리튬(lithium carbonate)을 쓰는데 이는 리튬이 신경전달물질인 protein kinase C(PKC)의 활동을 줄이기 때문이다.
- 만성 스트레스로 인해 장기간 코르티솔 수치가 높아지면 면역체계 등에 나쁜 영향을 주어 우울증이 유발될 수 있다.
- 플록세틴은 식욕 억제제와 항우울제로 사용되며, 벤조다이아제핀, 알프라졸람은 항불안제로 사용된다.

15 본드, 시너 등 휘발성 흡입제의 중독 증상과 가장 거리가 먼 것은?

① 현기증　　　　　　　　　② 불분명한 언어

③ 운동조정 곤란　　　　　　④ 근육강직

해설
- 휘발성 흡입제는 중추신경억제제로 뇌신경세포의 기능을 억제시킨다.
- 흡입제 중독 증상으로 현기증, 안구진탕, 운동조정 곤란, 불분명한 언어, 불안정한 보행, 기면, 반사의 감소, 정신운동성 지연, 진전, 전반적인 근육약화, 시야 혼탁이나 복시, 혼미나 혼수 등이 있다. ④의 근육강직은 해당하지 않는다.

16 급식 및 섭식장애(feeding and eating disorder)의 특성을 모두 고른 것은?

ㄱ. 신체기능의 저하를 가져와 죽음에까지 이를 수 있다.
ㄴ. 날씬한 것에 대해 선호하는 사회문화적 분위기와 관련된다.
ㄷ. 외모를 중시하는 직업군에서 발병률이 높다.
ㄹ. 대체적으로 20대 중·후반에 발병한다.
ㅁ. 신경성 폭식증은 정상 체중을 유지한다는 점에서 신경성 식욕부진증과 다르다.

① ㄱ, ㄴ, ㄷ　　　　　　　② ㄱ, ㄴ, ㄹ

③ ㄱ, ㄴ, ㄷ, ㅁ　　　　　④ ㄴ, ㄷ, ㄹ, ㅁ

해설
급식 및 섭식장애는 대체적으로 10대 중후반에 발병한다.

{ 정답 } 14 ①　15 ④　16 ③

17 DSM-5에서 다음 사례에 가장 적합한 진단명은?

> 10년째 사법고시를 준비하고 있는 K는 친구 없이 늘 혼자 지내며 30대 중반의 나이에도 불구하고 여자나 결혼에 대해 전혀 관심이 없다. 어려서부터 부모에게도 거리감을 느껴 가까이 하지 않았고 타인과 친밀한 관계를 원하지도 않았다. 외모에 신경을 쓰지 않아 타인에게 이상한 사람으로 여겨지나 타인의 비판에 무관심하다. 정서적으로도 냉담하며 고립되어 고시촌에서 단조롭고 메마른 생활을 하고 있다.

① 조현성 성격장애
② 회피성 성격장애
③ 조현형 성격장애
④ 자기애성 성격장애

해설

조현성 성격장애는 감정표현이 없고 대인관계를 기피하여 고립된 생활을 하는 성격장애이며, 사회적 관계에서 고립되어 있고 대인관계 상황에서 감정 표현이 제한되어 있는 특성이 성인 초기부터 생활 전반에 나타난다.

18 DSM-5에서 조현병의 특성을 모두 고른 것은?

> ㄱ. 망상, 환각, 혼란스러운 언어를 특징으로 하는 심각한 정신장애
> ㄴ. 장애가 진행되고 있다는 징후가 최소 6개월 이상 지속
> ㄷ. 심하게 혼란스러운 행동이나 긴장증적 행동
> ㄹ. 장애가 물질이나 다른 신체적 질병의 생리적 효과에 의한 것이 아님

① ㄱ, ㄴ
② ㄷ, ㄹ
③ ㄱ, ㄴ, ㄹ
④ ㄱ, ㄴ, ㄷ, ㄹ

해설

- 모두 조현병 내용으로 옳은 내용이다.
- 망상, 환각, 와해된 언어, 심하게 와해된 행동이나 긴장증적 행동, 음성 증상 중 2개 이상의 증상이 1개월 이상 나타나는 활성기가 있어야 한다.
- 장애의 징후가 전구기와 잔류기를 포함해서 6개월 이상 지속되어야 한다.
- 장애가 물질이나 다른 신체적 질병의 생리적 효과에 의한 것이 아니어야 한다.

19 우울증에 대한 Seligman의 '학습된 무기력 이론'에 관한 설명과 가장 거리가 먼 것은?

① 정적 강화의 결핍과 혐오적 불쾌 경험 증가에 의한 우울 유발 효과
② 반응과 결과 간의 반복적인 무관성 경험의 우울 유발 효과
③ 상황에 대한 통제 불가능 경험의 우울 유발 효과
④ 회피 및 도피조건 형성 패러다임에 근거하여 설명된 개념

해설

- Seligman은 우울증인 사람들은 실패 경험을 내부적, 안정적, 전반적 귀인으로 주장한다.
- 실패 경험에 대한 내부적 귀인은 자존감 손상과 우울증 발생에 양향을 미치며, 안정적 귀인은 우울증의 만성화 정도를 결정한다.
- Seligman의 학습된 무기력 이론과 정적 강화의 결핍과 혐오적 불쾌경험 증가에 의한 우울 유발 효과는 관련성이 적다.

17 ① 18 ④ 19 ① { 정답 }

20 DSM-5에서 다음 설명에 가장 적합한 진단은?

> • 비명을 지르거나 울면서 갑자기 일어난다.
> • 소아에서 시작되고 청소년기 동안 자연적으로 해소된다.
> • 다음 날 아침에 깨면 전날 밤 사건을 기억하지 못한다.

① 악몽장애(nightmare disorder)
② 야경증 유형(sleep terror type)
③ 기면증(marcolepsy)
④ 수면보행 유형(sleepwalking type)

해설

[야경증]

의미	• 수면 중에 자율신경계의 흥분과 더불어 강렬한 공포를 느껴 자주 잠에서 깨는 증상이다.
특징	• 야경증에 걸린 아이는 잠이 든지 수 시간 후 갑자기 소리를 지르며 잠자리에서 일어나 공포에 질린 상태로 목적 없이 무엇을 짚으려는 행동을 보이거나 방 안을 왔다 갔다 하는 행동을 보인다. • 이때, 아이는 무서움과 공포에 질려 있고 눈동자는 멍한 상태에서 식은땀을 흘리거나 숨을 몰아쉰다. • 옆에서 부모가 달래도 전혀 반응이 없다가 몇 분이 지나면 자연히 다시 잠들어 버린다. • 아침에 깨어 어젯밤에 있었던 일에 대해 물어 보면 자기 행동에 대해 전혀 기억을 하지 못한다.

{ 정답 } 20 ②

46 원큐패스 임상심리사 1급 필기·실기

01 경계성 성격장애의 주요 증상과 임상적 특징이 아닌 것은?

① 이상화와 평가절하

② 반복적인 자살시도

③ 자신에게 관심을 끌기 위해 외모를 이용

④ 정체감 혼란

해설

- 경계성 성격장애는 대인관계, 자기 상(象), 감정상태의 심한 불안정성을 주된 특징으로 한다.
- 경계성 성격장애의 소유자는 타인으로부터 버림받는 것에 대한 두려움을 지니며 강렬한 애정과 증오가 반복되는 불안정한 대인관계를 반복적으로 나타낸다.
- ③의 자신에게 관심을 끌기 위해 외모를 이용하는 것은 연극성 성격장애의 특징이다.

02 정신분석적 입장에서 설명하는 고착 현상과 이로 인해 나타나는 성격장애 간의 연결이 옳은 것을 모두 고른 것은?

> ㄱ. 구강기–의존성 성격장애
> ㄴ. 항문기–강박성 성격장애
> ㄷ. 남근기–자기애성 성격장애

① ㄱ　　　　② ㄱ, ㄴ　　　　③ ㄴ, ㄷ　　　　④ ㄱ, ㄴ, ㄷ

해설

ⓒ은 어린 시절의 오이디푸스 갈등에 기인한 것으로 보며 남근기의 고착이 연극성 성격을 유발할 수 있다는 주장이 있다.

03 성정체감 장애에 관한 설명으로 옳은 것은?

① 성정체감 장애는 어린 시절이나 사춘기 초기에 국한되어 발생하며 평생 동안 지속된다.

② 반대의 성이 되기를 소망하므로 성전환증으로 불리기도 한다.

③ 성정체감 장애는 생물학적 원인에 의해 발생하므로 유일한 치료 방법은 성전환수술이다.

④ 성정체감 장애는 동성애를 말한다.

해설

- 성정체감 장애는 성불편증 또는 성전환증으로 불리기도 한다.
- 자신의 생물학적 성과 역할에 대해서 지속적으로 불편감을 느끼는 경우를 말한다.
- 반대의 성에 대해 강한 동일시를 나타내거나 반대의 성이 되기를 소망하는 경우로 성전환증이라 불리기도 한다.
- 선천적 요인으로는 유전자의 이상과 태내의 호르몬 이상이 주장되고 후천적 요인으로는 성장 과정에서 부모와 가족의 역할이 중요한 것으로 여겨지고 있다.

01 ③　02 ②　03 ② { 정답 }

04 **DSM-5의 반응성 애착장애의 설명 중 옳지 않은 것은?**

① 양육자와의 애착 외상으로 인해 심각한 정서적 억제와 위축된 행동을 나타낸다.

② 증상양상이 6개월 이상 계속되는 경우 지속형에 해당된다.

③ 타인과의 관계를 두려워하거나 회피하며 긍정적 정서반응을 거의 보이지 않는다.

④ 진단되는 발달연령이 최소 9개월 이상이어야 한다.

해설

반응성 애착장애는 생후 9개월부터 5세 이전에 시작되며, 이러한 증상양상이 1년 이상 지속될 경우 지속형이라고 한다.

05 **물질사용장애에 관한 설명으로 옳은 것은?**

① 에틸알코올은 뉴런 수준에서 GABA의 억제작용을 돕는다.

② 알코올 남용이 심각하더라도 진전섬망은 나타나지 않는다.

③ 코카인은 대표적인 진정제이며 아편 유사제이다.

④ 자낙스, 바리움, 아티반 등은 대표적인 바비튜레이트계에 속한다.

해설

• 진전섬망이란 금단증상의 합병증으로 섬망이 있는 상태로 의식 혼탁 및 혼동, 지각장애로 나타나는 환각이나 착각, 망상, 초조증, 불면 또는 수면주기의 반전과 자율신경계 항진과 같이 짧게 지속되지만 생명을 위협하는 응급상황이다.
• 자극제인 암페타민과 코카인은 중추신경계 흥분제이다. 양귀비에서 추출한 아편류는 모르핀과 헤로인이 있다.
• 항불안제 중추신경억제제인 자낙스, 바리움, 아티반 등은 대표적인 벤조디아제핀계에 속한다.

06 **다음 임상적 특징이 나타내는 DSM-5의 심리장애는?**

• 2년 이상 지속되는 우울한 기분
• 식욕부진이나 과식
• 불면이나 과다수면
• 활력의 저하나 피로감
• 집중력의 감소나 결정의 곤란
• 절망감 등

① 주요 우울장애   ② 순환성 장애

③ 지속성 우울장애   ④ 파괴적 기분조절부전장애

해설

2년 이상 지속적으로 우울한 기분이 계속되면 지속성 우울장애이다.

{ 정답 } 04 ②   05 ①   06 ③

07 다음 대화에서 밑줄 친 치료자의 말은 어떤 요소에 가장 부합하는가?

- 내담자 : 저는 매사에 걱정이에요. 다른 사람들이 날 뭐라고 생각할까요? 저는 사람들이 나한테 기대하는 만큼 잘 하지 못할 것 같다니까요.
- 치료자 : <u>다른 사람의 의견에 신경을 많이 쓴다는 것이군요.</u>
- 내담자 : 물론 제가 다 걱정할 일은 아닐 수도 있어요.
- 치료자 : <u>그렇게까지 마음 쓸 일은 아닌데… 어쨌든 꽤 걱정이 많이 된다는 말이군요.</u>

① 역설적 강조 ② 능숙한 경청과 재진술
③ 책임수용 권유 ④ 경험왜곡 부정

해설

사례에서 치료자는 능숙한 경청과 재진술 기법을 활용하고 있다. 재진술이란 내담자의 진술 중 상황, 사건, 대상(사람, 동물, 사물), 생각에 대한 핵심내용을 상담자의 말로 바꾸어 되돌려 주는 기술이다.

08 치매에 관한 설명으로 옳은 것은?

① 유병률은 남녀가 비슷하다.
② 혈관성 치매와 알츠하이머형 치매의 유병률이 비슷하다.
③ 알츠하이머형 치매는 베타아밀로이드(β-amiloid) 단백질의 부족과 관계가 있다.
④ 치료하면 증상이 호전되는 가역적 치매가 전체 치매의 10~15%이다.

해설

- 치매 유병률은 여자가 남자보다 높다.
- 혈관성 치매보다 알츠하이머형 치매의 유병률이 크다.
- 알츠하이머형 치매는 베타아밀로이드(β-amiloid) 단백질의 축적과 관계가 있다.

09 이상심리학에 대한 정신분석적 접근의 설명과 가장 거리가 먼 것은?

① 아무리 사소하고 이해하기 어려운 행동이라도 우연하게 일어나지 않으며 심리적인 원인에 의해 결정된다고 본다.
② 성적 욕구는 인간의 가장 기본적인 욕구이며, 무의식의 주요한 내용을 구성한다고 가정한다.
③ 정신분석이론은 실험적인 연구에 의하여 뒷받침을 받지 못하는 비과학적 이론이라는 비판이 있다.
④ Freud는 개인 내부에 존재하는 성격구조 간의 역동적인 갈등과 개인관계 측면에 초점을 두었다.

해설

Freud는 개인 내부에 존재하는 성격구조 간의 역동적인 갈등과 성적 추동(충동)에 초점을 두었다.

10 조현병 환자의 대표적인 음성 증상에 해당하는 것은?

① 망상 ② 무의욕증
③ 환각 ④ 극도로 와해된 행동

해설 💝

• 조현병의 음성 증상은 무욕증, 둔마된 정동, 흥미의 결여, 빈곤한 언어이다.
• 망상, 환각(환청), 비논리적 사고, 극도로 와해된 행동 등은 양성 증상이다.

11 DSM-5에서 비물질 관련 장애(non-substance-related disorder)에 포함된 것은?

① 쇼핑 중독(shopping addiction)
② 섹스 중독(sex addiction)
③ 도박장애(gambling disorder)
④ 디지털 미디어장애(digital media disorder)

해설 💝

• 물질 관련 및 중독장애는 중독성 물질을 사용하거나 중독성 행위에 몰두함으로써 생겨나는 다양한 부적응적 증상이다.
• 물질 관련 장애에는 물질 사용장애, 물질 유도성 장애(물질 중독, 물질 금단, 물질/약물 유동성 정신장애)가 있고, 비물질 관련 장애에는 도박장애가 있다.

12 DSM-5에 관한 설명으로 적합하지 않은 것은?

① DSM-IV에서 사용했던 다축 진단체계가 임상적 유용성과 타당성이 부족하다는 이유로 폐기되었다.
② 정신장애를 20개의 주요한 범주로 나누고 그 하위범주로 300여 개 이상의 장애를 포함하고 있다.
③ 정신장애 분류체계에 있어 ICD와의 조화보다는 독립적인 체계를 구축하였다.
④ 장애가 흔히 발생하는 발달단계를 고려하여 이른 시기의 발달과정에 나타나는 정신장애 범주부터 먼저 제시하고 있다.

해설 💝

DSM-5(2013)는 ICD-10(1992)과 조화를 이룰 수 있도록 진단 체계를 구성하였다.

{ 정답 } 10 ② 11 ③ 12 ③

13 정신장애 발생에 관한 취약성–스트레스 모형에서 취약성 요인과 가장 거리가 먼 것은?

① 유전적 이상　　　　　　　② 직업의 변화

③ 뇌신경 이상　　　　　　　④ 어린시절 부모의 학대

> **해설**
> • 취약성 – 스트레스 모형은 특정한 장애에 걸리기 쉬운 개인적 특성인 취약성과 환경으로부터 주어지는 심리사회적 스트레스가 상호작용하여 정신장애가 유발된다는 입장이다.
> • 직업의 변화는 스트레스 요인이다.

14 다음 중 치매의 과정에서 나타나는 기억 감퇴로 간주될 수 있는 사례를 모두 고른 것은?

> ㄱ. 대뇌 위축과 함께 점진적으로 기억 감퇴를 보이고 독립적인 일상생활 유지가 어려운 38세 K씨
> ㄴ. 공사현장에서 낙상하고 두부외상을 입은 후 현저한 기억 감퇴가 지속되는 25세 P씨
> ㄷ. 동승한 부인이 사망한 교통사고를 당한 후 사고 경위를 전혀 기억하지 못하는 65세 J씨
> ㄹ. 40여 년간 음주를 해왔으며 현재 심한 기억 감퇴와 작화증을 보이는 75세 L씨

① ㄱ, ㄴ　　　　　　　　② ㄴ, ㄷ, ㄹ

③ ㄱ, ㄴ, ㄹ　　　　　　④ ㄱ, ㄷ, ㄹ

> **해설**
> ㄷ의 동승한 부인이 사망한 교통사고를 당한 후 사고 경위를 전혀 기억하지 못하는 65세 J씨의 경우 해리성 기억상실증에 해당한다.

15 강박장애에 대한 설명으로 틀린 것은?

① 주된 증상은 강박사고와 강박행동이다.

② 생물학적 원인으로 세로토닌의 과잉행동이 있다.

③ 자신의 증상이 지나치거나 비합리적이라는 것을 인식한다.

④ 강박행동은 씻기, 확인하기와 같은 외현적 행동과 숫자세기와 같은 내현적 행동이 있다.

> **해설**
> 세로토닌은 행동억제와 관련된 신경전달물질로서 이것이 부족하면 우울증 등의 원인이 된다.

16 다음은 어떤 양극성 장애를 나타내는 것인가?

> 과거에 한 번 이상의 경조증 삽화와 한 번 이상의 주요 우울 삽화를 경험한 적이 있어야 한다.
> 아울러 조증 삽화를 한 번도 경험한 적이 없어야 한다.

① 순환성 장애　　　　　　　　② 제Ⅰ형 양극성 장애
③ 제Ⅱ형 양극성 장애　　　　　④ 제Ⅲ형 양극성 장애

해설 🐶

과거에 한 번 이상의 경조증 삽화와 한 번 이상의 주요 우울 삽화를 경험한 적이 있어야 한다. 아울러 조증 삽화를 한 번도 경험한 적이 없어야 하는 진단기준은 제Ⅱ형 양극성 장애에 대한 설명이다.

17 이상행동을 유발하는 인지적 요인에 관한 설명과 가장 거리가 먼 것은?

① 인지적 구조는 외부 자극에 대한 정보처리의 결과로 생성된 인지를 의미한다.
② 상실이나 실패라는 주제에 편향되어 자신의 경험을 비관적으로 평가하는 경향은 역기능적 신념과 관련이 있다.
③ 만성 조현병 환자의 주의폭 협소와 강박증 환자의 단기기억 용량의 감소 등은 인지적 결손에 해당한다.
④ 정신장애를 지닌 사람들의 의미부여 과정은 매우 빠르게 진행되어 의식적으로 노력하지 않으면 사고 내용이 잘 자각되지 않는데 이를 자동적 사고라 한다.

해설 🐶

인지적 산물은 외부 자극에 대한 정보처리의 결과로 생성된 인지를 의미한다.

18 DSM-5의 지적발달장애 유형 중에 사회경제적 지위수준에 따라 유병률의 차이가 가장 현저한 것은?

① 경도(mild)　　　　　　　　② 중등도(moderate)
③ 중도(severe)　　　　　　　④ 최고도(profound)

해설 🐶

• 지적장애의 유병률은 일반인구의 약 1%이며, 남성이 전체의 60%로서 여성보다 남성에게 더 흔하다. 특별한 신경학적 원인이 밝혀지지 않은 경미한 지적장애의 경우에는 하류계층에서 더 많이 나타난다.
• DSM-5의 지적발달장애 유형 중에 사회경제적 지위수준에 따라 유병률의 차이가 가장 현저한 것은 경도(mild)이다.

{ 정답 } 16 ③　17 ①　18 ①

19 **지적장애에 대한 설명으로 옳은 것은?**

① 경도(mild) 수준의 지적장애는 식사, 옷 입기, 배설, 위생관리는 가능하나 독립적으로 수행하기 위해서는 장기간에 걸친 교육과 시간이 필요하다.

② 중등도(moderate) 수준의 지적장애는 학령전기 아동의 경우 개념적 영역의 차이가 뚜렷하지 않을 수 있다.

③ 고도(severe) 수준의 지적장애는 연령에 적합하게 자기관리를 수행할 수 있지만 복잡한 일상생활 영역에서는 또래에 비해 약간의 도움이 필요하다.

④ 최고도(profound) 수준의 지적장애는 일부 일상활동에는 참여할 수 있으나 일상적인 신체 관리, 건강, 안전의 전 영역에 걸쳐 타인에게 의존적인 생활을 한다.

해설

①은 중등도 수준의 지적장애, ②와 ③은 경도 수준의 지적장애이다.

20 **DSM-5 성격장애 하위 유형 중 극적이고 감정적이며 변덕스러운 성격특성을 나타내는 유형으로만 묶은 것은?**

① 반사회성 성격장애, 연극성 성격장애, 경계성 성격장애

② 조현성 성격장애, 연극성 성격장애, 자기애성 성격장애

③ 의존성 성격장애, 회피성 성격장애, 편집성 성격장애

④ 강박성 성격장애, 조현형 성격장애, 반사회성 성격장애

해설

군집 B 성격장애는 극적이고 감정적이며 변덕스러운 성격특성을 나타낸다. 여기에는 반사회성 성격장애, 연극성 성격장애, 경계성 성격장애, 자기애성 성격장애가 있다.

01 범불안장애에 대한 설명으로 틀린 것은?

① 근육의 긴장이나 수면장애가 함께 나타나기도 한다.

② 일종의 다중공포증으로 여겨진다.

③ 벤조디아제핀 계열의 약물은 불안을 증가시켜 이 장애의 원인과 관련 있는 것으로 여겨진다.

④ 이 장애에 취약한 사람들은 위협에 대한 인지도식이 발달되어 있다.

해설 💕

벤조디아제핀 계열의 약물은 항불안제이다.

---

02 정신상태검사(mental status examination)에서 평가하는 내용과 가장 거리가 먼 것은?

① 의식의 수준　　　　　　② 주의지속의 폭

③ 장기기억　　　　　　　④ 기분

해설 💕

• 정신상태검사란 환자를 관찰하고, 자기진술을 이끌어내고, 질문을 통해 환자의 심리적·행동적 기능을 평가하는 과정을 말한다.

• 정신상태검사에 포함되는 내용은 다음과 같다.

　– 잠재적 진단과 예후, 손상의 정도, 가장 적합한 치료 등에 관한 결정을 포함하는 현재 정신병리적 문제의 평가

　– 성격구조의 파악 및 이를 통한 정신병리적 문제의 역사적 및 발달적 선행요인의 확인

　– 치료에 필요한 능력과 치료에 참여하려는 의지의 평가 등 포함

---

03 간헐적 폭발성 장애에 대한 옳은 설명을 모두 고른 것은?

> ㄱ. 공격적 충동이 조절되지 않는다.
> ㄴ. 언어적 공격행위나 신체적 공격행위가 반복해서 폭발적으로 나타난다.
> ㄷ. 장애로 인하여 직업을 잃고, 학교에 적응하지 못하고 심할 경우 투옥되기도 한다.
> ㄹ. 자극사건이나 심리사회적 스트레스에 비해 공격성의 정도가 지나치게 높다.

① ㄱ, ㄴ, ㄷ　　　　　　② ㄱ, ㄷ, ㄹ

③ ㄴ, ㄹ　　　　　　　　④ ㄱ, ㄴ, ㄷ, ㄹ

해설 💕

모두 옳은 내용으로 간헐적 폭발성 장애(intermittent explosive disorder)는 6세 이상 진단되며, 공격적 충동이 조절되지 않아, 심각한 공격적 행동이나 재산 및 기물을 훼손하는 파괴적 행동을 반복적으로 나타내는 장애이다.

{ 정답 } 01 ③　02 ③　03 ④

04 **행동주의 관점에서 구분하는 행동장애의 분류와 해당 장애가 틀리게 연결된 것은?**
① 행동의 과잉–강박행동
② 행동의 결손–대인공포증
③ 부적절한 강화체계–물질사용장애
④ 자극과 반응체계의 붕괴–성 도착증

해설

자극과 반응체계의 붕괴(자극에 대한 반응이 일어나지 않음)는 우울증에 해당된다.

05 **디설피람(disulfiram)이라는 항남용제(antabuse)는 어떤 물질과 관련된 장애를 치료할 때 사용되는가?**
① 헤로인
② 암페타민
③ 코카인
④ 알코올

해설

디설피람(disulfiram)은 에탄올(음주 알코올)에 대해 급성으로 민감성을 생성하여 만성 알코올 중독 치료를 지원하는 데 사용되는 약물이다.

06 **DSM–5에서 범주와 하위장애가 틀리게 짝지어진 것은?**
① 신경발달장애–경도 신경인지장애
② 불안장애–선택적 함구증
③ 강박 및 관련 장애–신체이형장애
④ 파괴적 충동통제 및 품행장애–병적 방화

해설

경도 신경인지장애는 신경발달장애가 아니라 신경인지장애이다.

07 **다음 중 이상심리학의 역사에 관한 설명으로 틀린 것은?**
① 고대의 원시사회에서는 정신장애를 초자연적인 현상으로 이해하여 초자연적인 치료 방법을 사용하였다.
② 그리스 시대의 Hippocrates는 정신장애를 심리적 요인의 불균형에 의해 생긴 것으로 보고 조증, 우울증, 광증으로 분류하였다.
③ 서양 중세시대의 정신병자는 죄를 지어 하나님으로부터 벌을 받는 것이거나 마귀의 수족 역할을 하는 자로 규정되었다.
④ 내과 의사였던 Pinel은 정신병자에게 인도주의적인 대우를 해 주어야 한다고 주장한 최초의 사람이다.

해설

그리스 시대의 Hippocrates는 모든 질병의 원인은 신체적 기질에 있다고 보았다. 그에 따르면 이상심리는 혈액(명랑, 사고, 낙관적), 점액(침착하고 냉정한 내향성), 황담즙(화를 잘 내는), 흑담즙(우울증) 등 4가지 체액의 불균형으로 생긴 것으로 보고 조증, 우울증, 광증으로 분류하였다.

04 ④ 05 ④ 06 ① 07 ② **{ 정답 }**

08 취약성-스트레스 모형에 대한 설명으로 틀린 것은?

① 이상행동이 유발되는 과정에 심리사회적 스트레스와 개인의 특성을 고려해야 한다는 입장이다.

② 취약성은 특정 정신장애에 걸리기 쉬운 개인의 특성으로 유전적 소인만 포함된다.

③ 심리사회적 스트레스는 환경으로부터 주어지는 부정적인 생활사건이다.

④ 취약성과 스트레스가 정신장애의 발생에 영향을 미치는 비중은 경우마다 다르다.

해설 💕

취약성은 특정 정신장애에 걸리기 쉬운 개인의 특성으로 유전적 소인(신체적)뿐 아니라 심리적, 사회적, 환경적, 양육적 요인에 의해 유발될 수 있다.

09 발달과정에서 나타나는 레트증후군(Rett Syndrome)에 대한 설명으로 옳지 않은 것은?

① 유병률은 남녀가 비슷하다.

② 생후 6개월까지는 정상적으로 발달한다.

③ 손을 움직이는 능력을 상실한다.

④ 상동적인 운동을 한다.

해설 💕

레트증후군은 여자 아동에게만 보고되며 대부분 만 1~2세에 발병한다.

10 사건수면(Parasomnia)의 유형에 포함되는 것은?

① 불면장애(Insomnai Disorder)

② NREM수면 각성장애(Non-REM Sleep Arousal Disorder)

③ 과다수면장애(Hypersomnia Disorder)

④ 기면증(Narcolepsy)

해설 💕

• 사건수면은 수면 중 또는 수면과 관련하여 나타나는 이상행동 또는 생리현상이다.

• 수면보행증, 잠꼬대, 야경증, 악몽, 이갈기, 렘수면행동장애 등이 여기에 포함된다. 각 질병마다 나타나는 빈도가 다양하여 매일 밤 발생하기도 하고 1년에 몇 차례만 나타나기도 한다.

{ 정답 } 08 ② 09 ① 10 ②

11 다음은 무엇에 관한 설명인가?

> 사고의 흐름이 빨라져서 두 개의 연속적인 사고가 논리적인 연결로 이어지기는 하지만 사고의 목표가 오랫동안 지속적으로 유지되지 못하고 이야기의 주제가 쉽게 바뀌는 현상을 보이나 연상은 아직 정상적으로 이루어지는 현상

① 사고의 비약(flight of idea)　　　② 우원적 사고(circumstantial thinking)
③ 신어 조작증(neologism)　　　　④ 보속증(perseveration)

해설

사고 진행의 장애에는 사고의 비약, 사고지체, 우원증, 보속증, 지리멸렬, 사고의 막힘, 신어증이 있으며 보기의 설명은 사고의 비약에 대한 것이다.

12 DSM-5에 근거하여 볼 때 다음 사례에서 J양의 진단에 우선적으로 고려할 것은?

> 대학생인 L군은 여자친구인 J양 때문에 고민이 많다. J양은 매우 순종적이고 착하며 헌신적이지만 한 번 만나면 헤어지는 것을 싫어한다. 밤이 깊어 시계를 보면 얼굴이 어두워지고 자주 12시를 넘기다 보니 다음날 지장이 생기곤 하였다. 수시로 만나자고 하며 옷을 사야 하는데 골라 달라거나, 영어 학원을 선택해 달라는 등의 부탁을 자주 하였고 L군은 시간을 내어 같이하는 시간이 점차 부담스러워지게 되었다. J양의 선택을 도와주느라 L군이 혼자서 스스로 해야 할 일의 시간을 빼앗겼기 때문이었다. 그러나 이에 대한 언급을 하자 J양은 자신이 싫어진 것이냐면서 눈물을 글썽거리고 힘들어하였다.

① 지속성 우울장애　　　　　　　② 경계성 성격장애
③ 연극성 성격장애　　　　　　　④ 의존성 성격장애

해설

• 의존성 성격장애는 타인으로부터 보살핌을 받고자하는 과도한 욕구를 지니고 있어서 이를 위해 타인에게 지나치게 순종적이고 복종적인 행동을 통해 의존하는 성격특성을 말한다.
• 보호받고 싶은 과도한 욕구로 인하여 복종적이고 매달리는 행동과 이별에 대한 두려움을 나타낸다.
• 사례에서 '수시로 만나자고 하며 옷을 사야 하는데 골라 달라거나, 영어학원을 선택해 달라는 등의 부탁을 자주 하였다'는 부분이 핵심포인트이다.

13 성격장애 환자들 중 자기파괴성으로 인해 환자들을 도우려 하는 사람들을 가장 불쾌하게 만드는 유형은?

① 반사회성 성격장애　　　　　　② 경계성 성격장애
③ 연극성 성격장애　　　　　　　④ 자기애성 성격장애

해설

경계성 성격장애는 대인관계, 자기상(象), 감정상태의 심한 불안정성을 주된 특징으로 한다. 이러한 성격장애의 소유자는 타인으로부터 버림받는 것에 대한 두려움을 지니며 강렬한 애정과 증오가 반복되는 불안정한 대인관계를 반복적으로 나타낸다.

14 DSM-5의 파괴적 충동조절 및 품행장애에 포함되지 않는 것은?

① 병적 방화   ② 털뽑기장애

③ 병적 도벽   ④ 간헐적 폭발장애

해설

모발뽑기 장애(털뽑기 장애)는 강박 및 관련 장애에 속한다.

15 다음 사례에서 A씨에게 의심되는 질환으로 가장 적합한 것은?

A씨는 치매를 앓은 적이 없으나 며칠 전부터 의식이 혼탁해지는 증상이 생겼다. 주의를 집중하고, 유지하고 이동하는 것이 어려워졌고 주의력이 산만해지고 주의를 적절하게 이동하지 못하여 지나간 질문의 답에 계속 집착하는 모습을 보인다. 최근의 일들에 대한 기억력이 뚜렷하게 저하되었고 시간, 장소에 대한 지남력 장애가 나타나고 있다.

① 기억상실 장애(amnestic disorder)

② 혼수(coma)

③ Ganser 증후군

④ 섬망(delirium)

해설

섬망(delirium)은 의식이 흐릿하고 주의를 집중하지 못하며 사고의 흐름이 일관성이 없는 장애로서 주변상황을 잘못 이해하며, 생각의 혼돈이나 방향상실 등이 일어나는 정신의 혼란 상태이다.

16 해리장애에 대한 설명으로 틀린 것은?

① 정신분석적 처치가 가장 널리 적용된다.

② 정체감, 기억, 의식 상의 변화가 특징이다.

③ 가장 관계가 깊은 방어기제는 부인(denial)이다.

④ 아동기 때 받은 신체적 성적 학대가 주요 원인으로 간주되고 있다.

해설

• 해리장애의 방어기제 중 가장 관계가 깊은 방어기제는 부인보다는 억압이다.

• 해리장애(dissociative disorder)는 의식, 기억, 행동 및 자기정체감의 통합적 기능에 갑작스러운 이상을 나타내는 장애로서, 해리의 기능은 감당하기 어려운 충격적 경험으로부터 자신을 보호하는 것이다.

{ 정답 } 14 ②   15 ④   16 ③

17 다음 중 조현병 진단을 내리기 위해 다른 증상 확인이 추가로 필요한 경우는?

① A씨 : 모든 음식에서 쓴 맛이 난다며 아내가 음식에 건강을 해치는 약을 탔다는 피해망상을 보임
② B씨 : 보이지 않는 전파가 자신의 생각을 다 빼내어 세상에 전파시킨다는 피해망상을 보임
③ C씨 : 자신이 하려는 행동을 금지하거나 다른 행동을 지시하는 환청이 지속적으로 들림
④ D씨 : 두 사람의 남녀가 서로 싸우며 대화하는 환청이 지속적으로 들림

해설

모든 음식에서 쓴 맛이 나는 환미 증상은 역류성 식도염이나 아연이 부족한 영양결핍으로 인한 미각장애일 수 있으므로 조현병과 함께 추가 진단이 필요하다.

18 어떤 사람이 3년 동안 우울증 증상을 겪어오다가 최근 경조증 상태를 경험하였다면 이 사람에게 가장 적정한 진단은?

① 제1형 양극성 장애   ② 제2형 양극성 장애
③ 지속성 우울장애   ④ 순환성 장애

해설

[제2형 양극성 장애의 특징]
• 적어도 1회의 경조증 삽화와 1회의 주요 우울 삽화의 진단기준을 만족시킨다. 조증 삽화는 1회도 없어야 한다.
• 비정상적으로 들뜨거나, 의기양양하거나, 과민한 기분, 그리고 활동과 에너지의 증가가 적어도 4일 연속으로 거의 매일, 하루 중 대부분 지속되는 분명한 기간이 있어야 한다.
• 삽화가 사회적, 직업적 기능의 현저한 손상을 일으키거나 입원이 필요한 정도로 심각하지 않으며, 정신병적 양상이 있다면 조증 삽화에 해당한다.

19 급식 및 섭식장애에 대한 설명으로 틀린 것은?

① 이식증은 적어도 3개월 동안 비영양성, 비음식 물질을 계속 먹는 경우에 진단을 내린다.
② 되새김장애의 발병은 영유아기, 아동기, 청소년기, 성인기에 있을 수 있다.
③ 신경성 식욕부진증은 체중 증가 혹은 비만이 되는 것에 대해 극심한 두려움을 보인다.
④ 신경성 폭식증은 폭식과 부적절한 보상행동이 반드시 있어야 한다.

해설

이식증은 적어도 1개월 동안 비영양성, 비음식 물질을 계속 먹는 경우에 진단을 내린다.

17 ①   18 ②   19 ① { 정답 }

20 다음 중 알코올 사용장애에 대한 설명과 가장 거리가 먼 것은?

① 알코올을 종종 의도했던 것보다 많은 양, 혹은 오랜 기간 동안 사용한다.

② 매일 음주를 하며, 적은 양을 마시더라도 가끔 중독을 보이는 것만으로도 진단이 가능하다.

③ 알코올에 대한 갈망, 혹은 강한 바람, 혹은 욕구를 보인다.

④ 중독이나 원하는 효과를 얻기 위해 알코올 사용량의 뚜렷한 증가를 보인다.

해설

알코올 사용장애는 매일 음주를 하며, 적은 양을 마시더라도 가끔 중독을 보이는 것만으로는 진단을 할 수 없다.

4 2019년 기출문제

01 만 3세경의 아동이 언어발달의 지연을 주호소로 의뢰된 경우, 우선적으로 감별진단해야 할 장애가 아닌 것은?

① 지적장애   ② 특정 학습장애   ③ 의사소통장애   ④ 자폐스펙트럼장애

해설

신경발달장애 중 지적장애, 의사소통장애, 자폐스펙트럼장애 아동의 경우 통상적으로 언어발달의 지연을 보이고 있다. 특정 학습장애의 읽기 손상형의 경우 언어발달보다는 단어를 소리 내어 발음하는데 어려움(틀린 발음, 혼란된 발음)이 있고, 읽기 속도가 매우 느리고, 읽은 문장을 이해하기 힘들어 한다.

02 경계성 성격장애의 치료에 관한 설명과 가장 거리가 먼 것은?

① 정신역동치료에서는 내담자의 아동기 경험을 강조하고, 전이가 충분히 발달되도록 허용한다.

② 행동치료에서는 내담자의 행동 레퍼토리의 결함에 주목하여, 보다 좋은 사회기술을 가르치도록 한다.

③ 인지행동치료의 초기에는 내담자의 기본적인 믿음을 변화시키려 하기보다는 치료적 관계형성에 중점을 둔다.

④ 변증법적 행동치료에는 숙제, 심리교육, 사회기술 교육, 치료자 모델링, 목표설정, 내담자와 치료자가 함께 내담자의 사고방식을 점검하는 것이 포함된다.

해설

경계성 성격장애의 정신역동치료에서는 아동기 경험보다는 현재의 행동을 강조하며, 전이관계가 충분히 발달되도록 허용하기보다는 내담자에게 드러난 현실왜곡을 논의한다.

03 다음에 해당하는 정신장애는?

- 시상하부의 기능장애
- 완벽주의
- 성적 욕구에 대한 방어적 행동
- 신체에 대한 왜곡된 지각

① 폭식장애   ② 신체이형장애   ③ 강박장애   ④ 신경성 식욕부진증

해설

신경성 식욕부진증은 체중 증가와 비만에 대한 극심한 두려움을 지니고 있어 음식섭취를 현저하게 감소시키거나 거부함으로써 체중이 비정상적으로 저하되는 경우를 말한다.

인지적 입장	인지적 입장에서는 완벽주의적인 성격을 가진 사람들이 자신의 신체를 뚱뚱한 것으로 왜곡하여 지각하는 경향이 있어 이상적인 몸매와의 심각한 괴리감으로 음식섭취를 거부한다고 하였다.
생물학적 입장	생물학적 입장에서는 신경성 식욕부진증의 유전적 요인으로 시상하부의 이상, 뇌실의 확장이 관여한다고 한다.
정신분석적 입장	정신분석적 입장에서는 성적인 욕구에 대한 방어적 행동으로 식욕부진증을 설명하였다.

01 ②   02 ①   03 ④   { 정답 }

04 뚜렛장애와 주로 동반되는 장애를 모두 고른 것은?

ㄱ. ADHD	ㄴ. 섭식장애
ㄷ. 강박 및 관련장애	ㄹ. 신체화 장애

① ㄱ, ㄴ   ② ㄱ, ㄷ   ③ ㄴ, ㄹ   ④ ㄷ, ㄹ

해설 🐾
- '뚜렛장애'는 음성 틱이나 운동 틱이 1년 이상 같이 나타나는 증상으로 외설스러운 말이나 욕을 반복적으로 하는 경우도 있다.
- 틱장애 아동들 가운데 40~50%가 충동적이고 ADHD 증상이 동반되며, 30~60%는 운동 틱이 시작되고 몇 년 후에 강박적인 사고와 행동이 나타난다.
- ADHD와 틱장애의 관계는 아직 확실치는 않으나 ADHD와 틱장애의 주원인이 되는 기저핵의 기능이상과의 관련성을 언급하고 있다.
- 강박장애 연구자들은 뚜렛장애가 강박장애의 한 표현이거나 강박장애의 변형이라고 언급하고 있다.

05 다음 증상은 어떤 성격장애의 핵심적인 내용인가?

• 감정이입곤란	• 양심 결여

① 편집성 성격장애   ② 강박성 성격장애

③ 반사회성 성격장애   ④ 경계성 성격장애

해설 🐾
반사회성 성격장애 환자들은 사회적 규범의 무시, 타인의 권리 침해, 공감능력의 결여, 공격적 행동, 감정이입곤란, 양심결여를 임상적 특징으로 한다.

06 DSM-5의 진단기준에서 제시하고 있는 경계성 성격장애의 증상을 모두 고른 것은?

ㄱ. 극단적인 이상화와 평가절하가 반복되는 불안정하고 강렬한 대인관계
ㄴ. 스트레스로 인한 일시적인 망상이나 해리 증상
ㄷ. 상황에 어울리지 않게 성적으로 유혹적이거나 도발적인 행동
ㄹ. 친밀한 관계가 끝난 후 재빨리 새로운 사람을 찾음

① ㄱ, ㄴ   ② ㄴ, ㄹ   ③ ㄱ, ㄴ, ㄷ   ④ ㄱ, ㄴ, ㄷ, ㄹ

해설 🐾
- ㄷ과 ㄹ은 연극성 성격장애의 증상이다.
- 연극성 성격장애(히스테리성 성격장애, Histrionic Personality Disorder)는 과도하고 극적인 감정표현으로 타인에게 관심과 주목을 받고자 한다. 주목받기 위해 외모에 신경을 쓰고 성적으로 유혹적이거나 도발적인 행동을 한다. 대인관계가 피상적이고 피암시성이 높다.

{ 정답 } 04 ② 05 ③ 06 ①

62 원큐패스 임상심리사 1급 필기·실기

07 지적장애를 일으키는 가장 일반적인 대사장애로 신경세포 축색(Axon)의 수초화 과정에 문제가 생겨 정신지체가 오는 장애는?

① 다운증후군(Down's Syndrome)

② 페닐케톤뇨증(Phenylketonuria)

③ 레트증후군(Rett's Syndrome)

④ 자폐스펙트럼장애(Autism Spectrum Disorder)

해설

- 페닐케톤뇨증은 염색체의 이상으로 발생하는 유전성 질환이다. 발생요인은 페닐알라닌이라는 아미노산이 몸에 축적되어 일어난다.
- 일반적인 사람들은 페닐알라닌 하이드록실라제라 불리는 효소가 단백질을 아미노산으로 분해하지만 페닐케톤뇨증 환자들의 경우 페닐알라닌 아미노산이 몸 안에 그대로 축적이 되어 뇌세포에 악영향을 미친다.
- 증상은 구토, 습진, 담갈색 모발과 흰 피부색 등의 특징이 영아기에 나타나고, 앉기, 뒤집기, 걷기, 언어 등의 정신운동발달이 지연되며, 일부의 환아에서는 경련이 나타난다. 생후 1년까지도 치료를 시작하지 않으면 IQ는 50 이하로 심각한 수준의 정신지체가 발생하기도 한다.

08 의식이 혼미해지고 주의집중 및 전환능력이 현저하게 감소할 뿐만 아니라 기억 언어, 현실판단 등의 인지기능에 일시적인 장애가 나타나는 장애는 무엇인가?

① 혼수　　　　　　　　　　　② 의식의 혼탁

③ 섬망　　　　　　　　　　　④ 발작

해설

섬망은 의식이 흐릿하고 주의를 집중하지 못하며 사고의 흐름이 일관성이 없는 장애로서 주변상황을 잘못 이해하며, 생각의 혼돈이나 방향상실 등이 일어나는 정신적인 혼란상태이다. 발열, 중독 등 대뇌에 부상을 당했을 때 신체적 결함으로 일어나며, 원인이 되는 신체적 조건이 개선되면 섬망 증상은 곧 없어진다.

09 단극성 우울증의 발병에 대한 설명으로 틀린 것은?

① 가족력이 있으면 발병률이 높다.

② 유병률은 성별과 관련이 없다.

③ 코르티솔 수준이 높아지면 발병가능성이 높아진다.

④ 세로토닌의 활동이 감소하면 발병가능성이 높아진다.

해설

단극성 우울증의 경우 여성이 남성보다 많다.

07 ②　08 ③　09 ② { 정답 }

10 DSM-5에서 분류한 신경인지장애에 관한 설명으로 틀린 것은?

① 신경인지장애는 주요 신경인지장애와 섬망으로 구분한다.

② 주요 신경인지장애는 알츠하이머 질환, 뇌혈관 질환, 충격에 의한 손상, HIV감염, 파킨슨 질환 등과 같은 다양한 질환에 의해서 유발될 수 있다.

③ 주요 신경인지장애와 경도 신경인지장애는 DSM-Ⅳ에서 치매로 지칭되었던 장애이다.

④ 신경인지장애는 노년기에 나타나는 가장 대표적인 정신장애이다.

해설 💝
- 신경인지장애는 노년기에 나타나는 가장 대표적인 정신장애로 주요 신경인지장애(Major Neurocognitive Disorders), 경도 신경인지장애(Minor Neurocognitive Disorders), 섬망(Delirium)이 있다.
- 신경인지장애의 증상은 뇌의 손상으로 인해 의식, 기억, 언어, 판단 등의 인지적 기능에 심각한 결손이 나타난다.
- 주요 신경인지장애와 경도 신경인지장애는 DSM-Ⅳ에서 치매로 지칭되었던 장애이며, 알츠하이머 질환, 뇌혈관 질환, 충격에 의한 손상, HIV감염, 파킨슨 질환 등과 같은 다양한 질환에 의해서 유발될 수 있다.

11 일반적으로 여성에게서 더 많이 발견되는 것으로 알려진 성격장애를 모두 고른 것은?

ㄱ. 자기애성 성격장애	ㄴ. 의존성 성격장애
ㄷ. 조현성 성격장애	ㄹ. 경계성 성격장애

① ㄱ, ㄴ   ② ㄱ, ㄷ   ③ ㄴ, ㄹ   ④ ㄷ, ㄹ

해설 💝
의존성 성격장애와 경계성 성격장애는 남성보다는 여성에게서 더 많이 발견된다.

12 이상행동이나 정신장애의 판별기준에 대한 설명으로 틀린 것은?

① 적응적 기능 차원 : 개인의 적응을 저해하는 심리적 기능의 손상을 반영한다.

② 주관적 불편감 차원 : 개인으로 하여금 현저한 고통과 불편함을 느끼게 하는 행동으로 판별한다.

③ 문화적 규범 차원 : 개인이 속한 사회의 문화적 규범을 과하게 고수하는 것을 반영한다.

④ 통계적 규준 차원 : 한 개인의 행동이 다른 많은 사람들의 평균적인 행동에서 일탈되어 있는 정도에 의해 판단한다.

해설 💝
개인이 속한 사회의 문화적 규범에서 과도하게 어긋날 때 이상이라고 한다.

{ 정답 } 10 ①   11 ③   12 ③

13 **신경성 식욕부진증에 대한 설명으로 틀린 것은?**
① 정상체중보다 현저한 저체중을 나타낸다.
② 6회 연속 무월경을 보여야만 진단할 수 있다.
③ 하위 유형으로 제한형과 폭식/제거형이 있다.
④ 양극성 장애나 우울증 등을 동반할 때가 많다.

해설
- 신경성 식욕부진증에 걸리면 월경이 시작된 여성에서 무월경, 즉 적어도 3회 연속적으로 월경 주기가 없다.
- 만일 월경 주기가 에스트로겐과 같은 호르몬 투여 후에만 나타날 경우 무월경이라고 간주된다.

14 **조현병(정신분열증)의 역사에 대한 설명으로 틀린 것은?**
① Kraepelin(1899)에 의해 조발성 치매라는 진단명으로 처음 확인되었다.
② Bleuler(1923)에 의해 처음으로 정신분열증이라는 명칭이 사용되었다.
③ Bleuler(1923)는 1차 증상을 망상과 환각으로 나누었고 2차 증상에는 연상, 정동, 양
  가성, 자폐증의 4가지 증상이 있다고 하였다.
④ Schneider(1959)는 11가지의 일급증상을 제시하였으며 일급증상은 정신분열증에만
  나타나는 특유의 증상으로 이러한 증상이 나타나면 정신분열증으로 진단할 수 있다고
  주장하였다.

해설
Bleuler(1923)는 조현병에 4가지 기본 증상(4A) 정돈둔마(Affective Blunting), 연상이완(Associative Loosening),
자폐증(Autism), 양가감정(Ambivalence)을 포함시켰다.

15 **다음 중 성격이 다른 하나는?**
① 성별 불쾌감
② 성정체감 장애
③ 성전환증
④ 동성애

해설
- 성관련 장애는 성기능 장애와 성도착 장애, 성불쾌감 장애로 나뉜다.
- 동성애는 성관련 장애에 포함되지 않으며, 개인의 성적취향에 해당한다.

13 ②   14 ③   15 ④   { 정답 }

16 다음 사례에서 Y군에게 가장 적합한 진단명은?

> 초등학교 2학년인 Y군은 6세경부터 사소한 일에 짜증을 자주 부렸으며, 자신의 요구를 들어주지 않으면 물건을 집어 던지고 욕하고 분노를 폭발하였다. 부모가 Y군을 달래거나 야단을 쳐도 이러한 행동은 쉽게 사라지지 않고 현재까지 반복되었다. 어머니에게 심한 욕설과 저주를 퍼붓기도 하고, 분노를 참지 못해 땅바닥에 드러누워 발버둥을 치는 등의 행동이 지속되어 상담을 받으러 왔다.

① 간헐적 폭발성 장애   ② 적대적 반항장애
③ 파괴적 기분조절부전장애   ④ 품행장애

해설
- 파괴적 기분조절부전장애(6세~18세 진단)는 만성적인 짜증과 간헐적 분노폭발을 핵심증상으로 한다.
- 문제의 사례에서 '사소한 일에 짜증을 자주 부렸으며, 자신의 요구를 들어주지 않으면 물건을 집어 던지고 욕을 하고 분노를 폭발했다'는 부분이 중요한 핵심포인트이다.

17 다음 중 성기능 부전 장애에 해당하지 않는 것은?

① 남성성욕감퇴장애   ② 발기장애
③ 성기-골반통증 / 삽입장애   ④ 관음장애

해설
관음장애는 '변태성욕장애'라고도 불리는 성도착증에 속한다.

18 DSM-5의 강박 및 관련 장애에 속하지 않는 것은?

① 신체이형장애   ② 수집광
③ 피부뜯기장애   ④ 건강염려증

해설
건강염려증은 신체증상 및 관련 장애의 하위유형이다.

19 다음 중 나머지 세 가지 성격장애와 같은 군에 속하지 않는 것은?

① 연극성 성격장애   ② 강박성 성격장애
③ 의존성 성격장애   ④ 회피성 성격장애

해설
강박성 성격장애, 의존성 성격장애, 회피성 성격장애는 군집 C에 속하며, 연극성 성격장애는 군집 B에 속한다.

{ 정답 } 16 ③ 17 ④ 18 ④ 19 ①

20 DSM-5의 분류체계에서 신경발달장애에 속하지 않는 것은?

① 지적장애   ② 의사소통장애

③ 운동장애   ④ 치매

해설

신경발달장애의 하위유형으로 지적장애, 의사소통장애, 자폐스펙트럼장애, 주의력결핍 과잉행동장애, 학습장애, 운동장애가 있다. ④의 치매는 신경인지장애이다.

III 고급심리검사

1 2016년 기출문제

01 시각-공간 구성능력과 가장 밀접한 관련이 있는 검사는?

① Wechsler 지능검사의 토막짜기 검사

② 손가락 두드리기 검사(Finger Tapping Test)

③ 위스콘신 카드분류검사(Wisconsin Card Sorting)

④ 스트룹 검사(Stroop Test)

해설

- Wechsler 지능검사의 토막짜기 검사는 시공간 구성능력과 관련이 있다.
- 손가락 두드리기 검사는 뇌손상 검사이다.
- 위스콘신 카드분류검사는 전두엽 실행기능 검사이다.
- 스트룹 검사는 전두엽 실행기능 검사이다.

02 내적 합치도로 확인할 수 있는 신뢰도 지수들로 짝지어진 것은?

① 동형검사신뢰도와 KR-20

② KR-20과 phi 계수

③ KR-21과 Cronbach α 계수

④ 반분신뢰도와 phi 계수

해설

- 신뢰도 측정 방법에는 검사-재검사법, 동형검사법, 반분법, 내적일관성법이 있다.
- 검사-재검사 신뢰도를 안정성 계수, 동형검사신뢰도를 동형성 계수, 반분신뢰도를 스피어만-브라운 계수, 거트만 반분수 계수라고 한다.
- 문항 내적 합치도를 동질성 계수라고 하며 코더리처드슨 신뢰도 KR-20, KR-21과 Cronbach α 계수, 호이트 신뢰도가 있다.
- 피어슨의 phi 계수는 변수가 이분형 자료인 명명척도(찬성/반대, 있다/없다, 남자/여자) 간의 상관계수이다.

03 지능에 대한 설명으로 틀린 것은?

① Spearman에 의하면 지능은 일반요인(g요인)과 특수요인(s요인)으로 구성되어 있다.

② Gardner의 다중지능이론에 따르면 지능은 여러 개의 독립적인 영역으로 구성되어 있다.

③ Sternberg에 의하면 지능의 3가지 측면은 분석적 지능, 창의적 지능 그리고 실용적 지능이다.

④ Wechsler에 의하면 지능은 주변 환경을 효과적으로 처리해 나가는 영역별로 특수화된 지적능력이다.

해설

- Wechsler에 의하면, 지능은 개인이 목적에 맞게 활동하고 합리적으로 사고하며 자신을 둘러 싼 환경을 효과적으로 처리해 나가는 종합적, 총체적인 노력이라고 정의하였다.
- 웩슬러 지능검사를 개발한 임상심리학자인 David Wechsler는 Army Alpha, Army Beta, Binet 검사와 기타 여러 가지 검사들을 바탕으로 성인용 지능 검사인 'Wechsler-Bellevue Intelligence Scale Form Ⅰ'을 개발(1939)하였다.

{ 정답 } 01 ① 02 ③ 03 ④

04 아동용 심리검사에 관한 설명과 가장 거리가 먼 것은?

① CAT는 아동의 인지발달을 평가하기 위해 개발되었다.

② BGT는 시각−운동협응의 발달을 평가할 수 있다.

③ HTP 검사에서 나무 그림은 사람 그림보다 심층적 수준의 자기상을 반영하는 것으로 가정된다.

④ Rorschach 검사에서 직질한 부분반응이 가능해지는 시기는 6~7세이다.

해설

- CAT(Comprehensive Attention Test, 종합 주의력검사)는 아동과 청소년의 주의력을 종합적으로 평가하기 위해 개발되었다.
- CAT(Children Apperception Test, 아동용 주제통각검사)는 아동과 중요한 인물과의 관계와 역동 및 추동을 이해하기 위해 고안된 기법이다.

05 심리검사를 위한 면담에서 유의할 사항과 가장 거리가 먼 것은?

① 내담자의 비언어적 행동뿐만 아니라 면담자 자신의 반응에 대해서도 의식하고 있어야 한다.

② 면담자는 눈 맞춤, 안면 표정, 언어적·비언어적 반응을 통해 내담자에 대한 관심을 표현해야 한다.

③ 내담자의 방어성은 "왜?"라는 이유를 묻는 질문을 통해 다루는 것이 권장된다.

④ 면담자는 면담이 끝나기 5~10분쯤 전에 남은 시간을 내담자에게 미리 알려줌으로써 시간을 준수하도록 도와주어야 한다.

해설

내담자가 방어적일 때 "Why?"라고 묻기보다 "How"라고 묻고 라포 형성을 통해 평가 당한다는 불안을 줄이는 것이 좋다.

06 Rorschach 검사의 반응을 기호화할 때 포함하는 내용과 가장 거리가 먼 것은?

① 반응위치   ② 결정인

③ 반응순서   ④ 반응내용

해설

Rorschach 검사의 반응을 기호화할 때 포함하는 9가지는 반응위치, 발달질, 결정인, 형태질, 쌍반응, 반응내용, 평범반응, Z점수, 특수점수이다. ③의 반응순서는 해당되지 않는다.

04 ①   05 ③   06 ③ { 정답 }

07 MMPI-2에서 프로파일의 무효 가능성을 판별하는 데 사용되는 기준과 가장 거리가 먼 것은?

① 무응답(?) 문항의 개수가 20개 이상

② VRIN 척도 혹은 TRIN 척도의 T 점수가 하나라도 80 이상

③ 비임상적 장면에서 F 척도의 T 점수가 80 이상

④ F(P) 척도의 T 점수가 100 이상

해설

무응답(?) 문항의 개수가 30개 이상일 때, 프로파일은 해석하기 곤란하다.

08 MMPI-2에서 수검자가 모두 '그렇다'라고 응답했을 때 상승하는 척도를 묶은 것은?

① VRIN 척도, TRIN 척도　　② TRIN 척도, F 척도

③ VRINN 척도, Sc 척도　　④ TRIN 척도, Hy 척도

해설

수검자가 모두 '그렇다'라고 응답했을 때 상승하는 척도는 TRIN 척도, F 척도이다.

09 심리검사 보고서 작성 요령에 관한 설명과 가장 거리가 먼 것은?

① 평가 목적은 정확하고 문제 지향적인 방식으로 언급한다.

② 평가절차에는 실시된 검사의 종류, 구조화된 면담의 종류, 면담시간을 포함한다.

③ 행동관찰을 기술할 때 구체적 행동에 대한 임상가의 추론을 반영하여야 한다.

④ 법적인 보고서에는 검사 점수를 포함시킨다.

해설

행동평가에서 측정되는 모든 행동은 추론적 용어에서 구체적 행동으로 좀 더 객관적인 평가와 측정이 가능하게끔 하고 그 행동의 강도와 지속정도를 측정한다.

10 Rotter가 제시한 것으로 주제통각검사(TAT) 해석 시 검토해야 할 사항과 가장 거리가 먼 것은?

① 우세한 정서는 무엇인가?

② 반복되는 주제는 무엇인가?

③ 통상적으로 사용되는 표현법은 무엇인가?

④ 성별을 다루는 양식은 어떠한가?

해설

TAT 해석 시, 내담자가 성별을 다루는 양식(주인공이 애착을 표현하고 있는 대상), 우세한 정서(주인공의 내적인 심리상태), 반복되는 주제(환경의 압력과 주인공의 욕구)를 검토한다. 그러나 ③의 내담자가 통상적으로 사용하는 표현법은 해석하지 않는다.

{ 정답 } 07 ① 　08 ② 　09 ③ 　10 ③

11 심리검사 결과를 피검사자에게 전달할 때 고려해야 할 사항과 가장 거리가 먼 것은?

① 피검사자의 교육정도 ② 피검사자의 문화적 배경

③ 피검사자의 정서적 반응 ④ 피검사자의 경제적 반응

해설

심리검사 결과를 피검사자에게 전달할 때 다음과 같은 것을 고려해야 한다. ④의 피검사자의 경제적 반응과 같이 피검사자가 부유하거나 가난하다는 이유로 검사결과를 차별적으로 전달하지는 않는다.

피검사자의 교육정도	교육 경험이 적을수록 자세하고 쉽게 설명
피검사자의 문화적 배경	다른 언어나 문화권의 경우 그 문화권에서 이해할 수 있는 용어로 설명
피검사자의 정서적 반응	불안이 높을수록 미래에 대한 진단적 설명은 자제

12 아동 및 청소년의 발달적 성숙이나 기능에 대한 검사인 사회성숙도 검사에서는 6가지 영역에 대한 발달정도를 측정한다. 다음 중 6가지 영역에 해당하지 않는 것은?

① 자조(SH) ② 이동(L)

③ 의사소통(C) ④ 욕구(N)

해설

사회성숙도 검사 6가지 영역은 자조, 이동, 의사소통, 작업, 자기관리, 사회화이며 욕구(N)는 해당되지 않는다.

13 MMPI에서 2/4, 4/2 상승척도 쌍에 관한 임상적 해석과 가장 거리가 먼 것은?

① 가족 문제, 법적 문제, 알코올 남용 등의 문제로 치료 장면을 찾는다.

② 자살 사고, 자살 시도 가능성이 높다.

③ 수동-의존적 성향이 강해 타인의 요구를 거절하지 못하지만, 소소한 불평이 많다.

④ 자신의 문제 행동에 우울감, 죄책감을 보고하지만, 동일한 행동 문제가 반복된다.

해설

[MMPI에서 2/4, 4/2 상승척도 쌍의 경우]

• 충동 조절의 어려움으로 충동을 행동화한 후 행동의 결과에 대한 죄책감과 불안을 경험한다.

• 무모한 행동을 한 후 후회하고 자책한다.

• 타인에게 죄책감을 느끼게 할 목적으로 자살을 시도한다.

• 변화에 대한 동기가 낮고 통찰력이 결여되어 있어 심리치료에 대한 예후가 좋지 않다.

• 가족·법적인 문제로 곤란을 겪는다.

11 ④ 12 ④ 13 ③ **{ 정답 }**

14 **내용표집에 의해 오차변량이 발생하는 신뢰도 계수와 가장 거리가 먼 것은?**

① 검사–재검사 신뢰도
② 동형검사 신뢰도
③ 반분신뢰도
④ 문항내적 합치도

해설

검사–재검사 신뢰도는 시각표집(2번에 걸쳐서 조사–시간간격)에 의해 오차변량이 발생한다.

15 **신경심리검사 중 배터리형 검사와 개별검사의 특징에 관한 설명과 가장 거리가 먼 것은?**

① 배터리형 검사의 단점은 일부 기능에 대해서는 필요 이상으로 자료를 제공하는 반면에 어떤 기능에 대해서는 불충분한 자료를 제공하게 된다.
② 배터리형 검사를 시행하는 경우, 신속하게 변화되고 신경심리학적 연구 추세에 따라 평가방법을 변형할 수 있다.
③ 개별검사는 기분 검사에서 기능이 온전하게 평가되면 불필요한 검사를 시행하지 않아도 된다.
④ 개별검사의 선택과 실시, 해석과정은 배터리형 검사보다 훈련과 경험에 있어서 고도의 전문성을 요구한다.

해설

배터리형 검사를 시행하는 경우, 신속하게 변화되고 있는 신경심리학적 연구 추세에 따라 평가방법을 변형할 수 없다.

16 **심리검사의 실시와 채점과정에 일관성(동일성)을 확보하는 과정으로 가장 적합한 것은?**

① 단일대상 검사 절차
② 심리검사의 표준화
③ 임상적 평가 절차
④ 심리검사의 신뢰도와 타당도 검증

해설

심리검사의 표준화된 절차 수행을 통해 검사자가 심리검사를 실시하고 채점하는 과정에서 일관성을 확보할 수 있다.

17 **진단적(diagnostic) 면담과 치료적(therapeutic) 면담에 관한 설명으로 가장 거리가 먼 것은?**

① 진단적 면담은 임상 진단을 내리기 위한 목적으로 진행된다.
② 진단적 면담은 상담장면에서는 내담자의 과거력을 수집하고 문제를 파악하여 적절한 상담자와 연결지어 주기 위한 접수 면담과 유사점이 있다.
③ 전통적인 치료적 면담에서는 구조화된 방식이 우선시 된다.
④ 치료적 면담은 보통 진단적 면담 이후에 이루어진다.

해설

진단적 면담은 구조화된 방식을 사용한다.

{ 정답 } 14 ① 15 ② 16 ② 17 ③

18 **운동성 가족화 검사(KFD)에 대한 해석으로 가장 적합한 것은?**

① 특정인물 밑에 선을 긋는 것은 그 인물에 대한 호감을 나타낸다.

② 우측에 그려진 인물은 내향성 및 침체성과 관련된다.

③ 용지의 하단에 그려지는 인물은 가족 내 주도적인 인물을 나타낸다.

④ 인물 간의 거리는 아동이 지각한 구성원 간의 친밀도나 심리적 거리로 해석된다.

해설

• 특정인물 밑에 선을 긋는 것은 그 인물에 대한 심리적 이슈를 나타낸다.
• 우측에 그려진 인물은 외향성 및 활동성과 관련된다.
• 용지의 하단에 그려지는 인물은 가족 내 위축된 인물을 나타낸다.
• 인물 간의 거리는 아동이 지각한 구성원 간의 친밀도나 심리적 거리로 해석된다.

19 **Wechsler 지능검사의 소검사 중 다음 요인들과 가장 관련이 있는 것은?**

• 결정적 지능
• 사회적 판단력
• 과거 경험의 평가의 사용
• 언어적 개념화
• 실제적·실용적 지식

① 기본지식　　　② 어휘　　　③ 이해　　　④ 공통성

해설

이해소검사는 사회적 판단력, 언어적 개념화, 실제적·실용적 지식을 묻는 내용으로 이루어져 있다.

사회적 판단력	법을 지키는 것이 왜 중요합니까?
언어적 개념화	천 리 길도 한 걸음부터 라는 말은 무슨 뜻입니까?
실제적·실용적 지식	어떤 직업은 자격증을 가진 사람만 할 수 있는 이유가 무엇입니까?

20 **MMPI-2가 개발된 이유와 가장 거리가 먼 것은?**

① MMPI의 임상척도들이 현대의 진단기준과 불일치하기 때문이다.

② MMPI의 문항 선정에서 사용된 예비문항의 폭이 좁아 임상가들이 중요하게 생각하는 성격특성을 충분히 반영하지 못했기 때문이다.

③ 새로운 규준이 필요하기 때문이다.

④ 시대에 어울리지 않거나 부자연스러운, 그리고 남녀차별적인 문항들이 있기 때문이다.

해설

MMPI-2가 개발된 이유 중 하나는 MMPI의 임상척도들이 현대의 진단기준과 불일치하기 때문이 아니라, 사회–문화적 변화에 따른 행동 양상을 충분히 반영하지 못한다는 비판과 함께 문항 내용 및 제작 방식 등과 관련한 여러 문제점을 보완하기 위함이었다.

18 ④　19 ③　20 ① { 정답 }

01 다음은 웩슬러 지능검사의 소검사 점수분산분석에 대한 설명이다. (   )에 알맞은 것은?

- (ㄱ) 소검사는 지능의 수준을 잘 대표하고 다른 소검사에 비해 부적응 상태에서 점수 저하가 잘 나타나지 않기 때문에 다른 소검사를 비교하는 기준치로 선정된다.
- (ㄴ)은 언어성 소검사에서는 언어성 평균치와 동작성 소검사에서는 동작성 평균치와 비교하는 것이다.
- 유의한 소검사 점수분산은 평가치가 (ㄷ)점 이상 차이 나는 것을 기준으로 한다.

	ㄱ	ㄴ	ㄷ
①	기본지식	평균치 분산	5
②	어휘	평균치 분산	3
③	어휘	변형된 평균치 방식	3
④	기본지식	변형된 평균치 방식	5

해설

[웩슬러 지능검사의 양적분산에서 소검사 점수 분산분석]

어휘 환산 점수를 기준으로 다른 10개 소검사 점수 분산을 검토하는 방식	어휘 소검사가 지능을 잘 대표할 뿐 아니라, 다른 소검사에 비해 부적응 상태에서도 점수 저하가 잘 나타나지 않기 때문에 사용한다.
평균치 분산분석	언어성 검사 환산점수의 평균 점수와 각 언어성 소검사 점수를 비교하는 한편, 각 동작성 소검사 환산점수를 동작성 검사 환산점수의 평균 점수와 비교하는 방식이다.
수정된 환산치를 기준으로 분산을 비교하는 방식	평균치 분석 시 한두 개의 소검사 점수가 지나치게 높거나 낮을 경우 이 점수를 제외한 평균치를 계산하여 변형된 평균치와 다른 소검사 간 점수 차이를 알아보고 이를 통해 현재 성취수준과 비교하는 방법으로 소검사 점수분산은 평가치가 3점 이상 차이나면 유의하다고 본다.

02 전산화 신경심리검사의 장점과 가장 거리가 먼 것은?

① 검사자극을 항상 일정하게 유지할 수 있다.
② 반응기록, 응답시간 측정, 반응의 형태적 분석을 정확하게 할 수 있다.
③ 검사에 소요되는 시간과 비용을 절약할 수 있다.
④ 검사를 실시하는 과정에서 라포 형성의 효과가 크다.

해설

전산화 신경심리검사란 신경심리검사도구를 수행함에 있어 컴퓨터 소프트웨어를 사용하는 것으로 ①, ②, ③번의 장점을 가진다. ④의 전산화 신경심리검사는 라포 형성의 효과가 크지 않다.

{ **정답** } 01 ② 02 ④

03 Urban이 인물화 검사에서 정상으로 간주할 수 있다고 한 그림의 특징이 아닌 것은?

① 머리나 얼굴을 먼저 그린다.

② 옷을 입은 모습으로 그린다.

③ 지우개는 거의 사용하지 않으나 사용하고 나면 그림이 개선된다.

④ 필압은 강조점에 따라 매우 다르다.

해설

Urban이 '인물화 검사에서 정상으로 간주할 수 있다'고 한 그림의 특징 중 하나는 '필압과 획의 강도가 일정하다'이다.

04 아동 및 청소년용 심리검사 중 Cloninger의 심리생물학적 인성 모델에 기초하여 개발되었으며, 기질과 성격이라는 두 대의 구조로 이루어져 있는 검사는?

① JTCI   ② K–PIC   ③ ADS   ④ K–CARS

해설

• JTCI(기질 및 성격 검사)는 Cloninger의 심리생물학적 인성 모델에 기초하여 개발된 청소년용 성격 검사지로 기질과 성격이라는 두 대의 구조로 이루어져 있다.

• 4가지 기질 척도는 자극추구, 위험회피, 사회적 민감성, 인내력 척도이며, 3가지 성격척도는 자율성, 연대감, 자기초월 척도이다.

05 ASEBA 행동평가척도에 관한 설명으로 틀린 것은?

① CBCL 6–18은 양육자에 의해서 시행된다.

② CBCL 6–18 초등학생용에는 언어발달검사 항목이 포함된다.

③ YSR은 11~18세의 중, 고등학생 본인이 응답하는 검사이다.

④ 유아행동평가척도는 1.5세부터 5세에 해당하는 아동의 부모용 및 담당교사용으로 개발되어 있다.

해설

• CBCL 6–18에는 언어발달검사 항목은 포함되어 있지 않다.

• 아동 문제행동을 측정하고 평가하는데 사용된 아동 행동평가척도(Child Behavior Checklist) 개발자인 Achenbach가 평가 대상 및 평정자 관계를 구조화하여 전 연령을 대상으로 평가하는 ASEBA(Achenbach System of Empirically Based Assessment) 시스템을 구축하였다.

• ASEBA 검사는 아래와 같이 구분된다.

검사군		하위 검사군	평가자	평가 연령 대상
ASEBA	ASEBA 유아용 검사	CBCL 1.5-5	부모 보고형	1.5~5세
		C-TRF	교사 보고형	1.5~5세
	ASEBA 학령기용 검사	CBCL 6-18	부모 보고형	6~18세
		TRF	교사 보고형	6~18세
		YSR	자기 보고형	11~18세

06 MMPI-2의 코드유형 중 불안과 초조 및 상당한 혼란을 수반한 우울을 시사하는 것은?

① 2-8/8-2
② 2-4/4-2
③ 3-4/4-3
④ 4-6/6-4

> **해설**
>
> 우울은 2번 척도, 혼란은 8번 척도가 옳다.

07 다음 중 심리검사 사용의 윤리에 위배되지 않는 경우는?

① 뇌손상 평가에 대한 훈련과 경험은 미비하였지만 신경과에 취직하여 검사를 실시하였다.
② 웩슬러 지능검사 결과에 따라 영재아동을 선발하고 같은 기준으로 다문화 가정의 아동에 대한 평가를 실시하였다.
③ 신뢰도와 타당도를 위해 언론매체 등에 검사 문항과 원자료를 제시하여 결과를 설명하였다.
④ 비밀보장의 원칙이 있으나 법원의 명령에 의해 심리검사 결과를 참고 자료로 제출하였다.

> **해설**
>
> • 뇌손상 평가에 대한 훈련과 경험이 미비한 경우 검사를 실시하면 안 된다.
> • 영재아동이란 웩슬러 지능검사 결과 IQ 130 이상에 해당되는 아동으로 지능 및 창의성이 우수하다. 다문화 가정 아동의 경우 한국 문화에 익숙하지 않기 때문에 웩슬러 지능검사 영역 중 언어이해 부분에서 다분히 한국 상황과 관련된 문항의 점수가 낮게 측정될 가능성이 있다.
> • 신뢰도와 타당도를 위해 언론매체 등에 검사 문항과 원자료를 제시하면 안 된다.

08 MMPI 검사의 타당도 척도 중 ?(무응답 척도)가 상승할 수 있는 이유로 적절하지 않은 것은?

① 부주의
② 불충분한 읽기 수준
③ 채점이나 기록상 오류
④ 의미 있는 답변에 필요한 정보나 경험이 없을 때

> **해설**
>
> 채점이나 기록상 오류는 ?(무응답 척도)가 상승할 수 있는 이유에 해당하지 않는다.

09 MMPI-2의 임상척도 중 Hy척도의 하위 척도에 포함되지 않는 것은?

① 신체증상 호소 ② 사회적 소외
③ 사회적 불안의 부인 ④ 공격성의 억제

사회적 소외(social alienation)는 소외, 고립, 다른 사람들과 동떨어진 것처럼 느낌, 다른 사람들이 자신을 이해해 주지 못하고, 부당한 대우를 한다는 믿음, 자신의 팔자가 나쁘다고 생각하는 것으로 반사회성(Psychopathic Deviate, Pd) 척도의 하위척도(Pd4) 또는 조현증(Schizophrenia, Sc) 척도의 하위척도(Sc1)이다.

10 심리검사 사용자는 A, B, C 수준으로 분류된다. 다음 중 검사사용자 자격을 결정하는 요인을 모두 고른 것은?

ㄱ. 사용자의 역할 ㄴ. 검사사용 환경
ㄷ. 검사의 속성 ㄹ. 검사의 목적

① ㄱ, ㄷ ② ㄴ, ㄹ
③ ㄱ, ㄴ, ㄹ ④ ㄱ, ㄴ, ㄷ, ㄹ

ⓐ, ⓑ, ⓒ, ⓓ 모두 검사사용자 자격을 결정하는 요인에 해당한다.

11 다음 중 아동의 각성수준과 충동성, 주의유지력 등 주의력과 충동성을 직접적으로 측정할 수 있는 과제수행 검사가 아닌 것은?

① 한국판 코너스 평정척도
② 연속수행검사(CPT)
③ 주의력장애 진단시스템(ADS)
④ TOVA(가변주의 검사)

- 한국판 코너스 평정척도는 아동 및 청소년의 ADHD를 진단하기 위해 코너스(Conners, 1969)가 개발한 규준 지향적 질문지이다.
- 6~14세의 아동을 대상으로 하는 코너스 부모 평정척도(Conners Parent Symtom Questionaire ; CPSQ)와 코너스 교수 평정척도(Teacher Rating Scale ; TRS)가 있다. 즉, 아동의 각성수준과 충동성, 주의 유지력 등 주의력과 충동성을 직접적으로 측정할 수 있는 과제수행 검사는 아니다.

09 ② 10 ④ 11 ① { 정답 }

12 직접적 행동관찰법에 비해 행동평정척도를 사용하는 경우의 장점과 가장 거리가 먼 것은?

① 발생빈도는 낮지만 중요한 행동을 확인할 수 있다.

② 본인 스스로가 정보를 제공하지 않으려 하는 경우 주변의 제3자를 통한 정보획득이 가능하다.

③ 내담자의 행동에 대해 일상적 환경 속에서 정보 획득이 가능하다.

④ 평정대상 행동의 상황특정적 변산을 민감하게 파악할 수 있다.

해설 🔍

- 아동청소년 심리평가에는 면담과 행동관찰법, 행동평정척도가 있다. 그 중 행동평정척도는 표준화된 형태의 척도에서 아동 및 청소년의 행동 특성에 관한 종합적인 판단을 그들이 알고 있는 정보제공자로부터 얻어내는 것이다.
- ④의 행동평정척도는 어떤 행동이 존재하는지를 일차적으로 측정하는 것이라기보다는 측정행동에 대한 정보제공자의 '지각'을 측정하는 것이기 때문에 평정대상 행동의 상황특정적 변산을 민감하게 파악할 수 없다.

13 비구조적 면담에 대한 설명으로 틀린 것은?

① 내담자의 상태나 상황에 따라 면담의 절차나 형식이 달라질 수 있다.

② 비구조적 면담을 통해 유용한 정보를 얻기 위해서는 임상가로서 상당한 정도의 숙련성이 요구된다.

③ 수집된 자료를 객관적으로 수량화하기가 어렵다.

④ 면담과정에서 내담자의 자발성이 억제되기 때문에 연구목적으로 흔히 사용된다.

해설 🔍

[비구조적 면담]

- 비구조적 면담은 정해진 형식과 절차 없이 내담자의 반응에 대한 상담자의 판단에 따라 유연성 있게 진행되는 면담 방식이다. 즉, 면담과정에서 내담자의 자발성이 억제되는 방법이 아니다.
- 비구조적 면담의 장점 및 단점은 다음과 같다.

비구조적 면담의 장점	• 자유로운 답변을 들을 수 있다. • 특정 내용을 집중적으로 탐색할 수 있다. • 라포 형성에 도움이 된다.
비구조적 면담의 단점	• 숙련된 전문성이 요구된다. • 여러 방면으로 다양한 자료를 수집하기 힘들다. • 수집된 자료의 객관적 수량화가 힘들다.

{ 정답 } 12 ④   13 ④

14 심리평가를 객관식 검사와 투사 검사로 나눌 때 객관식 검사의 장점으로 옳은 것은?

① 검사자나 상황의 변인에 따라 영향을 덜 받아 안정적이다.

② 다양한 반응을 얻을 수 있어 해석의 자료가 풍부하다.

③ 검사자극의 특징 때문에 피검사자가 적절한 방어를 하기 어렵다.

④ 면담과정에서 내담자의 자발성이 억제되기 때문에 연구목적으로 흔히 사용된다.

해설

- 검사자나 상황의 변인에 따라 영향을 덜 받아 안정적이다. – 객관적 검사의 장점
- 다양한 반응을 얻을 수 있어 해석 자료가 풍부하다. – 투사검사의 장점
- 검사자극의 특징 때문에 피검사자가 적절한 방어를 하기 어렵다. – 투사검사의 장점
- 전의식이나 무의식 내용을 드러내는데 적합하다. – 투사검사의 장점

15 상위집단과 하위집단에서 각각의 문항을 통과한 사례 수를 백분율로 환산한 후, 이 백분율의 차이 값을 계산하여 구하는 것은?

① 문항추측도   ② 문항변별도

③ 문항난이도   ④ 문항이해도

해설

상위집단과 하위집단에서 각각의 문항을 통과한 사례 수를 백분율로 환산한 후, 이 백분율의 차이값을 계산하여 구하는 것은 문항변별도이다.

16 다면적 인성검사(MMPI)의 실시와 채점에 대한 설명으로 틀린 것은?

① 환자로부터 최대한의 협력을 얻기 위해 왜 실시하는지 알려 주어야 한다.

② K교정이란 척도의 진단 변별력을 높이기 위해 적절한 비율의 K 척도의 원 점수를 Hs, Pd, Pt, Sc, Si 척도 원 점수에 더하는 것을 말한다.

③ 문항에 대해 검사자의 조언을 구하는 환자들의 경우 피검자에게 직접적인 도움을 주지 않도록 해야 한다.

④ 검사가 시작된 후 곧바로 완료되었다고 제출하는 경우는 검사에 대한 저항을 나타낸 것이다.

해설

K교정	정신적 장애를 지니면서도 정상적인 프로파일을 보이는 사람들을 식별하기 위한 것으로 방어성과 경계심을 L척도보다 은밀하고 세련되게 측정하는 것이다.
K교정척도	임상척도 1, 4, 7, 8, 9번이다. 즉 Hs, Pd, Pt, Sc, Ma이다. 척도 7과 척도 8은 K의 원점수를 더해주고, 척도 1과 척도 4, 척도 9에는 K의 비율을 각각 0.5, 0.4, 0.2배로 더하여 교정한다.

17 다음 중 Sacks의 문장완성검사(SSCT)에 관한 설명으로 옳은 것은?

① 피검자가 보이는 손상의 정도에 따라 각각 1, 2, 3점으로 평가한다.

② SSCT의 네 가지 영역은 가족, 성, 일, 대인관계이다.

③ SSCT는 개인과 집단 모두에게 실시할 수 있으며 약 20분에서 40분 정도의 시간이 소요된다.

④ SSCT는 성격의 기본구조와 원초적 욕구에 대하여 많은 것을 알게 해준다.

해설 🎀
- Sacks에 의해 개발된 문장완성검사는 총 50개의 문항, 4가지 영역인 가족, 성, 자기개념, 대인관계로 이루어져 있다.
- 문장완성검사(SSCT)는 개인과 집단 모두에게 실시할 수 있으며 약 20분에서 40분 정도의 시간이 소요된다.
- 채점은 피검자가 보이는 손상의 정도에 따라 각각 0, 1, 2점으로 평가한다.
- 문장완성검사(SSCT)는 성격의 기본구조와 원초적 욕구에 대하여 많은 것을 알게 해주는 거사는 아니며, Rohde(1946)에 의하면, 청년기 문제를 다루거나 내담자의 욕구, 내적 갈등, 환상, 감정, 태도, 야망, 적응상의 어려움 등에 대해 파악하고자 할 때 문장완성검사가 적절하게 이용될 수 있다고 하였다.

18 신경심리평가에서 객관적 손상에 비해 증상 위장이 의심되는 행동양상으로 보기 어려운 것은?

① 본인의 증상 및 병력은 소상히 보고하나 기억력검사에서 저조한 수행을 보인다.

② 실제 손상이 있는 사람들은 거의 모든 검사 항목에서 수행이 저조하나, 위장자의 수행은 각 검사마다 기복이 심하다.

③ 난이도와 무관하게 검사수행의 초기부터 저조함이 나타난다.

④ 검사결과에서 예상되는 장애정도와 실제 손상에서 예상되는 장애의 정도를 비교할 때 괴리가 큰 편이다.

해설 🎀
실제 손상이 있는 사람들은 각 검사마다 기복이 심하지만, 증상 위장자는 거의 모든 검사 항목에서 수행이 저조하다.

{ 정답 } 17 ③　18 ②

19 다음은 57세 남자 환자의 상황적 스트레스와 관련된 로르샤하의 구조요약이다. 아래 표를 보고 내릴 수 있는 결론에 해당하지 않는 것은?

EB=8:5.0 EA=13.0 D=0		혼합결정인 유형
eb=7:8 es=15 Adj es=10 Adj D=+1		M.FC.FY=1
		M.CF=2
FM=4 m=3 C′=2 T=2 V=0 Y=4		FM.FT.FY=1
(3r+(2)/R)=.38		FM.FC′=1
		mCF=1
Pure C=0 M−=0 MQnone=0		mYF=1

① 상황적인 스트레스가 있는 상태이다.
② 스트레스가 기능에 미치는 영향은 매우 크다.
③ 평소의 통제력은 견고한 편이다.
④ 심리적 붕괴나 충동성에 취약한 상태는 아니다.

해설

- D=0, Adj D=+1이므로 스트레스 적응 능력이 양호하고, 현재 상황적인 스트레스가 있으나 기능에 미치는 영향이 크지 않다.
- 자아중심성 지표는 .33<3r+(2)/R<.44일 때 양호한데, 3r+(2)/R=.38이므로 평소의 통제력은 견고한 편이다.

20 유동성 지능에 대한 설명으로 틀린 것은?
① 선천적으로 주어지는 능력이다.
② 중추신경계의 성숙에 비례하여 발달하고 쇠퇴한다.
③ 언어이해능력, 논리적 추리력, 상식 등에서 확인된다.
④ 새로운 상황을 만났을 때의 문제해결능력에서 나타난다.

해설

언어이해능력, 논리적 추리력, 상식 등에서 확인되는 것은 결정성 지능이다.

01 적성검사에 관한 설명으로 가장 적합한 것은?

① 정서적 성숙도를 측정한다.

② 직업에 대한 흥미를 측정한다.

③ 새로운 상황에서의 적응능력을 측정한다.

④ 특정 직업군에서의 성공가능성을 예언한다.

해설

일반직업적성검사 GATB(General Aptitude Test Battery)는 미국에서 개발된 일반적성검사를 토대로 국내에서 개발한 것으로 한 개인이 어떤 적성을 가지고 있으며, 어떤 직업에서 일을 성공적으로 수행할 수 있는지를 파악하기 위한 검사이다.

02 Controlled Oral Word Association Test와 Go-No-Go Test의 수행이 저조하다면 어떤 인지기능의 손상이 시사되는가?

① 언어 관련 기능   ② 주의 기능

③ 전두엽/실행 기능   ④ 시각-운동 기능

해설

- 통제 단어연상검사(Controlled Oral Word Association ; COWA)는 특정 음운(F, A, S 또는 ㄱ, ㅅ, ㅇ등)으로 시작하는 단어를 말하도록 하는 검사가 포함된다.
- Go-No-Go Test는 반응·비반응 검사로 전두엽 실행기능을 검사한다.
  - 검사자가 두 번째 손가락만 올리면 환자는 두 번째, 세 번째 손가락을 올린다.
  - 검사자가 두 번째-세 번째 손가락을 올리면 환자가 주먹을 내는 검사[손가락을 올리지 않는]이다.
- 연습 후 20회 시행하게 되며 정반응을 체크한다.
- 이와 비슷한 Contrasting Program은 다음과 같다.
  - 검사자가 두 번째 손가락만 올리면 환자는 두 번째-세 번째 손가락을 올린다.
  - 검사자가 두 번째-세 번째 손가락을 올리면 환자가 두 번째 손가락을 올리는 검사이다.

03 다음 중 검사 실시 방식으로 구분할 때, 객관식 검사로 규준이 잘 마련되어 있고 채점과 해석이 용이하며 환자의 진단에 대한 정보를 제공하는 검사는?

① MMPI(Minnesota Multiphasic Personality Inventory)

② Rorchach 검사

③ BGT(Bender-Gestalt Test)

④ Stroop Test

해설

보기 중 객관식 검사로 규준이 잘 마련되어 있고 채점과 해석이 용이하며 환자의 진단에 대한 정보를 제공하는 검사는 MMPI(Minnesota Multiphasic Personality Inventory)이다.

{ 정답 } 01 ④   02 ③   03 ①

04 임상심리 검사의 해석과 관련된 윤리적 지침에 관한 설명으로 옳은 것은?

① 임상가는 특정한 해석을 뒷받침할만한 증거가 없는 경우 임상적 경험을 바탕으로 해석한다.

② 임상가는 환자에게 도움이 된다고 판단될 경우 환자에게 검사 결과에 대한 해석뿐만 아니라 해석오류의 가능성에 대한 정보도 알려주어야 한다.

③ 컴퓨터를 이용한 검사에서는 자극조건이 동일하기 때문에 특별히 검사 환경을 고려할 필요가 없다.

④ 장애를 가진 수검자와 일반 수검자의 기능을 비교하는 것이 검사의 주목적일 때 일반 규준보다 특수규준을 사용한다.

해설

- ① 임상가는 특정한 해석을 뒷받침할만한 증거가 없는 경우 해석하지 않는다.
- ③ 컴퓨터를 이용한 검사에서는 환자가 외부 자극에 노출되지 않는 조용하고 집중할 수 있는 검사환경을 제공해야 한다.
- ④ 장애를 가진 수검자와 일반 수검자의 기능을 비교하는 것이 검사의 주목적일 때 일반규준을 사용해서 장애를 진단해야 한다.

05 비구조화된 면담과 비교해 볼 때, 구조화된 면담의 특징으로 볼 수 없는 것은?

① 면담자 변인이 개입되기가 어렵다.

② 다량의 자료 모으기가 용이하다.

③ 실시 절차상 융통성을 발휘하기가 어렵다.

④ 선택적인 정보수집이 용이하다.

해설

구조화된 면담의 경우 선택적인 정보수집이 어려우며, 선택적인 정보수집은 비구조화된 면담이 용이하다.

06 MMPI 검사 결과 프로파일에 대한 설명과 가장 거리가 먼 것은?

① 척도 3과 척도 4는 충동 통제와 관련된 정보를 줄 수 있다.

② 척도 5는 불안에 관한 정보를 제공해 준다.

③ 척도 4와 척도 6의 평균 수준 이상의 상승은 적개심 통제에 문제가 있음을 시사한다.

④ 척도 7과 척도 8의 상승은 증상의 만성화와 사고장애에 관한 정보를 제공해 준다.

해설

- 척도 5는 남성성과 여성성을 측정한다.
- 불안에 관한 정보는 척도 7을 확인하면 된다.

04 ② 05 ④ 06 ② { 정답 }

07 심리평가 결과를 수검자에게 전달하는 방법으로 가장 바람직하지 않은 것은?

① 피검자의 정서적 반응까지 고려해서 결과를 전달한다.

② 정확한 수치만을 알려준다.

③ 전문 용어의 사용을 피한다.

④ 문제점 뿐 아니라 강점에 대해 알려준다.

해설 💗

심리평가 결과를 수검자에게 전달하는 방법에서 정확한 수치를 알려주는 것이 아니라, 검사결과에 대한 해석을 해 준다.

08 MMPI-2의 실시와 채점에 관한 설명으로 옳은 것은?

① 문항의 의미를 명료화해 줄 것을 요청하는 환자에게는 적극적으로 조언을 해준다.

② MMPI-2는 일정한 학력을 가진 16세 이상의 환자들에게만 실시할 수 있다.

③ 검사에서 빠뜨린 문항이 있으면 환자에게 다시 한 번 생각해 보고 답변하도록 한다.

④ 빠뜨린 문항이나 이중으로 표시된 문항 수의 합은 MF척도의 원점수로 한다.

해설 💗

• ① 문항의 의미를 명료화해 줄 것을 요청하는 환자에게 조언을 해 주면 안 된다.
• ② MMPI-2는 초등학교 6학년 이상의 독해능력을 가진 18세 이상의 성인에게 실시할 수 있다.
• ④ 빠뜨린 문항이나 이중으로 표시된 문항 수의 합은 ?(무응답 척도)로 표시된다.

09 다음 설명에 해당하는 검사는?

• 1959년 Dunn부부에 의해 개발되었다.
• 동일한 L과 M 양식으로 구성되어 있고 문제 및 채점 양식이 동일하며 그 기준표도 동일한 검사이다.
• 피검사자에게 문제마다 그림을 보여주며 시행한다.
• 검사자는 한 단어를 말해주고 피검사자는 그에 적당한 답을 지적하거나 선택을 표시한다.
• 지시에 따라 한 가지 그림을 지적하면 되기 때문에 말과 특별한 기술이 요구되지 않는 언어 발달을 평가하는 아동용 검사이다.

① 피바디 그림 어휘검사(Peabody Pictyre Vocabulary Test-R ; PPVT-R)

② 수용-표현언어 척도(Receprive-Expressice Emergents Language Scale ; REELS)

③ 초기언어 지표검사(Early Language Milestone Scale ; ELMS)

④ 언어학습능력 진단검사(Illinois Test of Psycholinguistucs Abilities ; ITPA)

해설 💗

피바디 그림 어휘검사(Peabody Picture Vocabulary Test-R ; PPVT-R)는 만 2세 6개월~40세까지 사용할 수 있으며 아동의 수용적(정취) 어휘력을 평가하는 검사이다.

{ 정답 } 07 ② 08 ③ 09 ①

10 **Afr 〈 .50에 대한 해석으로 가장 적절한 것은?**

① 자신의 감정을 과도하게 표현하는 편이다.

② 비합리적인 사고를 한다.

③ 환상과 공상의 세계로 도피하려는 특성이 있다.

④ 사회적으로 위축되어 있다.

해설

Afr 〈 .50일 때, 정서적으로 회피하고 위축되면 불안하다.

11 **구성능력을 평가하는 검사로 적합하지 않은 것은?**

① Copying Test

② Rey Complex Figure Test

③ Wechsler 지능검사의 토막짜기

④ Category Test

해설

- ④의 Category Test는 전두엽 실행기능을 평가하는 검사이다.
- 시공간 구성능력 검사로는 다음과 같은 것들이 있다.

- 웩슬러 지능검사의 토막 짜기(Block Desgin)
- Rey 복합 도형 검사(Rey-Osterrieth Complex Figure Test)
- Rey 단순 도형 검사(Simple Rey Figure Test),
- 벤더케슈탈트 검사(Bender Visual Motor Gestalt Test)
- 시각-운동 통합 발달 검사(Visual-Motor Integration)
- 도형 그리기 검사 등
---

12 **검사 점수에 관한 설명으로 옳지 않은 것은?**

① MMPI-2와 웩슬러 지능검사의 점수는 표준점수로 등간척도이다.

② 검사 점수는 표준점수로 변환되더라도 측정의 오차를 포함한 확률적 추정치이다.

③ 백분위는 어떤 집단에서 특정한 점수 미만인 점수들의 백분율이다.

④ 스테나인은 점수간극을 일정하게 고정시킴으로써 비선형 변환된 점수를 산출한다.

해설

- 백분위는 규준집단에서 측정 학생의 점수보다 낮은 점수를 받은 학생이 전체 학생 중 몇 %가 있느냐를 나타내 주는 표시방법이다.
- 백분위등급은 집단의 크기를 언제나 100명으로 생각했을 때의 순위이므로 상위누적 % 개념의 역이라고 할 수 있다. 즉 어떤 학생의 원점수가 60점인데 백분위등급이 75였다면 이 학생이 받은 60점 아래 전체 학생의 75%가 있다는 의미가 되고 이 학생은 상위 25%에 해당한다.
- 백분위등급의 장점은 집단의 크기나 시험의 종류가 다르더라도 상대적인 위치를 서로 비교해 볼 수 있다는 것이다. 그러나 점수 사이에 등간성이 없기 때문에 평균에 가까운 차이는 크게 나타나고 말단부 쪽에 있는 차이는 작게 줄어버려서 백분위등급의 차가 상대적인 능력의 차를 표시한다고 볼 수 없다.

- 스테나인(stanine)은 'standard'와 'nine'의 합성어로 1~9까지 범위의 점수를 가지고 평균은 5점, 표준편차는 대략 2가 되고 인접된 점수 간 점수 차는 약 1/2이다. 제2차 세계 대전 중 미국 공군에서 개발하였는데, 스테나인 점수는 백분위 점수의 범위를 나타낸다. 원점수 분포에서 가장 점수가 낮은 4%의 사례에는 1점을, 다음 7%는 2점, 그다음 12%는 3점을 주는 식으로 부여된다. 따라서 대규모의 피검자를 개략적으로 분류하고자 할 때 많이 사용된다.
- 스테나인 점수는 정수 점수이고 계산이 간편하다는 장점이 있다. 반면, 단일 점수가 아닌 점수의 범위를 나타내기 때문에 엄밀하지 못하며 사람들이 한 수치가 여러 원점수를 나타낸다는 것을 이해하지 못할 수도 있다.

13 HTP의 나무 그림에서 '뿌리'에 대한 해석으로 옳은 것은?

① 자아통합과 사회적 적응 체계이다.

② 자아 강도나 기본적인 심리적 힘이다.

③ 타인과 접촉하며 성취를 향해 뻗어가는 자원이다.

④ 성격적 안정성, 현실과의 접촉 강도를 알려준다.

해설 💕

뿌리는 피검자의 성격적 안정성, 안전에 대한 욕구, 현실과의 접촉 정도를 알려준다.

잎	'잎'은 자아통찰과 사회적 적응 체계를 나타낸다. 잎이 생략된 경우, 내적황폐나 자아통합의 어려움을 나타낸다. 그러나 계절을 감안하여 해석해야 한다(겨울에는 잎이 없는 그림이 많다).
등치(trunk)	'등치(trunk)'는 피검자의 자아 강도나 기본적인 심리적 힘(basic power), 심리적 발달에 대한 지표를 제공해 준다.
가지	'가지'는 성격 조직과 함께 환경으로부터 만족을 구하고 타인과 접촉하며 성취를 향해 뻗어나가는 피검사자의 지원을 나타낸다.

14 TAT에서 다음과 같은 반응특징을 나타내는 진단명은?

- 이야기 길이가 길고, 수정을 많이 한다.
- 어떤 경우에는 객관적으로 나타난 세부적인 것만 기술하고, 이야기를 만들 수 없다고 하기도 한다.

① 우울증   ② 경조증   ③ 강박장애   ④ 편집증

해설 💕

[TAT에서 강박장애가 나타내는 특징]
- 이야기 길이가 길고, 수정을 많이 한다.
- 검사자극에 대한 불확신감으로 인해서 지루하고 반추적이고 현학적인 이야기를 만들어 낸다.
- 어떤 경우에는 객관적으로 나타나는 세부적인 것만 기술하고 이야기를 만들 수 없다고 하기도 한다.
- 내용도 주로 인물들의 주저와 망설임을 표현하는 경우가 많고, 주제도 부지런함과 복장, 완벽함이 강조된다.

{ 정답 } 13 ④   14 ③

15 청소년 내담자의 우울 정도를 측정하기 위한 도구로 적합하지 않은 것은?

① MMPI-A   ② PAI-A

③ 16PF   ④ BDI

해설

16PF는 카텔이 개발한 성격검사지로 온정성, 자아강도, 지배성, 정열성, 도덕성, 대담성, 예민성, 공상성, 실리성, 자책성, 진보성, 자기결정성, 자기통제성, 불안을 측정한다. 따라서 청소년 내담자의 우울정도를 측정하기 위한 도구로 적합하지 않다.

16 KABC-II에 관한 설명으로 옳지 않은 것은?

① 3~18세용 개인용 지능검사이다.

② CHC 이론 및 Luria의 이론에 근거한 해석을 시도한다.

③ 검사의 개발과정에서는 반이론적 경험적 입장을 견지하여 구성되었다.

④ 순차처리, 동시처리, 계획력, 학습력, 지식의 요인으로 구성되었다.

해설

(1) KABC-II의 목적

만 3세~18세에 이르는 아동과 청소년의 정보처리와 인지능력을 측정하기 위해 개발된 개인지능검사(individual intelligence test)로서 미취학 아동부터 고등학생들의 심리, 임상, 심리교육 그리고 신경심리적 평가를 위한 목적으로 개발되었다.

(2) KABC-II의 역할

① 사고력과 전반적 인지능력을 모두 측정할 수 있는 측정도구로서 학생들의 치료 계획, 배치 계획을 세우는 데 도움을 준다.

② 또한 인지능력과 사고력에 있어서 개개인의 강점과 약점을 파악할 수 있도록 되어 있으며 학습장애의 핵심적인 양상인 기본적인 사고 처리과정의 장애를 파악하는 데 대단히 유용하다.

③ 결과 해석 시 이원적 이론구조(CHC와 Lucia 모델)를 적용하며, 다양한 관점에서 진단이 가능하다.

(3) KABC-II 검사

KABC-II 검사의 개발은 지능의 이론적 구조 하에 개발되었다.

17 다면적 인성검사 중, 성인용(MMPI-2)과 청소년용(MMPI-A)에서 차이가 나는 것은?

① 임상척도의 구성내용   ② K척도의 포함 유무

③ 문항제작 과정 및 방식   ④ 타당도 척도의 구성내용

해설

MMPI-2 타당도 척도는 VRIN, TRIN, F, F(B), F(P), FBS, L, K, S이고, MMPI-A의 타당도 척도는 VRIN, TRIN, F, F1, F2, L, K이다.

18 **WAIS-R에 관한 요인분석에서 확인된 3가지 요인구조는?**

① 언어적 이해 능력, 지각적 조직화 능력, 주의 지속능력

② 언어적 개념화 능력, 공간적 능력, 획득된 지식

③ 결정적 지능, 유동적 지능, 시각-운동 통합 능력

④ 기억능력, 개념형성 능력, 시각-통합운동 능력

해설
- WAIS-R의 3가지 요인구조는 언어이해, 지각추론, 주의집중지속력이다.
- Wechsler Adult Intelligence Scale-Revised(WAIS-R ; Wechsler, 1981)는 이름에서 알 수 있듯이 1955년에 처음 발표 된 Wechsler Adult Intelligence Scale의 수정된 형태이다.

19 **심리평가에서 행동평가에 대한 설명으로 옳은 것은?**

① 면담과 행동과정에서 보이는 행동은 실제행동과 다르므로 주의하여 해석한다.

② 면접자에게 보이는 태도는 특수한 대인관계를 반영한다.

③ 외모의 부자연스러움은 대처능력의 약화나 행동의 유연성을 반영한다.

④ 행동은 일종의 비언어적 의사소통에 속한다.

해설
- 면담과 행동과정에서 보이는 행동은 실제행동과 유사하므로 관련하여 해석한다.
- 면접자에게 보이는 태도는 유사한 대인관계를 반영한다.
- 외모의 부자연스러움은 대처능력의 약화나 행동의 경직성을 반영한다.

20 **검사결과에 작용하는 검사자 변인과 수검자 변인으로 옳지 않은 것은?**

① 반응효과   ② 기대효과

③ 강화효과   ④ 코칭효과

해설
검사결과에 작용하는 검사자 변인과 수검자 변인으로 기대효과, 강화효과, 코칭효과가 있으며, 반응효과는 해당되지 않는다.

{ 정답 } 18 ①   19 ④   20 ①

01 40대 주부 A씨는 숙제를 하지 않고 컴퓨터 게임을 하고 있는 아이에게 소리를 지르고 심하게 야단을 쳤다. A씨는 평소 화가 나면 이를 참지 못하고 직접 표출하는 패턴을 보인다. 이러한 분노표현방식을 고려할 때, A씨가 나타낼 가능성이 가장 높은 MMPI 결과는?

① 2-4-8 코드유형
② 3-1-2 코드유형
③ 4-6 코드유형
④ 5-8 코드유형

해설

- 4번(화가 나면 이를 참지 못하고 직접 표출하는 패턴), 6번(자녀가 숙제를 하지 않고 컴퓨터 게임을 하고 있다고 의심과 오해), 4-6코드의 주요 특징은 분노와 적개심, 불신이다.
- 이런 양상을 보이는 사람들은 까다롭고 타인을 원망하며 화를 잘 내고 논쟁을 자주 벌인다.
- 갈등을 유발하고 대인관계를 악화시키는 자신의 태도에 대해 전혀 생각하지 않고, 분노나 갈등의 원인을 항상 외부로 전가한다.
- 정신과 환자 집단에서 흔히 성격장애(특히 수동-공격적)와 조현병의 진단이 내려진다.

02 심리평가 보고서 작성에 대한 설명으로 틀린 것은?

① 모호하고 빈번하게 사용되는 일반적인 진술을 피한다.
② 평가 결과의 해석 내용은 수검자와 의뢰자 모두가 이해할 수 있어야 한다.
③ 보고서에 자신의 의견을 기술할 때, 이를 입증할만한 객관적 정보 또는 기법에 근거해야 한다.
④ 해석의 분명한 근거를 제시하기 위해 반드시 원자료의 반응을 그대로 언급해야 한다.

해설

임상심리사는 심리평가 보고서를 작성할 때 원자료를 객관적 정보로 삼아 평가결과의 해석을 이해하기 쉽고 간결하게 작성한다.

03 MMPI-2의 실시와 채점에 대한 설명으로 틀린 것은?

① 환자에게 최대한의 협력을 얻어내기 위해 왜 MMPI-2를 실시하는지 알려주어야 한다.
② 때로 환자나 검사자의 조언을 구하거나 문항의 의미를 명료화해 줄 것을 요구할 때 검사자는 환자에게 직접적인 도움을 주어야 한다.
③ 검사자는 응답하지 않은 문항들을 최소한으로 줄이려고 노력해야 한다.
④ MMPI-2에서는 65T 이상의 점수를 높은 점수로 간주한다.

해설

환자가 검사자의 조언을 구하거나 문항의 의미를 명료화해 줄 것을 요구할 때 검사자는 환자에게 직접적인 도움을 주어서는 안 된다.

01 ③   02 ④   03 ② { 정답 }

04　**MMPI-2의 보충 척도에 대한 설명으로 옳은 것은?**

① 과잉통제-적대감 척도: 극단적인 신체적 공격을 할 가능성이 있는 환자를 감지하기 위해 개발되었다.

② Welsh 억압 척도: 충족되지 못한 의존 욕구를 경험하는 경우 상승된다.

③ Es 척도: 높은 점수를 받는 환자들은 확립된 방어 패턴이 부족하고 심각한 정신병리를 겪는다.

④ MacAndrew 알코올 척도: 특별히 알코올 남용에 대한 측정치로 사용되며, 낮은 점수를 받은 사람은 비동조적이고 억제적이다.

해설 💝

과잉통제-적대감 척도는 내재된 분노감, 적대감을 부인, 억제하는 특성이다. 부정적 정서 자극을 받을 때 과잉 반응 가능성, 향후 폭력 행동에 대한 예측보다는 과거 행동 특성을 이해하는게 유용한 보충척도이다.

05　**HTP 검사의 해석으로 틀린 것은?**

① 그림 속의 어떤 부분을 계속 지우며 고쳐 그리는 경우는 그 부분이나 그 부분이 상징하는 것에 대한 갈등을 나타내는 것이라고 할 수 있다.

② 자기 성과 다른 성을 먼저 그리는 것이 통상적이다. 같은 성을 먼저 그리는 경우, 성 역할 동일시에 갈등이 있거나 현재 생활에서 특정 이성의 비중이 큰 상태임을 시사한다.

③ 그림을 그려나가는 일반적인 순서에서 이탈하는 것은 중요한 단서가 된다.

④ 지우개를 과도하게 사용하는 경우에는 불안정이나 초조감이 있을 수 있고, 자신에 대한 불만, 불안, 도움을 받고 싶은 욕구를 보여주는 것일 수 있다.

해설 💝

• 통상적으로 자신과 같은 성을 먼저 그린다.
• 다른 성을 먼저 그리는 경우, 이성에 대한 관심이 강하거나, 아직 성 개념이 확실하지 않거나, 성 역할 동일시에 갈등이 있거나, 현재 생활에서 특정 이성의 비중이 큰 상태임을 시사한다.

06　**다음 설명에 해당하는 검사는?**

> 언어 기억범위, 시각 기억범위, 단어습득, 단어 회상, 단어 지연회상, 문장 즉각회상, 문장 지연회상, 얼굴 즉각기억, 얼굴 지연기억, 시각재생, 시각 즉각재연, 시각 지연재연의 12개 하위검사를 바탕으로 단기기억과 언어기억, 시각기억, 전체 기억점수를 산출하도록 구성되어 있다.

① Rey-Kim 기억검사　　　　　　② 한국판 기억평가검사
③ Kims 전두엽-관리기능 신경심리검사　　④ 한국판 치매 평가검사

해설 💝

• 언어 기억범위, 시각 기억범위, 단어습득, 단어 회상, 단어 지연회상, 문장 즉각회상, 문장 지연회상, 얼굴 즉각기억, 얼굴 지연기억, 시각재생, 시각 즉각재연의 12개 하위검사는 한국판 기억평가검사의 내용이다.
• 단기기억과 언어기억, 시각기억, 전체 기억점수를 산출한다.

{ 정답 }　04 ①　05 ②　06 ②

07 **행동관찰 시 사용되는 코딩방법과 가장 거리가 먼 것은?**
① 행동 간격별 기록　　　　　　② 이야기식 기록
③ 사건 기록　　　　　　　　　④ 평정 기록

해설
행동관찰 시 사용되는 코딩방법 중 하나의 행동 간격별 기록이 아니라 시간 간격별 기록이다.

08 **다음은 어떤 환자의 Rorschach 검사 결과의 특징을 설명한 것이다. 이 환자에게 가장 가능성이 높은 임상적 진단은?**

- 조직화가 잘 되지 않은 W(전체) 반응
- 다수의 M(인간운동) 반응
- 다수의 작화반응과 음영반응이 CF, Dd 반응과 함께 나타남

① 조현병
② 반사회적 성격장애
③ 일반화된 불안장애
④ 기분장애, 조증삽화

해설
- W 반응은 자극상황을 전체적으로 다루려는 의욕 및 동기와 연관되고, M 반응은 추론이나 복잡한 사고활동과 연관이 있으며, 성취 지향적 활동에 요구되는 자신의 능력에 대한 지표이다.
- 다수의 M 반응과 조직화가 잘 되지 않은 W 반응은 에너지가 넘치는 조증삽화가 보임을 의미한다.
- 작화증은 기억의 결함을 메우고자 무의식적으로 이야기를 지어내는 현상으로 어느 정도의 주의력과 정신기능이 있는 상태이다. 음영반응이 CF와 Dd 반응과 함께 나타나는 것은 우울감을 의미하므로 기분장애로 보인다.

09 **사회성숙도 검사에서는 아동 및 청소년의 발달적 성숙이나 기능을 6가지 영역으로 구분하려 측정한다. 다음 중 6가지 영역에 해당하지 않는 것은?**
① 자조(SH)　　　　　　　　② 이동(L)
③ 의사소통(C)　　　　　　　④ 욕구(N)

해설
욕구(N)는 사회성숙도 검사 영역에 해당하지 않는다.

10 Wechsler 지능검사의 소검사들을 Cattell-Hom의 방식으로 '유동적-결정적 지능'으로 분류할 때 다음 중 유동적 지능의 범주에 해당하는 것은?

① 기본지식　　　　　　　　　② 어휘
③ 공통성　　　　　　　　　　④ 이해

> **해설**
> • Cattell-Hom의 유동성 지능은 Wechsler 지능검사의 동작성 지능에 해당하고 새로운 문제를 해결할 수 있도록 하며 관계나 유사한 것을 찾아 비교하는 능력으로 뇌의 효능과 뇌손상 여부에 민감하다. 14세~20세까지는 안정 상태를 유지하나 그 이후에는 점차 감소한다.
> • 반면 결정성 지능은 환경에 의해 발달하고 결정지어지는 능력으로 비교적 영구적이며 두뇌손상에 덜 민감하다.
> • 선천적 유동적 지능과 문화와 교육과 같은 환경적 요인의 상호작용을 통해 40세까지 발달하며 어휘, 일반 상식 및 이해와 관련된 검사에서 측정한다.
> • K-WAIS-Ⅲ에서 공통성, 기본지식, 어휘, 이해는 언어성 지능에 속한다. 이들 중 가장 동작성 지능에 가까운 것은 공통성이다. 그 이유는 공통성은 기본지식, 어휘, 이해에 비해 상대적으로 추론과 융통성이 필요하기 때문이다.

11 다음 중 올바른 심리검사 윤리 지침을 모두 고른 것은?

> ㄱ. 검사자는 요강에서 밝히고 있는 실시 및 채점에 대한 표준화된 절차를 따라야 한다.
> ㄴ. 검사채점을 의뢰 받았을 경우 채점 서류와 사용한 절차는 문서로 남겨야 한다.
> ㄷ. 입학허가나 면허와 같이 수행결과에 따라 중요한 결정을 내리는 경우 채점 과정을 공개해서는 안 된다.
> ㄹ. 검사 사용자는 검사자료의 보안을 유지해야 한다.

① ㄴ, ㄷ　　　　　　　　　② ㄱ, ㄷ, ㄹ
③ ㄱ, ㄴ, ㄹ　　　　　　　　④ ㄱ, ㄴ, ㄷ, ㄹ

> **해설**
> ㄷ은 입학허가나 면허와 같이 수행결과에 따라 중요한 결정을 내리는 경우 채점 과정을 공개할 수 있다.
> 예 운전면허 실기시험의 경우 시험 절차 및 코스, 세부 과정 및 채점기준을 공개한다.

12 다음 중 능력검사에 해당하지 않는 것은?

① 지능검사　　　　　　　　　② 성격검사
③ 적성검사　　　　　　　　　④ 장애진단검사

> **해설**
> 능력검사는 수행검사라고도 하며, 개인의 적성과 기능에 대한 평가를 하는 것으로 성격검사는 이에 해당하지 않는다.

{ 정답 } 10 ③　11 ③　12 ②

13 내적 합치도를 확인할 수 있는 신뢰도 지수들로 짝지어진 것은?

① 동형검사신뢰도와 KR-20

② KR-20과 phi 계수

③ KR-21과 Cronbach α 계수

④ 반분신뢰도와 phi 계수

해설

- 신뢰도 측정 방법에는 검사-재검사법, 동형검사법, 반분법, 내적일관성법이 있다.
- 검사-재검사 신뢰도를 안정성 계수, 동형검사신뢰도를 동형성 계수, 반분신뢰도를 스피어만-브라운 계수, 거트만 반분계수라 한다.
- 문항내적 합치도는 동질성 계수라고 하며 코더리처드슨 신뢰도 KR-20, KR-21과 Cronbach α 계수, 호이트 신뢰도가 있다.
- 피어슨의 phi 계수는 변수가 이분형 자료인 명명척도(찬성/반대, 있다/없다, 남자/여자) 간의 상관계수이다.

14 인지행동적 면담에 관한 설명으로 틀린 것은?

① 문제 행동을 유인하는 환경적 자극과 그에 대한 반응을 중요시한다.

② 개인의 핵심적 신념 규명이 우선적 과제이다.

③ 목표증상이나 문제행동을 조작적으로 정의한다.

④ 심리장애에 선행하거나 동반되는 사고 내용을 탐색한다.

해설

인지행동면담자료에는 개인의 배경, 발달사, 신체적 건강, 당면문제, 당면문제의 특징, 촉발요인, 유지요인, 과거 치료 경험, 치료동기 및 결과에 대한 기대가 포함된다.

15 MMPI-A에 관한 설명으로 옳은 것은?

① MMPI-2와 달리 F(P) 척도가 없다.

② 반사회적 특성, A유형 행동 등 청소년에 적합한 내용척도가 개발되었다.

③ MMPI-2와 마찬가지로 임상척도에 대한 K 교정을 한다.

④ MMPI-A에는 성격병리 척도가 없다.

해설

- MMPI-2의 타당도 척도는 VRIN, TRIN, F, F(B), F(P), FBS, L, K, S이고 MMPI-A의 타당도 척도는 VRIN, TRIN, F, F1, F2, L, K이다.
- ②에 있는 반사회적 특성, A유형 행동은 MMPI-2에 있는 내용척도이다.
- MMPI는 임상척도에 대해 K 교정을 하지만, MMPI-2는 K 교정을 하지 않는다.
- MMPI-A에도 성격병리척도가 있다.

13 ③ 14 ② 15 ① **{ 정답 }**

16 다음은 아동을 위한 발달검사 실시와 관련된 글이다. 어떤 검사에 관한 설명인가?

Beery와 Buknetica가 개발한 이 검사는 일반 학교에서 아동의 학습 및 행동 장애를 예방하거나 초기에 발견하기 위한 선별용 도구이다. 검사자는 수검자들이 모사할 24개의 기하학적 도형을 제시한다. 기하도형은 굵은 검정색으로 인쇄되어 있고 한 페이지에 3개씩 배열되어 있으며 각 도형을 지우거나 회전시킬 수 없다. 시간 제한은 없으며 3번 연속적으로 오류를 범할 때까지 계속 수행한다. 원점수는 상항수준에 도달하기 전에 완전하게 모사한 도형의 전체 수이며 이는 검사요강에 있는 표를 사용하여 연령점수, 표준점수, 백분위로 환산된다. 실시에는 10~15분, 채점과 해석에는 10분 정도 소요된다. 검사 장소는 조용한 방에 표면이 매끄러운 책상이 필요하다. 검사지는 두 가지 형태로 되어 있는데 완전형(Long Form)은 24개의 기하학적 도형이 모두 포함되고 만 2세~15세까지의 연령 집단에 사용한다. 간편형(Short Form)은 첫 번째 15개 기하학적 도형만을 포함하고 만 2세~8세까지의 아동들에게만 사용한다.

① 벤더 게슈탈트 검사(The Bender Visual-Motor Gestalt Test ; BGT)
② 시각-운동 통합발달검사(The development test of Visual-Motor Integration ; VMI)
③ 시지각 발달검사(Developmental Test of Visual Perception ; DTVP)
④ 지각-운동 진단검사(Perceptual-Mortor Diagnostic Test ; PMDT)

해설
벤더 게슈탈트 검사는 벤더가 1938년에 개발한 것으로 본래 Bender visual-motor gestalt test이었던 것을 1940년 BGT(Bender Gestalt Test)로 개칭하였다.

17 Wechsler 지능검사의 소검사 중 다음 요인들과 가장 관련이 있는 것은?

- 결정적 지능
- 사회적 판단력
- 과거경험의 평가와 사용
- 언어적 개념화
- 실제적·실용적 지식

① 기본지식
② 어휘
③ 공통성
④ 이해

해설
이해소검사는 다음과 같은 질문 내용으로 이루어진 것이다.

사회적 판단력	법을 지키는 것이 왜 중요합니까?
언어적 개념화	천 리 길도 한 걸음부터 라는 말은 무슨 뜻입니까?
실제적·실용적 지식	어떤 직업은 자격증을 가진 사람만 할 수 있는 이유가 무엇입니까?

18 대졸 학력이며 은퇴 전 은행장까지 지냈던 65세 남자가 메모를 하지 않으면 약속을 잊어버린다고 호소하여 전반적인 신경심리검사를 실시하였다. 다음에 제시된 결과에 가장 적합한 진단적 해석은?

- 과거 의학적 병력 : 없음
- 신체적 증상 및 증후 : 없음
- 지남력 : 날짜 제외하고 양호
- 숫자 외우기 : 바로 따라 외우기=7자리, 거꾸로 따라 외우기=5자리
- 글자(ㄱ, ㅇ, ㅅ) 및 범주 유창성 : 경미한 감소
- 속담 및 공통성 문제 : 양호
- 기억력 : 손상됨(지연회상 저하, 최근 일화적 기억감소, 최근 뉴스에 대한 회상감소)
- 계산 능력: 양호
- 우반구 기능 : Rey Complex Figure Test를 제외하고 양호
- 간이 정신상태검사(Mini Mental Status Exam ; MMSE) : 29/30점
- 노인 우울검사(Geriatric Depression Scale ; GDS) : 5/30점

① 정상적인 노화 과정　　　　　　② 초기 알치하이머형 치매
③ 초기 피질하성 치매　　　　　　④ 가성치매(pseudodementia)

해설

위 환자의 경우 우울감도 없고, 기억력을 제외한 나머지 증상이 보이지 않으므로 알츠하이머형 치매 초기증상으로 예상된다.

Plus

치매의 종류

피질성 치매	정의	• 대뇌피질 손상에 의한 치매를 말한다.
	증상	• 기억장애, 실어증, 실인증, 실행증 등이 잘 나타난다.
피질하성 치매	정의	• 대뇌피질 이하의 부분, 즉 백질이나 뇌간에 손상을 받은 치매를 말한다.
	증상	• 피질성 치매 증상은 뚜렷하지 않고 정신수행 능력의 둔화, 기분의 변화, 운동 기능 장애 등이 잘 나타나는 양상을 보인다.
퇴행성 치매	• 대뇌 신경의 점차적 퇴행에 의해 일어나는 치매를 말한다.	
알츠하이머병	• 1906년 독일 정신과 의사 알로이스 알츠하이머에 의해 알려졌다. 전체 치매의 50~60%를 차지한다. • 서서히 시작되며 보통은 기억력 손상이 초기에 나타나고 실어증, 실행증, 실인증 등의 장애가 나타난다. • 병이 진행되면서 망상이나 환각 등의 정신병적 증상이 나타나며 대소변을 못 가리거나 걸음걸이가 부자연스러운 운동장애도 일어난다.	

19 다음 중 적성검사에 대한 설명으로 틀린 것은?

① 적성검사는 지능과 유사하게 개인이 가지고 있는 일반적인 능력이나 그 능력의 발현 가능성을 평가한다.

② 적성검사는 개인이 특정 직무를 얼마나 성공적으로 수행할 수 있을지를 예측하게 해준다.

③ 일반적으로 적성은 타고난 능력이나 소질과 같이 유전적 성향이 강하다.

④ 적성검사는 어떤 과제나 임무를 수행하는데 있어서 개인에게 요구되는 특수한 능력을 평가하는 것이다.

해설

적성검사는 일정한 직업 등에 종사할 수 있는 잠재력이나 특별한 능력을 측정하기 위해 실시된다.

20 Rotter가 제시한 주제통각검사(TAT) 해석 시 검토해야 할 사항과 가장 거리가 먼 것은?

① 우세한 정서는 무엇인가?

② 반복되는 주제는 무엇인가?

③ 성별을 다루는 양식은 어떠한가?

④ 통상적으로 사용되는 표현법은 무엇인가?

해설

TAT 해석 시, 내담자가 성별을 다루는 양식(주인공이 애착을 표현하고 있는 대상), 우세한 정서(주인공의 내적인 심리 상태), 반복되는 주제(환경의 압력과 주인공의 욕구)를 검토한다. 그러나 내담자가 통상적으로 사용하는 표현법은 해석하지 않는다.

1 2016년 기출문제

01 자신, 타인, 세상에 대한 '반드시~해야 한다(should or must)'는 식의 불합리한 요구를 정서적 스트레스와 행동적 문제의 원인으로 보고 이를 치료하려는 접근법을 제안한 학자는?

① Beck ② Ellis ③ Wolpe ④ Eysenck

해설

- '자신, 타인, 세상에 대한 반드시~해야 한다(should or must)'는 식의 불합리한 요구를 정서적 스트레스와 행동적 문제의 원인으로 보고 이를 치료하려는 접근법을 제안한 학자는 Ellis이다.
- Ellis의 비합리적 신념은 자신, 타인, 세상에 대한 반드시~해야한다(should or must)는 식의 당위적 사고를 내용으로 하고 있다.

02 신경심리학 영역에서 사용하는 주요 검사와 주평가 영역에 관한 설명으로 틀린 것은?

① Rey-Osterrieth Complex Figure Test : 시공간적 기억의 평가, 즉각 회상과 지연 회상 등 포함

② Wisconsin Card Sorting Test : 언어적 능력

③ Purdue Pegboard Test : 정교한 시각-운동협응능력

④ Controlled Oral Word Association : 단어 유창성을 통한 전두엽 및 측두엽 기능 평가

해설

위스콘신 카드분류 검사(Wisconsin Card Sorting Test)는 전두엽 실행기능을 평가하는 심리검사이다.

03 정신분석이론에 관한 설명과 가장 거리가 먼 것은?

① 정신결정론을 주장하며 무의식의 중요성을 강조한다.

② 자아는 실행기능을 담당하며 현실원리에 따른다.

③ 방어기제가 언제나 부적응적인 것은 아니다.

④ 초자아는 도덕적 판단자로서 의식으로만 이루어져 있다.

해설

초자아는 도덕적 판단자로서 의식적, 전의식적, 무의식적으로 이루어져 있다.

01 ② 02 ② 03 ④ { 정답 }

04 임상심리학자의 역할 중 하나인 자문에 대한 내용과 가장 거리가 먼 것은?

① 고등학교 교장에게 회의시간에 자신에게 공개적으로 도전하는 교사에 대처하는 가장 좋은 방법에 대한 지침을 제공하는 것

② 소아과 의료진들에게 청소년들이 병동에서 다른 환자들과 성적인 문제를 일으키는 것을 줄이기 위한 프로그램을 개발해 주는 것

③ 수많은 성격 갈등 때문에 비생산적이고 비효율적인 결과를 빚고 있는 어떤 회사의 팀 구성원들에게 서로 더 잘 지낼 수 있는 방법을 알려주는 것

④ 내향적인 성격과 대인관계에 대한 두려움으로 인해 교우관계에 어려움을 겪고 있는 학생을 대상으로 지속적인 개입을 제공하는 것

해설 💗
내향적인 성격과 대인관계에 대한 두려움으로 인해 교우관계에 어려움을 겪고 있는 학생을 대상으로 지속적인 개입을 제공하는 것은 상담이다.

05 임상심리학의 과학자-전문가 모델에 관한 설명과 가장 거리가 먼 것은?

① 진단, 치료, 연구 외에도 일반심리학, 행동의 정신역동, 인접 학문 분야의 교육과정이 강조된다.

② Boulder 모델로 알려져 있으며, 박사학위 과정 취득을 요구한다.

③ 임상심리학자는 일차적으로 심리학자이고 이후 임상가가 되어야 함을 강조하는 모델이다.

④ 1970년대 Vail 모델로 계승되어 과학과 임상실습을 모두 포용하는 특징을 보인다.

해설 💗
1970년대 Vail 모델은 임상실무에 더 강조점을 둔 특징을 보인다.

06 MMPI 혹은 MMPI-2에 관한 설명과 가장 거리가 먼 것은?

① 타당도 척도는 수검자의 동기와 수검 태도에 대한 이해하는 수단을 제공한다.

② 보충척도는 연구용이므로 해석에는 활용하지 않는다.

③ 상승한 척도 점수를 기반으로 해석하는 것은 과잉단순화의 오류 가능성이 높다.

④ MMPI와 MMPI-2를 통해 정신역동적인 미묘한 상호작용에 대한 정보를 얻기는 힘들다.

해설 💗
보충척도는 임상척도를 풍부하게 해석할 때 사용한다.

{ 정답 } 04 ④ 05 ④ 06 ②

07 법정심리학자의 영역과 가장 거리가 먼 것은?

① 위험예측　　　② 아동양육권　　　③ 배심원 선정　　　④ 행정자문

해설

④의 행정자문은 임상심리학의 자문(임상심리학자와 관련됨)에 해당하는 것으로 프로그램–중심 행정자문과 피자문자–중심 행정자문이 있다.

프로그램–중심 행정자문	개인적인 사례보다는 프로그램이나 제도에 초점을 둔다.
피자문자–중심 행정자문	일반적으로 기관 내의 행정적인 쟁점과 인사쟁점에 관한 업무가 포함된다.

08 체계적 둔감화의 본질적인 치료 원리 및 절차와 가장 거리가 먼 것은?

① 이완 훈련　　　　　　　　　　② 역조건 형성
③ 도구적 조건 형성　　　　　　　④ 고전적 조건 형성

해설

· Wolpe의 체계적 둔감화는 불안을 유발하는 상황(고전적 조건 형성)과 신체적 이완훈련(역조건 형성)을 연결시킴으로써 공포반응을 감소시키는 것이다.
· ③의 도구적 조건 형성과는 거리가 멀다.

09 연대별 한국의 주요 임상심리학적 사건에 관한 설명으로 틀린 것은?

① 1960년대 : 병원 장면에 진출하여 심리평가를 주로 담당하였다.
② 1970년대 : 한국심리학회로부터 임상심리전문가 자격규정을 정식으로 인증받았다.
③ 1980년대 : 정신요양원의 비인도적 처우 등을 개선하기 위하여 정신보건법을 제정하였다.
④ 1990년대 : 정신보건 임상심리사 등 임상심리학의 법적권위를 부여받았다.

해설

③ 1995년 : 정신요양원의 비인도적 처우 등을 개선하기 위하여 정신보건법을 제정하였다.

10 Rorschach 검사의 지표에 대한 해석적 의미로 가장 적합한 것은?

① Zf＝0 : 자아를 성찰하는 내성적 활동과 연관된다.
② FD : 복잡한 인지적 책략을 사용하여 과제에 접근하는 정도를 나타낸다.
③ W : M의 비율 : 자극상황을 전체적으로 다루려는 의욕 및 동기와 관련된다.
④ CONFAB : 환경에 대한 태도가 매우 비관적임을 나타낸다.

해설

FD	자아를 성찰하는 내성적 활동과 연관된다.
Zf	복잡한 인지적 책략을 사용하여 과제에 접근하는 정도를 나타낸다.
CONFAB	환경에 대한 태도가 매우 비관적임을 나타낸다.

11 행동적 접근 및 인지행동적 접근에서 주로 사용하는 치료기법과 증상에 관한 설명으로 가장 거리가 먼 것은?

① 이완기법은 스트레스를 많이 경험하는 환자를 대상으로 하여 긴장된 스트레스 상황에서 긴장을 해결하기 위해 사용한다.

② 노출치료는 광장공포증이 있는 환자들에게 많은 사람들 앞에서 연설을 하도록 한다.

③ 자기주장훈련은 극심한 소극성을 가진 환자들을 대상으로 하여 다른 사람들에게 자신이 요구하는 바를 말하도록 한다.

④ 혐오치료는 인터넷 중독에 빠진 중학생을 대상으로 왜곡된 인지를 수정한다.

해설 🐾
- 인지행동치료는 인터넷 중독에 빠진 중학생을 대상으로 왜곡된 인지를 수정한다.
- 혐오치료란 환자에게 바람직하지 않은 행동(알코올 중독)을 혐오적 자극(구토제)과 연합시켜 그 행동을 피하거나 줄이도록 고안된 심리치료법이다.

12 치료성과와 관련있을 것으로 일반적으로 생각되지만, 경험적으로 지지되지 않고 있는 환자-내담자 변인의 예와 가장 거리가 먼 것은?

① 남성 내담자들이 더 나은 치료 성과를 얻을 것이다.

② 내담자의 나이가 많으면 치료 결과가 나쁠 것이다.

③ 동기수준이 높은 내담자만이 좋은 치료성과를 얻을 수 있을 것이다.

④ 사회경제적 지위가 높은 내담자들이 더 나은 치료 성과를 얻을 수 있을 것이다.

해설 🐾
- ①의 환자-내담자 변인 중 성별은 여자가 남자에 비해 치료에 더 잘 반응할 것으로 생각되지만, 이에 대한 연구 결과는 차이가 없는 것으로 나타났다. 즉, 남성 내담자들에게도 치료성과가 나타남을 알 수 있다. (Clarkin&Levy 2004)
- ②, ③, ④번은 일반적으로 치료성과와 관련있을 것으로 생각되지만, 경험적으로 지지되지 않고 있는 환자-내담자 변인의 예이다.

13 행동평가의 기본 입장에 대한 설명으로 가장 적합한 것은?

① 직접적 평가방법의 강조

② 개인의 내현적, 주관적 측면을 강조

③ 행동은 현재의 결과보다 과거의 결과에 의해 지속됨

④ 행동의 기저 원인을 강조

해설 🐾
행동평가는 문제행동을 발견해내고 이러한 문제행동과 더불어 문제행동의 결정요인으로 작용하는 환경요인 또는 개인과 환경과의 상호작용을 양적으로 평가해내는 과정으로 직접적 평가방법을 강조한다.

{ 정답 } 11 ④ 12 ① 13 ①

14 지역사회심리학의 핵심 개념 중 생태학적 분석 수준에 관한 설명과 가장 거리가 먼 것은?

① 개인 수준에서 지역사회 심리학자들은 개인과 환경 간의 관계를 연구한다.

② 조직은 보다 큰 거시체계의 세트이다.

③ 미시체계는 개인이 가족, 친구, 동업자 등 타인과 함께 직접 참여하는 환경 관계에 초점을 둔다.

④ 지역은 다양한 미시체계의 조직으로 이루어진다.

해설

• 보다 큰 거시체계의 세트는 지역사회보다 더 큰 체계이다.

• 거시체계는 개인문제를 야기하거나 만족스럽고 평등한 삶의 기회를 제공하는 제반 조건에 영향을 미치는 사회, 정치, 이념, 경제, 문화 등의 힘을 의미한다.

15 Type A 행동패턴을 가진 사람들의 특성과 가장 거리가 먼 것은?

① 시간이 빨리 간다고 지각한다.

② 지연된 반응을 요구하는 과제에서 수행이 향상된다.

③ 좌절하면 공격적이고 적대적이 된다.

④ 피로감과 신체적 증상을 더 보고한다.

해설

지연된 반응을 요구하는 과제에서 수행이 떨어진다.

16 정신사회재활의 목표가 가장 거리가 먼 것은?

① 환자의 정신병적 증상의 경감

② 환자의 사회적 기능 회복

③ 환자의 대인관계 기술 증진

④ 환자의 인지기능 향상

해설

환자의 정신병적 증상을 경감시키는 것이 아니라, 정신병적 증상의 호전을 장시간 유지시키는 것이다.

14 ② 15 ② 16 ① { 정답 }

17 **치료계획 수립에 관한 설명으로 가장 적합한 것은?**

① 치료계획 수립에서 참여, 협의는 환자에 대한 책임감을 가지고 있는 가족 및 전문가에 한해야 한다.

② 치료계획 수립은 잠정적 가설이며 불변의 계획이 되어서는 안 된다.

③ 치료계획 수립에서 환자의 병리를 고려하여 치료자가 가장 적절한 계획을 세워 안내해 주는 것이 바람직하다.

④ 치료계획 수립 시 치료자가 가지고 있는 접근법에 대한 설명을 해주는 것은 환자로 하여금 방어를 일으킬 수 있는 것이기 때문에 치료자의 접근법을 개방해서는 안 된다.

해설
- 치료계획 수립에서 참여, 협의는 환자, 가족 및 전문가와 함께 한다.
- 치료계획 수립에서 환자의 병리보다는 긍정적 차원을 고려하며 치료자와 내담자가 함께 치료 목표를 설정한다.
- 치료계획 수립 시 치료자가 가지고 있는 접근법에 대해 설명을 해주는 것은 환자로 하여금 치료절차를 이해하고 안심하는데 도움을 준다.

18 **위기면접에서의 면접자 태도로 적합한 것을 모두 고른 것은?**

ㄱ. 환자와 원만한 라포 형성이 중요하기 때문에 비지시적인 태도로 최대한 편안하고 아늑한 분위기를 조성한다.
ㄴ. 자신 및 타인을 해칠 중대한 위험이 있는지를 판단하기 위해 노력한다.
ㄷ. 정확한 임상진단보다는 환자의 안전에 대한 개입이 우선시 되어야 바람직하다.
ㄹ. 면접자는 결정적인 질문을 하는 동안 침착하고 명석한 태도를 유지하여야 한다.

① ㄹ
② ㄱ, ㄴ, ㄷ
③ ㄴ, ㄷ, ㄹ
④ ㄱ, ㄴ, ㄷ, ㄹ

해설
일반적인 상담에서는 환자와 원만한 라포 형성이 중요하기 때문에 비지시적인 태도로 최대한 편안하고 아늑한 분위기를 조성한다. 하지만 위기상담에서는 즉각적인 위기개입(예 자살사고, 자살계획, 자살시도)을 하는 것이 중요하다.

{ 정답 } 17 ② 18 ③

19 다음에서 설명하는 대인관계에서의 심리적 기제 전체를 설명하는 정신역동적 용어는?

> 편집증 환자가 어떤 표적대상을 만났을 때, 그 표적이 사악한 의도를 가지고 있다고 생각하고 그를 비난하면 표적대상은 실제로 편집증 환자의 기대처럼 공격적이고 사악한 언행을 하기 쉽다.

① 반사 전이
② 투사적 동일시
③ 편집-분열 위상
④ 양극성 자기

해설

- 투사적 동일시는 투사와 동일시라는 개념을 합성한 용어로 개인이 수용하기 힘든 자신의 내적 특성을 다른 사람에게 투사하여 그 사람으로 하여금 투사 내용과 같이 생각하고 느끼고 행동하도록 동일시하는 기제이다.
- 문제의 내용처럼 투사적 동일시란 편집증 환자가 어떤 표적대상을 만났을 때, 그 표적이 사악한 의도를 가지고 있다고 생각하고 그를 비난하면 표적대상은 실제로 편집증 환자의 기대처럼 공격적이고 사악한 언행을 하기 쉬운 것을 사례로 들 수 있다.

20 심리학자의 윤리 규정 중 비밀정보의 공개가 허용될 수 있는 조건과 가장 거리가 먼 것은?

① 익명성이 보장되도록 조치한 경우
② 개인이나 기관의 동의
③ 법적인 인증
④ 교사의 요청

해설

- 자기나 타인을 해칠 위험이 있는 경우, 법정 전염병이나 질병, 법원의 요구, 아동학대나 성폭력 정황을 인지했을 때 비밀정보의 공개가 허용될 수 있다.
- 교사가 요청할 경우 내담자인 학생에게 도움이 되는 선에서 상담내용을 그대로 전달하지 않고 가공하여 제공할 수 있다.
- 일반적으로는 비밀정보의 공개가 허용되지 않는다.

01 심리학과 임상심리학의 발전에 관한 설명 중 옳지 않은 것은?

① 제2차 세계대전은 심리검사 발전의 중요한 기동력이 되었다.

② 심리학은 Wundt가 라이프찌히 대학에 심리학 실험을 설립하면서부터 시작된 것으로 간주된다.

③ 임상심리학자의 훈련은 1949년에 개최된 볼더(Boulder) 회의에 따라 과학자-전문가 모델을 지향하고 있다.

④ Lightner Witmer는 임상심리학이라는 용어를 처음 사용하고 펜실베니아 대학에 세계 최초의 심리진료소를 설립하였다.

해설

제1차 세계대전은 심리검사 발전의 중요한 기동력이 되었다.

02 심리치료를 종결해야 할 상황과 가장 거리가 먼 것은?

① 치료과정에서 역전이가 나타날 경우

② 환자가 다른 지역으로 이사하여 지속적인 치료를 받기 어려운 경우

③ 치료자가 충분한 지식이나 경험, 기술이 부족하여 더 이상 치료적 관계를 지속할 수 없다고 판단한 경우

④ 치료자와 내담자가 최선의 노력을 했지만 더 이상 진전이 없는 고원상태가 지속될 경우

해설

'고원(高原)' 현상이란 '높은 곳의 평원(plateau)'이란 뜻으로써, 어느 정도 수준에 오른 뒤에는 더 이상 진전이 없는 현상을 일컫는 말이다.

03 절충적 접근 중 하나인 Arnold Lazarus의 중다양식 접근(BASIC ID)에서 심상 (Imagery)은 어떤 이론적 관점을 이용한 것인가?

① 정신분석   ② 인지행동주의

③ 인본주의   ④ 생물학적 접근

해설

• Arnold Lazarus의 중다양식 접근(BASIC ID)은 절충적 접근의 대표적인 예로 BASIC ID(Behavior-행동, Affect-정동, Sensation-감각, Imagery-심상, Cognition-인지, Interpersonal Relationship-대인관계, Drug-약물) 7대 요소를 두루 사용한다.

• 심상 이미지는 인지행동주의적 관점을 이용한 것이다.

{ 정답 } 01 ①   02 ①   03 ②

04 지능에 대한 설명으로 옳은 것은?

① Sternberg는 지능의 삼원설을 제안하였으며 여기에는 성분적 범주, 경험적 범주, 맥락적 범주가 해당된다.

② Cattell이 말한 유동적인 지능은 개인의 경험, 문화 그리고 세계와의 상호작용을 통해 형성된 유동적인 능력을 말하며, 결정적 지능은 개인의 유전적·선천적인 지적 능력을 의미한다.

③ Gardner는 지능이 4가지 상이한 유형으로 이루어져 있다고 보았다.

④ Thurstone의 지능은 11개의 독립적인 집단 요인들로 기본 정신 능력들을 포함한다고 주장하였다.

해설

- Cattell이 말한 유동적인 지능은 개인의 경험, 문화 그리고 세계와의 상호작용을 통해 형성된 결정적인 능력을 말하며 개인의 유전적·선천적인 지적 능력을 의미한다.
- Gardner는 지능이 9가지 상이한 유형(언어지능, 논리지능, 수학-공간지능, 개인내적지능, 대인관계지능, 자연주의지능, 실존지능, 음악지능, 신체-운동지능)으로 이루어져 있다고 보았다.
- Thurstone의 지능은 7개의 독립적인 집단 요인들로 기본 정신 능력(언어요인, 수 요인, 공간요인, 지각요인, 기억요인, 추리요인, 언어유창성요인)들을 포함한다고 주장하였다.

05 법정심리학자가 형사재판에서 다룰 수 있는 문제와 가장 거리가 먼 것은?

① 부모를 살해한 대학생의 범죄 당시 정신상태

② 약물중독으로 환각상태에서 총기를 난사한 여성이 재판에 임할 수 있는 능력

③ 폭행치사로 기소된 주차관리원의 성격장애 판정

④ 결혼생활 20년차에 아내를 살해한 남성이 유죄를 시인할 수 있는 능력

해설

폭행치사로 기소된 주자관리원의 성격장애 판정은 정신건강의학자(전문의)가 하는 업무와 관련이 있다.

06 지능검사에 관한 설명과 가장 거리가 먼 것은?

① 검사문항에 대한 응답을 하는 과정에서 기괴한 내용의 응답을 할 경우 질적분석을 할 수 있다.

② 결정지능은 14세경까지는 계속 발전하지만 22세 이후에는 급격하게 감소한다.

③ Binet Simon 지능검사에서는 편차 IQ라는 개념이 아닌 정신연령의 개념을 사용하였다.

④ WAIS-IV의 4개 요인구조는 언어이해, 지각 추론, 작업기억, 처리속도이다.

해설

유동지능은 14세경까지는 계속 발전하지만, 22세 이후에는 급격하게 감소한다.

04 ①　05 ③　06 ② { 정답 }

07 두통치료를 돕기 위해 활용되는 행동의학적 기법은?

① 이완훈련과 바이오피드백   ② 심리도식치료

③ 체계적 둔감법   ④ 역설적 의도법

> **해설**
> • 이완훈련과 바이오피드백은 두통치료, 체계적 둔감법은 불안치료에 사용하는 행동치료기법이다.
> • 심리도식치료는 성격장애 치료에, 역설적 의도법은 현실치료나 가족치료에서 사용하는 기법이다.

08 정신건강에 대한 지역사회심리학적 접근에서 중요한 주제 중 하나인 예방에 관한 설명으로 옳지 않은 것은?

① 일차예방은 문제의 전통적인 대처방식에 대한 가장 급진적인 이탈이라고 할 수 있다.

② 일차예방 프로그램의 예로는 학교급식서비스, 헤드 스타트(head start), 유전 상담 등을 들 수 있다.

③ 이차예방은 정신건강 문제를 조기에 확인하고 정신장애로 발전하지 않도록 초기 단계에 개입하는 것을 포함한다.

④ 이차예방 프로그램의 주요 초점은 사회복귀이며 직업능력 증진부터 내담자의 자기개념 증진까지 다양하다.

> **해설**
> 이차예방 프로그램의 주요 초점은 조기검진이며 질환이 이미 발생한 개인에게 질환이 더욱 진행되기 전 조기에 발견하여 치료를 하는 것이다.

09 다음 중 행동치료 기법이 아닌 것은?

① 체계적 둔감법   ② 역설적 의도법

③ 노출치료   ④ 유관성 관리

> **해설**
> • 역설적 의도법은 현실치료나 가족치료(전략적 치료)에서 사용되는 기법이다.
> • 유관성 관리는 결과를 조작하여 행동을 통제하려고 시도하는 다양한 조작적 조건화의 기술들이다.

{ 정답 } 07 ①   08 ④   09 ②

10 신경심리학적 평가의 유의사항으로 옳은 것은?

① 심한 두부 외상의 경우 두뇌의 기질적 손상 여부의 판정은 평가의 주요 관심사가 된다.

② 폐쇄성 두부손상의 경우 다양한 기능의 효율성 감소와 정신과적 합병증의 평가가 주요 관심사가 된다.

③ 원인 및 손상의 정도와 관계없이 신경심리검사의 신뢰도는 지능검사의 결과에 비해 높은 편이다.

④ 간질의 지속기간에 따라 나타나는 인지적 손상은 항경련제의 영향과는 무관하다.

해설
- ①의 심한 두부 외상의 경우 두뇌의 기질적 손상은 예측되는 것이므로 환자의 병전 상황으로의 회복 및 적응이 주요 관심사가 된다.
- ③의 두뇌손상이 심할수록 지능검사의 신뢰도가 신경심리검사의 신뢰도보다 높다.
- ④의 간질의 지속기간에 따라 나타나는 인지적 손상은 항경련제의 영향을 받는다.

11 행동평가에서 참여관찰의 주요 이점으로 옳은 것은?

① 행동평가에 필요한 비용이 적게 들고 자료를 쉽게 얻을 수 있다.

② 내담자에게 문제행동에 대한 이해를 증가시킬 수 있어 치료과정이 가속화된다.

③ 자신의 사적인 행동까지 평가가 가능하기 때문에 평가의 정확도를 높일 수 있다.

④ 광범위한 자연장면에서 행동을 관찰할 수 있기 때문에 생태학적 타당도를 높일 수 있다.

해설
- 행동평가는 설문지법보다 비용이 많이 든다.
- 행동평가에서는 관찰하고자 하는 내담자의 문제행동을 개방하지 않는다.
- 행동평가에서는 평가행동 목록이 정해져 있기 때문에 사적인 행동은 평가하지 않는다.

Plus

행동평가는 문제행동을 발견해내고, 문제행동의 결정요인으로 작용하는 개인과 환경과의 상호작용을 양적으로 평가해내는 과정이다. 행동평가법은 진단명을 탐색하기 위해서 실시하는 것이 아니라, 내담자의 행동을 평가하는 데 활용된다. 또한 이러한 평가를 계기로 적절한 처치를 선별하거나 문제행동과 그것을 유지하는 조건이 어떤 것인지 확인한다. 행동평가에 사용되는 행동관찰법에는 자연관찰법, 유사관찰법, 자기관찰법, 참여관찰법이 있다.

12 다음 중 Shedler가 제시한 정신역동치료 7가지에 해당하는 내용을 모두 고른 것은?

ㄱ. 환자가 정서의 표현과 감정에 초점을 두도록 함
ㄴ. 불편한 생각이나 감정들을 회피하려는 노력을 탐색하도록 도움
ㄷ. 과거의 경험이 현재의 관계, 감정 및 행동에 어떻게 영향을 미치는지를 논의함
ㄹ. 공포스러운 자극에 주의를 기울이고 그 자극과 관계를 맺도록 노력함

① ㄱ, ㄴ, ㄷ   ② ㄴ, ㄷ, ㄹ   ③ ㄱ, ㄴ, ㄹ   ④ ㄱ, ㄴ, ㄷ, ㄹ

해설
ㄹ의 공포스러운 자극에 주의를 기울이고 그 자극과 관계를 맺도록 노력하는 것은 행동주의 이론이다.

10 ② 11 ④ 12 ① **{ 정답 }**

13 심리학자의 윤리 규정과 가장 거리가 먼 것은?

① 연구에 참여하는 대가로 성적에서의 가산점을 주는 경우, 연구 참여자에게 공평한 참여기회를 주어야 한다.

② 심리학자는 자료를 위조하거나 조작해서는 안 된다.

③ 심리학자는 속임수를 쓰는 연구를 사용해서는 안 된다.

④ 심리학자는 자신의 역량이 지닌 한계 내에 있는 대상과 영역에서만 서비스를 제공해야 한다.

해설 🐷

• 과학적으로 정당하지만 대안적 절차가 가능하지 않다고 결정한 경우에는 위장연구를 수행할 수 있다. 이때, 연구 참여자 권리를 보호하기 위하여 참여자 속이기 기법(위장연구)은 매우 신중하게 수행되어야 한다.

• 연구 참여자들에게 신체적 통증이나 정서적 고통을 일으킬 수 있다는 정보를 알려주고, 늦어도 자료수집이 완료되기 전까지 실험에 포함된 속임수를 설명하여, 참여자들에게 실험 자료를 철회할 수 있는 기회를 준다.

14 지역사회심리학 운동에서의 개입 수준과 실제적인 개입 활동에 관한 설명과 가장 거리가 먼 것은?

① 미시체계 수준 : 개인이 사회적 관계형성으로부터 얻을 수 있는 이득을 설명하고 그 구체적인 기술을 개발하는 방법을 교육한다.

② 조직 수준 : 학교나 단위 조직의 전반적인 성향을 분석하여 그들의 장단점을 분석하고 향후 개발 방향 등을 제시하여 준다.

③ 지역 수준 : 수해나 지역 내 주요 사건을 중심으로 한 심리적인 영향을 분석하고 그에 대한 대비책 및 해결책을 제안하여 준다.

④ 거시체계 수준 : 국회의원들의 성향을 분석하여 그들의 문제점을 분석하고 대안을 제시한다.

해설 🐷

• 국회의원들의 성향을 분석하여 그들의 문제점을 분석하고 대안을 제시하는 것은 집단차원(국회의원들)이므로 이는 중범위 체계 수준과 관련된다.

• 거시체계 수준은 주로 제도, 문화, 정책, 이념 그리고 더 큰 사회 수준에서의 개입을 말한다.

15 Naranzo가 기술한 게슈탈트 치료의 도덕적 계율과 가장 거리가 먼 것은?

① 미래를 상상하라   ② 지금을 살아라

③ 여기에 살아라   ④ 자신의 실제 모습에 빠져라

해설 🐷

• 게슈탈트 치료의 도덕적 계율이란 내담자가 살아가면서 지켜야 할 규칙이다.

• 미래가 아닌 현재(지금)를 살라고 강조한다. 또한 상상을 멈추고 현실을 경험하라고 강조한다.

{ 정답 } 13 ③   14 ④   15 ①

16 **임상적 면접에 관한 설명으로 옳은 것은?**

① 평가적 면접에서는 개방적 질문을 위주로 진행한다.

② 접수면접에서는 치료비와 진료계획 등에 대해 설명할 수 있다.

③ 내담자가 불안해 할 때는 가능한 면담자 주도로 면담을 이끌어가야 한다.

④ 지능검사에서 명백하게 정신지체라고 판단되는 경우 추가 면접을 위해 환자 이외의 다른 사람과의 면접이 필요하다.

해설

- ①의 평가적 면접에서는 폐쇄성 질문을 위주로 진행한다.
- ③의 내담자가 불안해 할 때는 가능한 내담자가 하고 싶은 말을 편안하게 할 수 있도록 도와준다.
- ④의 지능검사에서 명백하게 정신지체라고 판단되는 경우 추가 면접은 하지 않는다.

17 **변증법적 행동치료의 4가지 기술훈련에 해당하지 않는 것은?**

① 고통인내(distress tolerance)

② 행동시연(behavioral rehearsal)

③ 마음챙김(mindfulness)

④ 감정조절(emotional regulation)

해설

변증법적 행동치료는 고통인내 기술, 마음챙김 기술, 감정조절 기술, 대인관계 기술이 포함된다.

18 **아동을 대상으로 심리치료를 할 때, 고려해야 할 사항과 가장 거리가 먼 것은?**

① 이상행동을 정상발달의 맥락에서 이해하는 발달정신병리학적 관점을 취해야 한다.

② 구체적 조작기의 후기까지도 언어적 요소에 중점을 둔 개입의 활용이 제한적이다.

③ 전조작기에 해당하는 아동에게는 놀이같은 비언어적인 요소를 활용한 개입이 효과적이다.

④ 일반적으로 치료 장면에 자발적으로 오는 것이 아니므로 동기를 활성화시키고 유지하는 것이 중요하다.

해설

구체적 조작기의 후기에는 인과관계를 이해할 수 있으므로 언어적 발달로 인한 언어적 요소와 함께 인지적 추론을 함께 개입하는 것이 좋다.

19 임상심리학 초기의 학자와 그 외 활동에 대한 연결로 틀린 것은?

① Kraepelin−신경증환자의 치료법에 관심을 가졌다.

② Witmer−최초의 심리학 클리닉을 개원하였다.

③ Healy−성인지도 클리닉을 개원하였다.

④ Worcester−정신과 환자들에 지지적 토론 방법을 사용하였다.

해설

- 1913년 볼티모어(Boltimore)에서 아동을 위한 헨리 핍스 클리닉(Henry Phipps Clinic)이 개설되었고, 1909년 힐리(Healy)는 시카고에 처음으로 비행청소년을 위한 아동 정신병리 연구소를 개소하였다.
- 1917년 힐리는 보스톤으로 옮겨서 유명한 저지 베어커 가이던스 센터(Judge Baker Guidance Center)를 개설하였다.
- 생활지도 진료소들의 일차적 관심은 주로 비행아동이었으나 후에 적응장애를 포함하는 방향으로 그 영역을 점점 확대해 나아갔다. 이러한 일련의 역사적 발달과 더불어 심리학자들은 정신장애에 대한 연구와 치료에도 점점 더 관심을 기울이게 되었다.

20 Prochaska와 동료들이 제안한 내담자 행동 변화의 단계 순서가 옳은 것은?

① 숙고 전 → 숙고 → 준비 → 활동 → 유지 → 종결

② 준비 → 숙고 전 → 숙고 → 활동 → 유지 → 종결

③ 숙고 전 → 숙고 → 준비 → 유지 → 활동 → 종결

④ 준비 → 숙고 전 → 숙고 → 유지 → 활동 → 종결

해설

- 동기강화상담에서는 내담자 변화의 5단계를 확인하고 상담의 기지선을 잡는다.
- 순서는 숙고 전단계, 숙고단계, 준비단계, 실행단계, 유지단계이다.

01 가까운 미래의 행동 판단 및 임상가가 이미 확보한 개인사 자료와 동일한 상황의 판단 등이 긴밀하게 관계를 갖는 법심리학자의 주요활동 영역은?

① 전문가 증인　　　　　　　　　② 위험성 예측
③ 법정참여 능력　　　　　　　　④ 양육권 결정

해설

법심리학은 법 안에서 심리학을 응용하는 것으로, 법심리학자는 피고인의 형사책임 판단, 형사와 민사에서의 특정 행동에 대한 능력 평가, 차별 여부판단, 범죄자의 위험성을 평가한다. 내담자의 개인사 자료 내에서 존재하는 상황판단 능력 및 행동이 가까운 미래에 범죄를 다시 저지를지에 대한 위험성을 예측한다.

02 K-ABC 지능검사에 대한 설명으로 틀린 것은?

① K-ABC 지능검사는 인지처리척도와 습득도척도로 구성되어 있다.
② 좌뇌는 통합적 정보처리를 담당하고, 우뇌는 분석적 정보처리를 주로 담당한다.
③ 환경적 자극을 통해 획득한 사실적 지식의 정도는 습득도 처리를 통해 알 수 있다.
④ 비언어적 체계를 사용할 수 있도록 개발되었기 때문에 구어와 문법에 곤란이 있는 아동과 2개 국어를 사용하는 아동에게도 적용할 수 있다.

해설

좌뇌는 분석적 정보처리를 주로 담당하고, 우뇌는 통합적 정보처리를 담당한다.

03 임상심리학의 훈련 모델에 대한 설명으로 옳지 않은 것은?

① Boulder 모델을 과학자 훈련 모델이라고 한다.
② Boulder 모델의 비전은 임상적 기술과 과학의 논리적 경험주의의 체계적 결합이었다.
③ 임상가들이 연구에 대한 훈련을 단념해서는 안되듯이, 연구자들 역시 임상적 토대를 무시해서는 안 될 것이다.
④ 과학자-임상가 모델은 개업 임상가뿐 아니라 임상심리학 연구자들에게도 적용된다.

해설

Boulder 모델을 과학자-실무자 모델, 과학자-임상가 모델, 과학자-전문가 모델이라고 한다.

04 행동주의 원리 중 프리맥(Premack) 원리에 적용된 것은?

① 소거의 원리　　② 강화의 원리　　③ 변별의 원리　　④ 연합의 원리

해설

Premack의 원리는 '일어날 확률이 높은 행동은 일어날 확률이 낮은 행동에 대해 강화물로 작용한다.'라는 원리이다.

01 ②　02 ②　03 ①　04 ② **{ 정답 }**

05 Prochaska와 동료들이 제시한 내담자의 변화단계 중 내담자가 자신에게 문제가 있다고 인식하고는 있지만, 아직 변화의 과정에 참여하고 싶어 하지 않는 단계는?

① 숙고 전 단계　　② 숙고 단계　　③ 준비 단계　　④ 유지 단계

해설

내담자가 자신에게 문제가 있다고 느끼는 단계는 숙고 단계이다.

06 어떤 전문가가 다른 전문가의 비윤리적 행위를 의심하게 될 경우 가장 먼저 취하여야 할 행동은?

① 당사자에게 주의를 환기시키고 비공식적 해결을 위한 시도를 한다.

② 피해자의 진술 및 사실관계 등의 증거를 확보한다.

③ 당사자에게 인지한 사실을 통보하고 해당 윤리위원회에 신고한다.

④ 사태 해결을 위해 법률적 적법절차를 개시한다.

해설

- 전문가가 비윤리적인 행동을 하게 되면 당사자에게 그 행동을 멈추게 하고(주의를 환기시키고) 비공식적 해결을 위한 시도를 한다. 그럼에도 불구하고 계속적인 비윤리적 행동을 하면 신고를 하기 전에 피해자의 진술 및 사실관계 등의 증거를 확보한다.
- 당사자에게 자신이 인지한 사실을 통보하고 해당 윤리위원회에 신고한다.
- 윤리위원회는 법률적 적법절차를 개시한다.

07 A유형 성격 사람들의 행동 양식 중 관상성 심장질환에 영향을 미치는 가장 중요한 심리적 위험 요소는?

① 적개심과 대인관계 지배성　　② 긴장감과 반사회적 경향

③ 우울과 사회기술 부족　　④ 불안과 대인 예민성

해설

A유형 성격은 대인관계에서 적대적이고 경쟁적이다. 이들은 자신의 성취를 방해하는 사람들에게 높은 적개심을 가지고 있으며, 좌절했을 때 심한 스트레스를 받게 되는 데 이러한 특징은 심장병을 유발한다.

08 아동 면담의 요령으로 적절치 않은 것은?

① 기술적인 진술을 사용한다.

② 비판적인 진술은 피한다.

③ 언어적 의사소통의 양을 늘리기 위해 반영적 진술을 사용한다.

④ 자신의 연령보다 약간 어린 연령의 단어와 문장을 사용한다.

해설

- 아동은 자신의 감정과 사고를 언어화하는데 어려움이 있다. 따라서 아동과의 라포 형성을 위해서는 따뜻한 눈 맞춤과 격려 및 반영적 진술을 사용하는 것이 좋다.
- ④는 자신의 연령에 맞는 단어와 문장을 사용한다.

{ 정답 } 05 ②　06 ①　07 ①　08 ④

09 면접의 질문 유형에 관한 설명으로 틀린 것은?

① 개방형 : 환자의 반응에 대한 책임감을 감소시킨다.

② 촉진형 : 환자의 대화를 독려한다.

③ 명료형 : 명확성과 확실성을 독려한다.

④ 직면형 : 불일치와 반대를 반문한다.

해설

개방형 질문은 상담자의 질문에 '네' 또는 '아니오'라고 대답하는 폐쇄형 질문에 비해, 내담자 스스로가 자유롭게 자신의 의견을 표현하게 함으로써 환자의 반응에 대한 책임감을 증가시킨다.

10 대상관계이론 및 치료에 관한 설명으로 틀린 것은?

① 아동에 대한 최초의 정신분석적 치료를 적용한 후 대상관계 이론의 길을 연 사람은 Fairbairn이다.

② 유아를 보는 관점은 쾌락-추구적 관점이 아니라 대상-추구(인간-추구)라는 관점이다.

③ 대상관계 이론 학자들로는 Winnicott, Balint, Bowlby, Kernbreg, Kohut 등이 해당된다.

④ 대상관계 관점에서 정신병리는 자신과 타인을 항상 전적으로 '악'하거나 '선'한 것 중의 하나로 경직되게 보는 아동의 경향성이 반영된다.

해설

대상관계이론은 프로이드의 정신분석에서 시작해서 멜라니 클라인, 윌리엄 페어베언, 도널드 위니코트, 마가렛 말러, 하인츠 코헛 등을 거쳐 구체화되었다. 특히 아동을 대상으로 연구한 학자는 멜라니 클라인이다.

11 Rogers의 인간중심이론에서 제시하는 치료의 3가지 조건 중에서 내담자의 내적 참조 체계(internal frame of reference)를 이해하는 출발점으로 볼 수 있는 것은?

① 일치성과 진솔성   ② 무조건적 긍정적 존중

③ 정서적 교정경험   ④ 공감적 이해

해설

공감적 이해는 상담자가 내담자의 내적 준거 틀을 이해하기 위해 마치 내담자의 것처럼 생각하고 느낌으로써 내담자가 느끼는 내면세계를 들려주는 것이다.

12 심리평가에서 수집된 정보를 해석하는 것과 관련한 설명으로 가장 적합한 것은?

① 심리평가를 통해 확인된 내용을 전달하는 것은 환자의 알권리를 위해 모든 정보를 구체적으로 알려주어야 한다.

② 심리평가 내용을 전달할 때는 양적수치를 중심으로 최대한 직접적으로 전달해야 한다.

③ 심리평가 결과는 환자가 의뢰한 목적에 한해 가정적 서술로 전달해야한다.

④ 심리평가 결과를 전달하는 것은 치료적 활용보다 환자 자신에 대한 직면에 중점을 둔다.

> **해설** ♥
> - ①의 심리평가를 통해 확인된 내용을 전달하는 것은 환자의 알권리를 위해 필요한 정보를 구체적으로 알려주어야 한다.
> - ②의 심리평가 내용을 전달할 때는 양적·질적 내용을 통합하여 최대한 이해하기 쉽도록 해석해서 전달해야한다.
> - ④의 심리평가 결과는 환자 자신에 대한 직면보다는 치료적으로 활용하는 것에 중점을 둔다.

13 임상심리학의 관점에서 보는 이상성(abnormality)의 사례와 가장 거리가 먼 것은?

① A씨는 매일 아침 일어났을 때 하루를 도대체 어떻게 살아가야 할지에 대하여 걱정하며, 심하게 우울감을 경험하고 있어 이번 달만 해도 2번이나 회사를 결근하였다.

② B씨는 교통사고로 인하여 뇌를 크게 다친 상태로, 최근 실시한 Wechsler식 지능검사에서 65점 정도의 지능지수를 보였다.

③ 컴퓨터 프로그래머인 C씨는 친구들이 별로 없으며 대인관계에 관심이 적은 편으로서 거의 일주일에 1회 정도 외출하여 생필품을 사는 것 이외에는 내내 자신의 작업실에서 일에 몰두하는 편이다.

④ 모 회사의 부장인 D씨는 회사에서 주목받는 인재이나, 대인관계상 갈등이 많은 편으로서 최근 "D씨 때문에 힘들어서 회사를 더 이상 못 다니겠다."고 구체적인 문제 사례를 말하며 회사를 사직한 부하직원이 3명이나 되며 D씨 부하직원들의 스트레스 평가 결과 사내 최고 수준일 뿐 아니라 상사에 대한 강한 불만을 표현하고 있다.

> **해설** ♥
> 이상행동의 판별기준 ①은 사회문화적 일탈과 주관적 불편감, ②는 통계적 기준에서의 일탈, ④는 사회적 부적응이다.

14 A씨는 최근 다음과 같은 행동특징을 보이고 있다. A씨가 주로 사용한 방어기제를 가장 적합하게 짝지은 것은?

> A씨는 애인과 헤어진 후 양극성 장애가 발병하였다. 평소 자신이 초라하다고 느꼈으나 이제는 무엇이든 할 수 있다는 생각이 들어 갑자기 회사에 사표를 내고, 박사학위를 취득하기 위해 대학원에 진학할 계획을 세웠다. 애인은 죽은 것임으로 더 이상 슬퍼할 이유가 없다고 생각하고 있으며, 오히려 마음이 홀가분하고 행복한 상태라고 말하였다.

① 부인, 반동형성　　　　　　　　② 치환, 투사
③ 억압, 행동화　　　　　　　　　④ 투사, 부인, 주지화

해설

A씨는 애인과 헤어진 슬픔을 애인이 죽은 것이라고 부인하며 마음이 홀가분하다고 이야기하고 있지만, 실제로는 애인과 헤어진 이유가 자신이 초라하고 무능했기 때문이라고 생각하며 이에 대한 반동형성으로 대학원에 진학하려고 회사에 사표를 낸 것이다.

15 자문가로서의 역할에 해당되지 않는 것은?

① 협조자　　　　② 훈련 및 교육자　　　③ 옹호자　　　　④ 경영자

해설

자문가의 역할은 협조(협조자), 훈련 및 교육자, 조직옹호(옹호자) 등으로 경영자로서의 역할은 해당하지 않는다.

16 심리치료이론과 치료자 역할에 관한 연결이 올바른 것은?
① 정신분석 치료 : 분석가들은 전이감정을 유발하기 위해 자신의 경험을 이야기하는 것을 강조한다.
② 인본주의 치료 : 치료자는 내담자의 행동을 바꾸기보다 내담자의 관점을 확장시키는데 더 초점을 둔다.
③ 게슈탈트 치료 : 치료자는 중요한 사람에 대한 감정을 명료화하고 분출하는 것을 강조하기 때문에 치료과정에서 내담자를 좀처럼 좌절시키지 않는다.
④ 인지 치료 : 치료자는 내담자의 인지적 왜곡이 정신병리의 근원이기 때문에 현재 삶에서의 목적과 의미를 발견하도록 돕는데 초점을 둔다.

해설

정신분석 치료	• 분석가들은 자기 경험을 개방하지 않는다.
게슈탈트 치료	• 치료자는 중요한 사람에 대한 감정을 명료화하고 분출하는 것을 강조하기 때문에 치료과정에서 내담자를 좌절시키기도 한다.
인지 치료	• 치료자는 내담자의 인지적 왜곡이 정신병리의 근원이기 때문에 인지 오류를 수정한다. • 현재 삶에서의 목적과 의미를 발견하도록 돕는데 초점을 두는 치료는 빅터 프랭클의 로고테라피(의미치료)이다.

17 심리치료 요인의 특징에 대한 설명으로 틀린 것은?

① 일반적으로 심리치료에는 적당한 수준의 지적능력이 요구된다.

② 치료자가 가지고 있는 특정 이론적 지향은 그의 성격이나 따뜻함보다 더 상위에서 영향을 미친다.

③ 다른 조건이 동일할 경우, 더 어린 환자들이 치료에 적합한 것으로 여겨져 왔다.

④ 치료자와 더 나은 관계를 맺고 있는 내담자의 치료 결과가 일반적으로 더 좋다.

해설

상담자와 내담자의 치료적 관계는 치료자의 특정 이론에 대한 지향보다 앞선다.

18 지역사회 심리학이 대두되게 된 정신건강에 대한 관점과 가장 거리가 먼 것은?

① 행동에 대한 사회 환경의 중요성

② 정서장애에 대한 병리적 측면에 대한 강조

③ 정신건강 프로그램에 대한 지역사회의 참여

④ 사회체계에 대한 관심 및 비전문가의 활용 강조

해설

지역사회 정신건강은 정서장애에 대한 병리적 측면보다는 건강한 측면을 강조한다.

19 다음 성격평가 검사 중 평가하려는 성격 및 목적이 나머지 셋과 다른 것은?

① CPI(California Psychological Inventory)

② 16PFQ(16 Personality Factor Questionnaire)

③ PAI(Personality Assessment Inventory)

④ NEO-PI(NEO Personality Inventory)

해설

CPI (California Psychological Inventory)	MMPI가 이상성격을 진단할 목적으로 개발되었다면 CPI는 정상인을 진단하기 위해 개발한 성격검사지
16 PFQ (16 Personality Factor Questionnaire)	카텔의 성격이론을 근거로 일반인을 대상으로 한 성격검사지
PAI (Personality Assessment Inventory)	우울, 불안, 정신분열병 등과 같은 축 I 장애뿐만 아니라 반사회적, 경계성 성격장애와 같은 축 II 장애를 포함하고 있어서 DSM-IV의 진단분류에 가장 가까운 정보를 얻을 수 있는 성격검사지
NEO-PI (NEO Personality Inventory)	Big Five 이론을 바탕으로 일반인의 신경증(Neuroticism ; N), 외향성(Extroversion ; E), 개방성(Openness ; O), 우호성(Agreeableness ; A), 성실성(Conscientiousness ; C)을 측정하는 성격검사

20 신경학적 손상의 결과와 증상이 틀리게 짝지어진 것은?

① 손상된 지남력 – 사람이 누구인지, 오늘이 무슨 요일인지 말하지 못하고 자신의 주변에 관하여 알지 못한다.

② 손상된 판단력 – 결정을 하지 못한다.

③ 얕고 불안정한 정서 – 사소한 자극에도 너무 쉽게 웃거나 운다.

④ 후두엽 증후군 – 충동통제의 장애, 사회적 판난능력과 계획 능력이 감소된다.

해설

후두엽은 주로 시각중추에 관여하며 충동통제의 장애, 사회적 판단능력과 계획 능력이 감소되는 증상은 전두엽 증후군이다.

01 범행 당시 피고인의 정신상태를 평가하는 척도로 가장 적합한 것은?

① Q-Sort법   ② MOS기법

③ Miranda Rights   ④ Rogers의 형사책임 평가척도

해설

정신질환 범죄자에 대해 정신의학자 및 심리학자에 의한 정신감정을 실시할 때 Rogers의 형사책임 평가척도 (R-CRAS)를 사용한다. 이 검사지는 현재 미국에서 정신이상자의 책임무능력평가에 있어서 가장 신뢰하는 방법으로 평가되고 있다.

02 MMPI-2에는 존재하지 않으나 MMPI-A에는 존재하는 척도는?

① A-sch   ② VRIN   ③ TRIN   ④ K

해설

MMPI-2에는 존재하지 않으나, MMPI-A에는 존재하는 척도는 Alienarion(소외), Low Aspirations(낮은 포부), School Problems(학교 문제), Conduct Problems(품행 문제)이다.

03 임상심리학의 영역 중 심리치료의 중요성이 주목받게 된 역사적 사건은?

① Shakow Report   ② 제2차 세계대전의 영향

③ 미국 임상심리학회 설립   ④ Kennedy 대통령의 정신보건법 서명

해설

제2차 세계대전 이후 군 장병들의 심리치료의 필요성이 증가되면서 임상심리학에서 심리치료의 중요성이 주목받게 되었다.

04 치료 효과에 관한 연구를 수행할 때 고려해야 하는 사항과 가장 거리가 먼 것은?

① 연구 참여자인 환자의 참여 동기와 연구에 대한 이해 여부가 중요한 변인이다.

② 실제로 환자 변인 모두를 통제하기는 어렵기 때문에 이에 대한 제한점을 분명히 인지 하고 있어야 한다.

③ 치료 성과의 측정은 사전에 정의되어 환자 집단과 통제 집단 모두에게 동등하게 적용 되는 것이 적절하다.

④ 임상사례에 관한 깊이 있는 관찰과 평가는 증상에 대한 세부 정보나 다양한 가설을 획 득하기 위해 탄력적으로 시행되어야 한다.

해설

임상사례에 관한 깊이 있는 관찰과 평가는 증상에 대한 세부 정보나 다양한 가설을 획득하기 위해 통제적으로 시행되고 검증되어야 한다.

{ 정답 } 01 ④   02 ①   03 ②   04 ④

05 심리치료의 단계에 대한 설명이 바르게 짝지어진 것은?

> ㄱ. 초기면접 – 받을 수 있는 도움의 종류는 어떤 것이 있는지를 설명한다.
> ㄴ. 치료 목표 설정 – 문제에 대해 내담자와 치료자가 계약을 맺는 단계로 가능한 한 수정 없이 지킬 수 있는 포괄적인 목표를 정한다.
> ㄷ. 치료의 이행 – 문제에 적절한 치료법을 시행하는 단계로 내담자에게 치료법에 대해 개관하고 동의를 구하는 것이 중요하다.
> ㄹ. 평가 – 심리적, 환경적, 의학적 자료를 바탕으로 진단을 내리는 작업으로 한번 실시하게 된다.
> ㅁ. 종결 – 치료를 통해 향상된 바를 내담자와 평가하며 종결에 대한 내담자의 감정과 태도를 다루는 것이 중요하다.

① ㄱ, ㄴ, ㄷ   ② ㄱ, ㄷ, ㄹ   ③ ㄱ, ㄴ, ㅁ   ④ ㄱ, ㄷ, ㅁ

해설
- ㄴ 치료 목표 설정 – 문제에 대해 내담자와 치료자가 계약을 맺는 단계로 심리치료에 대한 구체적인 목표를 설정한다.
- ㄹ 평가 – 심리적, 환경적, 의학적 자료를 바탕으로 진단을 내리는 작업으로 여러 번 총체적으로 실시하게 된다.

06 다음 설명에 해당하는 건강심리학의 모델은?

> 적대적인 소인과 건강 간의 관계가 스트레스의 생리학적 측면보다 건강행동의 수행에 의해서 매개된다고 주장하는 이론적 모델이다.

① 건강행동 모델   ② 스트레스 거래 모델
③ 심리사회적 취약성 모델   ④ 정신생리학적 반응 모델

해설
건강행동 모델에서는 흡연이나 과음 등 나쁜 건강습관을 가진 사람들이 타인에게 적대적이거나 분노를 통제하지 못해 병에 더 걸리기 쉽다고 제안한다.

07 상담자를 소진시키는 원인과 가장 거리가 먼 것은?
① 매우 저항적이고 비자발적인 내담자
② 상담자의 개인적인 갈등
③ 변화가 적은 같은 일을 계속해서 하는 것
④ 상담에 대한 전문 지식 부족

해설
상담자가 심신의 극심한 피로, 정체되어 있다는 느낌, 의욕상실, 무기력 등에 휩싸여 자신의 능력을 충분히 발휘하지 못하는 상태를 'burn out(소진)'이라 한다.

08 내담자는 자각하지 못하지만, 타인과의 의사소통 과정에서 문제행동이 쉽게 판별될 때 가장 적합한 평가방법은?

① 질문지법   ② 관찰법

③ 자기감찰법   ④ 과제수행법

해설

질문지법, 자기감찰법, 과제수행법은 내담자가 직접 수행하는 것이다. 반면 관찰법은 피험자가 자기 스스로 자료 수집을 위한 활동을 하거나 자기보고를 할 능력이 부족한 경우 제3자가 시행하기 때문에 내담자가 자각하지 못한 상태에서 문제행동을 쉽게 파악할 수 있다.

09 치료자를 참여/관찰자 겸 대인관계 전문가로 보고, 치료자가 지나치게 객관적으로 관찰하는 입장을 견지해서는 안 된다고 주장한 정신역동 이론가는?

① Freud   ② Adler

③ Sullivan   ④ Fairbairn

해설

설리반의 대인관계이론에서는 생애 초기에 양육자와 형성한 관계에서 비롯된 경험은 개인이 전 생애 동안 타인을 지각하고 이해하며 관계를 형성하는데 기본 틀로 작용한다고 한다. 즉, 생애 초기의 대인관계에 대한 경험이 일생 동안 반복해서 재현되는 것이다. 따라서 치료자는 대인관계 전문가로서 내담자와의 관계에서 전문가가 되어야 한다.

10 임상심리학 분야에서 시행되는 일반적인 자문 모델과 가장 거리가 먼 것은?

① 조직 모델   ② 조직 옹호 모델

③ 과정 모델   ④ 인지 모델

해설

인지 모델은 일반적인 자문 모델과 관련이 없으며 이는 인지행동주의에 입각한 치료 모델이다.

11 다음은 어떤 예방에 대한 설명인가?

> 이 예방은 정신건강 문제를 확인하고, 정신장애로 발전하지 않도록 초기 단계에서 문제를 치료하는 것을 의미한다. 선별검사를 대규모의 사람들에게 실시하여 장애를 조기에 선별하는 예방에 해당된다.

① 1차 예방   ② 2차 예방   ③ 3차 예방   ④ 대안적 예방

해설

조기검진을 통한 선별과 치료는 2차 예방이다.

{ 정답 }   08 ②   09 ③   10 ④   11 ②

12 내담자의 인지적 왜곡과 그에 대한 예시가 바르게 연결된 것은?

① 과잉일반화 – 모든 사람이 나를 실패자라고 생각한다.

② 파국화 – 그 프로젝트가 성공하지 못한 것은 나 때문이다.

③ 비현실적 기대 – 나는 이 수업에서는 A를 받았지만 영어에서 C를 받았기 때문에 멍청하다.

④ 개인화 – 나는 성공하거나 비참하게 실패하거나 둘 중 하나이다.

해설

어떤 일에 실패해서 스스로 실패자라고 느꼈을 때, 마치 세상 모든 사람들이 나를 비난하는 것처럼 느낄 때 '과잉일반화'라고 한다.

13 Ellis가 개발한 합리적·정서적 행동치료를 실시할 때 치료자들이 흔하게 범하는 오류와 가장 거리가 먼 것은?

① 표면을 훑어보고 신념 논박으로 너무 빨리 이동하기

② 내담자가 지닌 신념에만 초점을 두기

③ 내담자의 감정에 대해 충분한 정보를 얻지 않기

④ 중요한 정보를 제공한 단서에 주의를 기울이지 않기

해설

합리적·정서적 행동치료는 내담자가 지닌 비합리적 신념이나 가치관이 불안, 우울, 분노와 같은 부정적 정서에 미치는 영향에 초점을 둔다. 따라서 내담자가 지닌 신념에만 초점 두는 것을 치료자들이 흔하게 범하는 오류라고 보기 어렵다.

14 미국심리학회가 제시하고 있는 임상심리학자 윤리강령의 일반적 원칙에 해당하지 않는 것은?

① 유능성(전문능력)　　　　② 사회적 책임

③ 헌신성　　　　④ 타인의 복지에 대한 관심

해설

임상심리학자 윤리강령의 일반적 원칙에 해당되는 내용은 유능성, 성실성, 전문적, 과학적인 책임, 인간의 권리와 존엄에 대한 존중, 타인의 복지에 대한 관심, 사회적 책임이다.

12 ① 　13 ② 　14 ③ **{ 정답 }**

15 신경심리검사와 평가 영역이 잘못 짝지어 진 것은?

① Rey-Osterrieth Complex Figure Test : 시공간적 기억의 평가, 즉각 회상과 지연 회상 등 포함

② Wisconsin Card Sorting Test : 언어적 능력

③ Purdue Pegboard Test : 정교한 시각-운동협응 능력

④ Controlled Oral Word Association : 단어 유창성을 통한 전두엽 및 측두엽 기능 평가

해설 💝
②의 Wisconsin Card Sorting Test : 전두엽 실행기능 평가

16 다음 중 인지치료의 원리와 가장 거리가 먼 것은?

① 치료는 견고하고 협력적인 치료 동맹을 필요로 한다.

② 평가, 진단, 치료 계획은 필수적이다.

③ 과제는 치료 결과를 긍정적으로 이끄는데 중요한 요소이다.

④ 과거에는 관심을 두지 않고 현재에만 초점을 둔다.

해설 💝
인지치료는 내담자가 현재 가지고 있는 인지오류나 비합리적 신념이 발생하게 된 어린 시절이나 과거의 경험을 탐색한다.

17 당뇨병 치료에 흔히 적용하는 행동의학적 접근법과 가장 거리가 먼 것은?

① 인지적 재구조화　　　　　　② 스트레스 관리 훈련

③ 바이오피드백과 이완훈련　　④ 체중감소를 위한 운동

해설 💝
인지적 재구조화는 부적응적 사고를 적응적으로 바꿈으로써 부정적 행동을 수정하는 인지치료적 접근법이다.

18 다음 중 MMPI-A를 실시하기에 가장 적합한 수검자는?

① Wee센터를 방문한 15세 중학생

② 정신건강의학과를 부모와 함께 방문한 25세 남성

③ 개인 상담소에 의뢰된 35세 가정주부

④ 정신건강상담센터를 방문한 70세 노인

해설 💝
13세~18세 청소년에게는 MMPI-A를, 19세 이상 성인은 MMPI-2를 진행한다. 따라서 Wee센터를 방문한 15세 중학생에게는 MMPI-A를 실시한다.

{ 정답 } 15 ② 16 ④ 17 ① 18 ①

19 Rorschach 검사에 대한 수검자의 반응순서를 바르게 나열한 것은?

> ㄱ. 검사 자극을 전체 혹은 부분으로 분류하기
> ㄴ. 검사 자극을 입력하고 부호화하기
> ㄷ. 검사의 선입견 등을 검열하는 과정에서 잠재적인 반응을 선택하기
> ㄹ. 경제성의 원칙과 우선순위에 따라 잠재적인 반응을 버리기
> ㅁ. 수검자의 심리상태에 따라 반응 선택하기
> ㅂ. 개인의 특성에 따라 반응 선택하기

① ㄱ → ㄴ → ㄷ → ㄹ → ㅁ → ㅂ

② ㄴ → ㄱ → ㄷ → ㄹ → ㅂ → ㅁ

③ ㄱ → ㄷ → ㄹ → ㄴ → ㅁ → ㅂ

④ ㄴ → ㄱ → ㄹ → ㄷ → ㅂ → ㅁ

해설

엑스너의 로르샤하 검사의 반응순서 ⓛ 수검자의 검사 자극을 입력하고 부호화하기 → ㉠ 검사 자극을 전체 혹은 부분으로 분류하기 → ㉣ 경제성의 원칙과 우선순위에 따라 잠재적인 반응을 버리기 → ㉢ 검사의 선입견 등을 검열하는 과정에서 잠재적인 반응을 선택하기 → ㉫ 개인의 특성에 따라 반응 선택하기 → ⑭ 수검자의 심리상태에 따라 반응 선택하기의 순서로 이루어진다.

20 변증법적 행동치료(DBT)에 대한 설명으로 틀린 것은?

① 타당화한 환경(validating environment)을 경계성 성격장애의 원인으로 간주한다.

② 마음챙김(mindfulness) 기법을 포함한다.

③ 경계성 성격장애의 치료를 위해 개발되었다.

④ Linehan에 의해 개발되었다.

해설

- 변증법적 행동치료(DBT)는 감정조절장애(pervasive disorder of the emotion regulation system) 치료를 위해 리네한(Linehan)이 개발한 치료법으로 경계성 성격장애의 치료에 효과적이다.
- 변증법적 행동치료(DBT)에서는 경계성 성격장애 환자들의 일차적인 핵심적인 문제를 강렬한 정서 반응으로 본다. 따라서 자신의 느낌을 '경험하고 싶어하지 않는 것'에 초점을 두고 치료해나가는 것이 변증법적 행동치료(DBT)의 핵심이다.
- 변증법적 행동치료(DBT)에서는 정서 자체가 경계성 성격장애에 있어서 정신병리의 일차적 원인이 된다고 가정한다.
- 변증법적 행동치료(DBT)에서 또하나 경계성 성격장애의 원인으로 보는 것은 환자를 둘러싼 주변사람들이 환자에게 보이는 부적절하고 부정적인 반응이다. 따라서 ①의 타당화한 환경(validating environment)을 경계성 성격장애의 원인으로 간주하지 않았다.

19 ④ 20 ① { 정답 }

V 고급심리치료

1 2016년 기출문제

01 성폭력 피해자의 치료를 위한 이론적 접근에 관한 설명으로 가장 적합한 것은?

① 손실이론 : 폭력으로 인해 미래에 발생한 손실을 예측하는 것은 개인을 불안정하게 한다.

② 외상성 스트레스이론 : 성인기 이후에는 성폭력이 발생하더라도 심리적 외상으로 존재하지 않는다.

③ 학습이론 : 성폭력을 당한 사람을 관찰하면 성에 대한 왜곡된 사고를 갖게 되며, 이후 성역할에 지장이 생긴다.

④ 여성주의적 이론 : 남성의 가부장적인 태도가 성폭력에서의 핵심적인 문제 중 하나이며 사회문화적 상황에서 여성의 성 피해를 이해해야 한다.

해설

• 손실이론 : 폭력으로 인해 미래에 발생할 손실을 예측하는 것은 개인의 행동을 안정되게 한다.
• 외상성 스트레스이론 : 성인기 이후의 성폭력 경험도 심리적 외상으로 존재한다.
• 학습이론 : 성폭력을 당한 사람을 관찰하면 성에 대한 왜곡된 사고를 갖게 되며, 이후 성역할에 지장이 생긴다.

02 음주문제를 평가하기 위해 고안된 CAGE 질문의 예로 가장 거리가 먼 것은?

① C : 음주 행동을 중단할 필요를 느낀 적이 있습니까?

② A : 당신의 음주 행동에 대해 누군가가 비난해서 괴로웠던 적이 있습니까?

③ G : 당신은 음주행동을 축소하거나 숨기기 위한 거짓말을 한 적이 있습니까?

④ E : 당신은 해장술의 필요성을 느낀 적이 있습니까?

해설

Guilty : 당신은 음주행동에 대한 죄책감을 느낀 적이 있습니까?

03 심리적 의존성은 있으나, 신체적 의존성이 없는 약물로 바르게 짝지어진 것은?

① 대마초 – 알코올   ② 대마초 – 코카인

③ 아편 – 바리움   ④ 아편 – 코카인

해설

• 심리적 의존성은 있으나, 신체적 의존성이 없는 약물은 대마초, 코카인이다.
• DSM-5에서는 물질 관련 장애의 10가지 중독성 물질은 아래와 같으며, 물질별로 구체적 진단이 가능하다. 아편과 바리움(바륨 신경안정제)은 신체적 의존성이 있다.

• 알코올	• 환각제	• 흡입제	• 아편류	• 진정제
• 수면제	• 항불안제	• 흥분제	• 기타물질(스테로이드, 코르티졸, 카바)	
• 타바코(니코틴) / 카페인 / 대마(칸나비스-대마, 마리화나-대마초)				

{ 정답 } 01 ④   02 ③   03 ②

04 **치료적 면접에 관한 설명으로 가장 적합한 것은?**

① 일상기능이 심하게 손상된 환자의 경우, 고통스러운 사건이나 감정과 관련된 주제에 집중한다.

② 치료적 관계 유지를 위해서는 주기적으로 계획된 시간을 초과하여 면접을 시행한다.

③ 치료자는 자신의 불안을 처리하기 위해서 주기적으로 자기노출을 한다.

④ 내담자가 거절로 받아들이지 않도록 하면서 내담자와의 경계를 분명하게 설정한다.

해설

• 일상기능이 심하게 손상된 환자의 경우, 고통스러운 사건이나 감정과 관련된 주제에 집중하기보다 현재에 잘 적응하는 기능을 평가한다.
• 계획된 시간을 지키면서 면접을 진행한다.
• 치료자는 치료에 도움이 되는 경우에 자기노출을 한다.

05 **학교폭력 피해학생에 대한 위기 개입에서 치료자의 대응으로 가장 적절한 것은?**

① 작업동맹을 형성한 후 폭력 피해 위험도를 평가한다.

② 신속한 대응을 위해 경청보다 직면 기법을 주로 사용한다.

③ 자살 욕구를 자극하지 않도록 자살 사고에 대해 우회적으로 질문한다.

④ 물리적 위협에 대해 먼저 다루고 심리적 외상을 다룬다.

해설

• ② 피해사실 및 심리적 외상을 잘 경청한다.
• ③ 자살 욕구가 있는지, 자살에 대해 직접적으로 질문한다.
• ④ 심리적 외상과 물리적 위협을 함께 다룬다.

06 **내담자의 임상적 진단을 통해 상담 계획을 수립하는 데 있어 임상가가 해야 할 업무 과정과 가장 거리가 먼 것은?**

① 수집된 여러 가지 정보는 수렴적으로 종합하고 검토해야 한다.

② 발병 전의 기능수준이 치료 목표가 될 수 있으므로 발병 전의 발달 수준 및 가장 좋지 못했던 기능수준을 평가하는 것이 바람직하다.

③ 내담자의 취약성과 역기능 뿐 아니라 정신적 자산과 강점도 기술하여 제시할 필요가 있다.

④ 가족의 심리장애에 대한 태도가 치료 예후에 영향을 미치므로 임상가가 이해한 바를 가족과 적절하게 공유해야 한다.

해설

발병 전의 기능수준이 꼭 치료 목표가 될 수 있는 것은 아니다. 발병 전 가장 좋았던 기능수준으로 돌아갈 수 없다면, 현재 기능수준과 발병 전 기능수준을 함께 고려하여 발병 전 좋았던 기능수준과 버금갈 정도로 최대한 회복할 수 있는 치료목표를 수립한다.

04 ④ 05 ① 06 ② { 정답 }

07 교류분석의 시간구조에 해당되지 않는 것은?

① 게임(game) ② 의식(ritual)

③ 결단(decision) ④ 친밀성(intimacy)

해설

교류분석의 시간의 구조화 6가지는 회피, 의식, 사교, 활동, 게임, 친밀성이다.

08 다음 사례에서 치료자의 초기개입 방향으로 가장 적절한 것은?

> 고등학교 2학년 A군은 평소 불량한 친구들과 어울려 술, 담배를 하고 공부에는 전혀 관심이 없다. 최근 길가에 세워 둔 오토바이를 훔쳐 타다가 경찰에 붙잡힌 일로 부모님 손에 이끌려 치료를 받으러 왔다. A군은 부모와 치료자에 대해서 불만을 표현하고 가출하겠다고 위협하고 있다.

① A군에 대한 개인상담보다는 A군이 부모님과 화해할 수 있도록 가족상담을 최우선적으로 추진한다.

② 부모의 잘못된 양육방식을 변화시키려고 노력한다.

③ A군을 비난하지 않고 가출과 관련된 고민을 충분히 논의한다.

④ 불량한 친구들과 어울리지 못하도록 전학을 권유한다.

해설

A군은 비행행동을 통해 자신의 불만을 표현하고 치료에 불응하고 있으므로 치료자는 먼저, 개인상담을 통해 A군이 진정으로 원하는 것이 무엇인지 가출과 관련된 고민을 충분히 논의한다. 다음으로 A군의 가출이 잘못된 양육태도와 가정불화에 기인한다면 부모양육 코칭이나 가족상담으로 개입한다.

09 슈퍼바이저가 슈퍼비전 초기에 평가할 필요가 있는 상담자 특성과 가장 거리가 먼 것은?

① 상담자가 효율적으로 사용하고 있는 기술

② 상담자의 성격적 문제가 상담에 미치는 영향

③ 상담자의 이론적 지식을 실제에 적용하는 능력

④ 상담자 성장을 위한 상담자의 심리적인 외상경험

해설

상담자 성장을 위한 상담자의 심리적인 외상경험은 슈퍼비전 중반부에 역전이가 일어나거나 상담자의 자기 알아차림이 필요할 때 사용한다.

{ 정답 } 07 ③ 08 ③ 09 ④

10 노인 치매환자에 대한 일반적인 치료 접근방법과 가장 거리가 먼 것은?

① 가족들에게 치매의 본질, 진단, 예후 등에 대한 교육을 제공하고 신체적 부담이나 정신적 고통을 토론하며 지지해 주는 가족치료가 도움이 된다.

② 일단 치매가 시작되면 기억을 도울 수 있는 여러 가지 환경적 조치를 취한다 해도 효과적인 도움이 되지 못한다.

③ 여러 가지 인지 과세를 통한 인지기능 훈련은 초기 치매 환자의 증상개선에 도움이 된다.

④ 치매 환자의 보호자에 대한 지역 사회의 정서적, 물리적 지원은 매우 중요하다.

해설

치매가 시작되면 약물치료나 교육을 통해 치매의 진행속도를 늦출 수 있다.

11 알코올 중독의 미네소타 치료 모델에 관한 설명과 가장 거리가 먼 것은?

① 12단계 원리에 근거한 치료 작업을 포함하고 있다.

② AA의 원리가 치료에 기본이 된다.

③ 회복 중인 알코올, 약물 중독자가 상담을 제공한다.

④ 낮 병원 중심의 프로그램이다.

해설

• 낮 병원은 지역사회를 중심으로 한 정신사회 재활 프로그램의 대표적인 방식으로 입원치료와 외래치료의 중간형태이다.

• 아침에 출근하여 낮 동안 병원에서 제공하는 다양한 재활 프로그램에 참여하고 집으로 돌아가 저녁에는 사랑하는 가족과 함께 생활하는 부분 입원 형태의 치료이다.

• 알코올중독자들의 단주모임인 AA모임은 자조모임이다.

12 합리적 정서행동치료(REBT)에서 말하는 비합리적 사고 중 다음 내용과 관련된 것은?

• 나는 지금의 상황을 견딜 수 없다.
• 나는 그것 없이는 한시도 살 수 없다.
• 나는 일이 이렇게 된 것을 참을 수 없다.

① 좌절에 대한 낮은 인내성　　　　② 과잉일반화

③ 자기비하　　　　　　　　　　　④ 개인화

해설

현재의 상황이 견딜 수 없이 끔찍하고 참을 수 없는 상태로 지각하는 것을 좌절에 대한 낮은 인내성이라고 한다.

13 현실치료 특징에 관한 설명으로 가장 적합한 것은?

① 내담자가 보이는 증상에 대한 치유를 우선시해야 한다.

② 내담자가 치료과정에서 보이는 전이현상을 충분히 경험해야 한다.

③ 내담자가 대인관계를 '통제'하려는 것에서 벗어나도록 도와야 한다.

④ 자신에게 일어나는 모든 일에 대하여 내담자가 책임지도록 도와야 한다.

해설

현실치료에서는 선택과 책임을 중요하게 생각한다. 따라서 자신에게 일어나는 모든 일은 스스로 책임져야 한다.

14 손상, 불능, 장애에 관한 설명으로 가장 적합한 것은?

① 손상이나 불능은 시간과 공간에 의해 제한된다.

② 장애는 영구적인 것으로 절대적인 개인차가 존재한다.

③ 시력에 문제가 있는 경우 상황에 따라 장애가 될 수도 있고 되지 않을 수도 있다.

④ 인간이 능력있는 사람이 되느냐를 결정하는 것은 손상 또는 불능을 가지고 있는가 여부에 의해 결정된다.

해설

시력에 문제가 있는 경우 상황에 따라 손상, 불능, 장애로 등급이 나뉜다. 따라서 시력에 문제가 있는 경우 상황에 따라 장애가 될 수도 있고 되지 않을 수도 있다.

15 자기감찰(self-monitoring)에 관한 설명과 가장 거리가 먼 것은?

① 행동평가 혹은 인지행동평가 및 치료에서 주로 사용하는 방법이다.

② 저항이 매우 적고 신뢰할 수 있는 자료수집이 가능하다.

③ 역기능적 신념 기록지 역시 자기감찰방법이다.

④ 계산기나 초시계 등 도구를 사용하기도 한다.

해설

- 자기감찰(self-monitoring)은 미네소타 대학의 심리학자 마크 스나이더(Mark Snyder)에 의해 고안된 개념으로, 사회적 상황에서 스스로의 인상이나 감정 표현을 주시하고 조절하는 정도를 일컫는 말이다.
- 자기감찰 능력이 뛰어난 사람은 타인의 비언어적인 단서들을 포착해서 상대방의 내면 상태를 정확하게 파악하는 능력이 있으므로 비언어적인 의사소통 기술이 뛰어나고, 자신의 행동을 상황에 따라 적절히 조절할 수 있기 때문에 타인의 호감을 쉽게 살 수 있다.
- 자기감찰은 자신의 행동을 스스로 기록하기 때문에 동기가 없는 내담자에게 저항이 매우 크고, 자기보고여서 거짓 보고를 하는 경우 신뢰도가 떨어진다.

{ 정답 } 13 ④　14 ③　15 ②

16 약물남용과 함께 정신장애를 갖고 있는 것으로 이중 진단된 내담자의 특성에 관한 설명과 가장 거리가 먼 것은?

① 약물 남용을 제외한 정신장애의 문제를 단독으로 가지고 있는 경우에 비해 훨씬 더 심각하고 만성적인 문제들을 경험한다.

② 약물 사용을 중단하게 되면 정신장애도 동시에 소멸된다.

③ 재발률은 일반 약물중독자들에 비해 상대적으로 높은 편이다.

④ 약물남용과 정신장애를 치료받을 수 있는 기회를 모두 제공하여야 한다.

해설

약물 사용은 정신장애 발생 시 정서나 행동을 조절하는 것에 도움을 준다. 심리 상담을 통해 내담자의 정신장애를 발생시킨 원인이나 사고에 대해 수정해 줄 필요가 있다. 그리고 약물 사용을 중단하게 되면 정신장애도 동시에 소멸되는 것은 아니다.

17 인간중심 치료에 관한 설명과 가장 거리가 먼 것은?

① 일치성은 치료자가 진실하고 통합되어 있고 솔직하다는 뜻이다.

② 내담자를 한 인간으로서 인정하고 깊이 있게 관심을 가지되 이것은 무조건적이어야 한다.

③ 치료자는 치료회기 동안 모든 상호작용에서 드러나는 경험과 감정을 민감하고 정확하게 이해하는 공감이 필요하다.

④ 일치성, 무조건적 긍정적 관심, 공감적 이해는 연속적이라기보다는 실무율(all or none law)적으로 존재한다.

해설

• 실무율(all or none law)이란 역치 이하의 자극에서는 반응하지 않고, 역치 이상의 자극에서 그 자극의 세기에 관계없이 반응의 크기가 일정하게 나타나는 현상을 말한다.

• 인간중심 치료에서 일치성, 무조건적·긍정적 관심, 공감적 이해는 동시에 연속적으로 제공되어야 한다.

18 다음 (   )에 들어갈 용어로 알맞은 것은?

정신분석적 개입에서 개입의 궁극적 목적으로 내담자가 자신의 문제에 대해 (   )을 얻게 도와주는 것이다.

① 통찰   ② 전이   ③ 역전이   ④ 카타르시스

해설

정신분석 치료의 궁극적인 목적은 내담자의 무의식을 의식화하고, 방어기제를 분석하며, 자신의 문제에 대한 통찰을 얻고 훈습 과정을 통해 건강한 방어기제를 습득하는 것이다.

16 ② 17 ④ 18 ① { 정답 }

19 조현병 환자들의 인지 재활에 적용 가능한 기법을 모두 고른 것은?

> ㄱ. 주의집중력 훈련　　　　　　　ㄴ. 기억전략 훈련
> ㄷ. 사회인지 훈련　　　　　　　　ㄹ. 정서지각 훈련

① ㄱ, ㄴ　　　　　　　　　　　② ㄱ, ㄷ, ㄹ
③ ㄴ, ㄷ, ㄹ　　　　　　　　　　④ ㄱ, ㄴ, ㄷ, ㄹ

해설
- 인지행동 치료에서는 조현병 환자의 적응적 행동과 사고를 증가시키기 위해 인지치료적 기법, 건강한 자기대화를 위한 자기시기훈련, 사회적 기술훈련, 문제해결 훈련, 정서지각 훈련과 같은 다양한 방법이 활용되고 있다.
- 조현병 환자들의 인지재활에 적용 가능한 기법으로 주의집중력 훈련, 기억전략 훈련, 사회인지 훈련, 정서지각 훈련 모두 옳은 내용이다.

20 다음 사례에서 A양에게 읽기 이해력을 증진시키기 위한 개입으로 가장 적합한 것은?

> A양은 초등학교 4학년인데도 읽기 속도가 느리고 이해력도 부족하다. 어머니가 직접 가르치고 학원에도 보내봤지만 별로 소용이 없었다고 한다. 단 A양은 평균 지능수준으로 평가되었다.

① 단어 하나하나에 집중하기보다는 덩어리나 수단위로 읽도록 한다.
② 읽기의 목적이 무엇인지 파악하도록 한다.
③ 배경음악을 튼 상태에서 혼자서 읽도록 한다.
④ 기본 시선을 문서의 중앙에 두도록 한다.

해설
- A양의 지능이 평균수준이기 때문에 읽기 속도가 느리고 문장을 이해하지 못하는 것이 읽기장애 때문인지, 책을 읽는 것에 대한 심리적 거부감 때문인지, 발음을 담당하는 신체기관의 문제인지를 먼저 파악하는 것이 중요하다.
- A양에게 읽기 이해력을 증진시키기 위한 개입을 질문하였기 때문에 지능이 평균수준인 A양에게 읽기의 목적이 무엇인지 먼저 파악하도록 하는 것이 좋다.

01 동기강화 상담의 철학과 그에 따른 상담행동(subsequent counseling action)을 이끌어내는 4가지 원리 중 상담자가 변화를 위한 논쟁을 해서는 안 된다는 것을 의미하는 것은?

① 공감표현하기(expressing empathy)

② 불일치감 발전시키기(developing discrepancy)

③ 저항과 함께 구르기(rolling with resistance)

④ 자기효능감 지지하기(supporting self-efficacy)

해설

상담자가 변화를 위한 논쟁을 해서는 안 된다는 것은 동기강화상담의 4가지 원리 중 저항과 함께 구르기의 내용이다.

02 '부모가 자녀의 잘못된 행동을 줄이기 위해서 회초리를 드는 것'에 해당하는 행동치료의 개념은?

① 정적강화   ② 부적강화   ③ 정적처벌   ④ 부적처벌

해설

잘못된 행동을 줄이기 위해서 회초리를 들거나 벌을 주는 것은 정적처벌이다.

03 알코올 중독 환자 가족의 일반적인 특징과 가장 거리가 먼 것은?

① 알코올 중독 환자가 술로 인해 발생하는 고통을 경험하지 않도록 환자 가족이 고통을 대신 감당하도록 한다.

② 환자 가족은 자신의 가정에 대해 다른 사람에게 말하는 것이 수치스럽고 두려워 점점 소외되어 간다.

③ 환자 가족은 환자의 병을 그들 스스로 치료하려고 시도한다.

④ 환자 가족은 술 문제에 대해 두려움과 절망감 그리고 환자에 대한 책임감을 동시에 느낀다.

해설

알코올 중독 환자의 가족은 환자의 중독 행동때문에 고통(두려움, 절망감, 책임감)을 겪기 때문에 가족의 고통을 줄일 수 있는 방법을 찾는 것이 좋다.

01 ③   02 ③   03 ①   { 정답 }

04 동료 집단 슈퍼비전에 관한 설명으로 옳은 것은?

① 과다 경쟁심 유발을 막기 위해 리더를 선정하지 않는다.

② 발표자, 토론자 그리고 그 과정을 관찰하는 사람을 미리 정해둔다.

③ 흥미로운 사례의 경우, 한 사람이 수 주간 연속적으로 다수의 사례를 발표하고 토론해도 무방하다.

④ 친숙한 환경에 노출되어 지속 교육의 기회가 줄어드는 단점이 있다.

해설 🐶

• 슈퍼비전에 필요한 일정조율, 사례보고서 공유 등을 담당할 리더를 미리 정하는 것이 좋다.

• 모든 집단 구성원이 공평하게 사례를 발표하고 토론하도록 한다.

• 친숙한 환경에 노출되어 라포 형성이 빨리 되거나 지속적인 교육의 기회를 제공할 수 있다.

05 슈퍼비전을 효과적으로 활용하는 방법에 대한 설명으로 틀린 것은?

① 슈퍼바이저에게 전적인 책임이 있으므로 수련생은 슈퍼바이저의 의견을 그대로 받아들여야 한다.

② 슈퍼바이저는 슈퍼비전 관련 내용을 기록하고 일반적으로 5년간 보관해야 한다.

③ 내담자에게 슈퍼비전을 받는다는 사실을 알려줄 일차적 책무는 슈퍼바이저에게 있다.

④ 슈퍼바이저는 과거 자신의 내담자를 수련생으로 받아들이지 않는 것이 원칙이다.

해설 🐶

슈퍼비전은 슈퍼바이저와 슈퍼바이지 공동의 책임이다.

06 성폭력 피해자 심리치료에 관한 설명으로 틀린 것은?

① 자신은 피해자이며 책임은 전적으로 가해자에게 있음을 인정할 수 있게 도와야 한다.

② 성폭력 피해 기억의 생생한 재생은 가능한 하지 않는 것이 좋다.

③ 분노와 슬픔을 적극적으로 표현할 수 있도록 도와야 한다.

④ 성폭력 피해로 인한 법률적 및 신체적 문제에 대해서도 적절한 자문을 제공해야만 한다.

해설 🐶

성폭력 피해 기억을 떠올리고 교정적 정서체험을 통해 당시의 부정적인 기억을 재구조화하여 치유적인 경험으로 삼는다.

{ 정답 } 04 ② 05 ① 06 ②

07 다음 사례에서 A씨처럼 인식 전 단계(precontemplation stage)에 있는 내담자가 문제를 인식하고 변화를 준비할 수 있도록 치료자가 가장 적절하게 개입한 것은?

> 만성 알코올 중독자인 A씨는 치료를 받지 않으면 이혼을 하겠다면서 자신을 입원시킨 부인과 자녀를 원망하고 치료의 필요성을 인정하지 않는다.

① 내담자가 행동실천의 걸림돌을 인식하고 이에 대처할 수 있도록 계획을 세운다.

② 내담자의 선택과 책임을 강조하면서 현실적이고 구체적인 목표를 설정하도록 돕는다.

③ 이야기를 해도 될지 내담자의 허락을 구한 후, 입원하게 만든 사건을 탐색한다.

④ 치료자는 내담자 스스로 변화 계획을 세우도록 돕고 실행 가능한지 확인해 준다.

해설

만성 알코올 중독자인 A씨는 치료에 대한 필요성을 인식하지 못하는 단계에 있으므로 입원치료의 필요성을 인식하게 만들기 위해 내담자의 허락을 구한 후 입원하게 된 계기를 탐색한다.

08 내담자와 치료를 종결하는 방법으로 틀린 것은?

① 의존적인 내담자의 경우, 치료 중반 이후부터 종결을 이야기한다.

② 정신역동치료에서는 내담자의 전이가 해결된 후 종결을 고려한다.

③ 장기치료의 경우, 종결하는데 더 많은 시간이 필요하다.

④ 다양한 시도에도 불구하고 치료 진전이 없을 때 종결을 고려한다.

해설

의존적인 내담자의 경우, 치료 목표가 달성되면 천천히 여유를 가지고 종결을 준비하면서 의존을 끊을 수 있도록 돕는다.

09 C. Rogers의 내담자 중심치료의 특징으로 옳은 것은?

① 치료자는 전문적 치유자로서 역할을 담당한다.

② 내담자 문제의 철저한 평가와 진단을 강조한다.

③ 각 내담자에게 맞는 개별화된 치료를 시도한다.

④ 치료회기를 녹음하고 체계적인 연구를 시도한다.

해설

C. Rogers는 최초로 슈퍼비전을 위해 치료회기를 녹음하여 체계적인 연구를 시도한 상담자이다.

10 내담자가 자신의 삶을 스스로 통제하고 자신의 행동을 선택할 수 있다는 인식을 심어 주기 위해 현실치료에서 사용하는 치료기법은?

① 역설적 기법   ② 동사로 표현하기

③ 은유적 표현 사용하기   ④ 직면시키기

> **해설**
>
> '동사로 표현하기'는 자신의 삶을 스스로 통제하고 자신의 행동을 선택할 수 있다는 인식을 심어주기 위해 현실치료에서 사용하는 치료기법으로 '우울한', '화가 난'과 같은 감정을 형용사 대신 '우울해하고 있는', '불안해하고 있는' 등의 동사로 바꾸어 표현하는 것이다. 이러한 이유는 행동과 사고뿐만 아니라 감정까지도 스스로 선택한 것이라는 책임 의식을 심어주기 위함이다.

11 다음 ( )에 들어갈 알맞은 용어는?

> 정신분석적 접근에서 (   )은(는) 치료과정에서 흔히 나타나는 현상으로, 환자의 치료자에 대한 반응이 마치 어렸을 적 의미 있는 어른. 즉, 부모나 보호자에게 했던 것과 비슷한 양상을 보일 때를 말한다. 이는 환자의 문제에 대한 유용한 정보를 제공할 뿐 아니라 치료자가 치료 현장에서 이를 해석할 기회를 준다는 장점이 있다.

① 카타르시스   ② 전이   ③ 역전이   ④ 통찰

> **해설**
>
> • 전이는 내담자가 상담자를 자신의 내면에 가지고 있는 부모상으로 착각하며 무의식적으로 느끼는 감정이다.
> • 보기에서 '환자의 치료자에 대한 반응이 마치 어렸을 적 의미 있는 어른. 즉 부모나 보호자에게 했던 것과 비슷한 양상을 보일 때'가 전이현상이다.

12 식사량을 조절하지 못하는 비만 아동에게 식탁에서 식사하기와 군것질 안하기를 목표로 설정하여 스티커 제도를 시행하였다. 3개월간 행동 수정을 성공적으로 적용한 후, 새로운 식사 행동을 유지시키고자 할 때 효과적이지 않은 방법은?

① 자연환경에서의 강화물로 대처한다.

② 표적 상황에서 간헐적 강화계획을 이용한다.

③ 목표 반응 뒤에 즉각적 강화물을 제공한다.

④ 자기통제를 할 수 있도록 돕는다.

> **해설**
>
> 표적 상황(식탁에서 식사하기, 군것질 안하기)에서 간헐적 강화계획(군것질을 안 하고 식탁에서 식사를 제대로 할 때 스티커를 제공함)을 3개월간 한 후, 강화물(스티커)이 없어도 군것질을 하지 않아 안정적인 식사 행동을 유지시킬 수 있다.

{ 정답 } 10 ②   11 ②   12 ③

13 정신장애재활의 기본 목표와 가장 거리가 먼 것은?

① 각 개인의 능력을 사회적응이 가능하도록 호전시킴

② 주거환경 및 사회적 환경의 변화를 최대화 함

③ 병전 기능을 회복하여 양질의 삶을 유지하도록 함

④ 증상이 더 이상 악화되지 않고 유지되도록 함

해설

정신장애재활의 기본 목표는 각종 질병과 사고로 인하여 장애가 생긴 환자가 주어진 조건에서 최대한의 신체적·정신적·사회적 능력과 잠재적 능력을 발달시켜 가능한 한 정상적인 생활을 하게끔 이끄는 것이다. 심한 장애를 입었을 경우 병전 기능을 회복할 수 없을 수도 있다.

14 사회기술훈련에 대한 설명으로 틀린 것은?

① 사회기술훈련은 약을 복용하지 않은 우울증 외래환자의 우울증상을 감소시킨다.

② 사회기술훈련은 정신과적 증상의 심한 정도 및 재발 가능성과 반비례한다.

③ 사회기술훈련은 가벼운 장애를 보이는 환자에게는 도움이 되지만, 만성 정신질환자에게는 도움이 되지 않는다.

④ 사회기술훈련의 중요한 목표는 환자에게 대화 기술을 가르치는 것이다.

해설

사회기술훈련은 가벼운 장애를 보이는 환자뿐 아니라 만성 정신질환자에게도 도움이 된다.

15 인지치료에 대한 설명으로 틀린 것은?

① 상황에 따라 직접적으로 행동을 유발하는 사건만이 선행사건에 해당된다.

② 부모의 명령, 교사의 책 덮는 소리 등이 모두 선행사건이 될 수 있다.

③ 행동의 결과는 특정 행동을 강화시키기도 하고 약화시키기도 한다.

④ 아들이 좋은 성적을 받았을 때 안아주는 아버지는 정적 강화를 사용하고 있는 것이다.

해설

선행사건이란 불쾌한 정서를 유발시키는 것으로, 반드시 행동을 유발하는 것으로 한정짓지 않는다. 직접적으로 행동을 유발하는 사건이 선행사건에 해당하는 것은 행동치료(A–B–C)와 관련이 있다.

16 내담자의 심리적 문제와 치료 계획의 연결이 틀린 것은?

① 섭식장애-인지행동적 개입 외에 영양과 식사계획에 관한 상담을 포함해야 한다.

② 환각-환각에 대한 합리적 설명을 수용하고 환각의 영향을 약화시키는 방법을 찾도록 한다.

③ 성격장애-치료적 관계와 전이반응에 초점을 맞춘 단기치료를 수행한다.

④ 알코올남용-변화 준비도를 평가하고 금주에 대한 내담자의 동의를 전제로 한다.

해설 ✿

성격장애는 부적응적 행동 패턴이 어린 시절에서부터 현재까지 성격 속에 녹아 있으므로 치료적 관계와 전이반응에 초점을 맞추고 장기치료를 수행한다.

17 노인 대상의 심리치료기법을 잘못 적용한 것은?

① 우울증 재발 방지를 위해 마음챙김 명상에 기초 인지행동치료를 실시하였다.

② 우울증 노인을 위해 약물치료와 대인관계 치료를 병합해 사용하였다.

③ 경도 인지 장애 환자의 기억력 증진을 위해 회고 요법을 실시하였다.

④ 치매 환자 보호자들을 대상으로 인지 행동 치료를 실시하였다.

해설 ✿

회고 요법(회상 요법)은 전 인생에 걸쳐 자신의 과거(가족, 진학, 결혼, 인간관계, 죽음에 대한 태도)를 돌아봄으로써 긍정적인 자아상과 현재를 동일시함으로써 자아성취감, 충족감 및 생의 의미를 발견하고 우울감이나 죄의식을 감소시키는 치료법이다. 뇌졸중 또는 치매(경도 인지 장애), 우울증과 같은 질환을 가지지 않은 노인들에게 실시한다.

18 내담자가 호소하는 문제를 확인하는 면담방식에 대한 설명으로 옳은 것은?

① 일반적으로 폐쇄형 질문으로 시작하여 개방형 질문으로 끝맺는다.

② 호소 문제에 구체적인 초점을 잡고자 할 때 개방형 질문을 사용한다.

③ 언어적, 비언어적 주의, 말 바꾸기, 요약, 촉진 질문 등을 사용한다.

④ 문제 확인 단계이므로 상담자는 객관적이고 냉정한 자세를 유지한다.

해설 ✿

- ① 일반적으로 개방형 질문으로 시작하여 폐쇄형 질문으로 끝맺는다.
- ② 호소 문제에 구체적인 초점을 잡고자 할 때 폐쇄형 질문을 사용한다.
- ④ 주호소 문제를 확인할 때 열린 마음과 무엇이든 들어줄 수 있는 개방적 자세를 유지한다.

{ 정답 } 16 ③   17 ③   18 ③

19 아동 청소년기 정신질환과 그 질환의 약물 치료에 대한 설명으로 옳은 것은?

① ADHD에게는 약물치료가 권장되지 않는다.

② 아동기 우울증에는 항우울제의 효과에 대한 증거가 많다.

③ 강박증의 경우 항정신성 약물이 효과가 있다고 보고되었다.

④ 아동 청소년기 불안증에 사용하는 약물은 성인에게 사용하는 약물과 다르다.

해설

- 우울증, 불안장애, 강박장애 또 몇 가지 인격장애를 치료하는 데 쓰이는 항우울제는 선택적 세로토닌 재흡수 억제제(SSRI)로 일종의 항우울제(항정신성 약물)이다.
- 이 약물은 뇌의 세로토닌 수치를 높여 뇌가 의사소통을 더 잘할 수 있게 하고 기분을 끌어올리며 불안감을 줄여주는 역할을 한다. 그러나 소아들에게서 항우울제에 대한 부작용으로 예를들어 자살 생각, 메스꺼움, 복통, 불면증, 두통, 피로 등이 보고되고 있다.

20 면담에서 내담자가 보인 언어적, 비언어적 단서에 관한 설명으로 틀린 것은?

① 남성의 눈물은 표현되지 않은 분노에 대한 좌절을 반영한다.

② 내담자가 사용한 '전이'란 용어의 의미는 내담자에게 확인할 필요가 있다.

③ 치료 장면에서 내담자들은 대개 1m 내외의 거리를 편안하게 느낀다.

④ 눈맞춤은 문화의 영향을 받는 학습된 행동이다.

해설

- 남성의 눈물은 표현되지 않은 분노에 대한 좌절을 반영하는 것이 아니라, 상한 감정의 표출이다.
- 눈물의 억압은 곧 감정이 억압되어 습관적으로 누른 외로움, 슬픔 같은 감정으로 눈물로 풀지 못하면 마음 속에 숨어 있다가 어느 순간 불안과 분노로 표출된다.

01 **자살상담에 관한 설명과 가장 거리가 먼 것은?**

① 어떤 경우에도 내담자를 존중하는 지지적인 자세를 취한다.

② 상담자가 주도적으로 상담을 진행하는 것이 중요하다.

③ 자살에 관한 구체적 내용은 안 묻는 것이 좋다.

④ 자살은 우울증 외에도 경계성 성격장애 등 다른 정신장애에서도 발생할 수 있음을 감안한다.

해설 🫀

자살의 이유나 동기를 탐색하기 위해 자살사고, 자살방법계획, 자살시도에 대한 직접적 질문을 통해 자살을 객관적이고 현실적으로 인식하고 상담에 자발적으로 참여하도록 한다.

02 **치료적 면접에 관한 설명으로 틀린 것은?**

① 치료자는 치료에서 자신과 내담자의 역할에 대한 기대를 명확하게 전달한다.

② 치료자는 내담자에게 시간의 제약에 대해 이야기를 하고 치료 속도를 조절한다.

③ 내담자가 일상생활을 영위할 수 없을 때 원인이 되는 과거의 사건을 먼저 다룬다.

④ 내담자의 건강과 안전을 위협하는 문제를 가장 먼저 다룬다.

해설 🫀

치료적 면접에서는 내담자의 현재 고통을 유발하는 과거 사건을 다루기보다는 치료를 받게 된 시점이 왜 지금인지 탐색하여 최근의 스트레스에 집중한다.

03 **Jung의 분석심리학에서 중년기 이후 인격의 발전 상태를 의미하고 자기를 향해서 성숙해 나가는 것은?**

① 개성화   ② 그림자

③ 원형   ④ 페르소나

해설 🫀

개성화란 융의 중심적 개념으로서, 자기 속에서 전체화가 어떻게 이루어지는지를 설명하기 위해 사용하는 개념으로 하나의 전일성을 지닌 본래의 자기가 되는 것으로 설명하였다. 개성화를 목표로 하는 자기는 페르소나와 관련된 모든 거짓을 벗고 원형으로부터 오는 에너지를 자유롭고 창조적으로 사용할 수 있다.

{ 정답 } 01 ③   02 ③   03 ①

04 다음 중 건강심리학 및 행동의학에 관한 설명으로 틀린 것은?

① 병의 치료보다는 예방에 힘쓴다.

② 반응적·조작적 방법, 바이오피드백과 인지행동 치료가 주로 쓰인다.

③ 심리적이고 사회적인 요소가 질병과 건강에 영향을 미친다고 본다.

④ 생물학적 요인은 만성질환의 원인으로 고려하지 않는다.

해설

건강심리학은 사람들이 질병에 걸리지 않도록 예방하기 위해 건강에 영향을 주는 생물학적·사회학적 조건을 분류하며, 만성질환을 진단하고 생리적·심리적 재활에 포함되는 부정적인 사고와 부적응적인 행동요인을 수정할 수 있도록 돕는다.

05 심리평가 과정에 관한 설명으로 옳은 것은?

① 객관적인 평가를 위해 평가의 본질과 목적은 말하지 않는다.

② 내담자에게 도움을 제공하기 위한 과정임을 설명한다.

③ 선입견을 배제하기 위해 평가 절차에 대한 설명은 생략한다.

④ 내담자 문제의 평가는 반드시 상담자가 직접한다.

해설

심리평가의 목적은 내담자에게 도움이 되기 위해 현재의 상태를 평가하고 진단한다. 객관적인 평가를 위해 내담자에게 평가의 목적과 절차에 대해 설명해 주며, 임상심리학자나 상담자 및 내담자가 함께 참여하여 종합적으로 평가하는 것이 좋다.

06 다음은 어떤 치료방법에 해당하는가?

환자에게 이완하는 방법을 가르치고, 환자가 이완상태에 있는 동안 불안-유발 자극을 위계적으로 제시한다.

① 점진적 이완법　　　　　　　　② 반응방지법

③ 체계적 둔감법　　　　　　　　④ 내현적 민감화

해설

• 체계적 둔감법은 공포자극과 긍정적 자극을 함께 제시함으로써 불안과 공포를 제거하는 행동수정기법이다.

• 체계적 둔감법은 근육이완훈련 → 불안위계목록 작성 → 단계적 둔감화 순서로 진행된다.

07 성폭력 피해자에게 표준적인 지속노출치료를 적용할 때 옳은 것은?

① 치료자는 심상노출을 하는 내담자에게 일정시간(예 5분) 간격으로 주관적 고통을 수치로써 평가하도록 한다.

② 내담자는 눈을 감은 상태에서 성폭행 사건에 대해 과거 시제로 자세하게 이야기 한다.

③ 치료자는 내담자가 두려워하는 상황에 가능한 짧게(예 10분 미만) 머물러 있도록 과제를 부여한다.

④ 치료자는 심상노출 회기를 녹음하고 이를 치료회기 중에 내담자와 함께 반복하여 청취한다.

해설

지속노출치료는 외상 후 스트레스장애를 치료하기 위해 고안된 행동치료이다. 치료절차는 심상노출법과 실제노출법이 있다.

심상노출법	심상노출법은 트라우마 기억을 의도적으로 회상함으로써 교정적 정서체험을 하는 것이다.
실제노출법	객관적으로는 안전하지만 성폭력 피해자에게는 트라우마를 느끼게 하는 장소, 상황, 사물을 점진적으로 직면하게 하는 것이다.

08 AA(Alcoholics Anonymous)의 12단계 모델에 관한 설명으로 틀린 것은?

① AA는 근본적으로 영적인 프로그램이며 따라서 치료가 아니라 삶과 존재의 방법으로 12단계 모델의 근간을 이룬다.

② AA의 12단계 실천은 정직, 겸손, 인내 등의 성장으로 특징지어지는 영적인 성장을 가져오고, 이것이 알코올 중독자의 회복 수단이 된다.

③ AA의 12단계 중 알코올에 대해서는 첫 단계에서만 언급되어 있을 뿐 다른 것은 영적 과정과 관련되어 있다.

④ 알코올 중독자의 음주는 영적인 사람과 성장에 대한 잘못된 인간 욕구의 반영이기 때문에, 단주만이 알코올 중독자의 삶을 변화시킬 수 있는 유일한 대안은 아니라고 하였다.

해설

• AA의 12단계는 회복을 경험한 알코올 의존증 환자들이 자신들의 회복 과정을 하나하나 되짚어가면서 경험했던 단계를 개념화시킨 것으로, 알코올 중독자들의 단주모임인 AA모임은 AA의 12단계를 잘 지키도록 격려하는 것을 원칙으로 삼고 있다.

• AA치료에서 가장 중요한 것은 중독을 스스로 인정하는 일이다.

{ 정답 } 07 ① 08 ④

09 학습 상담의 각 단계에서 다루어야 할 내용에 대한 설명으로 틀린 것은?

① 초기 단계 : 지능 검사, 학습방법 검사, 학습태도 검사, 기초학력 검사 등을 실시하였다.

② 중기 단계 : 학습 부진의 원인이 되는 자기패배적 악순환을 자각하도록 하였다.

③ 중기 단계 : 복습과 예습 계획 및 수업 전략을 수립하였다.

④ 종결 단계 : 내담자에게 스스로 학습할 수 있는 능력에 대한 자신감을 심어주었다.

해설

초기 단계 : 초기 사정을 통해, 학습 부진의 원인이 되는 자기패배적 악순환을 자각하도록 하였다.

10 인지치료에서 불안, 우울과 같은 부정적 감정과 관련하여 인지적 요인의 중요성을 강조하는 이유가 아닌 것은?

① 비합리적 신념은 정서 및 행동 문제에 영향을 주는 핵심적 요인이기 때문이다.

② 비합리적 신념은 대개 쉽게 의식할 수 있기 때문이다.

③ 비합리적 신념의 변화는 감정과 행동에도 변화를 발생시키기 때문이다.

④ 인지적 변화는 정서나 행동 변화보다 천천히 일어나기 때문이다.

해설

인지적 변화가 먼저 일어나면 정서나 행동 변화가 후에 일어난다.

11 다음 사례에서 A씨와 치료를 종결할 때의 요령으로 가장 적합하지 않은 것은?

A씨는 최근 남자친구와 헤어진 후 심한 우울증을 경험하고 인지치료를 받게 되었다. 치료자는 접수면접에서 A씨가 남자친구뿐만 아니라 다른 사람에게도 매우 의존적임을 알게 되었다.

① 치료 종결과 재발 방지를 위한 준비는 치료가 일정기간 진행된 이후에 준비하도록 이야기 한다.

② 치료 과정 중 진척이 있을 때마다 공을 내담자에게 돌리고 칭찬해 준다.

③ 치료 종결 시점을 내담자가 가능한 일찍 알 수 있도록 이야기 한다.

④ 점차로 회기수를 줄이면서 치료자의 지지 없이도 잘 해낼 수 있음을 깨닫도록 한다.

해설

치료 종결과 재발 방지를 위한 준비는 치료가 일정기간 진행된 이후에 준비하도록 이야기하는 것이 아니라, 치료 종결을 준비하면서 상담자에 대한 의존심과 이별과 관련된 정서 및 재발 방지를 다룬다.

09 ② 10 ④ 11 ① { 정답 }

12 가출 충동을 느끼는 청소년을 상담할 때 적절치 않은 것은?

① 청소년의 가출 동기와 목적을 평가한다.

② 청소년의 가출 행동을 적극적으로 수용한다.

③ 가출 후 겪게 되는 어려움에 대해 알려준다.

④ 당면 문제에 대한 새로운 대안 탐색을 돕는다.

해설 🐶

치료자는 집에 있는 것이 힘들어서 가출하고 싶은 마음은 수용하지만, 가출행동에 대한 동의는 하지 않는다. 청소년의 가출 행동에 대한 이유 및 목적을 탐색하고, 가출하면 범죄에 노출될 수 있는 위험성에 대해 함께 논의하며 집에서 지낼 수 있는 긍정적 대안을 찾을 수 있도록 돕는다.

13 노인 환자가 치료자와 효과적인 의사소통을 못하게 되는 이유와 가장 거리가 먼 것은?

① 치료자를 대하는 신중함의 증가

② 치료자에 대한 비현실적인 높은 기대

③ 치료자를 자식같이 여기는 전이 발생

④ 비의도적인 실수와 보고 누락

해설 🐶

노인 환자가 치료자를 어린 시절의 부모, 자식, 배우자처럼 여겨 전이감정을 느끼는 것은 효과적인 의사소통이나 치료적 관계 형성에 도움이 된다.

14 다음 설명에 해당하는 재활모형의 기본이 되는 개념은?

> 인간으로서 정상이라고 생각되는 방식이나 범위 내에서 할 수 있는 활동을 수행하는 능력이 제한된 상태를 일컬으며 그 예로 직무적응 기술, 사회기술, 일상적인 생활활동 기술의 부족이 있다.

① 손상   ② 장애

③ 핸디캡   ④ 역기능

해설 🐶

장애란 손상이나 결함의 결과로서 정상적인 기능이나 일상생활을 수행할 수 있는 능력의 제한이나 결핍이 초래된 상태이다.

{ 정답 } 12 ② 13 ③ 14 ②

15 **Rogers가 제시한 인간중심 치료에 대한 설명으로 틀린 것은?**

① 자신의 이론을 정신분석이나 행동주의와 대비되는 치료과정에 관한 과학적 사실로서 제시하였다.

② 내담자가 현실을 더욱 완벽하게 직면하는 방법들을 발견할 수 있는 능력을 가진다고 가정한다.

③ 일관성, 수용성, 공감적인 치료관계는 지금-여기의 경험에 관심을 갖도록 이끈다고 가정한다.

④ 모든 내담자에게 치료자는 실수할 수 있음을 전제한다.

해설

인간 중심 치료는 심리학에서 인간의 기본적인 존재성에 관심을 갖는 심리학으로 심리학이 단순한 행동 과학이 아니라 인간성의 과학이어야 한다는 입장에서, 종전에 과학적인 방법 때문에 경시되었던 사랑 · 자아실현 · 자아 · 가치 추구성 · 책임감 따위를 중시한다.

16 **치료 및 진단을 위한 사례개념화의 단계가 바르게 나열된 것은?**

> ㄱ. 증후군을 파악하기   ㄴ. 감별진단 구성하기   ㄷ. 동반이환 파악하기
> ㄹ. 데이터베이스 구축하기   ㅁ. 사례 개념화

① ㄱ - ㄴ - ㄷ - ㄹ - ㅁ   ② ㄹ - ㄱ - ㄴ - ㄷ - ㅁ

③ ㄷ - ㄴ - ㄹ - ㄱ - ㅁ   ④ ㄴ - ㄹ - ㄱ - ㄷ - ㅁ

해설

치료 및 진단을 위한 사례개념화의 단계 순서는 내담자의 주호소 문제, 심리검사 자료, 개인적 역사와 같은 데이터베이스 구축 → 주어진 자료로 내담자가 가진 심리적 증후군 파악 → 감별진단 구성하기 →동반되는 질병(동반이환) 파악 → 사례 개념화의 순서로 이루어진다.

17 **물질사용 장애와 정신질환이 함께 있는 이중진단 장애의 진단 및 치료 원칙과 가장 거리가 먼 것은?**

① 정신과적 진단 및 장기치료 계획을 세우기 전에 술이나 약물을 끊게 하고 관찰기간을 반드시 가진다.

② 급성 정신증상과 급성 물질남용증상을 우선적으로 안정시킨다.

③ 두 질환에 대하여 표적 증상은 구분하여 치료하는 것이 바람직하다.

④ 단주를 위해서 이중진단 환자에게 중독상담이나 AA참석만으로 충분하지 않으므로 심리치료는 병행해야 한다.

해설

물질사용 장애와 정신질환이 함께 있는 이중진단 장애의 진단 및 치료 원칙에서 물질사용 장애로 인해 정신질환이 동반된 경우, 두 질환에 대하여 표적 증상은 구분하여 치료하는 것보다 두 질환에 대하여 표적증상을 동시에 초점화하여 치료하는 것이 바람직하다.

15 ①   16 ②   17 ③ { 정답 }

18 상담 슈퍼비전에 관한 설명과 가장 거리가 먼 것은?

① 슈퍼비전 계약 시 시간요소, 교육구조, 슈퍼비전 구조, 평가방법 등 세부적인 내용을 명시한다.

② 신뢰적 관계형성과 상호 책임감을 갖도록 슈퍼비전 계약을 명문화한다.

③ 전이 형성을 위해 슈퍼바이저의 학위와 경력은 가급적 노출하지 않는 것이 바람직하다.

④ 객관성 확보를 위해 수련 평가도구를 사전에 수련생들에게 고지한다.

해설 🫰
슈퍼비전 실시 전에 슈퍼바이저의 학위와 경력 및 주로 사용하는 상담이론을 미리 알려주는 것이 바람직하다.

19 내담자의 말이나 행동 간 또는 내담자의 진술 간 어떤 불일치가 발견되나 내담자가 이를 깨닫지 못하고 있을 때, 이에 대해 주의를 기울이도록 지적해 주기 위해 사용하는 상담 기법에 해당하는 것은?

① 해석   ② 직면

③ 반영   ④ 재진술

해설 🫰
직면은 내담자의 행동, 사고, 감정의 불일치나 모순을 깨닫도록 하는 것이다.

20 다음 중 현실치료의 기본 입장이 아닌 것은?

① 내담자에게 필요한 사람들과 관계를 맺는 법을 가르쳐 주는 것을 강조한다.

② 내담자가 보이는 증상의 원인이 자신에 의해 비롯되었다는 현실을 거부한다.

③ 전이는 치료자나 내담자가 현재에 대한 책임을 드러내는 중요한 현상으로 간주된다.

④ 내담자에게 의미 있는 관계가 향상되지 않는 한 증상의 호전은 기대되지 않는다.

해설 🫰
전이는 현실치료가 아니라 정신분석에서 주장하는 것이다. 현실치료에서는 정신건강과 책임은 같은 개념으로 보며 책임 있는 행동은 정신건강의 원인이 되고 불행은 무책임의 결과로 나타나는 것이라고 한다.

{ 정답 } 18 ③   19 ②   20 ③

01 노인 치매환자에 대한 일반적인 치료 접근방법과 가장 거리가 먼 것은?

① 가족들에게 치매의 본질, 진단, 예후 등에 대한 교육을 제공하고, 신체적 부담이나 정신적 고통을 토론하며 지지해 주는 가족치료가 도움이 된다.

② 일단 치매가 시작되면 기억을 도울 수 있는 여러 가지 환경적 조치를 취한다해도 효과적인 도움이 되지 못한다.

③ 여러 가지 인지 과제를 통한 인지기능 훈련은 초기 치매 환자의 증상 개선에 도움이 된다.

④ 치매 환자의 보호자에 대한 지역 사회의 정서적·물리적 지원은 매우 중요하다.

해설

치매는 조기에 발견하면 치매증상의 진행을 늦출수 있어 가능한 초기에 치료 및 기억을 도울 수 있는 약물치료나 환경적 조치를 취해야 한다.

02 학습 문제의 치료에 대한 설명으로 틀린 것은?

① 치료와 평가는 증상의 근원이 되는 지각, 인지와 같은 기본적인 과정을 매우 강조한다.

② 치료에서 외견상 동일한 학습 문제를 보이는 아동은 동일한 치료 방식을 적용하는 것이 원칙이다.

③ 학습 문제에 가장 많은 영향을 미치는 인지과정은 작업기억력(또는 관리기능)으로 알려져 있다.

④ 학습 문제를 가진 아동 중 상당수는 주의력 문제 혹은 우울이나 불안과 같은 정서 문제를 동반하고 있다.

해설

학습문제의 원인과 특성은 개인차가 있기 때문에, 개별 아동의 강점 및 약점을 이해하고 서로 다른 치료 방식인 개별화 교육을 통해 학습문제에 대한 치료계획을 수립해야 한다.

01 ② 02 ② { 정답 }

03 조현병 환자의 직업재활에 대한 설명으로 틀린 것은?

① 조현병 환자의 직업재활은 실제 작업 현장에서 환자의 다양한 적응 문제를 코칭하는 과정이 포함된다.

② 조현병 환자의 직업재활에 인지재활은 유의미한 영향을 주어 보다 성공적인 직업재활이 잘 유지되게 한다.

③ 조현병 환자의 성공적인 직업재활은 독립적인 생활을 할 수 있다는 것을 의미하기 때문에 직업재활은 정신사회재활의 가장 궁극적인 목표라고 할 수 있다.

④ 직업재활은 일반 사회로의 적응을 목표로 하기 때문에 병원이나 정신보건관련 기관이 아닌 외부 사회 환경에서 이루어져야만 한다.

해설

직업재활의 목적은 심리적, 발달적, 인지적, 감정적 손상 또는 기능장애를 갖고 있는 사람들의 직업을 유지하거나, 직업생활에 복귀하는 것을 돕는 것이다. 정신질환 환자는 병원이나 정신보건관련 기관에서 사회복귀를 준비한다.

04 배우자의 갑작스런 이혼 요구로 혼란을 겪고 있는 내담자와의 위기상담에서 치료자의 반응으로 가장 바람직하지 못한 것은?

① "이런 상황에서 혼란은 느끼는 것이 당연합니다."

② "많이 힘들어 보이네요. 그래도 다 잘 될 거예요."

③ "이런 상황에서 지금까지 시도한 일은 어떤 것들이 있습니까?"

④ "이 모든 고통이 해결될 때까지는 다소 힘든 시간이 될 거예요."

해설

위기상담에서 내담자를 빠른 시간 내에 안정시키기 위해 현재의 문제가 그리 심각한 것이 아니라고 축소하거나, 현재의 어려움에 대한 상처 싸매기(예 '다 잘 될 거예요')로 위로하는 것은 좋지 않다.

05 음주문제를 평가하기 위해 고안된 CAGE 질문과 가장 거리가 먼 것은?

① C : 당신은 음주행동을 중단할 필요를 느낀 적이 있습니까?

② A : 당신의 음주행동에 대해 누군가가 비난해서 괴로웠던 적이 있습니까?

③ G : 당신은 음주행동을 축소하거나 숨기기 위한 거짓말을 한 적이 있습니까?

④ E : 당신은 해장술의 필요성을 느낀 적이 있습니까?

해설

CAGE는 음주문제 및 잠재적 알코올 문제에 대한 선별검사이다.

Cut down	당신은 음주 행동을 중단할 필요를 느낀 적이 있습니까?
Annoy	당신의 음주 행동에 대한 타인의 비난 때문에 괴로웠던 적이 있습니까?
Guilty	당신은 음주행동에 대한 죄책감을 느낀 적이 있습니까?
Eye-opener	당신은 눈 뜨자마자 숙취 제거를 위한 해장술의 필요성을 느낀 적이 있습니까?

{ 정답 } 03 ④ 04 ② 05 ③

06 정신상태 검사에서 환자가 자신의 사고를 조절할 수 있다고 생각하는지를 평가할 수 있는 질문은?

① 실제가 아니라고 의심이 가는 어떤 것을 듣거나 본 적이 있습니까?

② 당신의 집 마당에 외계인이 산다고 생각한 이유는 무엇입니까?

③ 당신의 느낌이 현실적이라고 생각됩니까?

④ 당신이 겉으로 표현하지 않았는데도 사람들이 당신의 생각을 알 수 있습니까?

해설

- 정신상태 검사는 면담을 통해 환자의 심리사회적, 인지적, 정서적 기능과 시간과 장소에 대한 적응성을 결정하기 위해 만든 평가기준이다. 수검자는 면담을 통해 정서, 사고, 지각, 인지, 치료 동기를 파악한다.
- 사고조절의 평가는 주로 망상(피해망상, 관계망상)과 관련된 내용을 질문한다. 따라서 ④ 당신이 겉으로 표현하지 않았는데도 사람들이 당신의 생각을 알 수 있습니까?의 내용이 환자가 자신의 사고를 조절할 수 있다고 생각하는지를 평가할 수 있는 질문에 해당한다.

07 다음 사례에서 A씨의 인지적 오류는?

> 비행기 추락사고가 일어날 확률은 10% 혹은 그 이상이라고 대답한 비행공포증을 가진 A씨에게 실제 추락사고가 일어날 가능성은 무시할 수 있을 정도로 매우 낮다는 것을 이해시키려고 애썼으나 잘 되지 않았다.

① 흑백논리적 사고　② 개인화　　　③ 임의적 추론　　④ 자기 비하

해설

임의적 추론은 특정한 결론을 내릴 만한 증거가 없음에도 불구하고 불행한 결론 또는 자의적 결론을 내리는 것이다. 내담자는 자신이 탄 비행기가 추락할까봐 비행기를 타지 못한다. 실제로 비행기 추락 사고는 10%이고 90%는 무사고이지만 내담자는 사고가 날 10%에만 집중해 "내가 비행기를 타면 추락할 것이다"라고 결론을 내리는 것이다.

08 다음 (　)에 알맞은 것은?

> 내담자가 평소와 달리, 치료 회기에 지각하고 잡담하려는 모습을 보였다. 정신역동적 접근을 하는 치료자는 이러한 행동을 (ㄱ)(이)라고 평가하고, (ㄴ) 기법을 통해 내담자가 자신의 행동을 이해하도록 하였다.

	ㄱ	ㄴ
①	저항	해석
②	저항	자유연상
③	전이	훈습
④	전이	통찰

해설

치료 회기에 지각하거나 잡담하려는 것은 저항이며, 정신분석치료자는 내담자의 저항을 해석해줌으로써 자신의 행동을 통찰하게 한다.

09 슈퍼바이저가 슈퍼비전 초기에 평가할 필요가 있는 상담자 특성과 가장 거리가 먼 것은?

① 상담자가 효율적으로 사용하고 있는 기술

② 상담자의 성격적 문제가 상담에 미치는 영향

③ 상담자의 이론적 지식을 실제에 적용하는 능력

④ 상담자 성장을 위한 상담자의 심리적인 외상경험

해설

슈퍼비전 초기에는 상담자의 이론적 지식 수준과 활용 능력, 개념적 기술, 대인관계 능력 등을 다루며, 상담자 성장을 위한 상담자의 심리적인 외상경험은 중반 이후에 다룬다.

10 Rogers의 자기 실현화 과정에 대한 설명과 가장 거리가 먼 것은?

① 인간이 자신의 기능을 유지, 개발, 향상하기 위한 기본 욕구이다.

② 개인이 처한 상황에서 최선을 다하도록 이끈다.

③ 긍정적인 가치와 연관되어 있다.

④ 자아실현 경향성은 멈추지 않는다.

해설

Rogers는 충분히 기능하는 인간은 자아실현 경향성을 추구하기 위해서 개인이 처한 상황에서 최선을 다하는데, 이러한 자아실현 경향성을 방해하는 것은 가치조건화(부모나 외부에서 제시된 긍정적 가치)라고 하였다.

11 스트레스 단계에 관한 Selye의 이론에 대한 설명으로 틀린 것은?

① 신체가 자신을 보호하려는 반응은 일반적응증후군(General Adaption Syndrome)이다.

② Selye는 처음에는 스트레스를 자극으로 간주하였다.

③ Selye는 신경계의 변화는 적응의 질병(disease of adaptation)을 가져온다고 하였다.

④ Selye의 일반적응증후군 단계는 저항-경고-소진의 단계를 거친다.

해설

한스 셀리(Hans Selye)는 스트레스를 '불쾌하거나 쾌적한 환경 조건에서 요구하는 신체적 특이 현상의 응답'이라고 정의하였다. 특히 신경계의 변화인 부신피질 호르몬이 반응하는 것을 스트레스 상태라고 하였다. 일반적응증후군은 신체가 유해한 상황으로부터 자신을 방해하려는 일반화된 시도이며 경고(alarm), 저항(resistance), 소진(exhaustion)의 3단계로 구분한다.

{ 정답 } 09 ④ 10 ③ 11 ④

12 **품행장애 치료에 적용되는 부모훈련에 관한 설명으로 틀린 것은?**

① 부모훈련은 서로 감정을 덜 다치게 하며 일반적으로 하루 2~3회 정도 발생하는 문제 행동부터 시작된다.

② 지시에 거부적인 부모들에게는 훈련과정에서 치료자와 부모의 역할을 바꿔보는 것이 효과적일 수 있다.

③ 숙제를 해오지 못했다고 하는 부모에게는 전화를 해서 도와주어야 한다.

④ 부모훈련의 요소들은 간단한 원리에 근거하기 때문에 대부분 쉽게 효과적인 수행이 가능하다.

해설

부모훈련은 자녀에 대한 이해와 지식을 증진시켜 자녀와의 관계에서 자신의 사고, 감정, 행동에서 유발된 습관적인 방법을 검토해보도록 함과 동시에 자녀를 양육하는 새로운 방법을 습득하도록 도와주는 교육적 경험이다. 따라서 개인에 따른 맞춤형 처방이 이루어지며, 간단하고 단순한 원리로 이루어지지 않는다.

13 **치료적 면접에 관한 설명으로 가장 적합한 것은?**

① 일상 기능이 심하게 손상된 환자의 경우, 고통스러운 사건이나 감정과 관련된 주제에 집중한다.

② 치료적 관계 유지를 위해서는 주기적으로 계획된 시간을 초과하여 면접을 시행한다.

③ 치료자는 자신의 불안을 처리하기 위해서 주기적으로 자기노출을 한다.

④ 내담자가 거절로 받아들이지 않도록 하면서 내담자와의 경계를 분명하게 설정한다.

해설

• 일상 기능이 심하게 손상된 환자의 경우, 일상 생활에 적응하기 위한 훈련을 먼저 한 후, 고통스러운 사건이나 감정과 관련된 주제에 집중한다.
• 치료적 관계 유지를 위해서 계획된 상담시간을 지켜야 한다.
• 치료자의 자기노출은 상담에 도움이 될 때 해야 한다.

14 **중독환자의 집단상담에 대한 일반적인 규칙과 가장 거리가 먼 것은?**

① 갈등과 혼란을 야기하지 않기 위해 다양한 상담 목표를 가진 사람들로 집단을 구성한다.

② 환자가 음주 상태에서 참석하면 그 회기에는 참석시키지 않을 수 있다.

③ 환자 집단에 대해서는 직면보다는 공감을 강조하는 것이 더 좋다.

④ 집단에서 역할극을 할 때는 치료자가 먼저 시범을 보이는 것이 좋다.

해설

중독환자의 집단상담은 같은 경험(알코올 중독)을 자신과 집단원이 공통의 경험(알코올 중독으로 인한 피해)을 나누며 동일한 상담 목표(음주나 단주 및 일상생활로의 복귀)를 가진 사람들로 집단을 구성하는 것이 좋다.

12 ④   13 ④   14 ① **{ 정답 }**

149

15 다음은 집단치료의 어떤 요인과 관련 있는가?

> 한 환자가 나만 이렇다고 느끼는 감정은 종종 사회적 고립감에 의해 고조된다. 치료집단에서 특히 모임의 초기단계에서 나만 이렇다는 환자의 느낌에 대해 그렇지 않음을 보여주는 것은 상당한 위안의 원천이 된다. 다른 집단원들이 자신과 유사한 관심사를 털어놓는 것을 듣고 난 후, 환자는 훨씬 이 세상과 접촉한 것 같은 느낌을 갖는다고 한다.

① 희망의 고치   ② 모방학습
③ 집단응집력   ④ 보편성

해설
- 보편성은 "힘든 일이 나에게만 일어나는 것이 아니라 다른 사람에게도 일어날 수 있기 때문에 특별히 나만 힘든 것이 아니다"라는 경험을 하는 것으로, 모임 초기에 라포 형성이나 상담 참여 동기 및 희망감 고취에 도움이 된다.
- 보기의 내용에서 '다른 집단원들이 자신과 유사한 관심사를 털어놓는 것을 듣고 난 후, 환자는 훨씬 이 세상과 접촉한 것 같은 느낌을 갖는다고 한다'는 내용이 핵심 포인트이다.

16 성폭력 피해자의 치료에서 분노감정에 대한 접근과 가장 거리가 먼 것은?

① 자신이 경험한 분노를 이야기하게 한다.
② 일상생활에서 분노를 촉발하는 원인과 대상에 대해 탐색해 본다.
③ 과거 상처와 아픔이 현재 삶의 원인과 분노인 것에 대한 탐색은 가능한 피한다.
④ 자기주장적 훈련을 하게 한다.

해설
성폭력 피해자의 초기 치료 과정은 라포 형성 및 과거의 상처나 아픈 경험을 어떻게 이해하는지, 그때의 느낌이 어땠는지, 성폭력 경험을 어떻게 해석했는지 등을 탐색하는 것이다.

17 정신분석에 대한 설명으로 틀린 것은?

① 심리적 문제는 아동기에 억압된 충동과 갈등의 잔해에 의해서 촉발된다고 가정한다.
② Freud는 최면을 신뢰하여 한층 더 진보된 자유연상 기법을 발전시켰다.
③ 자유연상의 흐름이 차단되는 것이 저항으로 나타난다고 본다.
④ 저항은 환자의 민감한 내용으로부터 자신을 방어하는 것이다.

해설
프로이드는 최면술이 틀리기 쉽고, 의식이 있는 동안에는 중요한 기억에 대하여 환자들이 회복할 수 있고 이해할 수 있다는 것을 발견했기 때문에 최면술을 그만두었다. 이후 자유연상 기법을 만들어 명백하게 중요하지 않거나 잠재적으로 환자를 압박할 수 있는 혼란스러운 기억이 들지라도 그것과 관계없이 환자들에게 떠오르는 것은 무엇이든지 말하게 하였다.

{ 정답 }   15 ④   16 ③   17 ②

18 다음과 같은 신념을 갖고 있는 내담자에게 가장 효과가 큰 것으로 알려진 행동치료 기법은?

> "공공장소에 가면 뭔가 끔찍한 일이 일어날 것이고, 나는 그것에 대처하지 못할 것이다."

① 실제노출　　　　　　　　② 자극 통제
③ 이완 훈련　　　　　　　　④ 모델링

해설

노출치료는 객관적으로 안전하지만 환자에게는 트라우마나 위험을 느끼게 하는 상황, 장소, 사물을 서서히 직면하는 것이다. 노출치료에는 다음과 같은 것이 있다.

실제노출	공포 자극에 노출 시킴
심상노출	공포 자극을 상상하여 노출 시킴
집중노출	홍수법, 폭류법이라고 하며 단번에 강한 공포 자극에 직면시키는 방법
점진적 노출	체제적 탈감법이라고 하며 공포자극의 수위를 낮은 것부터 높은 쪽으로 점차 감도를 높이는 방법

19 임상적 진단을 통해 상담 계획을 수립하고자 할 때 임상가의 업무와 가장 거리가 먼 것은?

① 수집된 여러 가지 정보는 수렴적으로 종합하고 검토해야 한다.
② 발병 전의 기능 수준이 치료 목표가 될 수 있으므로 발병 전의 발달 수준 및 가장 좋지 못했던 기능 수준을 평가하는 것이 바람직하다.
③ 내담자의 취약성과 역기능 뿐 아니라 정신적 자산과 강점도 기술하여 제시할 필요가 있다.
④ 가족의 심리장애에 대한 태도가 치료 예후에 영향을 미치므로 임상가가 이해한 바를 가족과 적절하게 공유해야 한다.

해설

발병 전의 기능 수준이 꼭 치료 목표가 될 수 있는 것은 아니다. 발병 전의 가장 좋았던 기능 수준으로 돌아갈 수 없다면, 현재 기능 수준과 발병 전 기능 수준을 함께 고려하여 발병 전 좋았던 기능 수준과 버금갈 정도로 최대한 회복할 수 있는 치료목표를 수립한다.

18 ①　　19 ②　{ 정답 }

20 **인지재활훈련의 이론에 대한 설명으로 틀린 것은?**

① 뇌 가소성은 뇌 손상 후 뇌에서 일어나는 재구성과 리모델링 능력을 말한다.

② 뇌 손상 이후 운동기능의 회복은 대뇌피질 신경의 리모델링에 의해 일어나게 된다.

③ 뇌 가소성은 성인 전의 뇌에서만 일어난다.

④ '사용과 훈련의 의존적인 운동 회복'이 뇌졸중 재활의 새로운 패러다임을 이끌고 있다.

해설

뇌 가소성이란 뇌세포의 일부분이 죽더라도 치료를 통하여 그 기능을 다른 뇌세포에서 일부를 대신할 수 있게 되는 것을 말하며 뇌 가소성은 연령과 관계없다.

Chapter

02

임상심리사 1급 실기
기출문제

1 검사의 기본

01 객관적 검사의 장점과 단점을 3가지씩 쓰시오. (2015)

모범답안

장점	단점
• **검사 실시의 간편성** : 임상가들이 시행과 채점 및 해석의 간편성으로 인하여 선호하는 경향이 있다. 검사에 따라서 차이가 있지만 일반적으로 시행 시간이 비교적 짧다.	• **사회적 바람직성** : 문항의 내용이 사회적으로 바람직한 내용인가에 따라 문항에 대한 응답 결과가 영향을 받는다. 수검자들은 문항 내용이 표면적으로 드러나는 객관적 검사에서 바람직한 문항에 대해 긍정적으로 반응하는 경향이 있다.
• **검사의 신뢰도 및 타당도** : 투사적 검사에 비하여 검사 제작과정에서 신뢰도와 타당도 검증이 이루어지고 충분한 검사가 표준화되기 때문에 검사 신뢰도와 타당도가 높다.	• **반응 경향성** : 개인이 응답하는 방식에 일정한 흐름이 있어서 이러한 방식에 따라 결과가 영향을 받는다. 이와 같은 경향성은 수검자의 순수한 반응에 오염변인으로 작용한다.
• **객관성의 증대** : 투사적 검사에 비하여 검사자 변인이나 검사 상황 변인에 따라 영향을 적게 받고 개인 간 비교가 객관적으로 제시될 수 있기 때문에 객관성이 보장될 수 있다.	• **문항 내용의 제한성** : 객관적 검사문항이 특성 중심적 문항에 머무르기 때문에 특정 상황에서의 상호작용 내용이 밝혀지기 어렵다. 또한 문항 내용으로는 행동을 주로 다루고 감정이나 신념은 다루지 않는 경향이 있다.

※ 출처 : 심리평가의 실제〈박영숙 저〉

02 투사적 검사의 특징 3가지를 쓰시오. (2019)

모범답안

① 검사자극이 불분명하고 모호한 비구조화된 검사과제를 제공한다.

② 방어적으로 반응하는 것이 어렵다.

③ 개인의 독특한 심리적 반응이 풍부하게 표현된다.

④ 자극적 성질이 매우 강렬하여 평소에는 의식화되지 않던 사고나 감정이 자극되기 때문에 무의식적인 심리적 특성
이 나타날 수 있다.

※ 출처 : 심리평가의 실제〈박영숙 저〉

03 투사적 검사의 장단점을 2가지씩 쓰시오. (2017, 2020)

모범답안

장점	단점
• **반응의 독특성** : 객관적 검사반응과는 다르게 매우 독특한 반응을 제시해주며 이러한 반응이 개인을 이해하는데 매우 유용하다.	• **검사의 신뢰도** : 투사검사는 객관적 검사에 비하여 신뢰도–검사자 간 신뢰도, 반분신뢰도, 재검사신뢰도 등 검증에 있어서 전반적으로 신뢰도가 부족한 편이다.
• **방어의 어려움** : 객관적 검사와는 다르게 자극의 내용이 불분명하기 때문에 자신의 반응 내용을 검토하고 자신의 의도에 맞추어 방어적으로 반응하는 것이 어렵게 된다.	• **검사의 타당도** : 대부분의 투사검사의 경우 타당도 검증이 빈약하고 그 결과 또한 부정적인 편이다. 투사검사를 통하여 내려진 해석의 타당성은 대부분 객관적으로 입증되는 자료가 아닌 임상적인 증거를 근거로 하고 있다.
• **반응의 풍부함** : 검사자극이 모호하고 검사 지시 방법이 제한되어 있지 않기 때문에 개인의 반응이 다양하게 표현된다. 이러한 반응의 다양성이 개인의 독특한 심리적 특성을 반영해준다.	• **반응에 대한 상황적 요인의 영향력** : 투사검사는 여러 상황적 요인에 의해 영향을 받는 것으로 나타나고 있다. 예를 들면 검사자의 인종, 성, 검사자의 태도, 선입견 등이 검사 반응에 강한 영향을 미친다.
• **무의식적 내용의 반응** : 실제 투사검사는 자극적 성질이 매우 강렬하여 평소에는 의식화되지 않던 사고나 감정이 자극됨으로써 전의식적이거나 무의식적인 심리적 특성이 반응될 수 있다.	–

※ 출처 : 심리평가의 실제〈박영숙 저〉

04 (성격검사에서) 행동관찰을 통한 객관적 평가방법의 장점 3가지를 설명하시오.

(2015, 2016)

모범답안

① 그 목적이 피검자에게 알려지지 않기 때문에 실제 임상장면에서 적절하게 사용될 수 있다.
② 질문지법에서와 같은 피검자의 반응 경향성이 방지될 수 있다.
③ 특히 신체반응 측정과 같은 방법은 성격의 횡문화적 연구에 널리 사용될 수 있다.

※ 출처 : 심리평가의 실제〈박영숙 저〉

05 행동관찰법의 종류 중 3가지를 쓰고 설명하시오.

(2014)

모범답안

자연관찰법	문제행동이나 증상을 임상가가 실생활에서 직접 관찰하고 평가하는 방법이다.
유사관찰법	관찰자가 문제행동을 보이는 상황을 조작해 놓고 그 조건에서 문제행동을 관찰하는 것이다.
자기관찰법	자신의 행동, 사고, 정서 등을 스스로 관찰하고 기록하는 것이다.
참여관찰법	실생활에서 내담자와 함께 생활하는 사람으로 하여금 행동평가를 대행하도록 하는 방법이다.

※ 출처 : 임상심리학〈안창일 저〉

06 행동평가 기본 전제 3가지를 쓰시오. (2017)

모범답안

① 행동의 결정요인은 환경적 사건이다.
② 문제행동과 시간적으로 인접한 환경적 요인 또는 행동과 환경과의 상호작용이 중요하다.
③ 행동의 발생이나 특성을 설명함에 있어 행동에 선행되거나 동반되는 상황적 요인이 중요하다.
④ 행동의 다요인 결정론(Multiple Causality)을 지지한다(어떤 행동이든 다양한 요인들의 상호작용으로 결정된다는 것).
⑤ 평가의 대상이 되는 문제행동이 다양한 요소들로 구성되어 있다는 반응의 단편화(Response fractionation)를 전제로 한다.

07 Big Five 성격모델에서 NEO를 쓰고 설명하시오. (2019)

모범답안

① N(Neuriticism ; 신경증) : 적응 대 정서적 불안정성의 평가, 심리적인 고통, 비현실적인 생각, 과도한 욕망이나 충동, 부적응적인 대처 반응을 평가한다.
② E(Extroversion ; 외향성) : 대인관계의 상호작용의 양과 강도에 대한 평가, 활동성의 수준, 자극에 대한 추구, 즐거워할 수 있는 능력을 평가한다.
③ O(Openness ; 개방성) : 혁신성의 추구와 경험자체에 대한 존중에 대한 평가, 친숙하지 않은 것의 탐색과 수용을 평가한다.

08 신경심리평가의 방법에는 배터리법과 개별검사법이 있다. 배터리법의 장점과 단점 3가지를 쓰고 설명하시오. (2011, 2013, 2019)

장점	단점
• 평가되는 기능에 관한 자료가 종합적이다. • 이러한 종합적인 기능평가는 소검사 간 점수를 비교 분석하여 임상진단에 관한 유용한 정보를 제공해 줄 수 있다.	• 일부 기능에 대해서는 필요 이상으로 자료를 제공하는 반면 어떤 기능에 대해서는 불충분한 자료를 제공하게 된다. • 예를 들면 언어성 지능지수가 120으로 평가되는 개인은 실어증에 대한 검사가 필요 없는 반면 실제로 실어증이 있는 환자는 배터리검사에 포함된 실어증 스크린검사만으로는 불충분하다.
• 손상된 정도의 파악이 가능하다. • 배터리검사의 구성에 따라서 개개 환자의 원래 기능수준에 대한 평가가 가능하게 되고 이에 따라 환자의 현재 기능수준이 어느 정도 손상된 수준인지를 알아볼 수 있다.	• 과잉 검사 자료문제와 관련하여 생각할 때 배터리검사 실시는 시간과 경비문제에 있어서 소모적인 경우가 있을 수 있다.
• 배터리검사 실시는 임상장면에서 동일한 검사 자료가 자동적으로 축적되게 함으로써 임상적 평가 목적과 연구 목적이 함께 충족될 수 있다.	• 배터리검사를 시행하는 경우 현재 신속하게 변화되고 있는 신경심리학적 연구 추세에 따라 평가방법을 변형할 수 없기 때문에 최신의 신경심리학의 발전과 개념을 반영하는 데 적절하지 못하다.
• 배터리검사는 신경심리검사만을 실시하는 심리사의 채용을 촉진한다.	–

※ 출처 : 심리평가의 실제〈박영숙 저〉

09 신뢰도 계수에 영향을 미치는 요인 5가지를 제시하고 각각에 대해 설명하시오.

(2009, 2013, 2019)

모범답안

① 신뢰도를 추정하는 방법 : 신뢰도 추정방법에 따라 신뢰도의 크기가 달라질 가능성이 있다.
② 검사문항의 수 : 문항수가 많을수록 신뢰도가 높게 나타날 가능성이 크다.
③ 문항의 난이도 : 문항의 난이도가 적절해야 한다.
④ 개인차의 정도 : 개인차가 클수록 신뢰도가 높게 나타날 가능성이 높다.
⑤ 측정집단의 동질성 정도 : 측정집단의 동질성 정도에 따라 영향을 받는다.

※ 출처 : 직업상담사2급 필기, 실기 기출

10 신뢰도 검사방법 중 검사-재검사법의 단점 3가지를 쓰시오.

(2018)

모범답안

① 두 검사 사이의 시간 간격이 너무 길면 측정대상의 속성이나 특정이 변할 가능성이 있다.
② 반응 민감성에 의해 검사를 치르는 경험이 개인의 진점수를 변화시킬 가능성이 있다.
③ 두 검사 사이의 시간 간격이 너무 짧으면 첫 번째 검사 때 응답했던 것을 기억해서 그대로 쓰는 이월효과가 있다.

11 심리검사 문항 작성 시 고려해야 할 사항 5가지를 쓰시오.　　　　　(2009, 2014)

① 명확하고 간단한 문항을 쓴다.　　　　　　② 각 문항은 단일한 개념을 지니고 있어야 한다.
③ 문장은 가급적 짧고 이해하기 쉽게 작성한다.　　④ 문장은 현재 시제로 쓴다.
⑤ 긍정과 부정의 느낌을 표현하는 문장들의 수가 거의 같도록 한다.
※ 출처 : 최신 심리평가〈박영숙 저〉

12 문항분석방법 4가지를 쓰시오.　　　　　　　　　　　　　　　　(2009)

문항난이도	• 어떤 문항의 어렵고 쉬움의 정도를 나타내는 지수로, 그 문항에 있어서 전체 반응자 중 정답자의 비율을 백분율로 나타낸 것이다. • 대략 20%~80% 범위 사이의 문항 난이도를 가진 문항을 배열하여 평균 난이도가 50% 정도에 머무르는 것이 바람직하다.
문항변별도	• 어떤 문항이 측정하고자 하는 능력의 상하를 얼마나 예리하게 구분해 주느냐 하는 정도를 나타내는 것이다. • 어떤 검사의 총점에 따라 피검자를 상위집단과 하위집단으로 반분했을 때, 상위집단의 정답률이 하위집단의 정답률보다 높을수록 변별도가 높은 것이다.
문항반응분포	• 문항 속에 포함되어 있는 답지 하나하나에 학생들이 어떻게 반응했는지를 분석하는 것이다. • 문항반응분포를 통해 답지가 의도했던 기능이나 역할. 즉, 답지의 오답이 얼마나 오답으로서 매력이 있으며, 정답은 정답 구실을 했는가 등을 알아볼 수 있다.
문항유형분석	• 형성평가 및 종합평가에서 다루어진 문항반응이 기대하는 학습위계를 제대로 반영하고 있는지를 분석하는 것이다.

※ 출처 : 연구방법론〈성태제 저〉

13 극대 수행검사, 습관적 수행검사 특징 및 대표검사를 예를 들어서 설명하시오. (2011)

모범답안

(1) 극대 수행검사(최대 수행검사)
　① 지적인 능력을 평가하기 위한 검사로서, 지능검사, 적성검사, 성취도 검사 등이 여기에 속한다.
　② 일반적으로 문항에 정답이 있고, 시간제한이 있으며, 피험자의 능력을 최대한 발휘할 것을 요구한다.
(2) 습관적 수행검사(전형적 수행검사)
　① 성격, 정서, 동기, 흥미, 태도 등을 측정하는 비인지적 검사이다.
　② 일반적으로 정답도 없고, 시간제한도 없으며, 정직한 응답을 요구한다.
※ 출처 : 연구방법론〈성태제 저〉

14 심리검사를 실시하기 전에 준비해야 할 사항 3가지를 쓰시오. (2021)

모범답안

① 평가를 하기 전에 내담자로부터 평가 동의를 받아야 한다. 평가 동의를 구할 때에는 평가의 본질과 목적, 비용, 비밀유지의 한계에 대해 알려야 한다.
② 내담자에게 적절한 심리검사를 선택해야 하며 검사의 타당도와 신뢰도, 제한점 등을 고려해야 한다. 그렇지 못한 경우에는 검사결과 및 해석의 장점과 제한점을 기술해야 한다.
③ 평가 전에 내담자와 간단한 면담을 통하여 검사가 의뢰되는 목적, 배경을 파악하는 것이 중요하다. 덧붙여 다문화 배경을 가진 내담자를 위한 심리검사 선택 시 그의 사회문화적 맥락을 신중히 고려해야 한다.
④ 실시하고자 하는 검사도구의 구성 및 해석, 개발과 사용 지침 등에 대해 이해해야 한다.

01 웩슬러 편차 지능지수가 가지는 장점 3가지를 쓰시오. (2009)

모범답안

① 지능수준을 표준편차 단위에 따라 정의함으로써 보다 명백히 정의할 수 있다.
② 전체 인구 내에서의 상대적 비교가 용이하다.
③ 발달과정에서 정신연령과 생활연령과의 직선적 관계에 대한 과정을 요구하지 않으므로 아동기 이후의 성인 지능 지수는 연령에 관계없이 동등하게 해석될 수 있다.

02 유동성 지능과 결정성 지능을 측정하는 소검사를 각각 3가지 이상 제시하고 설명하 시오. (2009, 2020)

모범답안

유동성 지능	• 선천적으로 타고나며 환경이나 문화에 따라 변화되지 않는 일반적인 지적 능력이다. 10대 후반이나 20대 초반 절정에 달하며, 뇌손상이나 정상적 노령화에 따라 감소되는 지적 능력 이다. • 소검사 : 토막짜기, 행렬추론, 퍼즐, (무게비교, 빠진 곳 찾기)
결정성 지능	• 환경이나 경험, 문화적 영향에 의해서 발달되는 지능으로, 유동적 지능을 바탕으로 후천적으로 발달한다. 40세까지 환경에 따라서 그 이후에도 발전될 수 있는 지능을 의미한다. • 소검사 : 공통성, 어휘, 상식, (이해)

03 K-WAIS-IV의 지각추론 소검사 5가지를 쓰시오.

(2020)

모범답안

① 토막짜기
② 행렬추론
③ 퍼즐
④ 무게비교
⑤ 빠진 곳 찾기

04 지능검사에서 도펠트(Doppelt) 단축형 소검자 4가지를 쓰시오.

(2016)

모범답안

① 어휘(언어이해)
② 토막짜기(지각추론)
③ 차례 맞추기(지각추론)
④ 산수(작업기억)

※ 출처 : 임상심리검사의 이해(김재환 저)

05 K-WAIS 단축형 검사가 실시될 수 있는 상황 3가지를 쓰시오. (2012)

① 정신장애를 감별하고 성격의 일부분인 지능에 대한 대략적인 평가가 목적인 경우
② 많은 피검자들을 대상으로 하여 철저한 임상적, 신경심리적 평가가 필요한지를 가리기 위해 스크린용 검사를 시행하는 경우
③ 현실적 조건에 따라 제한된 시간만이 허용될 수 있고 지능평가가 일차적인 목적이 아니고 다른 심리평가의 일부인 경우
④ 임상평가의 목적이 피검자 지능수준의 판단이고 특정한 능력이나 인지적 손상에 대한 평가가 아닌 경우
⑤ 과거 1년 이내에 피검사자에 대한 완전한 심리평가가 완료되었고(신경심리 평가를 포함) 임상적으로 특이한 변화가 없는 상태에서 현재의 심리적 상태나 지능에 대한 대략적인 평가가 요구되는 경우
※ 출처 : 심리평가의 실제〈박영숙 저〉

06 상식 소검사 수행 시 영향을 미치는 요소 5가지를 쓰시오. (2015, 2021)

① 환경에 대한 기민성
② 문화적 기회
③ 외국에서의 학습경험
④ 지적 호기심과 추구
⑤ 학습장애, 학교학습
⑥ 폭넓은 독서
⑦ 풍부한 초기 환경
※ 출처 : 심리평가의 실제〈박영숙 저〉

07 웩슬러 지능검사에서 바꿔쓰기 점수에 영향을 미칠 수 있는 요인 5가지를 쓰시오.

(2012)

모범답안

① 불안 및 정확성과 세부 사항에 대한 강박적 염려
② 주의산만
③ 학습장애
④ 인내 및 동기수준
⑤ 시간 압력 하에서 작업하는 능력

※ 출처 : WAIS Ⅳ 평가의 핵심〈황순택 저〉

08 지능검사 중 숫자외우기 소검사 점수에 영향을 미치는 요인 6가지를 쓰시오.

(2010, 2014, 2019, 2022)

모범답안

① 주의집중력의 폭
② 불안
③ 주의산만
④ 비협조적 태도(의미없다고 생각하기 때문에 숫자들을 외우려하지 않음)
⑤ 유연성 및 융통성(바로 따라 외우기에서 거꾸로 따라 외우기로 바꿀 때)
⑥ 학습장애

※ 출처 : WAIS Ⅳ 평가의 핵심〈황순택 저〉

09 이해 소검사에 영향을 미치는 요인 4가지를 쓰시오. (2017, 2023)

[모범답안]

① 문화적 기회
② 양심이나 도덕적 판단의 발달
③ 부정적 태도
④ 지나치게 구체적인 사고

※ 출처 : 심리평가의 실제〈박영숙 저〉

10 지능검사의 소척도의 '이해문제'를 신경심리평가로 활용할 때 고려할 점 4가지를 쓰시오. (2013)

[모범답안]

① 우반구 손상환자는 높은 점수를 받더라도 실제 행동은 비이성적일 수 있다.
② 좌반구 손상에 가장 민감하다.
③ 우반구 손상, 양측 손상, 확산적 손상 환자의 병전 지능의 좋은 지표가 된다.
④ 뇌손상으로 인한 충동성 때문에 다양한 문항에서 매우 다르게 반응할 수 있다.

※ 출처 : 심리평가의 실제〈박영숙 저〉

11 웩슬러 지능검사에서 모양 맞추기 소검사의 점수가 낮은 경우 가능한 해석 3가지를 쓰시오.

(2009)

모범답안

① 부분들 간의 관계 예측 능력 및 부분을 전체로 통합하는 능력이 부족하다.
② 시지각과 운동 간의 협응 및 조직화 능력이 부족하다.
③ 시각적 정보를 행동화 할 때 동시 처리능력이 부족하다.

※ 출처 : 심리평가의 실제〈박영숙 저〉

12 우울증 환자가 지능검사를 실시하는 과정에서 전형적으로 보이는 특징을 5가지만 쓰시오.

(2010, 2013)

모범답안

① 언어성 지능이 동작성 지능보다 10점~15점 높다.
② 지구력이 부족하여 쉽게 포기하는 경향이 있다.
③ 불안 및 주의집중력 저하로 전반적인 반응시간이 늦다.
④ 반응의 질적인 면에서의 정교화나 언어표현의 유창성 등이 부족하다.
⑤ 반응내용에 있어 자기비판이나 자기비하 경향이 있고, 현 상황과 미래에 대한 절망감이 나타나기 쉽다.

※ 출처 : 심리검사와 상담〈김동민 외 저〉

13 웩슬러 지능검사에서 언어성 지능지수에 비하여 동작성 지능지수가 유의하게 높은 경우 고려해야 할 정신장애 4가지를 기술하시오. (2013, 2018)

모범답안
① 자폐증
② 학습장애
③ 정신지체(지적장애)
④ 반사회적 인격장애
※ 출처 : 심리평가의 실제〈박영숙 저〉

14 정신병적 상태의 환자가 지능검사 실시 또는 검사 결과에서 전형적으로 나타나는 특징 5가지를 쓰시오. (2012, 2019, 2022)

모범답안
① 일반능력지표(GAI)에 비해 인지숙달지표(CPI)가 현저하게 낮음
② 주의집중력의 어려움 또는 정신운동 속도의 저하
③ 지나치게 길고 세부적인 응답을 하거나 정서적 반응
④ 기계적이고 단순한 반응을 반복하거나 기괴한 사고반응
⑤ 그림에서 없는 부분을 빠져있다고 응답하는 작화반응
※ 출처 : 심리평가의 실제〈박영숙 저〉

15 반사회성 성격 환자를 대상으로 지능검사를 실시했을 때 검사 결과에서 나타나는 전형적인 특징 5가지를 쓰시오.

(2018)

모범답안

① 동작성 지능이 언어성 지능보다 높다.
② 소검사 간 분산이 심한 편이다.
③ 사회적 상호작용에 대한 예민성을 보인다.
④ 바꿔쓰기, 차례 맞추기 점수가 높다.
⑤ 되는대로 노력 없이 아무렇게나 대답한다.
⑥ 비(非)사회적 규준을 보인다.

※ 출처 : 심리검사의 이해〈최정윤 저〉

16 웩슬러 지능검사 반응 중에 질적 분석이 요구되는 상황 3가지를 적으시오.

(2011, 2019)

모범답안

① 쉬운 문항에 실패하고 어려운 문항에 성공하는 경우
② 드물거나 기괴한 내용을 응답하는 경우
③ 한 문항에 대해 강박적으로 여러 가지 응답을 나열하는 경우
④ 반항적인 내용의 응답을 하는 경우
⑤ 지나치게 구체화된 응답을 하는 경우

※ 출처 : 심리평가의 실제〈박영숙 저〉

17 심리치료, 교육 및 임상 장면에서 지능검사를 활용하는 목적 5가지를 쓰시오. (2021)

모범답안

① 교육 장면에서는 지적 능력의 평가를 통하여 낮은 학업 성취의 원인이 되는 인지적 결함을 찾아내고 미래의 학업 성취를 예측하는 데 광범위하게 활용된다.

② 치료 장면에서는 매우 우수한 지적 능력을 지녔거나 학습장애 혹은 인지적 결함을 보이는 개인의 치료적 개입에 중요한 정보를 제공한다.

③ 임상 장면에서는 신경학적 문제와 정신건강의학적 문제를 감별·진단하는 데 사용될 수 있다.

④ 임상 장면에서는 지능검사를 수행하는 동안 수검자의 독특하고 대표적인 행동을 직접 관찰할 수 있다. 따라서 성격특성, 적응적 혹은 부적응적인 행동 양상을 이해하는 데 중요한 자료가 되며, 개인이 어떻게 중요한 지적 기능을 획득하고 활용하는지에 대한 정보를 제공해준다.

⑤ 인지능력의 평가는 한 개인이 어떻게 중요한 지적 기능을 획득하고 활용하는지에 대한 정보를 준다. 따라서, 임상 장면에서는 검사를 활용하여 치료적 개입의 효과가 특정 인지능력에서 어떠한 방식으로 나타나는지와 외상적 두뇌 손상이 인지기능에 미치는 효과 등을 검증해 볼 수 있다.

⑥ 개인의 성격 및 정서적 특징, 적응에 도움을 주는 강점, 장애를 일으킬 수 있는 약점 등을 파악하여 임상적 진단을 내리고 합리적인 치료 목표를 설정하는 데 사용된다.

3 MMPI-2 검사

01 MMPI-2에서 추가된 타당도 척도 6가지를 쓰고 설명하시오. (2015)

02 MMPI-2 검사 후 매뉴얼에서 타당성 여부 검토 방법 3가지를 쓰시오. (2015)

03 MMPI 검사 후 프로파일의 무효를 결정하는데 적용할 수 있는 기준 2가지를 쓰시오.

(2009)

모범답안

① ? (무응답, cannot say) 척도의 원점수가 30 이상일 때
② VRIN(무선반응 비일관성) 척도의 T 점수가 80 이상일 때
③ TRIN(고정반응 비일관성) 척도의 T 점수가 80 이상일 때

※ 출처 : 임상심리검사의 이해(김재환 저)

04 MMPI에서 피검사자가 응답하지 않은 문항이 30개 이상인 경우 가능한 임상적 해석을 6가지만 쓰시오.

(2010, 2016)

모범답안

① 부주의 또는 혼란
② 문항을 읽고 이해하는 능력의 부족
③ 검사 및 검사자에 대한 비협조적인 태도
④ 바람직하지 않은 사실을 인정하기도 거짓 답을 하기도 싫은 경우
⑤ 심각한 강박증적 경향이나 반추적 요소로 응답이 어려운 경우
⑥ 답을 할 만한 경험이나 정보가 없는 경우

05 MMPI-2 중 K 교정척도가 사용하는 임상척도 5가지를 쓰시오. (2009)

모범답안

① 척도 1 (건강염려증, Hs)
② 척도 4 (반사회성, Pd)
③ 척도 7 (강박증, Pt)
④ 척도 8 (조현병, Sc)
⑤ 척도 9 (경조증, Ma)
※ 출처 : 임상심리검사의 이해〈김재환 저〉

06 MMPI-2에서 K 교정을 사용하지 않는 것이 유용한 경우 2가지를 쓰시오. (2014, 2022)

모범답안

① 심각한 정신과적 문제를 지니지 않은 사람들을 대상으로 규준집단에서의 상대적인 위치를 파악하는 경우이다.
② 비임상장면에서 주로 혹은 전적으로 K 교정으로 인해 임상척도 점수가 경미하게 상승하는 검사자료를 해석할 경우이다.
※ 출처 : MMPI-2 성격 및 정신병리 평가〈이훈진 역〉

07 MMPI에서 정상 K+ 프로파일의 세부 특징과 이를 보이는 환자의 임상적 특징 3가지를 쓰시오. (2011)

모범답안

정상 K+프로파일이란 유일하게 의미 있는 상승을 보인 척도가 타당도 및 임상척도들 중에서 K 척도뿐인 프로파일을 말한다(Marks와 Seeman 1963).

세부적 특징	• 모든 임상척도들은 T 점수가 70 이하일 것 • 여섯 개 이상의 임상척도의 T 점수가 60 이하일 것 • 척도 L과 K는 F보다 높고 F 척도의 T 점수는 60 이하일 것 • K 척도는 F 척도보다 T 점수로 5점 이상 높을 것
임상적 특징	• 정신과 입원환자에 한함 • 수줍음, 불안함, 감정표현의 억제, 방어적, 친밀한 대인관계를 회피, 수동적으로 저항 • 성격에 분열성 요소를 내포하고 있음 사고의 흐름에 조리가 없고 공상, 백일몽에 빠지는 시간이 많고, 편집성 경향, 의심, 겁이 많으며 감정표현이 어색함 • 이 프로파일을 보이는 환자의 절반가량이 정신병적이라는 진단을 받으며, 약 4분의 1은 만성 두뇌 손상 환자로 진단되었음(Marks 등)

※ 출처 : 다면적 인성검사(김중술 저)

08 MMPI의 타당도 척도 중 F 점수가 상승하는 이유를 5가지만 쓰시오. (2010, 2022)

모범답안

① 무작위 응답
② 증상을 과장하면서 도움을 간청하는 경우
③ 혼란, 망상적 사고 또는 다른 정신병적 과정
④ 극심한 스트레스 상황
⑤ 나쁘게 보이려는 고의적인 시도

※ 출처 : 임상심리검사의 이해(김재환 저)

09 MMPI-2 검사의 임상척도 5가지를 쓰시오. (2023)

모범답안

① 1(Hs) : 건강염려증(Hypochondriasis)
② 2(D) : 우울증(Depression)
③ 3(Hy) : 히스테리(Hysteria)
④ 4(Pd) : 반사회성(Psychopathic Deviate)
⑤ 5(Mf) : 남성성·여성성(Masculinity–Femininity)
⑥ 6(Pa) : 편집증(Paranoia)
⑦ 7(Pt) : 강박증(Psychasthenia)
⑧ 8(Sc) : 조현병(Schizophrenia)
⑨ 9(Ma) : 경조증(Hypomania)
⑩ O(Si) : 내향성(Social Introversion)

10 MMPI-2에서 성격병리 5요인 척도를 쓰시오. (2015, 2022)

모범답안

AGGR(Aggressiveness)	공격성
PSYC(Psychoticism)	정신증
DISC(Disconstraint)	통제결여
NEGE(Negative Emotionality/Neuroticism)	부정적 정서성/신경증
INTR(Introversion/Low Positive Emotionality)	내향성/낮은 긍정적 정서성

※ 출처 : 최신 심리평가 〈박영숙 저〉

11 MMPI 검사에서 10개의 임상척도를 전체적으로 해석할 때 고려사항 4가지를 쓰시오.

(2011)

모범답안

① 척도에서 높은 점수의 의미는 전체 프로파일과 관련하여 이해되어야 한다.
② 척도들 가운데는 여러 개의 문항을 서로 공유하는 척도들을 고려한다.
③ 타당도 척도들의 패턴(과장, 방어, 개방)을 고려해야 한다.
④ 나이나 성별 등 다양하고 중요한 인구통계학적 변인들과 임상적 척도들과의 관계를 고려한다.
⑤ 임상 소척도들을 살펴본다.
⑥ 정신병리를 측정하는 내용 척도 및 내용 소척도와 비교 검토한다.

※ 출처 : 임상심리검사의 이해(김재환 저)

12 MMPI 6번 척도가 35점 이하로 낮을 경우 특징 3가지를 쓰시오.

(2013)

모범답안

[척도 6이 극단적으로(T점수 35점 이하) 낮은 경우]
① 명백한 망상적 장애를 지니고 있다.
② 망상, 의심, 관계망상을 지니고 있다.
③ 이 척도에서 높은 점수를 받는 만큼 명백하게 망상적 증상을 가지고 있지는 않다.
④ 회피적이고 방어적이며 경계적이다.
⑤ 수줍어하고 비밀스럽고 위축되어 있다.

13 MMPI-2 검사의 6번 척도에서 T 척도가 70인 경우 나타나는 특징 6가지를 쓰시오.

(2014, 2017, 2021)

[척도 6이 극단적으로(T점수 70점 이상) 높은 경우]
① 명백하게 정신증적 행동을 보인다.
② 사고장애, 피해망상, 과대망상, 관계망상을 가지고 있다.
③ 부당한 대우를 받고 피해를 입고 있다고 생각한다.
④ 분노와 적개심을 느낀다.
⑤ 원한을 품고 있다.
⑥ 방어기제로 투사기제를 주로 사용한다.
⑦ 흔히 정신분열증장애 혹은 망상성 장애 진단을 받는다.

※ 출처 : 심리평가의 실제〈박영숙 저〉

14 MMPI 검사에서 임상척도 8번이 낮은 경우 임상적 특징 6가지를 쓰시오.

(2019)

모범답안

① 온순하고 예의 바르며 타인의 의견에 순종한다.
② 인간관계에서 억제적이며 타인과 깊은 정서적 관계를 피한다.
③ 관습적이고 현실적이며 이론적, 철학적 문제에는 흥미가 없다.
④ 스스로를 친근하고 활기차며 성격이 좋고 적응적이라고 본다.
⑤ 성취 및 과제지향적인 추구에 흥미와 적성을 가지고 있다.
⑥ 상상력이 부족하고 비창조적이며 세상을 자기와 다르게 지각하는 사람을 이해하지 못한다.

※ 출처 : 심리평가의 실제〈박영숙 저〉

15 MMPI 검사에서 척도 0이 낮은 경우의 특징을 5가지 기술하시오. (2020)

모범답안 💬

① 기본적으로 사교적이고 외향적인 성향으로 주위에 사람들이 있기를 바라며 잘 어울리는 편이다.
② 활발하고 유쾌하고 친절하고 말이 많은 편이다.
③ 지적이고 표현이 풍부하고 언어적 표현이 유창한 편이다.
④ 능동적이고 에너지가 넘치고 활기가 있는 편이다.
⑤ 권력과 지위와 사회적 인정에 관심이 많으며 경쟁적인 상황을 갖는다.
⑥ 때때로 미성숙하고 자기 탐욕적인 경향이 있다.
⑦ 대인관계가 피상적인 경향이 있으며 때로는 타인을 조정하려 하는 기회주의적이다.
⑧ 충동 조절에 어려움이 있어서 행동의 결과를 생각해보지 않고 행동하는 경향이 있다.

16 MMPI 4-7 척도가 높은 경우의 임상적 특징 4가지를 쓰시오. (2012, 2018)

모범답안 💬

① 행동화와 이에 대한 죄의식과 자기 비난의 주기가 반복된다.
② 모호한 신체화 증상과 정서불안정을 호소한다.
③ 타인의 욕구와 감정에 대해 현저히 냉담하고 무관심하다.
④ 의존적인 성향으로 자신의 가치에 대해 끊임없이 인정받기 바란다.
⑤ 수동-공격적 성격으로 진단할 수 있다.
※ 출처 : 심리평가의 실제〈박영숙 저〉

17 MMPI-2 해석에서 4-6 코드의 임상적 특징 4가지를 쓰시오. (2017)

① 억제된 분노와 적개심을 갖고 있는 것이 특징이다.
② 자신에게 문제가 있다는 것을 부인하고 합리화하며 타인에게 책임을 전가한다.
③ 미성숙하고, 자기도취적이고, 자기 탐닉적이다.
④ 수동-의존적 성향이 강하여 타인에게는 관심과 동정을 지나치게 요구하며 타인의 사소한 요구를 들어주는 것은 몹시 싫어한다.
⑤ 사회적 관계에서 타인의 동기를 의심하며 잘 지내지 못한다. 특히 이성에 대해 불편을 자주 느낀다.
⑥ 수동-공격형 성격이나 조현병(편집형)으로 진단할 수 있다.

※ 출처 : 심리평가의 실제〈박영숙 저〉

18 다음의 설명은 어떤 상승척도 쌍에 대한 것인가? (2018, 2023)

이 척도의 상승을 보이는 사람들은 미성숙하고 자기도취적이며 자신의 행동의 원인과 결과에 대한 통찰이 결여되어 있어 제멋대로 행동하는 모습을 보인다. 이들은 타인의 관심과 인정을 갈망하면서도 타인에게 냉소적이고 의심하는 경향이 있으며, 거절에 취약하여 비난을 받으면 적대감을 드러내며 수동-공격적으로 변한다. 타인의 동기를 의심하고 깊은 정서적 관계를 맺지 않으려 한다. 이들은 자주 비아냥거리고 쉽게 화를 내며, 논쟁적이고, 특히 권위자를 몹시 싫어한다.

4-6, 6-4
※ 출처 : 심리평가의 실제〈박영숙 저〉

19 MMPI검사 결과 D 척도와 Pt 척도에서 동시에 높은 상승을 보인 사람들에게 가능한 진단명을 쓰고, 그러한 사람들이 나타내는 특성 3가지를 쓰시오. (2010, 2013)

진단명	• 불안장애, 우울장애, 강박장애
특징	• 불안, 긴장, 과민성 등 정서적 불안 상태에 놓여 있다. • 지나치게 엄격하고 완벽주의적이며 문제해결에 있어 융통성이 부족하다. • 대인관계는 수동−의존적이며 적절한 자기주장이 부족하다. • 자기비판 혹은 자기처벌적인 성향이 강하다. • 심한 고통으로 인하여 정신치료에 대한 동기는 높다.

※ 출처 : 심리평가의 실제〈박영숙 저〉

20 17세의 우울증 환자에게 MMPI-A(청소년용)를 실시하였다. 타당도 척도 F와 임상척도가 모두 상승하였다면 가능한 임상적 해석 5가지를 쓰시오. (2013, 2016, 2023)

① 타당도 척도를 확인해 무효 프로파일인지 확인해야 함
② 임상척도의 상승은 내담자가 주관적 고통을 호소하며 도움을 요청하는 상태로 적절한 대처 양식이 부족한 경우일 수 있음
③ 나쁘게 보이려는 고의적인 시도
④ 심각한 정신병리 및 기능 손상의 가능성
⑤ 검사자 또는 검사 자체에 저항하는 경우
※ 출처 : 임상심리검사의 이해〈김재환 저〉

21 MMPI 1-3/3-1 프로파일의 임상적 특징, 증상, 진단, 정신역동, 외현특성, 대인관계
양상, 치료적 고려사항을 설명하시오.

(2012)

모범답안

(1) 임상적 특징

① 자신의 심리적인 문제를 신체적인 증상으로 전환시킴으로써 문제를 그들 밖으로 외현화(externalization)시키려 한다.

② 자신의 외현적 증상이 심리적인 요인에 의한 것임을 인정하지 않으려 한다.

(2) 증상

스트레스를 받는 경우 사지의 통증이나 두통, 흉통 등을 보이며, 식욕부진, 어지럼증, 불면증을 호소한다.

(3) 진단

신체증상장애, 전환장애, 히스테리성 장애

(4) 정신역동

부정, 투사, 합리화 방어기제를 사용함으로써 자신의 문제에 대해 타인을 비난하고 자신은 정당하다고 믿는다.

(5) 외현 특성

내적으로는 관심과 욕구 충족 좌절로 분노감을 느끼지만 이러한 감정을 과잉통제하거나 수동-공격적인 간접적인 방식으로 표현한다.

(6) 대인관계 양상

겉으로는 외향적이고 사교적인 것처럼 행동하나 대인관계가 피상적이고 정서적교류가 결여되어 있다.

(7) 치료적 고려사항

치료에서 즉각적이고 구체적인 해결을 원하며 자기통찰이 부족하여 자신의 신체적인 문제에 대한 심인적 해석에 매우 저항한다.

※ 출처 : 심리평가의 실제〈박영숙 저〉

22 MMPI 검사 수행 시 독해력, 지능, 나이, 정신상태, 일반적 소요시간에서 각각 고려해야 할 것을 쓰시오.

(2022)

모범답안

독해력	• MMPI-2는 초등학교 6학년 수준 이상의 독해력을 가지고 있어야 한다.
지능	• 표준화된 지능검사로 측정되는 IQ가 적어도 80 이상은 되어야 적절한 수행이 가능하다. • MMPI-2는 검사 실시 이전에 수검자의 언어능력, 인지능력, 기타 다른 신체적 기능상태에 대한 점검이 필요하다.
나이	• MMPI-2는 만 19세 이상, MMPI-A는 만 13~18세의 청소년(중고등학교)을 대상으로 한다.
정신상태	• 정신질환이 심해서 긴 시간 동안 집중력을 유지하는 못하는 경우 혹은 혼란스럽거나 정신증적 증상이 발현되는 경우에는 검사 수행에 제한이 있다. • 수검자가 아래 경우로 인해 인지 기능에 문제가 있을 때에는 검사실시에 어려움이 발생할 수 있다. – 수검자가 치매나 섬망, 약물이나 알코올 중독상태 – 약물이나 알코올 중독으로 인한 금단상태 – 감염병 병원균에 의한 중독반응 – 뇌손상이나 뇌진탕으로 인한 지남력 상실 – 간질 후 혼란 – 장기간에 걸친 여러 약물처방으로 인한 신경학적 손상 – 급성 정신병리 – 환각으로 인한 혼란
소요시간	• MMPI-2의 경우 지필 45~90분, MMPI-A의 경우 35~70분 정도 소요된다. • 한국어가 모국어가 아닌 수검자의 경우 검사문항에 포함된 관용구나 문화적 의미를 이해하지 못할 수 있다.

23 법원에 제출된 MMPI-2에서 수검자가 모두 '그렇다' 또는 '아니다'로 반응하였을 경우 어떻게 해석해야 하는지 기술하시오.

(2020)

[TRIN 척도]
① TRIN 척도는 문항 내용에 관계없이 '예'라고 긍정반응을 하거나 '아니오'라고 부정편향된 고정적인 반응을 보이는 수검자들을 판별하기 위해 개발되었다.
② T 〉 80T인 경우에 내용과 상관없이 'Yes' 방향으로 응답한다.
③ T 〉 80F인 경우에는 내용과 상관없이 'No' 방향으로 응답하여 타당성이 강하게 의심된다.
④ TRIN 척도가 T 점수 80 이상인 프로파일의 경우 MMPI-2 프로파일의 무효를 결정할 수 있다.

01 다음은 로르샤하 검사 시 피검사자의 흔한 질문들이다. 질문에 적절한 답을 쓰시오.

(2017, 2021)

> (1) 이 검사를 왜 하나요?
> (2) 카드를 돌려봐도 되나요? 전체를 봐야 합니까?
> (3) 다른 사람들은 보통 몇 가지 반응을 하나요?
> (4) 이 카드를 보고 보통 뭐라고 응답하나요?
> (5) 전에 검사를 받은 경험이 있는데 그 때와 똑같이 대답해도 되나요?

 모범답안

(1) 이 검사를 왜 하나요?
① 이 검사는 개인의 특성이나 성격을 이해하는 데 도움을 줄 수 있으며, 당신의 치료, 상담을 도와줄 수 있을 것입니다.
② 당신의 특성이나 성격에 관한 정보를 얻을 수 있습니다.
③ 얻어진 정보를 근거로 당신을 더 잘 이해할 수 있고 치료 계획을 세울 수 있습니다.
④ 치료 중이라면 치료가 어느 정도 진전되고 있는지 알아볼 수 있습니다.

(2) 카드를 돌려봐도 되나요? 전체를 봐야 합니까?
좋을 대로 하십시오.

(3) 다른 사람들은 보통 몇 가지 반응을 하나요?
많은 사람들은 한 개 이상의 반응을 합니다.

(4) 이 카드를 보고 보통 뭐라고 응답하나요?
사람들은 여러 종류의 반응을 합니다.

(5) 전에 검사를 받은 경험이 있는데 그 때와 똑같이 대답해도 되나요?
지금 당신에게 보이는 것을 이야기하면 됩니다.

※ 출처 : 심리평가의 실제〈박영숙 저〉

02 로르샤하 검사 시, 문화적 차이를 고려해야 하는 이유 3가지를 쓰시오. (2016)

모범답안

① 언어적 표현(talking이 수동-능동 구분의 기준)에 따라 능동과 수동이 달라질 수 있다.
② 문화적인 경험에 따라 반응내용, 평범반응이 달라질 수 있다.
③ 문화에 따라 개방성 등의 기준이 달라질 수 있다.

※ 출처 : 로르샤하 해석의 원리〈김영환 역〉

03 로르샤하 검사에서 반응 응답으로 알 수 없을 때 추가로 확인해야 하는 것 3가지를 쓰시오. (2013, 2020)

모범답안

① 이것은 무엇입니까? (반응내용)
② 어디에서 그렇게 보았나요? (반응영역)
③ 무엇 때문에 그렇게 보았습니까? (결정인)

※ 출처 : 심리평가의 실제〈박영숙 저〉

04 로르샤하 검사를 해석할 때 연령을 고려해야 하는 이유 2가지를 쓰시오. (2018)

모범답안

① 수검자의 적응성에 대한 해석적 의미를 도출할 때 영향을 줄 수 있는 규준 자료에서 나타나는 연령에 따른 차이를 고려해야 한다.

② 감정표현이나 정서적 안정 능력 및 자아중심성은 발달에 따라 다른 규준을 갖기 때문에 연령에 따른 로르샤하 검사의 변인에 대한 해석적 의미를 이해하고 있어야 한다.

※ 출처 : 아동, 청소년 로샤의 이론과 실제 〈신민섭 외, 학지사〉

04-1 로르샤하 검사 시 연령 및 환경 특성 등을 고려하여 해석해야 한다. 특히, 수검자가 아동인 경우에 해석하는 과정에서 고려해야 할 사항 4가지를 쓰시오. (2020)

모범답안

① 기본적으로 아동의 발달과정을 이해하고 관련한 정신병리에 대한 지식과 더불어 보호자 면담이 필요하다. 이를 바탕으로 검사결과와 함께 종합적인 결론을 기술하는 것이 중요하다.

② 해석하는 과정에서 연령에 따른 규준이 다르며, 연령에 따라서 특정한 내담자의 문제나 의뢰된 문제를 고려하여 그 해석적 의미를 살펴야 한다.

③ 상이한 연령대 사람의 경우 로르샤하 반응의 똑같은 심리적 특성은 정상 발달 수준과 적응적 대처 수준의 차이가 나타날 수 있다.

④ 행동을 예측할 수 있게 하는 성격 차원에서의 안정성과 변화에 대한 경향이 연령에 따라 상이하므로 해석 시 이를 고려해야 한다.

05 로르샤하 검사를 통해 평가되는 성격적 요소 중 심리치료에 방해가 될 수 있는 요인 4가지를 쓰고 각각에 대해 설명하시오. (2012, 2015)

모범답안

① 경직성 : a(능동성)과 p(수동성)의 비율(a:p)은 경직성을 반영하는 지표로, 경직성이 심한 환자들은 자신의 관점만을 고수하며 이를 수정하는 것에 대한 동기나 필요성을 느끼지 못한다.

② 자기만족 : 자기 자신에 대해 만족을 느끼며 변화의 필요성을 느끼지 않는 경우로 D〉0 때 반영된다.

③ 내성의 결여 : 자신의 내면을 검토하고자 하는 성향이 부족함을 의미하고 이를 반영하는 지표는 FD(형태차원) 반응이다.

④ 대인관계의 소원함 : 애착관계를 꺼리고 심리적으로나 물리적으로 거리를 유지하며 친밀한 관계형성을 기피함을 의미하며 T(순수재질) 반응이다.

※ 출처 : 심리평가의 실제〈박영숙 저〉

06 수검자의 로르샤하 반응을 채점할 때 기본적인 원칙 2가지를 쓰고 설명하시오. (2021)

모범답안

① 로르샤하 채점 부호나 점수는 피검자가 반응을 한 그 시점에서의 인지적 작업을 나타내야 한다. 즉, 반응단계에서 피검자가 그 반응을 했을 때의 내용, 반응 영역, 결정인이 무엇이었는지를 반영하여 채점을 해야 한다.

② 반응에 나타난 모든 요소가 채점에 나타나야 한다. 즉, 채점되지 않은 요소를 남겨두어서는 안 된다. 이렇게 빠뜨리게 되는 것이 검사자들 간의 채점 불일치보다 훨씬 중요한 결과를 낳는 경우가 많다.

07 Exner 종합 체계에 기초한 로르샤하 검사의 채점 항목 중 반응 결정인 항목 7가지를 쓰시오.

모범답안

① 형태 F

② 운동 M, FM, m

③ 유채색 C, CF, FC, Cn

④ 무채색 C', C'F, FC'

⑤ 음영(재질, 차원, 확산) T, TF, FT, V, VF, FV, Y, YF, FY

⑥ 형태차원 FD

⑦ 쌍(2)과 반사반응 rF, Fr

※ 출처 : 심리평가의 실제〈박영숙 저〉

08 다음 번호에 해당하는 채점 기호와 명칭을 쓰시오. (2012, 2016, 2022)

엑스너(Exner) 종합 체계 방식으로 채점할 경우 반응영역에 관련된 채점 기호는 (1), (2), (3), (4)가 있으며 어떤 경우든 (5)는 단독으로 기호화할 수 없다.

모범답안

① 전체반응(W ; Whole Response) : 반점 전체를 사용하여 반응한 경우

② 부분반응(D ; Common Detail Response) : 95% 이상 흔히 사용하는 반점영역을 사용한 부분 반응

③ 이상부분반응(Dd ; Unusual Detail Response) : 5% 미만으로 드물게 사용하는 반점영역을 사용한 부분 반응

④ 공간반응(S ; Space Response) : 흰 공간 부분이 사용된 경우

⑤ 공간반응(S) : 단독으로 기호화 될 수 없어 WS, DS, Dds와 같이 다른 기호들과 함께 기호화됨

※ 출처 : 임상심리검사의 이해〈김재환 저〉

09 로르샤하 검사는 9가지 항목으로 채점된다. 이 중 6가지를 쓰고 설명하시오.

(2014, 2022)

모범답안

반응영역	잉크반점의 어느 부분에서 반응이 일어났는가?	W, D, Dd, S
반응영역의 발달질	반응영역의 질과 구체성은 어떠한가?	+, o, v/+, v
결정인	반응을 결정하는 데 영향을 준 반점의 특징은 무엇인가?	F, M, C, C', T, V, Y, FD, rF
형태질	반응은 잉크반점의 특징에 얼마나 잘 부합하는가?	+, o, u, −
반응내용	반응은 어떤 내용 범주에 속하는가?	H, A, Bl, Cl 등
평범반응	일반적으로 흔히 일어나는 반응인가?	P
조직활동	자극을 조직화하여 응답했는가?	Z
특수점수	특이한 언어 반응이 일어나고 있는가?	DV, DR, INCOM, FABCOM 등
쌍반응	사물을 대칭적으로 지각하고 있는가?	(2), rF, Fr

10 로르샤하 검사에서 반응위치의 발달질(+, o, v)을 정의(예를 들어 v/+ 모호-통합반응)하고 평가기준을 설명하시오. (2011, 2014)

모범답안

기호	정의	평가기준
+	통합반응 (Synthesized response)	두 가지 이상의 대상이 분리되어 있지만 서로 상호작용이 있고, 그중 하나는 형태가 있는 경우
o	평범반응 (Ordinary response)	하나의 대상이 형태를 가지고 있거나, 대상 묘사가 구체적인 형태를 나타내는 경우
v/+	모호-통합반응 (vague/synthesized)	두 가지 이상의 대상이 분리되어 있지만 서로 상호작용이 있고 포함된 대상들이 구체적인 형태를 가지고 있지 않을 경우
v	모호반응 (Vague response)	구체적인 형태가 없는 하나의 대상을 보고하고, 그 대상의 구체적인 형태를 언급하지 않는 경우

※ 출처 : 로르샤하 종합체계 워크북〈김영환 외 2인 역〉

11 로르샤하 검사에서 형태질의 기호를 쓰고 설명하시오. (2014)

모범답안

기호	정의	평가기준
+	우수하고 정교한	형태를 매우 정확하게 기술하였으며, 형태 사용이 적절해서 반응의 질적 수준이 향상 되었을 경우 **예** 날개를 펴고 있는 나비, 작은 더듬이, 동그란 머리가 있다.
o	보통의	대상을 설명하기 위해 일반적인 형태특징을 쉽게 말한 일상적인 반응 **예** 날개 편 모양, 몸통, 나비
u	드문	형태의 윤곽이 크게 벗어나지 않은 저빈도의 반응으로, 빨리 쉽게 알아볼 수 있는 비일상적인 반응 **예** 날개를 편 모습, 가운데 몸통이 여왕벌 같다.
−	왜곡된	반응 과정에서 반점의 특징이 왜곡되고 인위적이며 비현실적으로 사용된 경우 **예** 벌들이 많이 모여있다.

※ 출처 : 로르샤하 종합체계 워크북〈김영환 외 2인 역〉

12 다음은 로르샤하 검사 1번 카드를 본 내담자의 반응이다. 채점을 하시오. (2019)

- 전체가 날고 있는 박쥐 같다.
- 여기가 얼굴이고 몸통이다.
- 색깔은 검고 시커멓다.
- 박쥐가 날개를 펴고 날아가는 것 같다.
- 조직화 점수 전체 : 1.0, 인접부분 : 4.0, 비인접부분 : 6.0, 흰 공간 통합 : 3.5

모범답안

W o FC'.FM^a o A P 1.0

위치	발달질	결정인	형태질	쌍반응	내용	평범반응	Z	특수점수
W	o	FC'.FM^a	o		A	P	1.0	

※ 출처 : 로르샤하 종합체계 워크북〈김영환 외 2인 공역〉

13 로르샤하 검사에서 Intellectualization index(주지화 지표) 계산공식을 쓰시오.

모범답안

2AB + (Art + Ay)
반응내용 3가지 ① AB(추상반응), ② Art(예술), ③ Ay(인류학)

※ 출처 : 로르샤하 종합체계 워크북(김영환 외 2인 공역)

14 로르샤하 검사에서 주지화 지표에 사용되는 반응 내용 3가지를 쓰시오.

(2013)

모범답안

① AB(추상반응)
② Art(예술)
③ Ay(인류학)

15 사고장애를 가진 조현병 환자에게 자주 채점되는 로르샤하 검사의 특수점수 3가지를 쓰시오.

(2017)

모범답안

① FABCOM(우화적 합성) : 두 명의 여인이 잠수함을 공격하고 있다.
② ALOG(부적절한 논리) : 커다란 발을 가지고 있기 때문에 틀림없이 거인이다.
③ CONTAM(오염반응) : 여기는 섬이고 여기는 피다. 그러므로 피흘리는 섬이다.

※ 출처 : 심리평가의 실제〈박영숙 저〉

16 로르샤하 검사의 결정인 기호에서 V, VF, FV의 명칭과 채점기준을 쓰시오. (2017, 2022)

모범답안

① 순수차원반응(V) : 음영특징을 깊이나 차원으로 지각하여 반응하고 형태는 포함하지 않는 경우
② 차원-형태반응(VF) : 일차적으로 음영특징을 깊이 또는 차원으로 반응하였고, 이차적인 결정인으로 형태를 사용한 경우
③ 형태-차원반응(FV) : 일차적으로 형태에 근거하여 반응하였고, 이차적인 결정인으로 음영특징 깊이 또는 차원으로 반응한 경우

※ 출처 : 로르샤하 종합체계 워크북〈김영환 외 2인 공역〉

17 로르샤하 검사에서 '두 마리 닭이 농구공을 들고 있다'라는 반응의 특수 점수 채점은
어떻게 하는가? (2013)

모범답안

[FABCOM]
(1) 우화적인 합성(FABCOM ; fabulized combination)
　① 브롯에서 둘 이상의 사물이 있을 수 없는 방식으로 관계를 맺고 있는 것으로 지각된다.
　② 이 경우 항상 둘 이상의 브롯의 분리된 부분들이 관계가 있는 것으로 기술된다. "두 마리의 닭이 농구공을 잡고 있
　　다.", "두 마리의 개미가 야구방망이를 가지고 싸우고 있다.", 때로는 있을 수 없는 투영반응이 채점되기도 한다.
　③ "커다란 남자가 있는데 그의 심장이 뛰고 있는 것이 보인다." 다음에 수준 1과 수준 2의 반응 예가 제시되고 있다.

반응	채점
두 마리 닭이 농구를 하고 있다	FABCOM1
두 여자가 잠수함을 공격하고 있다	FABCOM2
두 마리 개미가 춤을 추고 있다	FABCOM1
커다란 남자의 심장이 뛰는 것이 훤히 들여다 보인다	FABCOM2
회전목마를 타고 있는 쥐	FABCOM1
눈에서 연기가 나오고 있는 토끼 머리	FABCOM2

(2) 비합리적인 통합과정의 개입
　① FABCOM은 비합리적인 통합과정이 개입되므로, 연상의 이완과 관계가 있고, 이는 정신분열증환자에서 보이는
　　연상의 일관성 및 논리성의 결여, 우회적이고 산만한 사고와 연관된다.
　② 즉, 이러한 반응은 사고장애의 신호가 된다. 따라서 한 개의 FABCOM 반응이라도 신중하게 검토되어야 한다.

18 로르샤하 검사의 구조적 요약지를 작성하는 3단계를 쓰시오.

모범답안

(1) 점수 계열 기록

카드	반응 번호	위치	영역 번호	결정인	(2)	내용	평범 반응	Z	특수점수
I	1	Wo	1	Fo		A	P	1.0	
	2	Do	4	Mpu		H			GHR
	3	DdSo	99	F-		(Hd)		3.5	PHR
II	4	Dv	3	CF.mp. VFu		Bl.An			MOR
	5	W+	1	Ma.CFo	2	H.Bl		4.5	AG.MOR.PHR
III	6	D+	9	Mpo		H	P	4.0	COP,GHR
	7	D+	3	Mp.FC-	2	An		3.0	FAB2,COP,PHR
IV	8	Wo	1	FC'.Ma.FDo		(H)	P	2.0	AG,GHR
V	9	Wo	1	Fo		A	P	1.0	
VI	10	Wo	1	FC'o		Ad	P	2.5	MOR.INC
VII	11	Do	2	Ma-		Hd			PHR
	12	Wo	1	Fu		Art		2.5	
VIII	13	Dv	2	CF.mau		Fi			
	14	Do	1	FCo	2	Ad	P		MOR
	15	Ddo	22	Mau		Hd.Hx			DR2,MOR,PHR
IX	16	Wv	1	Ma.C		Hx			AB,DR2,PHR
X	17	W+	1	Ma.C-	2	H		5.5	AB,COP,FAB2,PHR

(2) 구조적 요약 상단부

구조적 요약(상단부)

반응영역

Zf	=10
ZSum	=29.5
ZEst	=31.0
W	=8
D	=7
W+D	=15
Dd	=2
S	=1

발달질

+	=4
o	=10
v/+	=0
v	=3
YF	=0

형태질

	FQx	MQual	W+D
+	=0	=0	=0
o	=7	=3	=7
u	=5	=2	=4
-	=4	=3	=3
none	=1	=1	=1

결정인

혼합

CF.m.VF
M.CF
M.FC
FD'.M.FD
CF.m
M.C
M.C

단일

M	=4
FM	=0
m	=0
FC	=1
CF	=0
C	=0
Cn	=0
FC'	=1
C'F	=0
C'	=0
FT	=0
TF	=0
T	=0
FV	=0
VF	=0
V	=0
FY	=0
Fi	=1
Y	=0
Fr	=0
rF	=0
FD	=0
F	=4
(2)	=4

반응내용

H	=4
(H)	=1
Hd	=2
(Hd)	=1
Hx	=2
A	=2
(A)	=0
Ad	=2
(Ad)	=0
An	=2
Art	=1
Ay	=0
Bl	=2
Bt	=0
Cg	=0
Cl	=0
Ex	=0
Fd	=0
Ge	=0
Hh	=0
Ls	=0
Na	=0
Sc	=0
Sx	=0
Xy	=0
Id	=0

자살 지표

NO...FV+VF+V+FD>2	
YES..Col-Shd BI>0	
YES..Ego<.31,>.44	
YES..MOR>3	
NO...Zd>+-3.5	
NO...es>EA	
YES..CF+C>FC	
YES..X+%<.70	
NO...S>3	
NO...P<3 or >8	
NO...Pure H<2	
NO...R<17	
5......TOTAL	

특수점수

	Lv1	Lv2
DV	=0x1	0x2
INC	=0x2	0x4
DR	=0x3	0x6
FAB	=0x4	0x7
ALOG	=0x5	
CON	=0x7	
Raw Sum6	=5	
Wgtd Sum6	=28	

AB	=2	GHR	=3
AG	=2	PHR	=7
COP	=3	MOR	=5
CP	=0	PER	=0
		PSV	=0

(3) 구조적 요약 하단부

구조적 요약(하단부)

비율, 백분율, 산출한 점수

R	=17	L	=0.31	

FC:CF+C	=2:5	COP=3	AG	=2
Pure C	=2	GHR:PHR		=3:7

EB	=9:7.0	EA	=16.0	EBPer	N/A	SumC':WSumC	=2:7.0	a:p	=7:4
eb	=2:3	es	=5	D	=+4	Afr	=0.42	Food	=0
		Adj es	=4	Adj D	=+4	S	=1	SumT	=0

				Blends:R	=7:17	Human Cont	=8
FM	=0	C'	=2	T	=0	CP	=0	Pure H	=4
m	=2	V	=1	Y	=0		PER	=0
						Iso Indx	=0.00

a:p	=7:4	Sum6	=5	XA%	=0.71	Zf	=10.0	3r+(2)/R	=0.24
Ma:Mp	=6:3	Lv2	=4	WDA%	=0.73	W:D:Dd	=8:7:2	Fr+rF	=0
2AB+Art+Ay	=5	WSum6	=28	X-%	=0.24	W:M	=8:9	SumV	=1
MOR	=5	M-	=3	S-	=1	Zd	=-1.5	FD	=1
		Mnone	=1	P	=6	PSV	=0	An+Xy	=2
				X+%	=0.41	DQ+	=4	MOR	=5
				Xu%	=0.29	DQv	=3	H:(H)Hd(Hd)	=4:4

PTI=3	DEPI=6*	CDI=1	S-CON=5	HVI=NO	OBS=NO

19 로르샤하 검사의 특수지표 중 우울 지표 5가지를 쓰시오. (2009, 2012, 2016, 2020)

모범답안

우울증 지표(DEPI)는 Exner(1990)가 DEPI를 판단하는 7가지 기준을 제시하였는데, 이 중 5개 변인이 충족되면 우울증이 고려된다.
① (FV+VF+V〉0) OR (FD〉2)
② (Col−Shd Blends〉0) OR (S〉2)
③ (3r+(2)/R〉.44 and Fr+rF=0) OR (3r+(2)/R〈.33)
④ (Afr〈.46) OR (Blends〈4)
⑤ Sum Shading〉FM+m) OR (Sum C'〉2)
⑥ (MOR〉2) OR (2AB+Art+Ay〉3)
⑦ (COP〈2) OR ([Bt+2Cl+Ge+Ls+2NA]/R〉.24)
※ 출처 : 로르샤하 구조적 요약지 4판

20 로르샤하 검사의 자살 관련 지표 7가지를 쓰시오. (2015, 2023)

모범답안

자살지표(S−Constellation)는 다음 12개 항목 가운데 8개 이상 항목이 충족되면 자살 가능성이 검토되어야 한다.
① FV+VF+V+FD〉2
② 색채−음영 혼합〉0
③ 3r+(2)/R〈.31,〉.44
④ MOR〉3
⑤ Zd〉+3.5 혹은 Zd〈−3.5
⑥ es〉EA
⑦ CF+C〉FC
⑧ X+%〈.70
⑨ S〉3
⑩ P〈3 or P〉8
⑪ Pure H〈2
⑫ R〈17

21 로르샤하 검사에서 채점된 점수가 다음과 같을 때, 자아 중심성 지표를 계산하시오.

> Fr=2, rF=3, (2)=5, R=20

모범답안 😮💬

자아 중심성 지표
$[3r + (2)] / R = [3(Fr + rF) + Sum(2)] / R$
$= [3(2+3) + 5] / 20 = 1$

※ 출처 : 임상심리검사의 이해〈김재환 저〉

😐 Plus

① Exner는 자기중심성 변인은 자기에로의 초점 Self-focusing 혹은 자기 관심 self-concern에 대한 지표로 볼 수 있다고 제안하였으며, 이러한 지표가 지나치게 높거나 지나치게 낮은 경우, 적응장애를 초래한다 하였다. 특히, 지나치게 이 지표가 높으면 피상적인 대인관계와 지나친 자기에로의 몰입이 초래된다고 보았다.

② 이 지표에 반사반응이 포함되어 있다면, 이는 자아도취적이고 보다 미성숙한 자기중심성이 암시된다고 보았다. 반면 이 점수가 낮은 경우에는 부정적인 자기평가와 관계가 있다고 보았다.

③ 낮은 점수는 강박증, 우울증, 공포증, 정신신체장애 등 강박적 성향을 보이는 집단에서 나타났다. 특히, 자살성 공집단에서 이 지표의 낮은 점수가 주목되었다. 따라서 낮은 점수는 우울증의 빈도나 강도를 높일 수 있는 부정적 자아상과 연관된다고 볼 수 있다.

22 로르샤하 검사에서 채점된 점수가 다음과 같을 때 소외지표를 계산하시오. (2015, 2020)

Bt=1, Cl=0, Ge=0, Ls=1, Na=1, R=16

모범답안

Isolate/R
= (Bt+2Cl+Ge+Ls+2Na) / R
= (1+2*0+0+1+2*1) / 16=0.25

※ 출처 : 임상심리검사의 이해〈김재환 저〉

Plus

[소외지표(The Isolation Index, Isolate : R)]
① 로르샤하 검사 발달과정에서 단일한 반응내용 증가는 의미가 있을 것으로 가정되었으나 (Beck 1945, Klopfer와 Kelly 1942, Rapaport, Gill과 Exner 1974) An+Xy 반응을 제외하고는 특별한 해석적 의미가 발견되지 않았다.
② 로르샤하 연구가들은 반응내용의 해석 가능성을 검토하기 위한 작업 끝에 5개 자연반응의 해석 가능성에 관한 단서를 얻게 되었다.
③ 식물, 구름, 지도, 풍경, 자연반응으로 구성되는 소외지표는 430명 외래 환자들의 사회적 접촉평가와 의미있는 상관을 나타냈으며, 139명 고등학생 사회접촉 평가 결과 다른 사람으로부터 호의반응을 얻지 못한 피검자들의 소외반응이 비교집단에 비해 유의하게 높았고(Farber 등 1982), 여대생 집단에서도 동일한 결과가 반복되었다(Exner와 Farber 1983).
④ 따라서 Exner는 5개의 소외지표반응이 전체 반응 수의 1/4 이상을 차지한다면 대인관계로부터 소외되고 현실접촉이 단절되어 있을 가능성을 검토하도록 제안하고 있다.

199

다음 로르샤하 검사의 자료를 보고 EA값을 구하시오. (2010, 2014)

M : 2 C : 2 FC : 2 CF : 1

모범답안

EA = sumM+WsumC = 2+5 = 7
  sumM = 2
  WsumC = 0.5FC + 1.0CF + 1.5C = 1+1+3 = 5

※ 출처 : 임상심리검사의 이해〈김재환 저〉

Plus

[EA(the experience actual, EA)]
① 개인의 자원이 효과적으로 사용될 수 있도록 조직화되어 있다는 근거로 EA는 충분히 조직화 되어 있고 신중하게 의도된 행동과 관계가 있다고 보여진다.
② M과 색채반응의 총합으로 계산한다.

24 로르샤하 검사에서 D<0, AdjD=0의 해석상 의미를 설명하시오. (2015)

모범답안 🗨️

현재 자신이 관리할 수 있는 수준보다 높은 상황적 스트레스를 경험하지만 상황적 요구가 사라지면 곧 평상시와 같은 심리적 균형을 회복할 수 있는 근본적, 안정적, 심리적으로 편안한 사람일 수 있다.

D<0	D<0 스트레스 대처자원 부족을 의미함
AdjD	AdjD의 −값이 클수록 성격상 취약성이 많음을 시사함
D<AdjD	D<AdjD인 경우는 상황으로 인한 불편감을 시사함

※ 출처 : 로르샤하 해석의 원리〈김영환 역〉

🗨️ Plus

- D : 스트레스 인내도와 통제요소와 관련, EA − es
- AdjD : 스트레스에서 상황적 요인을 제거, EA − es'(es에서 상황적 요인과 관련 있는 요소를 뺀 값)

25 로르샤하 검사에서 순수형태반응(F) 빈도가 평균 이하일 때, L(Lambda)이 낮아지는 상황을 설명하시오. (2011)

모범답안

① L(Lambda)=F가 결정인인 반응수/F가 결정인이 아닌 반응수
  • 그러므로 순수형태반응(F)의 빈도가 낮으면 Lambda값은 낮아지게 된다.
② .33 'L'1이 정상범위
  • 람다가 1보다 크면 주의의 폭이 좁고 구조화된 상황을 선호
  • 람다가 '.33이면 주의가 산만하고 조증경향이 있음을 의미
③ 순수 F 반응 빈도가 낮아지는 경우는 다음과 같은 상황을 고려해 볼 수 있다.
  • 강렬한 내적 감정이나 갈등을 적절하게 통제하지 못한 상태에서 외부 자극에 반응함으로써 F 반응이 감소되는 경우로, 내적 자원을 충분히 활용하지 못한 경우이다.
  • 성취지향적인 사람이 로르샤하 검사를 도전할 만한 과제로 생각하고 반응하여 F 반응이 감소되는 경우로, 성취지향적이며 융통성이 있는 상황적인 반응의 결과이다.
  • 지적 성취 야심이 높은 사람이 실패를 피하려는 동기에서 과도한 인지적 조직화로 F 반응이 감소되는 경우로, 성취지향적이며 고정적이고 비효율적인 인지활동의 결과이다.

26 다음은 로르샤하 검사의 종합체계 탐색 전략에서 핵심변인과 군집계열순서이다. A, B, C의 괄호를 채우시오. (2011)

• DEPI 〉5&CDI 〉3
• 대인지각 〉(A) 〉통제 〉(B) 〉정보처리 〉(C) 〉관념

모범답안

① A : 자기지각
② B : 정서
③ C : 중재

※ 출처 : 로르샤하 해석의 원리〈김영환 역〉

Plus

엑스너는 로르샤하 검사의 해석방법 중 하나로 핵심변인에 근거한 계열적 탐색전략을 제시하였다. 핵심변인은 경험적 자료에 기초하여 특정 군집과 관련성이 높은 변인들을 묶은 것이다.

핵심변인	군집계열 탐색 순서
PTI '3	정보처리 ' 중재 ' 관념 ' 통제 ' 정서 ' 자기지각 ' 대인지각
cf. SCZI '3	관념 ' 중재 ' 정보처리 ' 통제 ' 정서 ' 자기지각 ' 대인지각
DEPI '5 & CDI '3	대인지각 ' 자기지각 ' 통제 ' 정서 ' 정보처리 ' 중재 ' 관념
DEPI '5	정서 ' 통제 ' 자기지각 ' 대인지각 ' 정보처리 ') 중재 ' 관념
D ' AdjD	통제 ' 상황적 스트레스 ' (다음으로 해당하는 핵심변인 또는 변인의 목록에 따라 이후 탐색계열 결정)
CDI '3	통제 ' 대인지각 ' 자기지각 ' 정서 ' 정보처리 ' 중재 ' 관념
AdjD '0	통제 ' (다음으로 해당하는 핵심변인 또는 제3변인의 목록에 따라 이후 탐색계열 결정)
Lambda '.99	정보처리 ' 중재 ' 관념 ' 통제 ' 정서 ' 자기지각 ' 대인지각
Fr + rF '0	자기지각 ' 대인지각 ' 통제 ' (다음으로 해당하는 핵심변인이나 제3변인의 목록에 따라 이후 탐색계열 결정)
Introversive EB	관념 ' 정보처리 ' 중재 ' 통제 ' 정서 ' 자기지각 ' 대인지각
Extratensive EB	정서 ' 자기지각 ' 대인지각 ' 통제 ' 정보처리 ' 중재 ' 관념
P ' a +1	관념 ' 정보처리 ' 중재 ' 통제 ' 자기지각 ' 대인지각 ' 정서
HVI positive	관념 ' 정보처리 ' 중재 ' 통제 ' 자기지각 ' 대인지각 ' 정서

5 기타 검사들

01 정신상태검사(Mental Status Examination)에서 평가되는 항목 6가지와 내용을 기술하시오.

(2014, 2018)

모범답안

① 전반적인 기술 : 외양, 동작, 행동, 말, 태도
② 감정 : 기분, 정서표현, 정서의 적절성
③ 지각장애 : 환각과 착각, 이인화, 이현실화
④ 사고과정 : 사고흐름, 사고내용(망각, 강박적 사고, 사고집착), 추상적 사고
⑤ 지남력 : 시간, 장소, 인물에 대한 지남력
⑥ 기억 : 과거에 대한 장기기억, 최근 사건에 대한 기억, 기억장애의 증상 유무

※ 출처 : 심리검사의 실제(박영숙 저)

Plus

[예시상황]
160cm 정도의 키에 보통 체격의 20대 후반 여성으로 화장기 없이 안색이 창백하였고, 구부정한 자세로 느리게 검사실에 입실하였다. 실제보다 나이가 들어 보였는데, 머리를 뒤로 단정히 묶었지만 한동안 감지 않은 듯 기름져 있어 위생 상태가 불량하였다. 한여름임에도 계절에 맞지 않게 두꺼운 가디건을 걸치고 있었고 얼굴에 땀이 났지만 불편함을 드러내지 않았다. 얼굴을 절반 정도 돌리고 무표정한 표정으로 팔짱을 낀 채 "누가 심리검사시킨 거예요?"라며 매서운 눈초리로 평가자를 쳐다보았다.

전반적인 용모 및 행동	• 불량한 위생 및 옷차림 • 정신운동 활동 감소 • 비정상적 운동 : 함구증, 거부증 • 비자발적 언어 • 평가자에 대한 비협조적 및 회피적 태도
감정과 정서, 기분	• 기분 : 불쾌한, 과민한 • 정동 : 둔마된, 부적절한
지각	• 환청 　– 환자 : 부인하였음 　– 보호자 : 갑자기 엎드려 울면서 비는 행동("하나님이 천국 가자고 한다." 등 알아들을 수 없는 혼잣말)을 함. 때로 부적절하게 혼자 히죽거리며 웃는 모습을 보임 • 환시 　– 환자 : 부인하였음 　– 보호자 : 입원 전 허공에 손짓하는 행동을 함

사고	• 과정 : 적절하고 논리적임 • 내용 − 자살사고 : 없음 − 망상 : 종교망상 및 죄책망상("나의 믿음이 약해져서 하느님이 나를 벌주신다."), 과 대망상("하나님과 소통하고 있다. 나는 메시아다."), 피해망상("옆집에서 훔쳐본다.")
추상적 사고	• 속담 : 정상(예 '낫 놓고 기역자도 모른다.'⇒ '글을 몰라서 무식하다.') • 유사성 : 정상(예 '사과−딸기−배'→ '과일')
감각 및 인지	• 의식 : 명료 • 지남력 : 정상(예: 6월 4일 / 병원 / 심리학자) • 주의집중력 : 정상(예 100−7=93, 93−7=86, 86−7=79, 79−7=72, 72−7=65) • 기억력 : 정상 • 지적 기능 : 보통
판단력	• 사회적 판단력 : 손상 • 검사상 판단력 : 정상(예 '극장에 불나면?'⇒ "빨리 뛰어나가서 119에 신고한다.")
통찰력(병식)	"나에게는 병이 없고 종교적 믿음이 약한 것뿐입니다. 병원에 있거나 약을 먹을 필요 없 습니다. 당장 퇴원시켜 주지 않으면 인권위원회에 신고할 겁니다."

02 편측 무시(우측 뇌손상 환자) 평가를 위해 사용 가능한 신경심리검사도구의 이름을 쓰시오. (단, 심리검사 배터리명이 아닌 검사명으로 작성할 것) (2012, 2016)

모범답안

① Line Bisection Test(직선 이분 검사, 선나누기 검사) : 여러 선들이 그어진 종이를 환자 앞 중앙에 놓고 선의 중앙을 표시하는 것
② Letter Cancellation Test : 한 페이지에 몇 줄의 글자를 나열하고 어떤 글자를 선택하여 매 번 글자가 나타날때마다 표시하는 것
③ Albert Test : 짧고 많은 대각선이 흩어져 있는 검사지를 환자에게 주어 각각의 직선 위에 수직선을 그려 십자가 모양을 그리도록 하는 것
④ Drawing and Copying Test : 사물을 보고 그리게 하거나 그림을 보고 따라 그리게 하는 것

※ 출처 : 임상심리검사의 이해〈김재환 저〉

03 11세의 ADHD 아동에게 평가 가능한 실행기능 검사 3가지를 쓰시오. (2016, 2019)

 모범답안

같은 그림찾기 검사 (Matching Familiar Figure Test ; MFFT)	• MFFT는 ADHD 아동의 인지적 충동성을 평가하기 위해 개발된 일종의 지각변별과제이다.
언어유창도 및 범주유창도 검사 (Verbal Fluency and Category Fluency Test)	• 언어유창도 검사('ㄱ', 'ㅇ', 'ㅅ' 검사)와 범주 유창도검사(동물이름 말하기 검사)는 일정한 범주 내에서 전략을 수립하는 능력을 측정하는 검사이다. • 이러한 전략 수립 능력은 전전두엽 피질의 기능에 속하는 것이라 할 수 있다.
선로잇기 검사 B형 (Trail Making Test B)	• 선로잇기 검사 B형은 시각-운동 추적검사로서, 개념화와 인지 도식을 변경하는 능력을 평가하는 검사이다. • 이 검사를 효율적으로 수행하기 위해서는 전두엽기능과 관련된 주의의 적절한 분할 및 조절능력이 요구된다.
위스콘신 카드분류 검사 (Wisconsin Card Sorting Test ; WCST)	• WCST(Grant와 Berg 1948)는 실행 능력을 평가하는 대표적인 검사이다

04 기질적 뇌손상 환자가 BGT에서 나타낼 수 있는 반응 특성 6가지를 쓰시오.

(2012, 2018, 2022)

모범답안

① 중복곤란(중첩의 곤란)　　　　　② 심한 회전
③ 선의 굵기가 일정하지 않음　　　④ 중첩 경향
⑤ 심한 단편화　　　　　　　　　　⑥ 단순화

※ 출처 : 심리검사의 이해(최정윤 저)

05 베일리 영유아 발달검사의 구성 척도 3가지를 쓰시오. (2013)

모범답안

인지 척도 (Cognitive Scale)	영유아의 인지적 발달 수준을 평가하며, 문제 해결 능력, 기억력, 탐색 행동 등을 측정한다.
언어 척도 (Language Scale)	영유아의 언어 발달 상태를 평가하며, 이는 수용 언어(언어 이해)와 표현 언어(말하기 능력)로 나뉜다.
운동 척도 (Motor Scale)	영유아의 운동 발달을 평가하며, 대근육 운동(예 걷기, 뛰기)과 소근육 운동(예 손가락 사용 능력)을 포함한다.

Plus

베일리 영유아 발달검사(Bayley Scales of Infant and Toddler Development)는 1개월에서 42개월(약 3년 6개월)까지의 영유아 발달 상태를 평가하기 위해 고안된 검사이다. 이 검사는 특히 아동의 초기 발달 상태를 이해하고, 발달 지연이나 이상을 조기에 발견하는 데 유용하다. 베일리 검사는 임상심리사, 소아과 의사, 특수 교육 전문가 등이 사용하며, 영유아의 건강한 발달을 돕기 위한 중요한 도구이다.

(1) 주요 평가 영역

베일리 검사는 크게 세 가지 주요 영역을 평가한다

① 인지 발달(Cognitive Development) : 아동의 문제 해결 능력, 기억력, 주의력 등을 평가한다.

② 언어 발달(Language Development) : 아동의 언어 이해력(수용 언어)과 표현력(표현 언어)을 평가한다.

③ 운동 발달(Motor Development) : 대근육 운동(예 걷기, 점프)과 소근육 운동(예 손가락 움직임)을 평가한다.

(2) 추가 평가 영역

① 사회 정서 발달(Social-Emotional Development) : 아동의 사회적 상호작용 능력과 정서적 반응을 평가한다.

② 적응 행동(Adaptive Behavior) : 일상생활에서의 적응력과 자기 관리 능력을 평가한다.

(3) 검사 목적

① 발달 지연 여부 조기 발견

② 영유아의 발달 수준 평가

③ 개별화된 교육 및 중재 계획 수립

06 문장완성검사를 실시할 때 수검자에게 설명해야 할 핵심적인 내용 5가지를 쓰시오.

(2011, 2014, 2020)

모범답안

① 답에는 정답과 오답이 없으니 생각나는 대로 써야한다.
② 글씨와 문장이 좋은지 나쁜지는 상관이 없다.
③ 주어진 어구를 보고 제일 먼저 생각나는 것을 적는다.
④ 시간제한은 없으나 너무 오래 걸리지 않도록 빨리 쓴다.
⑤ 볼펜이나 연필로 쓰고 지울 때는 두 줄을 긋고, 다음 빈 공간에 쓴다.

※ 출처 : 최신 심리평가〈박영숙 저〉

07 Sack은 문장완성검사가 적응에 있어 중요한 4가지 대표영역으로 이루어져 있다고 하였다. 성인용 문장완성검사의 4가지 영역과 문항의 예를 1개씩 쓰시오. (2014, 2023)

모범답안

① 가족 : 어머니, 아버지, 가족에 대한 태도 📵 나의 아버지는 좀처럼...
② 성 : 여성, 결혼, 성 관계에 대한 태도 📵 내가 생각하기에 대부분의 여자들은...
③ 대인관계 : 친구, 지인, 직장동료, 직장상사에 대한 태도 📵 윗사람이 오는 것을 보면...
④ 자기개념 : 두려움, 죄의식, 목표, 자신의 능력, 과거와 미래에 대한 태도 📵 나의 가장 큰 실수는 ...

※ 출처 : 임상심리검사의 이해〈김재환 저〉

08 HTP 검사 중 집 그림에서 다음에 해당하는 것은 무엇인지 쓰시오. (2016)

· 자아강도 · 가정 내 친밀도 · 대인관계 및 외부와의 상호작용

모범답안

① 자아강도 : 벽
② 가정 내 친밀도 : 굴뚝
③ 대인관계 및 외부와 상호작용 : 문, 창문
※ 출처 : 임상심리검사의 이해〈김재환 저〉

09 TAT의 요구-압력 분석법 7단계를 쓰고, 부가 분석단계를 설명하시오. (2017)

모범답안

① 주인공을 찾는다.
② 환경의 압력을 분석한다.
③ 주인공의 반응에서 드러나는 욕구를 분석한다.
④ 주인공이 애착을 표현하고 있는 대상을 분석한다.
⑤ 주인공의 내적인 심리상태를 분석한다.
⑥ 주인공의 행동이 표현되는 방식을 분석한다.
⑦ 일의 결말을 분석한다.
⑧ 부가 분석 단계 : 주인공이 애착을 표현하고 있는 대상을 분석한다. 즉, 주인공에게 긍정적이거나 부정적인 감정을 일으키는 사물, 활동, 사람, 관념을 찾아보는 단계
※ 출처 : 최신 심리평가〈박영숙 저〉

10 TAT에서 편집증 환자가 보일 수 있는 반응 상의 특징 5가지를 쓰시오. (2010, 2022)

모범답안

① 일반적으로 회피적이고 검사의 목적을 의심한다.
② 이야기가 자기 개인적인 것이 아님을 강조한다.
③ 단서에 과도하게 민감하고 방어가 심하다.
④ 인물의 성이나 연령 등을 오지각하는 경우를 자주 보인다.
⑤ 이야기가 매우 간결하며 의심과 방어적 특성이 나타날 수 있다.

※ 출처 : 심리평가의 실제〈박영숙 저〉

11 TAT로 알 수 있는 내담자의 특성 4가지를 쓰시오. (2023)

모범답안

① 내담자의 주요 욕구와 추동 : 내담자의 가장 분명하고 강력한 욕구와 그것이 내담자에게 어떤 의미가 있는지를 알 수 있다.
② 내담자에게 주요한 인물 및 관계 : 내담자에게 주요한 인물에 대한 생각, 태도 및 행동 등이 드러난다.
③ 내담자의 진정한 갈등 : 내담자가 말로 표현하는 욕구나 감정과는 상충되는 내면의 진솔한 욕구를 파악할 수 있다.
④ 내담자 불안의 본질 : 내담자가 느끼는 불안의 본질과 강도를 파악할 수 있다.
⑤ 내담자의 갈등과 두려움에 대한 방어 : 내담자가 각 자극판에 대해 진술하는 반복적인 내용으로 내담자의 불안과 갈등에 어떤 방어를 하는지를 알 수 있다.

6 통합적 심리검사 해석

01 다음은 학습의욕이 없고 일상생활에 흥미가 떨어지는 11세 남자 아동의 검사 결과이다. 진단명과 그 근거를 제시하시오.

(2017)

- Rorschach : ZD < −3.5
- KPI-C : DEP = 66, HPR = 72, EBS = 32
- HABGT : 수행시간 1분 10초 정도, 도형 A가 가운데 위치, 5개 도형의 각도 변화, 2번 도형 재작성

모범답안

(1) **진단명** : 주의력결핍 및 과잉행동장애

(2) **근거**

ZD	• Organizational Efficiency(ZD)로 조직적 인지활동의 효율성이라 한다. • ZD 점수가 −3.0 이하이거나 +3.0 이상일 때 인지적 활동은 과소 통합적 underincorporation 이거나 과대 통합적 overincorporation이라고 할 수 있다. • −3.0 이하인 경우 자극이 충분히 검토되지 않고 반영되어 통합과정이 충분하지 않기 때문에 과소 통합적 인지활동과 연관된다. • +3.0 이상인 경우 자극에 주의 깊게 접근하여 통합하는 과도한 인지적 활동과 연관될 수 있다.
KPI-C	• 한국아동인성검사이다. • T점수 65−69 : 주의가 필요한 수준이다. • T점수 70 이상 : 임상적으로 유의미하며, 추가 평가 또는 개입이 필요할 수 있는 수준이다.
DEP	• 우울감, 슬픔, 무기력감 등 우울과 관련된 정서적 상태를 측정한다.
HPR	• 적대감과 현실 왜곡을 평가하는 척도이다.
EBS	• 자아 기능과 행동 통제를 평가하는 척도이다.
HABGT	• Hutt Adaptation of Bender Gestalt Test이다. • 수행시간 1분 10초 정도 : 충동적, 집중력이 부족, 요구된 과업 수행하려는 노력 부족 시사 • 도형 A 중앙 배치 : 자기중심적 성향 시사 • 5개 도형의 각도 변화 : 감정조절과 충동통제 문제 시사 • 2번 도형 재작성 : 현재 불안 수준 상승

02 다음 사례를 보고 가장 적합한 진단명 한 가지를 쓰시오. (2015)

- 환청과 피해사고가 주 호소 문제
- MMPI 임상척도 6, 8만 70T 이상 상승, 기분 문제는 없으며, 로르샤하 검사에서 CONTAM, ALOG, FABCOM 많음

모범답안

(편집형) 조현병

FABCOM	두 가지 이상의 대상들이 있을 수 없는 불가능한 방식으로 관계를 맺고 있는 것으로 지각한 경우 **예** 두 마리의 개미가 춤추고 있다.
CONTAM	부적절한 반응 중에서 가장 기괴한 반응으로 두 가지 이상의 대상들을 비현실적으로 하나의 반응에 중첩되게 지각하는 경우 **예** 곤충의 얼굴과 황소의 얼굴이 겹쳐서 곤충황소의 얼굴로 보인다.
ALOG	검사자가 촉구하지 않았는데도 수검자가 자신의 반응을 정당화시키기 위해 비합리적인 논리를 말하는 경우 **예** 여기가 머리이고 여기가 다리 같다. 분명히 죽은 사람이다. 왜냐하면 눈이 보이지 않으니까.

※ 출처 : 로르샤하 종합체계 워크북〈김영환 외 2인 역〉

03 다음 사례를 진단하고 근거를 설명하시오. (2009, 2014)

> 현재 우울하고 아무것도 할 수 없어 입원 치료 중인 환자로, MMPI-2 프로파일 결과 2-7 코드
> 타입, 로르샤하 검사의 DEPI지표가 positive, HTP는 그림을 작고 여리게 묘사하였다. 중학교
> 때도 성적저하로 인한 우울증으로 입원치료를 받은 적이 있다. 고등학교 때는 원래 혼자 있기
> 를 좋아하던 피검자가 방과 후 친구들과 전화통화로 수업이야기 등을 하고, 이런저런 이야기를
> 많이 했으며, 1등을 하겠다며 밤늦도록 공부하는 모습을 보이기도 하였으나, 입원이 필요할 정
> 도는 아니었다.

(1) 진단
　　우울증
(2) 근거
　　① 중학교 때 성적저하로 인한 우울증으로 입원치료를 받은 과거력이 있음
　　② MMPI 결과 2-7 프로파일 양상 : 우울, 불안척도가 상승
　　③ 로르샤하 검사 : 우울증 지표가 양성이어서 우울증이 고려됨
　　④ HTP검사 : 피검자가 그림을 작고 여리게 묘사하는 것은 열등감이나 위축된 양상이 관찰됨

04 다음은 21세 미혼 남성이 입원 시 실시한 심리검사 결과이다. 지능검사에서 사회적 관습과 사물에 대한 현실적 방식에 집착하며 계획능력과 예견능력이 저하됨을 시사하는 소검사는 무엇인지 쓰고, 이 환자에게 가능한 진단을 설명하시오. (2011, 2022)

로르샤하 검사 : X-% 〉 0.63
K-WAIS : 언어성 112, 동작성 90, 전체 104

기본 지식	숫자 외우기	어휘 문제	산수 문제	이해 문제	공통성 문제	빠진곳 찾기	차례 맞추기	토막 짜기	모양 맞추기	바꿔 쓰기
13	16	14	11	13	13	9	8	14	11	10

MMPI 검사결과

L	F	K	Hs	D	Hy	Pd	Mf	Pa	Pt	Sc	Ma	Si
45	78	50	59	69	58	56	42	78	60	75	47	62

모범답안

(1) **계획 예기능력 저하 관련 소검사** : 차례 맞추기
(2) **진단명** : 조현병, 분열성 혹은 편집성 성격장애
(3) **이유**

로르샤하 X-% 〉 0.63	자극을 적절하고 정확하게 지각하는 것에 어려움이 예상되며, 사고장애, 지각장애, 현실검증력 손상을 시사한다.
K-WAIS	언어성 지능이 동작성 지능에 비해 높으며 차례맞추기와 빠진 곳 찾기가 낮아 정신병 진단 특성에 부합된다.
MMPI	타당도 척도(L, F, K)의 삿갓 모양, 6-8 코드 type 척도의 상승은 극심한 정신병리의 가능성을 시사한다.

※ 출처 : 로르샤하 해석의 원리〈김영환 역〉, 다면적 인성검사〈김중술 저〉

05 35세 미혼 여성이 요통이나 소화기 장애를 주호소 문제로 병원을 내원하였다. 심리 검사의 결과가 다음과 같을 때 진단명을 쓰고 근거를 제시하시오.

(2011)

로르샤하 검사 : L=1.5
MMPI 검사 결과

L	F	K	Hs	D	Hy	Pd	Mf	Pa	Pt	Sc	Ma	Si
76	42	71	74	52	72	35	41	36	50	48	47	51

모범답안

(1) 진단명

　전환장애

(2) 근거

　① 로르샤하 L=1.5는 지나치게 단순하고 경제적인 심리적 작용을 통해 반응하고 있고, 자극의 복잡성을 무시하고 있다. 이는 방어나 저항 혹은 소극적 대응방식을 반영할 수 있다.

　② MMPI 타당도 척도 L, K 척도는 높고 F 척도는 낮은 V형태로 자기의 문제를 부인하고 좋게 보이려는 태도를 나타낸다.

　③ MMPI의 임상척도 : 척도 2가 척도 1, 3 보다 낮은 전환 V형태로, 심리적인 문제를 신체적인 증상으로 전환시킴으로써 문제를 자신의 밖으로 국한시키려 하며, 부인, 추사와 같은 방어기제를 과도하게 사용한다.

06 다음 사례에서 진단명과 그 근거를 2가지 쓰시오.

성격이 활발하고 친구가 많았던 내담자 K군은 어차피 갈 군대라면 일찍 갔다 와서 남보다 빨리 사회에서 자리 잡고 싶다며 고등학교 졸업 후 곧바로 해군에 입대하였다. 그러나 K군은 입대 후 18일 만에 허공을 바라보며 손가락질하고 혼자서 웃거나 중얼거리고 밥에 독약이 들었다고 먹지 않았다. K군은 입대한 지 23일 만에 병원에 입원하였고 면회를 온 부모를 알아보지 못하였고 심리검사 중에 엉뚱한 말을 하였다.

※ BGT – 심한 중첩
※ MMPI–L, F, K(삿갓형), VRIN과 TRIN 40–50T, F(B)=93T(L, K,F보다 높음), S=35T, 대부분의 임상척도 70T 이상
※ K–WAIS : FSIQ, VIQ, PIQ 모두 50～70 사이에 해당함

(1) 진단명 : 조현병(schizophrenia)
(2) 근거

BGT	• 심한 중첩을 보이면서 자아기능의 문제가 시사됨
MMPI	• 타당도 척도 : 삿갓형(L, F, K)으로 자신의 신체 및 정서적 곤란을 인정하고 이와 같은 문제에 대한 도움을 요청하며 이 문제들을 해결할 수 있는 자기의 능력에 대하여 자신이 없는 상태이다. • S=35T : 정신 병리로 인한 주관적 고통과 행동장해의 정도를 반영한다. • 대부분의 임상척도가 70T 이상
행동관찰	• 망상 및 와해된 행동 양상

Ⅱ 심리치료

1 심리치료의 단계

01 상담목표 설정 시 유의사항 5가지를 쓰시오. (2019, 2022)

모범답안
① 실현가능해야 한다.　　　　　　　　　② 목표는 구체적이어야 한다.
③ 목표는 내담자가 바라고 원하는 것이어야 한다.　④ 상담자의 기술과 양립이 가능해야 한다.
⑤ 내담자와 상담자의 동의 하에 이루어진다.

02 치료목표 설정을 위해 탐색해야 할 내담자의 중요정보 4가지를 쓰시오. (2015, 2022)

모범답안
① 내담자가 호소하는 증상에 대한 목록과 특성
② 내담자의 대처능력과 방법에 대한 고찰
③ 가족관계에서의 문제점 유무에 대한 관찰
④ 내담자가 가지고 있는 강점이나 자원조사
※ 출처 : 현대 심리치료와 상담이론〈권석만 저〉

03 Lock & Latham(1984)의 이론에서 내담자와 목표가 설정되었을 때 얻을 수 있는 장점 5가지를 쓰시오. (2020)

모범답안

① 동기 부여 향상 : 명확한 목표가 있으면 내담자의 동기가 높아지며, 목표를 향한 진전을 볼 수 있어 자신의 노력에 더 집중하게 된다.
② 주의력과 행동 방향 제시 : 목표는 내담자의 주의를 중요한 활동에 집중시키고, 목표 달성을 위한 구체적인 행동 방향을 제시한다.
③ 지속성 증가 : 목표가 있으면 어려움에 직면했을 때도 포기하지 않고 계속 노력할 가능성이 높아진다.
④ 전략 개발 촉진 : 목표 달성을 위해 내담자는 효과적인 전략을 개발하고 새로운 기술을 습득하려는 노력을 하게 된다.
⑤ 성취감과 자기효능감 증진 : 목표를 달성하면서 내담자는 성취감을 경험하고, 이는 자기효능감 향상으로 이어진다.

04 심리치료의 초기 단계에서 중심적으로 다루어야 할 내용 3가지를 쓰시오. (2012, 2014)

모범답안

① 내담자가 호소하는 심리적 문제나 증상에 대한 탐색을 한다.
② 치료에 대한 내담자의 기대를 탐색한다.
③ 긍정적인 치료적 관계를 형성한다.
④ 치료에 대한 이해를 확인하고 구조화한다.
⑤ 치료계획을 수립한다.

※ 출처 : 현대 심리치료와 상담이론〈권석만 저〉

05 첫 회 상담 시 다루어야 할 5가지를 쓰시오. (2023)

① 내담자의 호소문제 파악
② 현재 및 최근의 주요 상태를 체크
③ 내담자의 스트레스 원인
④ 문제해결에 필요한 내담자의 강점 파악
⑤ 내담자의 외모나 행동관찰

06 상담의 구조화 과정 중 '고지된 동의'의 주요 내용 6가지를 쓰시오.

(2009, 2012, 2013, 2018, 2021, 2022)

모범답안
① 비밀보장의 한계를 설명한다.
② 상담자의 자격과 배경에 대해 알려준다.
③ 상담자와 내담자의 역할과 책임을 이해하도록 한다.
④ 상담의 목표와 과정에 대해 이야기 한다.
⑤ 내담자가 기대할 수 있는 서비스
⑥ 치료과정의 대략적 기간

※ 출처 : 심리상담과 치료의 이론과 실제(조현재 저)

07 치료적 면접의 구조화에서 치료자가 고려해야 할 구체적인 사항을 5가지 쓰시오.

(2022)

모범답안

① 시간 관리 : 면접 시간을 적절히 배분하여 주요 이슈를 다룰 수 있도록 한다.
② 물리적 환경 설정 : 편안하고 프라이버시가 보장되는 공간을 준비한다.
③ 라포 형성 : 내담자를 존중하는 태도로 대한다.
④ 면접 구조화 : 명확한 시작(도입), 중간(탐색 및 개입), 종료 단계를 계획한다.
⑤ 윤리적 고려사항 : 비밀보장의 원칙과 그 한계에 대해 내담자에게 명확히 설명한다.

07-1 심리치료 면접의 구조화에서 확인되어야 할 사항 5가지를 쓰시오.

(2022)

모범답안

① 주호소 문제(Chief Complaint) : 내담자가 상담을 받고자 하는 주된 이유나 문제를 파악한다.
② 현재 상황(Current Situation) : 내담자의 현재 생활 상황을 전반적으로 파악한다.
③ 과거력(History) : 문제와 관련된 과거 경험이나 사건을 탐색한다.
④ 치료 목표(Treatment Goals) : 내담자와 함께 구체적이고 현실적인 치료 목표를 설정한다.
⑤ 치료 계획(Treatment Plan) : 문제 해결을 위한 구체적인 개입 방법을 계획한다.

08 면접과정에서 신뢰도와 타당도를 올리는 방법 5가지를 쓰시오. (2009)

모범답안

(1) 구조화된 면접 기법 사용
  ① 표준된 질문 목록을 준비하여 모든 내담자에게 일관된 질문을 한다.
  ② 면접의 주요 영역과 순서를 미리 정하여 체계적으로 정보를 수집한다.
  ③ 이를 통해 면접자 간 차이를 줄이고, 결과의 일관성을 높일 수 있다.

(2) 다양한 정보원 활용
  ① 내담자의 자기보고 외에도 가족, 친구, 동료 등 다양한 정보원을 활용한다.
  ② 의료 기록, 학교 기록 등 객관적 자료를 참고한다.
  ③ 여러 출처의 정보를 교차 검증하여 정보의 정확성을 높인다.

(3) 행동 관찰과 비언어적 신호 해석
  ① 내담자의 언어적 응답뿐만 아니라 비언어적 행동도 주의 깊게 관찰한다.
  ② 표정, 몸짓, 어조 등을 종합적으로 해석하여 내담자의 상태를 평가한다.
  ③ 언어적 보고와 비언어적 신호 간의 일치 여부를 확인한다.

(4) 개방형 질문과 구체적 질문의 균형
  ① 개방형 질문을 통해 내담자가 자유롭게 표현할 수 있도록 한다.
  ② 필요한 경우 구체적인 질문을 통해 명확한 정보를 얻는다.
  ③ 두 가지 질문 유형을 적절히 배합하여 풍부하고 정확한 정보를 수집한다.

(5) 면접자 훈련 및 지속적인 평가
  ① 면접자들에게 체계적인 훈련을 제공하여 면접 기술을 향상시킨다.
  ② 정기적으로 면접 과정을 녹화하고 검토하여 면접 기술을 개선한다.
  ③ 동료 평가나 수퍼비전을 통해 면접 과정의 질을 지속적으로 모니터링한다.

09 아동이 어릴수록 제3자로부터 부가적인 정보가 유용하다. 치료에 도움이 되는 부가적인 정보 2가지를 쓰고 설명하시오. (2014)

모범답안 😊💭

① 임신 시기와 영유아기 발달력에 관한 정보 : 원하는 임신이었는지, 특별한 사건은 없었는지, 주 양육자가 누구였는지, 수면 패턴 및 식사 등에 대한 정보를 탐색한다.
② 보호자와의 관계에 관한 정보 : 애착 특징과 양육 태도를 탐색하고 주변 사람들과의 관계의 특징을 탐색한다.
③ 과거의 문제 : 과거력 문제의 발달 및 치료경험, 효과를 탐색한다.
④ 가족력 : 유사한 문제에 대한 가족력을 탐색한다.

10 비구조화 면담의 단점 3가지를 쓰시오. (2009, 2020)

모범답안 😊💭

① 이상가로서 상당한 정도의 숙련된 전문성이 필요하다.
② 내담자에 대한 다량의 정보를 얻지 못한다.
③ 수집된 자료를 객관적으로 수량화하기 어렵다.
※ 출처 : 임상심리검사의 이해〈김재환 저〉

11 단기상담이 적합한 내담자의 특징 6가지를 쓰고 설명하시오. (2011, 2019, 2022)

모범답안

① 내담자가 비교적 건강하며 그 문제가 심각하지 않은 경우
② 내담자가 자신의 경미한 문제에 대한 명확한 인식을 원하는 경우
③ 내담자가 임신, 출산 등 발달과정상의 문제를 경험하는 경우
④ 내담자가 중요 인물의 상실로 인해 생활상의 적응을 필요로 하는 경우
⑤ 내담자가 급성적인 상황으로 인해 정서적 어려움을 겪는 경우
⑥ 내담자가 조직이나 기관의 구성원으로 소속되어 있는 경우

※ 출처 : 상담심리학의 이론과 실제〈천성문 저〉

12 내담자의 저항을 확인할 수 있는 내용 6가지를 쓰시오. (2012, 2015, 2021, 2022, 2023)

모범답안

① 침묵에 따른 저항
② 지나치게 말이 많은 내담자의 저항
③ 생각을 검열하거나 편집하는 형태의 저항
④ 짧고 퉁명스러운 대답의 저항
⑤ 증상의 축소를 나타내려는 저항
⑥ 약속시간의 변경을 자주 요구하는 저항

※ 출처 : 상담의 기초〈김환 저〉

13 심리전문가의 전문적 책임 및 윤리적 고려사항 5가지를 쓰시오. (2018)

모범답안

유능성	자신의 강점과 약점, 자신이 가지고 있는 기술과 그것의 한계에 대해 충분히 자각해야 한다.
성실성	내담자와 부적절한 이중관계나 착취관계, 성적 관계를 금한다.
전문적이고 과학적인 책임	전문적이고 과학적인 기초 위에서 활동하며, 자신의 지식과 능력의 범위를 인식할 의무가 있다.
인간의 권리와 존엄에 대한 존중	타인의 비밀과 사생활을 존중해주며, 자신의 일방적인 지식과 편견을 지양해야 한다.
타인의 복지에 대한 관심	자신이 제공하는 서비스를 통해 타인의 삶의 질이 개선될 수 있도록 노력해야 한다.
사회적 책임	임상심리학자는 자신의 기술을 사회에 이익이 되도록 사용하고, 타인을 돕는다.

※ 출처 : 임상심리학(안창일 저)

14 내담자가 상담을 끝낼 준비가 되어 있는가를 평가하는데 유용한 기준을 5가지만 쓰
시오. (2010, 2011, 2022)

모범답안

① 상담 초기에 제시되었던 문제나 증상이 줄어들었거나 제시되었는가를 조사한다.
② 내담자로 하여금 상담을 받도록 압력을 준 스트레스가 없어졌는가를 확인한다.
③ 적응능력이 증진되었는가를 평가한다.
④ 자기 자신과 다른 사람을 이해하고 가치 있게 여기는 정도가 증진되었는가를 평가한다.
⑤ 다른 사람들과 관계를 맺는 수준, 사랑받고 사랑하는 수준이 증진되었는가를 평가한다.
⑥ 계획하고 생산적으로 일해 나가는 능력이 증진되었는가를 조사한다.

※ 출처 : 상담면접의 기초〈김환, 이장호 저〉

15 상담목표에 도달하여 종결에 이른 내담자가 얻을 수 있는 성과 3가지를 쓰시오. (2013)

모범답안

① 인간사에서 즐거움을 얻을 수 있는 능력이 생긴다.
② 자신의 능력 한계와 약점을 받아들인다.
③ 과거의 실수를 인정하고 그것과 마주할 용기가 생긴다.
④ 대인관계를 편안하게 맺을 수 있다.
⑤ 일정 정도의 좌절이나 상실, 이별 등을 견딜 수 있다.

※ 출처 : 상담면접의 기초〈김환 저〉

16 심리치료의 종결 시점에 논의하는 주제에 대해 설명하시오. (2010, 2011)

모범답안
① 지난 상담과정을 점검하고 평가하기
② 증상의 재발 가능성에 대해 논의하기
③ 다시 찾아올 수 있음을 알리기
④ 자기 분석을 격려하기
⑤ 의존성의 문제 다루기
⑥ 이별의 섭섭함에 대해 이야기하기
※ 출처 : 상담면접의 기초〈김환, 이장호 저〉

17 더 이상 치료효과가 나타나지 않는 내담자의 치료 종결 시 유의점 3가지를 쓰시오. (2009)

모범답안
① 종결 제안 이유를 자세히 설명하고 처음 목표와 연관지어 이루어지거나 이루어지지 못한 내담자의 기대와 변화를 이야기한다.
② 종결에 대해 미리 이야기하며 내담자와 상담자의 합의가 이루어지도록 한다.
③ 필요 시 타 기관이나 다른 상담자에게 상담을 연계하여 의뢰한다.

2 행동치료

01 행동치료 효과성 검증 방법 중 ABAB에 대해 설명하시오. (2016)

02 허리를 펴고 일해야 하는 사람이 허리를 2초 이상 굽히면 '삐'하는 소리가 나는 장치를 착용하고 일을 한다. 이 장치로 허리를 펴고 일을 하도록 자세를 수정한다면 어떤 기법을 사용한 것인지 쓰고 설명하시오. (2012)

03 차별강화의 종류 중 3가지를 쓰고 설명하시오. (2016, 2022)

모범답안

① 고율 차별강화(Differential Reinforcement of High Rates)
발생비율이 높은 행동에 대한 차별강화
② 저율 차별강화(Differential Reinforcement of Low Rates)
발생비율이 낮은 행동에 대한 차별강화
③ 무반응 차별강화(Differential Reinforcement of Zero Responding)
표적행동이 일정 기간 동안 전혀 발생하지 않은 경우 다른 행동에 대해 강화를 제공함
④ 대안행동 차별강화(Differential Reinforcement of Alternative Behavior)
문제행동을 대체하는 바람직한 행동을 차별강화
⑤ 상반행동 차별강화 (Different Reinforcement of Incompatible Responding)
표적행동과 양립할 수 없는 상반되는 행동을 강화함

※ 출처 : 임상심리사 2급 필기이론〈김형준 저〉

04 우울증 환자를 치료할 때 행동기법으로 활동계획표를 사용한다. 활동계획표는 우울증 환자에게 어떤 효과를 주는지 3가지 적으시오. (2011)

모범답안

① 내담자의 의욕 저하를 막고, 부정적인 생각에 몰두하며, 소극적이고 은둔적인 삶에 매몰되는 것을 막아준다.
② 삶의 의욕과 활기를 증진시켜줄 뿐만 아니라 하루의 일과를 구조화해준다.
③ 활동계획을 세우면서 자신의 시간을 통제할 수 있다는 자신감을 얻게 된다.

※ 출처 : 현대 심리치료와 상담이론〈권석만 저〉

05 행동수정에서 처벌의 사용이 이야기할 수 있는 해로운 효과 5가지를 쓰시오.

(2011, 2020)

모범답안 💬

① 물리적 처벌은 공격성을 가르치게 된다.
② 바람직하지 않은 행동을 그만두기보다 피하는 쪽으로 행동하게 된다.
③ 효과가 일시적이고 짧은 시간 동안 행동을 억제시킬 뿐이다.
④ 처벌은 부정적 감정을 초래한다.
⑤ 처벌이 지속되면 둔감화가 일어날 수 있다.

※ 출처 : 행동수정〈임선아 역〉

06 다음 사례의 A씨에게 적용될 수 있는 경험적으로 타당화된 치료방안에 대해 설명하시오.

(2010)

> 35세 남성인 A씨는 확인예식을 보이면서 자기 집의 문단속을 반복하고, 화재예방을 위한 확인과 융자금 상황의 반복확인, 직장 일에서 실수를 하지 않기 위한 확인 및 점검 행동을 통해 '제대로 해야만 한다'는 태도로 하루에 강박행동을 4시간 정도 반복하고 있다.

모범답안 💬

① A씨는 강박장애로 진단될 수 있으며 강박장애에 가장 효과적인 치료방법은 ERP(노출 및 반응방지법)이다.
② ERP는 학습이론에 근거한 행동치료적 기법으로서 강박장애 환자들이 두려워하는 자극이나 사고에 노출시키되 강박행동을 하지 못하게 하는 방법으로 환자는 두려워하는 자극과 사고를 강박행동 없이 견뎌낼 수 있을 뿐만 아니라 강박행동을 하지 않아도 그들이 두려워하는 결과가 일어나지 않는다는 것을 학습하게 된다.

01 인지-행동 면담 시 내담자의 자기관찰을 통해 면담을 시행한다. 이때 인지-행동 면담의 심리적 요소 3가지를 적고 설명하시오. (2018)

모범답안

외현적 행동	객관적으로 관찰 가능한 문제 행동의 요소들, 문제 행동을 유인하는 환경적 자극 신호, 문제 행동으로부터 야기되는 환경적 반응 결과를 알아보고자 한다.
인지적 요소	심리적 장애에 선행하거나 동반되거나 뒤따르는 사고내용을 알아보고자 한다.
신체적 활동	심리적 장애에 동반되는 신체적 변화를 알아보고자 한다.

※ 출처 : 심리평가의 실제〈박영숙 저〉

02 Beck의 우울증 환자의 인지적 3요소를 쓰시오. (2018)

모범답안
① 자기 자신에 대한 부정적 생각
② 세상에 대한 부정적 생각
③ 미래에 대한 부정적 생각
※ 출처 : 현대 심리치료와 상담이론〈권석만 저〉

03 인지행동치료의 사례개념화에 필요한 정보에 대해 설명하시오. (2010)

모범답안

주요 문제와 증상	• 현재 호소하는 주요 문제와 증상 • 증상의 심각도, 빈도, 지속 기간 • 증상이 일상생활에 미치는 영향
발달 및 개인력	• 아동기 경험과 가족 관계 • 교육 및 직업 이력 • 중요한 생활사건과 트라우마 경험
현재의 생활 상황	• 가족 관계 및 사회적 지지 체계 • 직업 및 경제적 상황 • 스트레스 요인과 대처 방식
인지적 요소	• 핵심 신념과 스키마 • 중간 신념(가정, 규칙, 태도) • 자동적 사고 패턴 • 인지적 왜곡

04 **Beck의 인지치료의 기본개념 4가지를 쓰고 설명하시오.** (2017, 2023)

모범답안

자동적 사고 (Automatic Thoughts)	특정 상황에서 즉각적이고 무의식적으로 떠오르는 생각이다. 이러한 사고는 종종 부정적이며, 개인의 감정과 행동에 큰 영향을 미친다.
인지적 오류 또는 왜곡 (Cognitive Errors or Distortions)	정보를 처리하는 과정에서 발생하는 체계적인 오류를 말한다. 예를 들어, 과잉일반화, 이분법적 사고, 선택적 추상화 등이 있다.
역기능적 태도 (Dysfunctional Attitudes)	개인이 자신, 세상, 그리고 미래에 대해 가지고 있는 경직되고 부적응적인 신념이나 가정들을 말한다. 이러한 태도들은 보통 절대적이고 과도하게 일반화된 형태를 띠며, 현실을 왜곡하거나 부적응적인 행동을 유발할 수 있다.
스키마 (Schema)	개인의 경험을 조직하고 해석하는 데 사용되는 인지적 구조 또는 프레임워크이다. 이는 종종 어린 시절부터 형성되며, 현재의 경험을 해석하는 데 영향을 미친다.

05 **Beck의 인지행동치료에서 자동적사고, 중간신념, 핵심신념을 각각 예를 들어 설명하시오.** (2013)

모범답안

(1) 자동적 사고
　① 어떤 환경적 사건에 대하여 자기도 모르는 사이에 떠오르는 생각과 심상을 말한다.
　② 합리적으로 판단한 결과가 아니며 아주 빠르게 의식 속을 지나가기 때문에 개인에게 명료하게 인식되지 않는다.
　　　예 임상심리사 1급 시험을 앞두고, "이것은 너무 어렵다"라는 자동적 사고가 스쳐감.
(2) 중간 신념
　① 핵심신념과 자동적 사고를 매개하는 것으로서 핵심신념에 의해서 영향을 받는다.
　② 삶에 대한 태도, 규범, 가정으로 구성되어 있으며 잘 인식되지 못하는 경우가 흔하다.
　　　예 무능력하다는 것은 끔찍한 일이다.
(3) 핵심 신념
　① 어린 시절에 중요한 인물과 상호작용하면서 형성되며, 가장 근원적이며 깊은 수준의 믿음이다.
　② 자신과 세상 전반에 대해 과잉일반화한 경직된 내용의 신념으로 개인에게 잘 의식되지 않으며 당연한 진리처럼 암묵적으로 받아들여진다.
　　　예 나는 무능력하다.
※ 출처 : 현대 심리치료와 상담이론〈권석만 저〉

06 Beck의 인지적 오류 종류 5가지를 쓰고 각각 설명하시오. (2014, 2017, 2020, 2023)

 모범답안

① 임의적 추론
　어떤 결론을 지지하는 증거가 없거나 그 증거가 결론에 위배됨에도 불구하고 그와 같은 결론을 내린다.
② 선택적 추상화
　사건의 일부 세부사항만을 기초로 결론을 내리고 전체 맥락 중의 중요한 부분을 간과하는 것이다.
③ 과잉일반화
　한두 가지의 고립된 사건에 근거해서 일반적인 결론을 내리고 그것을 서로 관계없는 상황에 적용하는 것이다.
④ 이분법적 사고
　완전한 실패 아니면 대단한 성공과 같이 극단적으로 흑과 백으로 구분하는 경향이다.
⑤ 의미확대와 의미축소
　어떤 사건의 의미나 중요성을 실제보다 지나치게 확대하거나 축소하는 오류를 말한다.

07 다음 예시에서 나타나는 인지오류가 무엇인지 설명하시오. (2021)

> 3년째 공무원 시험을 준비하는 A군은 지속적으로 시험에 불합격하자 자신감과 기력이 저하되고 우울한 상태가 지속되었다. A군의 아내 또한 남편의 잦은 불합격에 좌절과 심리적 고통을 경험하고 있었다. A군은 계속되는 불합격 소식에 스트레스를 받게 되면서, "과거에도 계속 실패했으니 앞으로도 실패할거야", "이번에 합격하지 못했어. 난 실패자야"라는 생각에 사로잡혀 있었고 아내에게 "시험을 앞두고 있는 나에게 아내는 더 배려했어야 했어"라는 식으로 강압적인 이야기를 하기도 하였다.

모범답안

① "과거에도 계속 실패했으니 앞으로도 실패할거야" – 과잉일반화
  한두 번의 사건에 근거하여 일반적인 결론을 내리고 무관한 상황에도 그 결론을 적용시키는 오류
② "이번에 합격하지 못했어. 난 실패자야" – 이분법적 사고(흑백논리)
  모든 사물이나 상황에 대하여 흑이 아니면 백으로 생각하는 것
③ "시험을 앞두고 있는 나에게 아내는 더 배려했어야 했어" – 당위적 사고
  지속적인 당위적 조건이 없음에도 불구하고 그것을 기대하는 사고 또는 요구

과잉일반화	• "과거에도 계속 실패했으니 앞으로도 실패할거야" → 한두 번의 사건에 근거하여 일반적인 결론을 내리고 무관한 상황에도 그 결론을 적용시키는 것
이분법적 사고 (흑백논리)	• "이번에 합격하지 못했어. 난 실패자야" → 모든 사물이나 상황에 대하여 흑이 아니면 백으로 생각하는 것
당위적 사고	• 지속적인 당위적 조건이 없음에도 불구하고 그것을 기대하는 사고 또는 요구 → "시험을 앞두고 있는 나에게 아내는 더 배려했어야 했어."

08 인지치료 관점에서 아래 내담자의 사고 또는 인지적 왜곡의 종류를 5가지 쓰고 각각의 의미를 설명하시오. (2010, 2013, 2019, 2020)

직장인 A씨는 갑작스러운 해고 통지서를 받고 매우 화가 났다. A씨는 "이것은 세상이 좋지 않음을 의미해. 나에게는 행운도 없을 거야." 라고 생각하였다.

모범답안

이분법적 사고 (dichotomous thinking)	자신 혹은 타인에 대한 판단이 양 극단의 두 가지 범주 중 하나로만 이루어져 연속선상에서 생각하지 못한다.
과잉일반화 (overgeneralization)	한 가지 상황이나 증거를 가지고 모든 상황에 적용되는 일반적인 결론을 내린다.
선택적 초점 (selective abstraction)	전체를 보지 않고 부정적인 일부 정보들만으로 결론을 내린다. 자신의 입장과 맞는 특정 자료들만 받아들이고 입장과 맞지 않는 자료들은 무시한다.
임의적 추론 (arbitrary inference)	특정 결론을 내릴 만한 증거가 없거나 심지어 반대되는 증거가 있는데도 그러한 결론을 내린다.
과장/축소 (magnification/minimization)	어떤 속성, 사건 또는 느낌 등의 의미가 부정적인 측면은 과장하고 긍정적인 측면은 축소한다.

09 인지치료적 접근에서 자동적 사고를 식별하는 기법으로 사용하는 질문을 쓰고 그러한 질문을 하게 되는 상황에 대해 설명하시오. (2011)

모범답안 🗨️

주요 질문	주요 상황
① 그 상황에서 어떤 생각이 들었나요?	• 내담자가 강한 부정적 감정을 보고할 때 • 대인관계 문제를 호소할 때 • 상담 중 내담자의 정서 상태가 급변할 때
② 그때 어떤 이미지가 떠올랐나요?	• 신체적 증상을 호소할 때 • 내담자의 행동이 갑자기 변하거나 회피 행동을 보일 때
③ 그 일이 의미하는 바가 무엇이라고 생각했나요?	• 특정 과제나 목표 달성에 실패했다고 말할 때
④ 최악의 경우 어떤 일이 일어날 것 같았나요?	• 과거의 부정적 경험을 회상할 때
⑤ 다른 사람들이 어떻게 생각할 거라고 예상했나요?	• 미래에 대한 불안이나 걱정을 표현할 때

10 자신의 분노반응을 조절하지 못해 심리적 문제를 겪는 경우 적용할 수 있는 인지 행동적 접근의 분노조절 기법 5가지를 쓰시오. (2012, 2013, 2018, 2023)

모범답안 😊

① 인지적 재구성 치료 : 비합리적이거나 왜곡된 사고 양상을 확인하고 논박을 통해서 합리적인 사고를 할 수 있도록 돕는 것이다.
② 이완치료 : 내담자로 하여금 긴장과 양립될 수 없는 이완을 하도록 하여 각성수준을 낮추어 분노치료에 도움이 되도록 한다.
③ 사회적 기술훈련 : 대인관계 상황에서 적절히 활용할 수 있는 사회적으로 수용 가능한 언어 및 동작 기술을 교육시키는데 초점을 둔다.
④ 인지적 문제해결 치료 : 부적절한 인지적 문제해결 방식이 사회적으로 역기능적인 행동의 원인이 되기 때문에 문제를 해결하는 기술을 학습하고 적용시키는 것이다.
⑤ 통합적 치료 : 인지, 정서, 생리적 요인, 행동적 요인을 구분하여 각각에 대한 치료적 접근을 시행하는 것보다 각각에 대한 적절한 통합적 개입이 필요하다.

※ 출처 : 인지행동적 분노조절 훈련프로그램 논문

11 인지치료는 다양한 기법을 사용하는데 치료자는 그중에서 환자의 증상, 기능수준, 상황에 알맞은 기법을 선택해야 한다. 인지치료에서 사용하는 인지적 기법 3가지를 쓰시오.

(2016)

모범답안 😊

(1) 소크라테스식 질문법 (Socratic Questioning)
　① 목적 : 내담자의 비합리적 사고를 검증하고 대안적 관점을 탐색하도록 돕는다.
　② 방법 : 개방형 질문을 통해 내담자 스스로 자신의 사고를 검토하게 한다.
　③ 예시 : "그 생각을 뒷받침하는 증거는 무엇인가요?", "다른 가능성은 없을까요?"
(2) 인지적 재구조화 (Cognitive Restructuring)
　① 목적 : 부적응적인 사고패턴을 더 적응적이고 현실적인 사고로 바꾸는 것이다.
　② 방법 : 왜곡된 생각을 식별하고, 그 타당성을 검증한 후, 대안적 사고를 개발한다.
　③ 예시 : 자동적 사고 기록지를 사용하여 사고의 내용, 증거, 대안을 탐색한다.
(3) 탈재앙화 (Decatastrophizing)
　① 목적 : 과도하게 부정적인 결과를 예상하는 경향을 줄이고 더 현실적인 관점을 갖도록 한다.
　② 방법 : 최악의 시나리오를 상상한 후, 그 가능성과 대처 방법을 검토한다.
　③ 예시 : "정말 최악의 상황이 벌어진다면 어떤 일이 일어날까요?", "그 상황에 어떻게 대처할 수 있을까요?"

12 다음 사례를 읽고 내담자의 중간 믿음을 수정하기 위한 방법을 4가지 쓰시오. (2015)

> 경제학 수업 시간에 수업 내용을 다 이해하지 못했다. 조교에게 물어보러 가고 싶었으나 나를 얕잡아 볼 것 같아 갈 수가 없었다. 나는 무능하다는 생각이 들었다.
> 항상 열심히 하고 최선을 다해야 한다. 최선을 다하지 않는다면 실패할 것이다.

모범답안 😀💬

장단점 분석	• 현재 믿음의 장단점을 리스트로 작성 • 믿음 유지와 변화의 결과 비교
연속성 기법	• 극단적 믿음을 연속선상에 배치 • 중간 지점과 다양한 정도 인식
행동 실험	• 믿음을 검증할 실제 상황 설정 • 결과를 관찰하여 믿음의 타당성 확인
역할극	• 치료자와 내담자가 역할 교체 • 다른 관점에서 믿음 평가

13 다음 사례를 읽고 인지척도의 역기능적 사고일지(DTR)에 관한 내용을 빈칸에 작성하시오.

(2012, 2015)

A양이 도서관으로 가던 중 맞은편에서 같은 과 친구들 여러 명이 오는 것을 보고 아는 체를 할까 머뭇거리다 인사도 못하고 서로 지나쳐 버렸다. 저 멀리서 친구 무리들이 큰 소리로 웃고 떠드는 소리를 들으니 자신이 따돌림 당하는 것 같아 머릿속이 하얘지면서 도서관에 가다 기숙사로 되돌아와서 펑펑 울었다. A양은 이러다가 왕따를 당하는 것이 아닌가라는 생각이 들자 대학생활이 너무 힘들 것 같고 앞이 캄캄하여 앞으로 남은 대학생활을 어떻게 해야 할지 고민하기 시작하였다.

	상황	사고	정서/감정/행동반응	결과
①				
②				

모범답안 💬

	상황	사고	정서/감정/행동반응	결과
①	도서관으로 가던 중 맞은편에서 같은 과 친구들 여러 명이 오는 것을 보고 인사도 못하고 서로 지나쳐 버렸으나 멀리서 친구무리들이 큰 소리로 웃고 떠드는 소리를 들은 상황	자신이 따돌림 당하는 것 같다는 생각	① 머릿속이 하얘짐 ② 도서관에 가다 중간에 기숙사로 돌아옴 ③ 펑펑 울었음	① 자신이 따돌림 당하는 것 같다는 생각을 얼마나 믿고 있습니까?/확률이 얼마인 것 같습니까?(1~100%로 평가) ② 지금 당신은 어떤 감정(슬픔, 불안, 분노 등)을 느끼며 그 감정의 정도는 얼마나 심합니까? ③ 이제 무엇을 하려 합니까?
②	이러다가 왕따를 당하는 것이 아닌가라고 생각하는 상황	대학생활이 너무 힘들 것 같다는 생각	① 앞이 캄캄함 ② 앞으로 남은 대학생활을 어떻게 해야 할지 고민함	① 앞으로 왕따를 당하여 대학생활이 힘들 것 같다는 생각을 얼마나 믿고 있습니까?/확률이 얼마인 것 같습니까?(1~100%로 평가) ② 지금 당신은 어떤 감정(슬픔, 불안, 분노 등)을 느끼며 그 감정의 정도는 얼마나 심합니까? ③ 이제 무엇을 하려 합니까?

14 REBT를 적용하기 어려운 임상군 4가지를 쓰시오. (2015, 2022)

모범답안 😊

① 언어적 표현과 사고 능력이 낮은 내담자
② 심각한 정신장애를 지닌 내담자
③ 자살과 같이 위기상황에 있는 내담자
④ 성격장애의 문제를 지닌 내담자

※ 출처 : 현대 심리치료와 상담이론〈권석만 저〉

15 REBT 상담에서 논박의 유형 4가지를 예를 들어 설명하시오.

(2009, 2010, 2016, 2018, 2020)

모범답안 😊

① 논리적 논박 : 내담자의 비합리적인 신념의 비논리성을 평가하는 것
　　예 그러한 신념이 타당하다는 논리적 근거는 무엇인가요?
② 경험적 논박 : 내담자의 비합리적 신념의 사실적인 근거를 평가하는 것
　　예 그러한 신념이 타당하다는 사실적이거나 경험적인 근거는 무엇인가요?
③ 기능적 논박 : 내담자가 지닌 신념과 행동, 정서가 내담자의 목표 달성에 얼마나 도움이 되는지를 평가하는 것
　　예 그것이 당신에게 도움이 되나요?
④ 철학적 논박 : '삶에 대한 만족' 이라는 주제를 내담자와 함께 생각하는 것
　　예 그러한 신념이 당신을 행복하게 하나요?

※ 출처 : 인지 정서 행동 치료〈박경애 저〉, 현대 심리치료와 상담이론〈권석만 저〉

4 기타 치료기법

01 정신분석적 상담의 치료기법 중 3가지를 쓰고 설명하시오. (2017)

(1) 자유연상

    내담자가 편안하게 누운 상태에서 아무런 억제나 논리적 판단없이 마음에 떠오르는 생각을 그대로 솔직하게 이야기하는 방법이다.

(2) 꿈 분석

    꿈에 나타난 주제나 내용들을 면밀히 분석함으로써 무의식의 갈등을 발견하는 방법이다.

(3) 전이분석

    내담자가 치료과정에서 치료자에게 나타내는 전이현상을 분석하는 것으로서 정신분석의 핵심적인 요소이다.

(4) 저항분석

    내담자가 치료과정에서 나타내는 비협조적이고 저항적인 행동의 의미를 분석하는 작업이다.

※ 출처 : 현대 심리치료와 상담이론〈권석만 저〉

02 실존주의적 심리치료와 정신분석적 심리치료의 유사점 2가지를 쓰고 설명하시오. (2021)

(1) 인간 경험 중시 : 두 치료법 모두 인간의 내면적 경험을 탐구하며, 실존적 문제나 무의식적 갈등을 다룬다.

(2) 자기 이해와 통찰

    ① 내담자가 자기 이해와 통찰을 통해 내적 변화를 추구하게 돕는다.

    ② 두 접근 모두 자기 탐색을 통해 내담자가 자신의 삶에서 주체적인 변화를 이루도록 돕는다는 점에서 유사하다.

03 실존주의 치료의 기본전제 3가지를 쓰시오. (2023)

모범답안

① 자유와 책임 : 인간은 자신의 선택에 대해 자유롭지만, 그 선택에 대한 책임을 져야 한다.
② 삶의 의미 탐구 : 인간은 자신의 삶에서 의미를 찾아야 하며, 그 과정에서 불안과 갈등을 경험할 수 있다.
③ 죽음과 유한성 인식 : 인간은 자신의 유한성을 인식하고 죽음을 수용하며, 이를 통해 더 진정한 삶을 추구한다.

04 분석심리학의 심리치료 단계를 설명하시오. (2009)

모범답안

(1) 고백 단계
　내담자가 자신의 억제된 감정이나 숨겨왔던 비밀 등을 치료자에게 털어놓고 토로하며 공유하는 과정이다.
(2) 설명 혹은 명료화 단계
　꿈, 환상, 전이, 억압된 소망 등의 무의식적 의미를 해석함으로써 내담자로 하여금 자신의 무의식 세계에 대한 이해를 확장하고 심화시키는 과정이다.
(3) 교육 단계
　교육 단계 정신분석의 훈습과 유사한 것으로 무의식의 통찰을 구체적인 현실 속에 적용하여 행동의 변화를 촉진하는 과정이다.
(4) 변형(변환) 단계
　치료자와 내담자의 깊은 인격적 교류를 통해서 내담자의 심오한 변화가 생성되는 과정이다.

Plus

분석심리학은 카를 융이 발전시킨 심리학의 한 분야로, 개인의 무의식과 그에 따른 심리적 과정을 연구한다. 간단히 말하면, 분석심리학은 다음과 같은 주요 개념을 포함한다. 분석심리학은 개인이 자신의 내면 세계를 이해하고, 자아를 통합하는 과정에서 심리적 성장을 추구하는 데 도움을 준다.

집단 무의식	• 개인의 무의식 외에도 인류 전체가 공유하는 심리적 요소가 있다고 본다. • 이 집단 무의식에는 원형(archetypes)이라고 불리는 기본적인 심리적 패턴이 포함된다.
원형	• 개인의 경험을 넘어서는 보편적인 심리적 이미지나 상징을 의미한다. • 예를 들어, '영웅'이나 '어머니' 같은 개념이 원형에 해당한다.
개인적 무의식	• 개인의 독특한 경험과 기억이 담긴 무의식을 연구한다.
자아(Self)	• 자아는 개인의 전체적인 심리적 통합을 의미하며, 자아와 무의식의 조화를 이루는 것이 중요하다고 본다.

05 **아들러(Adler)의 생활양식 조사 시 필요한 정보 2가지를 쓰시오.** (2017)

모범답안

① 가족 역동성과 구도 : 가족 내에서 지니는 서열적, 심리적 위치를 의미
② 초기회상 : 내담자가 회상하는 실제적인 사건에 대한 기억
③ 꿈 : 어린 시절의 꿈과 더 최근에 재현한 꿈

Plus

아들러의 이론은 심리학의 한 분야로, 주로 인간의 동기와 행동을 이해하는 데 초점을 맞추고 있으며, 사람들이 자신의 생활 방식과 목표를 통해 자신의 가치를 실현하려 한다고 보았다.
아들러 이론의 핵심 개념은 열등감과 우월성 추구이다. 즉, 사람들은 자신의 부족함을 극복하고 더 나은 자신이 되기 위해 노력하며, 이는 개인의 행동과 태도에 큰 영향을 미친다고 설명한다. 또한, 아들러는 사회적 관심(다른 사람들과의 관계)도 중요하다고 강조하며, 개인의 문제를 해결하기 위해 공동체와의 조화를 이루는 것이 필요하다고 보았다.

06 로저스가 제시한 내담자의 성격변화의 필요충분조건 6가지를 쓰시오.

(2009, 2011, 2016)

모범답안

① 두 사람(치료자와 내담자)이 심리적 접촉을 하고 있을 것
② 무내담자가 불일치 상태, 취약성 또는 불안의 상태에 있을 것
③ 치료자는 자신과의 관계에서 일치성을 가지고 통합되어 있을 것
④ 치료자는 내담자에 대해 무조건적 긍정적 존중을 경험할 것
⑤ 치료자는 내담자의 내적 준거틀에 대해 공감적 이해를 경험할 것
⑥ 내담자는 치료자의 무조건적 긍정적 존중과 공감적 이해를 최소한이라도 지각할 것

07 게슈탈트 상담의 목표 5가지를 쓰시오.

(2019, 2022)

모범답안

자각(awareness) 증진	내담자가 자신의 감정, 생각, 행동에 대해 더 잘 알아차리도록 돕는다.
현재에 초점 맞추기 (focusing on the present)	지금-여기(here and now)에 집중하여 현재의 경험을 충분히 느끼고 탐색하도록 한다.
책임감(responsibility) 증진	내담자가 자신의 선택과 행동에 대한 책임을 인식하고 받아들이도록 돕는다.
통합(integration)	내담자의 분리된 부분(생각, 감정, 행동 등)을 하나로 통합하여 전체성을 회복하도록 한다.
자기지지(self-support) 강화	내담자가 외부의 지지에 의존하지 않고 자신의 내적 자원을 활용하여 스스로를 지지할 수 있도록 한다.

08 의사교류분석, 형태치료, 현실치료의 치료 목표를 쓰시오. (2011, 2012, 2018, 2023)

 모범답안

의사교류분석	• 내담자의 자율성 성취와 통합된 어른 자아의 확립이고, 현재 그의 행동과 인생의 방향과 관련하여 새로운 결단을 내리도록 하는 것이다. • 개인이 자신과 타인과의 상호작용을 더 잘 이해하고, 건강하고 성숙한 의사소통을 통해 대인관계를 개선하며, 자기 인식을 높이는 것이다. • 의사교류분석은 에릭 번(Eric Berne)이 개발한 접근법으로 인간의 상호작용을 분석하여 개인의 사고, 감정, 행동 패턴을 이해하고 개선함으로써 건강한 대인 관계를 형성하도록 돕는 심리치료 방법이다.
형태치료	• 첫째는 내담자의 체험을 확장하고 인격을 통합하는 것이다. • 둘째는 내담자의 자립능력을 증진하며, 자신의 삶에 대한 책임을 자각하게 한다. • 마지막으로, 내담자의 성장을 돕고 실존적 삶을 촉진한다. • 프리츠 펄스(Fritz Perls)가 개발한 심리치료 접근법으로 개인이 자신의 감정과 경험을 명확히 인식하고 표현하며, 자아의 통합과 현재의 삶에 대한 책임을 다하도록 돕는 심리치료 방법이다.
현실치료	• 내담자가 기본욕구를 잘 충족시킬 수 있는 지혜로운 선택을 하게 함으로써 더 행복하고 만족스러운 삶을 살도록 하는 것이다. • 윌리엄 글래서(William Glasser)가 개발한 접근법으로, 내담자가 현재의 행동을 선택하고 통제할 수 있다는 책임감을 인식하고, 기본적 욕구를 충족시키는 효과적인 행동을 선택하도록 돕는 심리치료 방법이다.

09 에릭 번의 교류분석적 상담과 REBT의 유사점 3가지를 쓰시오. (2009, 2011)

모범답안 😀💬

① 내담자의 역기능적 반응을 바꾸기 위한 목적으로 최근 사건에 관한 분석을 강조한다.
② 행동 변화를 위해 직접적인 시도를 강조한다.
③ Ellis의 'should'와 Berne의 '부모자아' 개념이 비슷하며, 둘 다 치료를 위해 제거해야 하는 것으로 본다.

10 경계선 성격장애의 변증법적 행동치료의 훈련방법 3가지를 쓰고 설명하시오. (2014)

모범답안 😀💬

변증법적 행동치료(DBT)는 마샤 린한(Marsha Linehan)이 주창한 접근법으로 감정 조절, 대인 관계 기술, 고통 감내를 포함한 기술을 통해 감정적으로 불안정한 사람들에게 효과적인 대처 방법을 제공하여 삶의 질을 향상시키는 심리치료 방법이다.

감정 조절 훈련	자신의 감정을 인식하고 적절하게 조절하는 방법을 배우는 과정으로, 과도한 감정 반응을 줄이는 데 도움을 준다.
대인 관계 효능 훈련	건강한 관계를 유지하기 위한 기술을 익히며, 갈등 상황에서 효과적으로 소통하고 관계를 개선하는 데 초점을 맞춘다.
고통 감내 훈련	스트레스나 고통스러운 상황을 견디고 참을 수 있는 기술을 연습하여 위기를 효과적으로 대처하는 능력을 강화한다.

11 다중양식이론은 행동치료나 합리적정서행동치료 및 인지치료 등에서 나왔지만 다른 이론들과는 다른 독특한 특성을 갖고 있다. 이런 MMT의 특성을 5가지만 쓰시오.

(2010, 2011, 2020)

모범답안

다중양식 치료(MMT)는 아놀드 라자루스가 주창한 이론으로 개인의 심리적 문제를 통합적인 다양한 양식(행동, 감정, 사고 등)으로 접근하여 맞춤형 치료를 제공하는 심리치료 방법이다.

BASIC I.D. 모델	• 이 모델은 개인의 문제를 7가지 주요 영역으로 나누어 접근한다. • 이 영역들은 행동(Behavior), 감각(Sensation), 감정(Affect), 사고(Cognition), 대인 관계(Interpersonal), 생리적 반응(Physiological), 그리고 꿈(Dreams)이다. • 치료사는 이 모든 영역을 고려하여 문제를 해결하려고 한다.
통합적 접근	• 다중양식이론은 하나의 이론이나 기법에 국한되지 않고, 다양한 심리치료 기법을 통합하여 개인의 문제를 종합적으로 해결하려고 한다. • 즉, 행동 치료, 인지 치료, 감정 치료 등 여러 접근 방식을 적절히 조합하여 사용한다.
맞춤형 치료	• 개인의 특정 문제와 필요에 따라 치료 방식을 조정한다. • 각 개인의 문제를 이해하기 위해 다양한 양식을 고려하고, 그에 맞는 개별화된 치료 계획을 세운다.
문제 해결 중심	• 문제의 근본 원인을 파악하고, 다양한 양식에서 해결책을 찾으려는 실용적인 접근을 취한다.
구체적이고 실용적인 기법	• 치료 과정에서 구체적이고 실용적인 기법을 사용하여 즉각적인 변화와 개선을 목표로 한다.

12 BASIC-ID의 7가지 영역을 쓰시오. (2014)

모범답안

B	행동	Behavior	C	인지	Cognition
A	정서	Affect	I	대인관계	Interpersonal
S	감각	Sensation	D	약물/섭식	Drug/Diet
I	심상	Imagery	–	–	–

※ 출처 : 심리상담과 치료의 이론과 실제(조현춘, 조현대 공역)

13 라자루스(Lazarus)의 BASIC ID의 다리놓기와 추적하기 절차에 대하여 설명하시오.
(2009, 2016)

모범답안

(1) 다리놓기(Bridging)
　① 목적 : 클라이언트가 제시한 문제를 BASIC I.D.의 다양한 영역으로 확장하여 이해하는 과정이다.
　② 방법 : 클라이언트의 현재 문제를 다른 영역(예 행동, 감정, 사고 등)과 연결시키고, 문제의 더 넓은 맥락을 이해
　　하도록 돕는다. 예를 들어, 클라이언트가 특정 감정 문제를 이야기할 때, 그 감정이 행동이나 사고 패턴과 어떻
　　게 연결되는지 탐색한다.
(2) 추적하기(Tracking)
　① 목적 : 클라이언트의 경험과 변화를 지속적으로 모니터링하고, 치료 과정에서의 진전을 추적하는 과정이다.
　② 방법 : 클라이언트의 문제와 진행 상황을 지속적으로 점검하고, 치료 계획을 조정하며, 클라이언트가 경험하는 다
　　양한 양식(행동, 감정 등)의 변화를 관찰한다. 이를 통해 치료의 효과를 평가하고, 필요에 따라 개입을 조정한다.

5 다양한 상담방법들

01 약물중독에서 개별상담이 필요한 경우 4가지를 쓰시오. (2017)

모범답안

① 위기상황에 처해 있고 원인과 해결방법이 복잡하다고 판단되는 경우
② 내담자 자신과 관련된 인물들의 신상을 보호할 필요가 있는 경우
③ 자아개념 또는 개인적인 내면세계와 관련해 심리검사 결과를 해석해 주는 경우
④ 집단에서 공개적으로 발언하는 것에 대해 심한 불안공포가 있는 경우

※ 출처 : 약물중독총록〈김성이 저〉

02 약물의존 진단 기준 4가지를 쓰고 설명하시오. (2014)

모범답안

① 약물의 사용량이 점점 늘거나, 같은 양을 사용해도 점점 더 그 효과가 줄어든다.
② 약물을 한번 사용하기 시작하면 자신이 생각했던 것보다 많은 양을 더 오랫동안 사용하게 된다.
③ 스스로 약물의 사용을 중단하려고 시도했으나 실패한 적이 있다.
④ 약물사용 때문에 많은 중요한 대인관계나 직업활동 등을 포기하거나 못하게 된다.

※ 출처 : 청소년 상담사 1급 필기 기출, 약물중독 총론〈김성이 저〉

03 병적도박자가 배우자와의 관계에서 가지게 되는 정서행동적 경험 2가지를 쓰시오.

(2011)

모범답안

① 신체적 학대와 경제적 어려움으로 인해 감정교류에 실패하여 분노, 우울, 고립감 등 정서적 어려움으로 배우자와 심한 갈등을 겪는다.
② 남편의 도박중독으로 인한 피해로부터 회피하기 위한 적극적인 행동 대처반응을 보인다.
   예 재산 보호, 동료에게 중재 부탁 등
③ 회피반응을 보인다.
   예 움츠림, 자살 위협 등

※ 출처 : 중독자 배우자의 대상관계가 중독자에게 미치는 영향 – 도박중독과 알콜중독을 중심으로〈이재선 석사학위논문〉

04 중독자에 대한 동기강화상담의 기본원리 4가지를 쓰고 설명하시오.

(2011, 2017)

모범답안

① 공감 표현하기
   내담자의 관점을 이해하고자 하는 열망을 가지고 존중하는 태도로 귀를 기울인다.
② 불일치감 만들기
   내담자 자신의 현재 행동과 자신의 목적과 가치관 사이의 불일치감을 만들고 증폭시킨다.
③ 저항과 함께 구르기
   내담자의 저항에 직접 맞서지 말고 내담자의 저항과 함께 구르거나 같이 흘러간다.
④ 자기 효능감 지지하기
   내담자가 변화 과정의 마지막 조정자가 될 수 있도록 자기효능감을 지지한다.

※ 출처 : 동기강화상담〈신성만 저〉

05 음주행동이 심한 부모의 자녀들을 대상으로 집단상담을 할 경우 포함되어야 할 사항 5가지를 쓰시오. (2013, 2020)

모범답안

① 부모님의 음주행동은 자신의 탓이 아님을 알도록 한다.
② 자기 스스로를 돌볼 수 있도록 지지한다.
③ 안정감을 경험하며 자신의 감정을 표현하고 정서적 발산 기회를 갖도록 한다.
④ 서로의 문제를 공감하고 정서적 지지를 경험한다.
⑤ 희망을 모색해 낙관적 태도를 갖도록 한다.

※ 출처 : 청소년 상담사 1급 필기 기출, 약물중독 총론〈김성이 저〉

06 약물중독자들에게 집단상담이 필요한 경우를 설명하시오. (2013)

모범답안

① 타인과의 유대감, 소속감 및 협동심의 향상이 필요한 경우
② 사회적 기술의 습득이 필요한 경우
③ 동료나 타인의 이해와 지지가 필요한 경우
④ 자기노출에 관해서 필요 이상의 위험을 느끼는 경우
⑤ 개인의 감정표현이나 자기주장의 표현이 부족한 경우

※ 출처 : 청소년 상담사 1급 필기 기출, 약물중독 총론〈김성이 저〉

07 집단상담에서 지도자가 저지르는 실수의 유형을 5가지만 쓰시오. (2010)

모범답안

① 비생산적이고 신경증적인 행동의 묵인 혹은 강화
② 침묵의 지지 또는 지속화
③ 감정표현의 과잉을 강조하는 경우
④ 발산 또는 고백 위주의 경향
⑤ 피상적인 융화, 응집력을 중시하는 경우
※ 출처 : 상담심리학(이장호 저)

08 가족 치료사들이 가족의 기능을 변화시키기 위해 사용하는 치료법 3가지를 쓰고 설명하시오. (2011, 2019)

모범답안

(1) **경계선 설정하기** : 가족의 경계선이 지나치게 경직되어 있을 때는 그것을 유연하게 변화시키고, 지나치게 모호할 경우에는 명료하게 경계선을 설정한다.
(2) **균형무너뜨리기** : 가족의 고착된 관계구조를 변화시키기 위해서 의도적으로 균형을 무너뜨리며 새로운 구조가 생성되도록 노력한다.
(3) **가족신념에 도전하기** : 역기능적인 가족신념을 포착하여 도전함으로써 가족 구성원이 새로운 관점에서 상호작용을 할 수 있도록 유도한다.
(4) **재현하기** : 치료시간 중에 가족구성원들에게 역기능적인 행동이나 반응을 실제로 재현하도록 하는 것이다.
(5) **합류하기** : 가족의 합류를 통해서 새로운 상호작용을 촉발하고 가족구조를 새롭게 재구성한다.
※ 출처 : 현대 심리치료와 상담이론 〈권석만 저〉

09 자살위기 고위험군 내담자를 대상으로 상담자가 할 수 있는 대처방법 5가지를 쓰시오.

(2017, 2018)

모범답안
① 즉시 환자를 안전하게 보호한다.
② 치료의 정도를 결정한다.(예 응급센터, 병원입원, 외래 치료 등)
③ 병원이나 집에서의 즉각적인 안전 계획을 수립한다.
④ 개입을 위한 범위를 확인 : 환자의 자살과 관련된 신체적, 정서적, 인지적, 사회심리적 위험요인을 확인한다.
⑤ 지속적인 관찰과 평가를 제공한다.

※ 출처 : 자살 위기자 관리 매뉴얼〈이상열 저〉

10 우볼딩이 제시한 내담자 자살위협평가 시 치료자가 살펴보아야 할 징후 5가지를 쓰시오.

(2009, 2015)

모범답안
① 값비싼 물건을 처분한다.
② 자살계획을 세우고 토의한다.
③ 이전에 자살 시도가 있었다.
④ 희망의 상실과 무력감을 보인다.
⑤ 자신이나 세상에 대한 분노를 보인다.
⑥ 우울 이후 갑작스러운 긍정을 보인다.

※ 출처 : 자살의 이해와 예방〈한국자살예방협회 편〉

11 치료 중 내담자가 '죽고 싶다'고 보고하였을 때 치료자의 적절한 반응 6가지를 쓰시오.

(2014, 2020)

모범답안

① 얼마나 힘들었으면 그런 생각을 했니? 내가 도와주고 싶구나.
② 이야기를 들으니까 걱정이 되는구나. 네 이야기를 더 듣고 싶구나.
③ 언제부터 자살을 생각했는지 알려줄 수 있겠니?
④ 죽는 것이 유일한 해결책이라고 생각하는구나. 그것 말고 다른 방법이 없을까?
⑤ 당장 죽고 싶은 마음을 해결하기 쉽지 않겠지만 어떻게 해결할지 함께 생각해보자.
⑥ 상황이 절망적으로 보이는구나. 그래도 희망이 없는 건 아닐거야. 뭔가 할 수 있는 일이 있을 테니 함께 해보자.

※ 출처 : 좋은 대화와 좋지 않은 대화 참조

12 자살이 임박한 내담자에게 더 이상 상담자의 개입이 부적절할 시, 어떻게 해야 하는지 3가지 방법을 설명하시오.

(2013)

모범답안

① 자살할 위험이 있다는 사실을 부모나 가족에게 알린다.
② 자문 또는 의뢰를 구한다.
③ 위험이 높을 때 입원을 고려한다.

※ 출처 : 자살의 이해와 예방〈한국자살예방협회 편〉

13 상담 회기 중 내담자가 자살을 언급하는 이유 3가지를 쓰시오. (2011)

모범답안 🗨

① 새로운 문제 상황에 좌절감을 경험하여 치료에 진전이 없다고 느끼며 미래에 대한 희망을 가지지 못할 때
② 실제 자살을 계획하고 있으며 마지막 희망을 가지고 도움을 요청할 때
③ 치료사로부터 이해받지 못한다고 느낄 때

※ 출처 : 자살의 이해와 예방〈한국자살예방협회 편〉

6 슈퍼비전

01 상담 및 심리치료 중 슈퍼비전 과정에서 이루어지는 내용에 대하여 3가지를 쓰고 설명하시오. (2013, 2019)

모범답안

① 사례 개념화(주호소 문제, 내담자에 대한 전반적 이해, 상담의 목표와 전략)는 잘 되었는지 슈퍼비전을 한다.
② 상담이나 치료에 있어서 어떤 이론적인 접근 등을 하는 것이 좋은지 슈퍼비전을 한다.
③ 상담의 전 과정동안 내담자의 저항 등 상담관계 형성에 있어서 요구되는 것은 어떤 것인지에 대한 슈퍼비전을 한다.
④ 상담자의 문제로 인해 상담을 받는지(방해요인과 해결책 등) 슈퍼비전을 한다.

※ 출처 : 상담심리학의 이론과 실제〈천성문 저〉

02 슈퍼비전 과정을 방해하는 슈퍼바이저와 슈퍼바이지의 특성을 설명하시오. (2011)

모범답안

(1) 슈퍼바이저 특성
　　① 판단, 과도한 비판, 개인적 이론이 경직된 태도　　② 슈퍼비전 과정에 전념하지 않음
　　③ 제한된 임상적 지식과 기술　　④ 비윤리적 모습이나 한계설정을 하지 못함
　　⑤ 자기중심적인 경향
(2) 슈퍼바이지 특성
　　① 배우고자 하는 열정 부족　　② 피드백에 방어적
　　③ 슈퍼비전에 대한 준비 부족　　④ 의사소통, 기술, 공감의 부족
　　⑤ 미성숙한 태도
　　※ 출처 : 상담슈퍼비전의 이론과 실제〈유영권 외 4인 공저〉

03 유능한 슈퍼바이저의 조건 5가지를 쓰시오. (2021, 2024)

① 상담능력이 부족한 전문가를 도와 발전을 촉진해줄 수 있도록 하기 위하여 슈퍼바이저는 상담에 대한 이론적 지식과 상담경험이 풍부해야 한다.
② 수련생이 치료적 실무의 기술을 배우는 데 도움을 주면서, 내담자들이 제공받는 돌봄의 질이 높게 유지되도록 감독하는 데 노력을 기울여야 한다.
③ 수련생에게 상담과정에서 일어난 부적절한 반응에 대한 체계적인 피드백과 반영(reflection)을 해주어 상담능력을 향상시킬 수 있도록 돕는다.
④ 전략을 세우는 방식, 기술, 상담자/내담자의 내면 및 관계, 문제의 핵심, 문제해결방법, 상담자가 곤란해하는 문제, 상담 전체의 흐름과 같이 전반적으로 검토해야 한다.
⑤ 슈퍼비전을 시작하기 전에, 진행 과정에 대해 충분히 설명한 후 동의를 받음으로써 수련생의 적극적 참여를 독려한다.
⑥ 전자 매체를 통하여 전송되는 모든 사례지도 자료의 비밀 보장을 위해서 주의하고, 필요한 조치를 취할 수 있어야 한다. 아울러 수련생에게 그들이 준수해야 할 전문가적·윤리적 규준과 법적 책임을 숙지시킨다.

Ⅲ 자문, 교육, 심리재활

01 사별한 노인을 대상으로 하는 자조집단의 운영목표 3가지를 쓰시오. (2019)

모범답안

① 상실을 인정하고 슬픔과 고통을 극복하도록 한다.
② 새로운 소속감과 동질감을 경험한다.
③ 사회적 관계를 개발하고 경험한다.

※ 출처 : 자살 위기자 관리 매뉴얼(이상열 저)

02 정신장애의 재활모델에서 다음 용어를 정의하고 예를 들어 설명하시오. (2017)

· 손상	· 장애	· 핸디캡

모범답안

단계	손상	장애	핸디캡
정의	심리적, 생리적, 해부학적 구조 또는 기능에 이상이 있는 상태	손상으로 인해 정상적인 행동을 수행할 능력이 제한 또는 결핍된 상태	손상이나 장애로 인해 정상적인 역할 수행에 제한 또는 장애가 발생함으로써 불이익을 경험한 상태
예	환각, 망상, 우울	직무적응 기술 부족, 일상생활 기술 부족, 사회기술 부족	학교를 다니지 못함, 취업을 하지 못함, 거주지가 없음
개입법	약물치료, 정신치료	재활상담, 기술훈련, 환경지원	제도변화, 권익옹호

부록

임상심리사 1급 필기·실기 기출문제

2020년 임상심리사 1급 필기

1과목 심리연구방법론

01 상관에 관한 설명으로 옳지 않은 것은?

① 두 변인 간의 관계가 완벽하게 일치하는 경우 상관이 −1이 될 수 있다.

② 하나의 변인이 한 단위 증가할 때 다른 변인도 한 단위 증가하면 두 변인 간의 상관은 1이다.

③ Pearson 상관계수는 두 변인 사이의 곡선적인 관계의 방향과 강도를 측정한다.

④ 하나의 변인의 변화와는 무관하게 다른 변인이 변한다면 두 변인 간의 상관관계는 0에 가까워진다.

해설

Pearson 상관계수는 두 변인 사이의 직선적인 관계의 방향(음/양)과 강도(기울기)를 측정한다.

02 공변량 분석의 기본 가정이 아닌 것은?

① 각 집단의 모집단 변량이 동일해야 한다.

② 매개변수와 종속변수 간의 선형적 상관관계가 있어야 한다.

③ 상호작용 효과가 유효해야 한다.

④ 각 집단의 회귀계수가 동일해야 한다.

해설

공변량 분석의 기본 가정은 무선추출, 동변량성, 정규성을 충족해야 한다.

03 학습장애가 있는 고등학교 3학년 학생들의 대학평점을 예측하기 위해 연구자가 대학생 500명의 대학평점과 수능 점수, 고등학교 성적, 고등학교 모의고사 점수, 부모의 학력, 부모의 수입을 변수로 사용하였다. 이 자료에 적합한 분석기법은?

① 메타분석　　　　② 단순회귀분석

③ 변량분석　　　　④ 중다회귀분석

해설

대학평점과 수능 점수, 고등학교 성적, 고등학교 모의고사 점수, 부모의 학력, 부모의 수입과 같은 다양한 변수들 간의 관계를 분석하는 방법은 중다회귀분석이다.

{ 정답 } 01 ③　02 ③　03 ④

04 다음은 어떤 오류에 관한 설명인가?

> 어떤 연구에서 "미국의 도시 중 동양인의 비율이 높은 도시가 동양인의 비율이 낮은 도시보다 정신질환 발병률이 높다"는 결과를 얻었을 때, 이러한 연구결과로부터 "백인 정신질환자보다 동양인 정신질환자가 더 많다"고 결론을 내리는 오류

① 조건화 오류   ② 생태학적 오류
③ 개인주의적 오류   ④ 편향된 표본산정 오류

해설
- 생태학적 오류란 집단을 분석단위(미국 내 도시의 동양인과 백인의 비율)로 하여 얻은 연구 결과(동양인의 비율이 백인의 비율보다 높은 도시에서 정신질환 발병률이 높다)를 개인에게 적용(백인 정신질환자보다 동양인 정신질환자가 더 많다)함으로써 발생하는 오류이다.
- "미국 내 도시들을 비교한 결과, 동양인의 비율이 백인의 비율보다 높은 도시에서 정신질환 발병률이 높다"는 조사 결과를 근거로 "동양인이 백인보다 정신질환에 걸릴 확률이 더 높다"고 결론을 내린다면 집단(동양인과 백인의 비율)의 자료를 바탕으로 개인의 특성(정신질환)을 추리했기 때문이다.

05 모평균과 모분산이 알려지지 않은 정규모집단의 모분산에 대한 가설 검정에 사용되는 검정통계량으로 가장 적합한 것은?
① t–통계량   ② Z–통계량
③ x^2–통계량   ④ F–통계량

해설
- t–통계량, Z–통계량, F–통계량은 모집단의 평균과 분산을 알고 있을 때 사용하는 검정통계량이다.
- 모평균과 모분산이 알려지지 않은 정규모집단의 모분산에 대한 가설 검정에 사용되는 검정통계량은 카이제곱 x^2–통계량이다.

06 거트만 척도에서 응답자의 응답이 이상적인 패턴에 얼마나 가까운가를 측정하는 것은?
① 단일차원계수   ② 스캘로그램
③ 재생가능계수   ④ 최소오차계수

해설
- 거트만 척도의 재생가능계수는 오차를 측정해서 측정 수준이 얼마나 적합하고 유용한지 평가하는 계수이다. 거트만 재생가능계수가 0.9 이상이면 허용할 수 있는 오차수준이다.
- 거트만의 척도도식법을 스캘로그램이라고 한다.

07 **추정에 관한 설명으로 가장 거리가 먼 것은?**

① 구간추정은 영가설하에서 모수치의 범위를 알려준다.

② 점추정은 영가설하에서 모집단 평균의 범위를 알려준다.

③ 점추정과 구간추청 모두 가설검정에 쓰인다.

④ z–통계량에 의해 가설을 검정하는 방법은 점추정에 의한 방법이다.

해설 🐷

통계적 추론은 크게 통계적 추정과 가설검정으로 나뉜다.

통계적 추정		• 모집단에 대한 정보가 없을 때 표본의 성격을 나타내는 통계량을 기초로 하여 모집단의 모수를 추론하는 방법으로 점추정과 구간추정으로 나눌 수 있다.
가설검정	점추정	• 모수를 하나의 값으로 추정하는 것으로 가설검정에 쓰인다.
	구간추정	• 어느 정도의 범위를 제시하고 그 범위 내에 평균값이 있을 확률을 제시하는 추정방법으로 가설검정에 쓰인다. • 영가설하에서 모수치의 범위와 모집단 평균의 범위를 알려준다.

😀 **Plus**

④ z–통계량에 의해 가설을 검정하는 방법은 z값을 기준으로 표본의 성격을 추측할 수 있으므로 점추정에 의한 방법이다.

08 $\overline{X}=100$이고 $s=9$인 35명의 점수가 있다고 하자. 이 자료에 5명의 점수가 추가로 더해졌는데 5명의 점수가 모두 100이다. 발생할 수 있는 변화는?

① 평균의 변화는 없고 표준편차는 감소한다.

② 평균은 증가하고 표준편차는 감소한다.

③ 평균은 증가하고 표준편차는 변화 없다.

④ 평균과 표준편차 모두 변화 없다.

해설 🐷

모집단 $\overline{X}$의 평균이 100인데 추가된 5명의 점수가 모두 100이므로 평균값의 변화는 없다. 대신 표준 편차(40명의 점수 간 차이의 정도)는 감소한다.

09 **과학의 속성에 대한 설명으로 틀린 것은?**

① 증거를 중요시한다.

② 증거를 찾고 제시하는 방법과 절차가 체계적이다.

③ 사용하는 관찰방법과 자료제시 방법에 객관성이 있다.

④ 신뢰성과 타당성을 추구하므로 오차를 인정하지 않는다.

해설 🐷

자연현상에서 발생하는 과학적 연구는 모두 오차가 발생하며 오차를 인정한다. 따라서 95%, 99%, 99.9% 이상의 신뢰구간을 각각 설정하여 연구결과를 검증한다.

{ 정답 } 07 ② 08 ① 09 ④

10 $p(A \ or \ B) = p(A) + p(B)$라면 A와 B는?

① 연속적이다. ② 상호배타적이다.

③ 종속적이다. ④ 중첩된다.

해설

$p(A \cap B)$가 공집합일 때, $p(A \ or \ B) = p(A) + p(B)$이고, $p(A \cap B)$가 공집합이 아닐 때
'$p(A \ or \ B) = p(A) + p(B) - p(A \cap B)$이다'가 공집합이라고 하는 것은 상호배타적임을 의미한다.

11 분산(variance)에 대한 설명으로 옳은 것은?

① 분산은 음수일 수도 있다.

② 극단값과 극소값의 영향을 크게 받는다.

③ 변수 값에 2를 일정하게 곱하면 분산은 2배가 된다.

④ 변수 값에 10을 일정하게 더하면 분산은 10만큼 커진다.

해설

분산이란 평균값에서 표본들이 평균에서 얼마나 떨어져 있는지를 측정하는 값이므로 극단값과 극소값의 영향을 크게
받는다.

12 다음 내용에 가장 적합한 분석 방법은?

- 종속변인이 이분변인이다.
- 종속변인이 정규분포 가정을 충족하지 못한다.
- 독립변인은 양적변인이다.

① 로지스틱 회귀분석 ② 중다회귀분석

③ 구조방정식 모형 ④ 확인적 요인분석

해설

- 로지스틱 회귀분석의 목적은 독립변인과 종속변인의 관계를 찾음으로써, 새로운 독립변인의 집합이 주어졌을 때
  종속변인의 값을 예측할 수 있게 하는 것이다.
- 독립변인은 양적변인이며, 종속변인은 이분변인(0 또는 1)이다. 종속변인이 이분변인이기 때문에 정규분포 가정을
  충족하지 못한다.

13 가설에 대한 설명으로 가장 거리가 먼 것은?

① 가설이란 연구문제에 대한 잠정적인 해답으로 볼 수 있다.

② 가설은 독립변수와 종속변수와의 관계로 서술된다.

③ 가설은 현상의 관찰이 아닌 기존 이론으로부터 도출해야 한다.

④ 경험적 검증을 위한 가설은 명료해야 하고, 가치중립적이어야 한다.

해설

[가설]
- 가설은 현상의 관찰뿐만 아니라, 기존 이론으로부터 도출한다.
- 가설이란 현실적 조건에서 증명하거나 검증하기 어려운 사물이나 현상의 원인을 관찰하고 예측하는 논리적 추론의 과정으로 연구문제에 대한 잠정적인 해답으로 볼 수 있다.
- 가설은 실험을 통해 검증되며, 독립변수와 종속변수와의 관계로 서술된다.
- 경험적 검증을 위한 가설은 명료해야 하고, 연구자의 가치가 결합되지 않은 가치중립적이어야 한다.

14 다음과 같은 특징을 지닌 연구방법은?

- 질적인 정보를 양적인 정보로 바꾼다.
- 예를 들어, 최근에 유행하는 드라마에서 주로 다루었던 주제가 무엇인지를 알아낸다.
- 메시지를 연구대상으로 할 수 있다.

① 투사법   ② 내용분석법
③ 질적연구법   ④ 사회성 측정법

해설

내용분석법이란 개인이나 사회의 의사소통 기록물인 신문, TV 드라마, 라디오, 영화, 연설, 편지, 일기, 상담기록물, 녹음테이프, 메시지 등을 통하여 연구대상물에 대한 자료를 간접적으로 수집하는 자료수집방법의 하나이다.

15 연구의 외적 타당도에 영향을 미치는 것으로써, 통제집단에 있는 연구 대상들이 실험 집단에 있는 연구 대상들보다 더 나은 결과가 나타나도록 노력하는 현상은?

① John Henry 효과   ② Hawthorne 효과
③ 연구자 효과   ④ 실험자 효과

해설

철도 노동자로 터널굴착 작업을 위한 기계와의 싸움에서 승리하고 사망한 존 헨리의 이름을 사용한 존 헨리 효과는 통제집단(사람)에 있는 연구 대상들이 실험집단(터널굴착 기계)에 있는 연구 대상들보다 더 나은 결과가 나타나도록 노력하는 현상으로 외적 타당도를 저해하는 현상이다.

{ 정답 } 13 ③   14 ②   15 ①

16 다음 (   )안에 알맞은 것은?

군집표집(cluster sampling)을 할 때 군집 간은 (ㄱ   ) 이어야 하고, 군집 내의 연구대상들 간에는 (ㄴ   ) 이어야 한다.

	ㄱ	ㄴ
①	동질적	이질적
②	동질적	동질적
③	이질적	동질적
④	이질적	이질적

해설

군집표집을 할 때 군집 간은 동질적이고 군집 내는 이질적이어야 한다.

17 다음 중 사례연구의 부정적 측면으로 옳지 않은 것은?

① 전반적인 법칙이나 행동 원리를 이끌어내기 어려운 연구법이다.

② 사례에 작용한 주요 변인들을 통제하기 어렵다.

③ 하나의 사례 연구로는 인과적인 결론을 이끌어내기 어렵다.

④ 치료를 받은 환자의 변화에 영향을 주는 요인은 사례연구를 통해 밝히기 어렵다.

해설

• 사례연구(Case Study)는 사회과학 관련 분야에서 이루어지는 연구방법 중 하나로 1~2명 또는 몇 개의 사례를 심층적으로 분석하는 연구방법이다. 연구가설 검정을 위한 집단 실험을 하지 않기 때문에 전반적인 법칙이나 행동원리를 이끌어내기 어렵다.

• 한 두 사례를 대상으로 실험이나 관찰을 하기 때문에 사례에 작용한 가변인(외생변인)을 통제하기 어렵기 때문에 인과적인 결론을 이끌어내지 못한다. 그러나 치료적 개입을 할 경우 환자의 변화에 영향을 주는 다양한 요인을 밝히기에 용이하다.

18 다음 중 표본의 크기를 결정하는 데 필요한 사항이 아닌 것은?

① 검정법   ② 유의수준

③ 관심 대상이 되는 최소 효과   ④ 모집단의 수

해설

모집단의 수는 표본의 크기를 결정하는 데 필요한 사항은 아니다. 참고로 표본조사는 관심의 대상이 되는 전체에서 일부 집단을 선택한 후, 그 일부 집단에 대해서 조사한 자료를 분석하여 전체 집단의 특성을 추정하는 통계조사 방법이다.

19 실험연구에서 내적 타당도 제고의 가장 큰 목적은?

① 인과관계에 대한 확신

② 측정의 타당도 향상

③ 측정의 신뢰도 향상

④ 일반화 가능성 증대

해설

- 타당도란 검사도구(검사문항)가 측정하려는 개념(구인)을 정확하게 측정하는 정도이다.
- 내적 타당도는 독립변인이 종속변인에 영향을 미친 정도 즉, 인과관계를 말하며, 외적 타당도는 연구결과의 일반화에 해당한다.
- 실험연구에서 내적 타당도 제고의 가장 큰 목적은 인과성 검정이다.

20 순위 상관분석으로 특히, 같은 순위에 여러 개의 점수가 있고 표본수가 작을 때 쓰는 통계 방법은?

① 켄달의 tau(τ) 계수

② 피어슨의 적률상관계수

③ Spearman 상관계수

④ 점−이연 상관계수

해설

켄달의 tau(τ) 계수는 서열척도로 측정된 두 변수 사이의 상관을 구하는 것이다. 특히 표본수가 작고 확률분포를 모르는 비모수적 방법의 상관분석을 할 때 사용된다.

21 강박장애의 하위유형에 관한 설명으로 옳지 않은 것은?

① 순수한 강박 사고형은 내면적인 강박사고는 나타나지 않고 외현적인 강박행동만 있는 경우이다.

② 외현적 강박행동에는 청결행동, 확인행동, 반복행동, 정돈행동, 수집행동, 지연행동 등이 있다.

③ 내현적 강박 행동형은 강박사고와 더불어 겉은 관찰되지 않는 내면적인 강박행동만 있는 경우이다.

④ 외현적 강박 행동형은 강박사고와 더불어 겉으로 드러난 강박행동이 있는 경우이다.

해설

순수한 강박 사고형은 외현적인 강박행동이 나타나지 않고 내면적인 강박사고만 나타난다.

22 주요 우울장애에 동반되는 세부 유형(양상)에 해당되지 않는 것은?

① 급속 순환성 양상 동반   ② 혼재성 양상 동반

③ 주산기 발병 양상 동반   ④ 계절성 양상 동반

해설

- 급속 순환성 양상 동반은 양극성 장애의 세부 유형(양상)에 해당한다.
- 급속 순환성 양상은 지난 12개월 동안 '조증, 경조증 또는 주요 우울 삽화'의 진단 기분에 맞는 기분 삽화가 최소한 4번 이상 발생한 경우로 제Ⅰ형, 제Ⅱ형 양극성 장애 모두에 적용된다.

Plus

DSM-5에서 양극성 장애에 동반되는 세부 유형은 불안 양상, 혼재성 양상, 급속 순환성 양상, 멜랑꼴리아 양상, 비전형적 양상, 기분과 일치하는 정신증적 양상, 기분과 일치하지 않는 정신증적 양상, 긴장증 동반, 주산기 발병 동반, 계절성 동반 등이 있다.

23 지적장애에 관한 설명으로 옳지 않은 것은?

① 지적장애는 신경발달장애의 하위유형이다.

② 지적 기능의 결함뿐만 아니라 적응 기능의 결함도 진단기준이다.

③ 개념, 사회, 실행 영역에 해당되는 기능이 현저히 떨어진다.

④ 심각도에 따라 5등급으로 분류된다.

해설

지적장애는 심각도에 따라 경도, 중등도, 고도, 최고도의 4단계로 나눈다.

21 ①   22 ①   23 ④ { 정답 }

24 **DSM-5에서 우울장애에 관한 특성에 해당하지 않는 것은?**

① 개인의 능력과 의욕을 저하시켜 현실적 적응을 어렵게 만드는 주요한 요인이다.

② 주요 우울장애 진단을 내리려면 지속적인 우울한 기분, 흥미나 즐거움의 현저한 저하 중 하나는 반드시 포함되어야 한다.

③ 주요 우울장애가 1년 이상 지속되면 지속성 우울장애로 진단명이 바뀌게 된다.

④ 일반적으로 남성보다 여성에게 더 흔하다.

해설

경미한 우울 증상이 2년 이상 지속되면 지속성 우울장애로 진단된다.

25 **이상행동의 생물심리사회적 모델은 체계이론을 토대로 하고 있다. 체계이론에 대한 설명으로 틀린 것은?**

① 체계이론은 Bertalanffy에 의해 처음 주장된 것으로 생물학, 철학, 컴퓨터과학, 기술공학 등의 연구에 기원을 두고 있다.

② 체계이론은 어떤 현상에 대한 가장 미시적 수준의 설명이 원인에 대한 가장 궁극적인 설명이라고 주장한다.

③ 체계이론은 이상행동을 유발하는 요인의 다양성과 그 인과적 경로의 다양성을 인정한다.

④ 동일한 원인적 요인이 다양한 결과를 유발할 수 있다고 보고 이를 다중결과성의 원리라고 제안하였다.

해설

전체론(체계이론)과 배치되는 주요한 입장이 환원주의(reductionism)인데, 이는 현상을 보다 미시적인 원인에 의해 설명하려 하며, 구성요소의 이해를 통해 전체 현상의 이해를 추구하려는 입장이라고 할 수 있다. 또한 환원주의적 입장은 어떤 현상에 대한 가장 미시적 수준의 설명(생물학적, 생화학적, 원자물리학적 수준)이 원인에 대한 가장 궁극적인 설명이라고 잘못 생각하는 경향이 있다.

26 **다음에서 K씨에게 가장 적합한 진단은?**

K씨는 자신이 특출나게 우수한 존재라고 생각하며 사회적으로 성공해야 한다는 야심에 불타있다. 출세를 하여 많은 사람의 경탄을 받는 상상에 혼자 즐거워하곤 한다. 사랑이나 우정은 사치스러운 것이라고 생각해온 K씨는 결혼도 자신의 사회적 출세에 도움이 되도록 재력가 딸과 했다. 동료 사이에서 건방지고 거만한 사람이라는 평을 받고 있고, K씨는 이러한 평에 몹시 화가 나긴 했지만, 무능한 자들의 질투심에서 나온 것이라고 생각하곤 했다.

① 연극성 성격장애 　　　　　② 자기애성 성격장애

③ 반사회성 성격장애 　　　　　④ 편집성 성격장애

해설

K씨의 경우 자신에 대한 과장된 평가(자신이 특출나게 우수한 존재라고 생각), 과도한 인정욕구(많은 사람의 경탄을 받는 상상), 타인에 대한 공감의 결여(동료 사이에서 건방지고 거만한 사람이라는 평을 받고 있고)를 특징으로 하는 자기애성 성격장애로 진단된다.

{ 정답 } 24 ③ 　 25 ② 　 26 ②

27 파괴적, 충동조절 및 품행장애에 대한 설명으로 틀린 것은?

① 간헐적 폭발성 장애는 언어적 공격과 신체적 공격이 동시에 발생해야 한다.

② 정서와 행동에 대한 자기통제의 문제를 나타낸다.

③ 다른 사람의 권리를 침해하거나 사회적 규범을 위반하기도 한다.

④ 적대적 반항장애, 간헐적 폭발성 장애, 품행장애, 병적방화, 병적도벽 등이 포함된다.

해설
- 파괴적, 충동조절 및 품행장애의 종류로는 적대적 반항장애, 간헐적 폭발성 장애, 품행장애, 반사회적 성격장애, 병적방화, 병적도벽이 있다.
- 이들은 정서나 충동적 행동에 대한 조절력이 떨어지기 때문에 타인의 권리를 침해하거나 사회적 규범을 위반하기도 한다.
- 이 중 ① 간헐적 폭발성 장애(Intermittent Explosive Disorder)는 공격적 충동이 조절되지 않아, 심각한 언어적, 공격적 행동 또는 재산 및 기물을 파괴하는 폭발적 행동을 반복적으로 나타내는 장애이다.

28 다음 중 양극성 장애의 치료에 대표적으로 사용되는 약물은?

① 프로작   ② 리튬   ③ 할리페리돌   ④ 리탈린

해설
리튬은 조울증 치료제이다.

29 변태성욕장애에 해당하지 않는 것은?

① 성별 불쾌감   ② 노출장애

③ 관음장애   ④ 마찰도착장애

해설
변태성욕장애의 하위유형으로는 관음장애, 노출장애, 마찰도착장애, 피학증, 가학증, 아동성애장애, 의상전환장애가 있다.

30 일정 기간 동안 특정한 정신장애를 새롭게 지니게 된 사람의 비율을 나타내는 용어는?

① 발병률   ② 기간유병률   ③ 시점유병률   ④ 기간발병률

해설

발병률	어떤 시점 또는 일정기간에 어떤 질병에 대한 위험에 노출된 인구 중에서 발병된 환자 수에 대한 비율이다.
유병률	어떤 시점 또는 일정한 기간의 인구 중에 존재하는 환자 수에 대한 비율을 말한다.

31 다음 사례에서 A씨의 진단명으로 가장 적합한 것은?

> A씨는 최근 자신의 건강에 대한 걱정 때문에 집중을 하지 못하고 있다. 직장상사와 다투고 난 이후 집에 돌아와 보니 심장이 너무나 두근거리고 가슴이 뻐근하여 심장마비가 발생하는 것 같은 느낌이 들어서 응급실로 달려갔었다. 그 이후 가슴이 뛰고 호흡이 가빠지는 등의 증상이 계속 발생하여 죽는 것이 아닌가 하는 생각이 계속 들었고, 어느 날 갑자기 쓰러져도 사람들이 자신을 도와주지 않을 것이라는 생각에 아내에게 항상 자신과 함께 다니기를 요구하였다.

① 명시되지 않는 신체증상 및 관련 장애
② 공황장애
③ 질병불안장애
④ 명시되지 않는 파괴적, 충동조절 및 품행장애

해설
A씨의 경우 갑작스러운 공황증상(심장이 너무나 두근거리고 가슴이 뻐근하여 심장마비가 발생하는 것 같은 느낌)으로 응급실을 내원하였고, 이후 예기불안(가슴이 뛰고 호흡이 가빠지면 쓰러져서 심장마비가 발생하는데, 사람들이 자신을 도와주지 않아 죽을 것이기 때문에 너무나 두려워서 아내와 항상 함께 다님)에 시달리고 있다. 따라서 공황장애로 진단할 수 있다.

32 섭식장애에 대한 설명으로 옳은 것은?
① 신경성 폭식증 환자는 대인관계에서 위축되는 경향이 있다.
② 신경성 폭식증은 항우울제에 잘 반응하고, 우울증과의 공병률이 높다.
③ 신경성 식욕부진증은 시간이 지나도 신경성 폭식증으로 바뀌지 않는다.
④ 신경성 식욕부진증 환자는 초자아가 약하고 충동조절에 어려움을 보인다.

33 다음 중 학습장애의 진단을 내릴 수 없는 사람을 모두 고른 것은?

> ㄱ. 지능이 50이고 성적이 그 지능 정도에 해당하는 A군
> ㄴ. 학습의 기회가 제공되지 않아서 배운 만큼만 성취한 B양
> ㄷ. 시력이 좋지 않아서 시각적 학습이 결여된 C양
> ㄹ. 비슷한 증상을 보이는 친구들과 비슷한 성적이나 반에서는 꼴찌인 자폐스펙트럼장애 진단을 받은 D양

① ㄱ, ㄴ   ② ㄴ, ㄷ   ③ ㄱ, ㄷ, ㄹ   ④ ㄱ, ㄴ, ㄷ, ㄹ

해설
• 학습장애는 정상적인 지능을 갖추고 있고 정서적인 문제가 없음에도 불구하고 지능에 비하여 현저한 학습부진을 보이는 경우를 말한다.
• ㉠ 지능이 50이고, ㉡ 제대로 된 학습의 기회가 제공되지 않았고, ㉢ 신체적 장애로 인해 학습에 장애를 받고, ㉣ 자폐스펙트럼과 같이 정서적 장애를 동반해서 학업성취가 낮다면 학습장애로 진단되지 않는다.

{ 정답 } 31 ② 32 ② 33 ④

34 다음 중 Cloninger의 알코올 의존의 두 가지 유형에 대한 설명으로 옳은 것은?

① 제1형 알코올 의존은 증상이 늦게 발달하는 편이다.

② 제1형 알코올 의존은 남자에게만 나타난다.

③ 제2형 알코올 의존은 유전적 요인과 환경적 요인이 복합적으로 관련된다.

④ 제2형 알코올 의존은 반사회적 문제를 비롯한 사회적 문제를 야기할 가능성이 낮은 편이다.

해설

Cloninger는 유전적 요인과 관련하여 알코올 의존에는 두 가지 유형이 있다고 주장하였다.

제1형 알코올 의존	• 증상이 늦게 발달하여 알코올과 관련된 신체적 문제가 발생할 위험이 높은 반면, 반사회적 행동이나 사회적, 직업적 문제를 나타내는 비율이 낮다. • 알코올 의존자의 자녀가 알코올 의존자가 될 가능성은 일반인보다 2배 높으며, 유전적 요인과 환경적 요인이 복합적으로 관련된다.
제2형 알코올 의존	• 남자에게만 나타나고 증상이 일찍 발생하며 반사회적 행동을 비롯하여 사회 문제를 많이 야기하는 반면, 알코올에 의한 신체적 문제는 적은 편이다. • 제2형 알코올 의존자의 자녀가 알코올 의존자가 될 가능성은 일반인보다 9배나 높으며, 유전적 요인이 매우 강력하게 작용한다.

35 물질사용장애에 관한 설명으로 옳은 것은?

① 에틸알코올은 뉴런 수준에서 GABA의 억제작용을 돕는다.

② 알코올 남용이 심각하더라도 진전섬망은 나타나지 않는다.

③ 코카인은 대표적인 진정제이며 아편유사제이다.

④ 자낙스, 바리움, 아티반 등은 대표적인 바비튜레이트계에 속한다.

해설

GABA(감마 아미노부티르산)란 신경전달물질로 뇌의 활동을 억제시키는 기능을 하며 시력, 수면, 근긴장도, 운동 제어에 관여하여 스트레스와 불안을 낮춘다. 에틸알코올은 뉴런 수준에서 GABA의 억제작용을 돕는다. 따라서 적당한 양의 술을 마시면 기분이 좋아지고 편안한 느낌을 가지게 되는 것이다.

36 의식이 혼미해지고 주의집중 및 전환능력이 현저하게 감소하게 될 뿐만 아니라 기억, 언어, 현실판단 등의 인지기능에 일시적인 장애가 나타나는 경우를 무엇이라 하는가?

① 섬망   ② 치매

③ 경도 신경인지장애   ④ 주요 신경인지장애

해설

• 섬망(delirium)은 의식이 흐릿해지고, 주의를 집중하지 못하며, 사고의 흐름이 일관성이 없는 장애로서 주변상황을 잘못 이해하며, 생각의 혼돈이나 방향상실 등이 일어나는 정신의 혼란 상태이다.

• 발열, 중독 등 대뇌에 부상을 당했을 때 신체적 결함으로 일어나며, 원인이 되는 신체적 조건이 개선되면 섬망 증상은 곧 없어진다.

37 조현병의 양성증상에 해당되지 않는 것은?

① 와해된 언어　　　　　　　　② 무논리증

③ 망상　　　　　　　　　　　　④ 환각

해설

무논리증은 음성증상이다.

조현병의 양성증상	조현병의 음성증상
망상, 환각, 와해된 언어, 와해된 행동 등	흥미의 결여, 빈곤한 언어, 긴장증적 행동, 둔마된 정서 표현이나 무의욕증, 무논리증

38 조현병 스펙트럼 장애에 관한 설명으로 틀린 것은?

① 조현병은 잔류기를 거치면서 음성증상이 남기도 한다.

② 망상장애는 향정신병 약물개입이 쉽지 않다.

③ 생화학적 접근에 따르면 도파민과 세로토닌의 과잉 분비는 조현병을 유발한다.

④ 단기 정신병적 장애는 장애 삽화의 지속기간이 최소 1주일 이상 1개월 이내로 나타나야 한다.

해설

- 조현병 스펙트럼 장애는 현실을 왜곡하는 기괴한 사고와 혼란스러운 언어를 특징으로 하는 증상의 심각도에 따라서 스펙트럼상에 배열한 것이다.
- 조현병과 분열정동장애가 가장 심각하며 조현병 장애, 단기 정신증적 장애, 망상장애, 가장 경미한 증상을 나타내는 분열형 성격장애와 악화된 정신증 증후군이 있다.
- ④ 단기 정신병적 장애는 조현병의 주요증상 중 한 가지 이상이 하루 이상 2개월 이내로 나타나며 병전 상태로 완전히 회복되는 경우를 말한다.

39 다음 중 나머지 장애와 다르게 분류되는 성격장애는?

① 조현형 성격장애　　　　　　② 경계성 성격장애

③ 반사회성 성격장애　　　　　④ 자기애성 성격장애

해설

군집B 성격장애는 극적이고 감정적이며 변덕스러운 성격특성을 나타낸다. 여기에는 반사회성 성격장애, 연극성 성격장애, 경계성 성격장애, 자기애성 성격장애가 있다. ① 조현형 성격장애는 군집A에 포함된다.

{ 정답 } 37 ②　38 ④　39 ①

40 다음에서 설명하고 있는 것은?

단일한 우세 유전자에 의해 전달되는 유전적 장애로 뇌조직 세포가 진행성 퇴화를 보이는 것이 특징이며, CAG 염기서열의 반복 확장으로 인해 발생하는 질환이다.

① 피크 질환
② 헌팅턴 질환
③ 파킨슨 질환
④ 알츠하이머 질환

해설

- 헌팅턴병은 유전성 신경퇴행성 장애로 인지나 정신병적인 증상이나 운동기능에 문제가 생긴다. 보통 30~40대에 나타나며 죽을 때까지 병이 진행된다.
- 헌팅턴 무도병이라고도 하는데 손발이 떨리거나 불규칙하게 움직이는 것이 마치 춤을 추는 동작처럼 보여 무도병 이라는 이름이 붙여졌다.
- 이 장애는 광범위한 뇌손상과 관련이 있다. 특히, 미상핵, 조가비핵, 담창구와 대뇌피질의 손상을 가져온다.
- 병의 원인은 4번 염색체 내 CAG 염기서열이 반복 증폭함으로써 질환이 발현된다.
- 초기 징후는 불면증, 손발이 떨리거나 불규칙하게 움직이며 안절부절하며 불안하거나 행동에 변화가 생긴다. 시간 이 지나면 이 증상은 더 심해져 일상적인 활동이 불가능하게 된다.

41 클로닌저(C.Cloninger)가 개발한 기질 및 성격검사(TCI)의 성격 척도를 모두 포함한 것은?

① 자극추구, 인내력, 자율성

② 위험회피, 자율성, 자기초월

③ 자율성, 연대감, 사회적 민감성

④ 자율성, 연대감, 자기초월

해설

TCI(기질 및 성격 검사)는 Cloninger의 심리생물학적 인성 모델에 기초하여 개발된 성격검사지로 기질과 성격이라는 두 개의 구조로 이루어져 있다.

4가지 기질척도	자극추구, 위험회피, 사회적 민감성, 인내력 척도
3가지 성격척도	자율성, 연대감, 자기초월 척도

42 행동면담에 대한 설명으로 틀린 것은?

① 치료 전에 행동의 기저선을 측정하는 것은 중요하지 않다.

② 행동면담의 기술도 중요하지만 내담자의 환경적 맥락을 고려해야 한다.

③ 내적 특성에 대한 내담자의 신념을 구체적 행동으로 명확화할 필요가 있다.

④ 목표행동이나 부가적 행동평가에 있어 행동면담이 도움이 된다.

해설

• 행동면담은 행동의 선행사건, 행동, 결과의 관련성에 초점을 맞춰 진행하는 면담이다.

• ① 치료 전에 행동의 기저선을 측정하는 것은 중요하다. 행동의 기저선 또는 치료 전 측정치로서 행동의 빈도와 강도, 행동이 지속되는 시간 등을 체계적으로 평가할 뿐 아니라 특정행동이 과도한지, 부족한지에 대해서도 평가한다.

43 Rorschach 검사 실시에 관한 설명과 가장 거리가 먼 것은?

① 좌석의 배치는 검사자가 피검사자와 정면으로 얼굴을 대면하지 않는 것이 좋다.

② 잉크 반점이 무엇처럼 보이는지 정도로 질문하고 세부적인 설명을 하지 않는다.

③ 상황에 따라서 도판의 제시 순서를 변경하는 것이 권장된다.

④ 피검사자가 편안하게 느껴야 다양한 반응이 표현될 수 있다.

해설

10장의 잉크반점 도판은 1번부터 10번까지 정해진 순서대로 제시한다.

{ 정답 } 41 ④ 42 ① 43 ③

44 **TAT 검사에 대한 설명으로 틀린 것은?**

① TAT 검사는 투사검사이다.

② TAT 검사는 다양한 대인관계상의 역동적 측면을 파악하는데 유용하다.

③ TAT 검사는 우리가 외부 대상을 인지하는 과정에는 주관적인 해석이 포함되지 않는다는 가정에서 출발한다.

④ 아동용 검사는 등장하는 인물들이 모두 동물로 그려져 있다.

해설

- TAT 검사는 30개의 흑백카드와 1개의 백지카드로 이루어진 투사검사이다. 개인의 내적 욕구에 의해 형성된 통각이 의식화되는 외현화 과정을 통해 대인관계역동을 파악할 수 있다.
- ③ TAT 검사는 우리가 외부 대상을 인지하는 과정에는 주관적인 해석, 즉 통각을 포함한다는 가정에서 출발한다.
- 아동용 검사(CAT)는 등장하는 인물들이 모두 동물로 그려져 있다.

45 **아동 심리검사에 대한 설명 중 옳은 것을 모두 고른 것은?**

> ㄱ. HTP 검사의 집 그림에서는 자기상이 투사된다.
> ㄴ. 문장완성검사는 자기개념, 타인과의 관계 등을 알게 해 주는 투사검사이다.
> ㄷ. 아동용 TAT 검사인 CAT는 다양한 상황에서 상호작용하는 사람 그림으로 구성되어 있다.

① ㄱ   ② ㄴ   ③ ㄱ, ㄷ   ④ ㄴ, ㄷ

해설

- ㉠ HTP 검사의 집 그림에는 가족에게 느끼는 감정이나 소망 또는 자아개념, 현실과 관계를 맺는 정도와 상상 등이 투사된다.
- ㉢ 아동용 TAT 검사인 CAT는 다양한 상황에서 상호작용하는 동물 그림으로 구성되어 있다.

46 **MMPI-2에서 다음과 같은 문제행동을 잘 변별해 낼 수 있는 임상척도는?**

- 다른 사람의 동기를 의심한다.
- 분노감을 느끼고 적대적이다.
- 투사적 방어기제를 주로 사용한다.
- 자신이 충분한 대우를 받지 못하고 있다고 생각한다.

① Pd   ② Pa   ③ Sc   ④ Ma

해설

Pa는 편집증 척도로, 타인의 동기를 의심하며 적대적이고, 투사적 방어기제를 주로 사용하여, 자신이 충분한 대우를 받지 못하고 있다고 생각하면, 분노감을 느끼고 원한을 품는다.

44 ③   45 ②   46 ② { 정답 }

47　심리검사와 관련하여 임상심리학자의 행동이 윤리적으로 가장 적합한 것은?

① 심리검사의 보급을 위해 방송출연을 하여 출연자들에게 모의로 심리검사를 실시하고 해석해 주었다.

② 심리검사를 제작한 후 구입요건에 대한 특별한 명시 없이 출판사에 검사 판매와 관련한 모든 권한을 위임하였다.

③ 투사적 검사와 관련된 교재 속에 이해를 돕기 위해 Rorschach 카드의 그림을 몇 장 삽입하여 설명하였다.

④ 법률에 의한 강제 명령으로 검사가 실시되었기 때문에, 어쩔 수 없이 수검자의 동의를 받지 못한 채 검사를 수행하였다.

해설
- 심리검사의 보급 및 판매를 위해 방송매체를 통해 홍보하면 안 된다.
- 심리검사를 제작하고 출판사에 검사 판매를 요청할 경우 구입요건에 대한 명시를 분명히 해야 한다.
- Rorschach카드의 그림을 책에 삽입할 때 검사도구를 개발한 저작자의 허락을 받아야한다.

48　다음 중 구성타당도를 검증하는 방법과 가장 거리가 먼 것은?

① 집단 간 차이를 비교하는 방법

② 검사의 내부구조나 점수의 변동을 확인하는 방법

③ 검사과정을 분석하는 방법

④ 기존에 타당성을 입증 받은 검사와의 비교

해설
- 구성타당도에는 변별타당도, 수렴타당도, 요인타당도가 있다.
- 구성타당도는 두 집단 간 차이의 내부구조나 점수의 변동 및 검사과정을 분석하는 방법이다.
- ④ 기존에 타당성을 입증 받은 검사와의 비교는 준거타당도 중 공인타당도를 검증하는 방법이다.

49　성격검사에 관한 설명으로 옳은 것은?

① MBTI에서 사고(T)와 감정(F)은 외부세계에 대한 태도와 관련된다.

② PAI의 BOR 척도에서의 높은 점수는 불안정한 대인관계를 시사한다.

③ NEO-PI-R의 O에서 높은 점수를 보인 사람들은 목표지향적인 특성이 강하다.

④ 칼 융(C. Jung)의 단어연상검사는 객관적 성격검사이다.

해설
- PAI(Personality Assessment Inventory) 성격평가 질문지는 우울, 불안, 정신분열병 등과 같은 축Ⅰ장애뿐만 아니라 반사회적, 경계성 성격장애와 같은 축Ⅱ장애를 포함하고 있어서 DSM 진단분류에 가장 가까운 정보를 얻을 수 있다.
- 타당도척도, 임상척도, 치료고려척도, 대인관계척도 등의 4가지 척도로 이루어져 있다.
- BOR 척도는 경계성 특징 척도로 정서적 불안정, 정체감 문제, 부정적 관계, 자기손상 4가지로 이루어져 있으며 불안정한 대인관계를 시사한다.

{ 정답 } 47 ④　48 ④　49 ②

50 다음 중 적성검사에 관한 설명으로 가장 거리가 먼 것은?

① 특정 분야에 필요한 지적능력수준을 평가한다.

② 특정 학업과정이나 직업에 대한 과거의 수행능력을 추정한다.

③ 제한시간 내에 주어진 문제를 얼마나 잘 해결할 수 있는지를 평가한다.

④ 인지기능의 양상을 파악할 뿐 진단을 목적으로 사용되지 않는다.

해설

적성검사는 특정 학업과정이나 직업에 대한 미래의 성공적인 수행능력을 추정한다.

51 단축형 지능검사를 실시할 수 있는 상황과 가장 거리가 먼 것은?

① 정신장애를 감별하고 성격의 일부분인 지능에 대한 대략적인 평가가 목적인 경우

② 과거 1년 이내에 full battery 검사를 받은 적이 있고, 임상적으로 특이한 변화가 없는 경우

③ 임상 평가의 목적이 피검사자의 전반적인 지능 수준의 판단인 경우

④ 평가의 목적이 신경심리학적 특성을 파악하고자 하는 경우

해설

평가의 목적이 신경심리학적 특성을 파악하고자 하는 경우, 다양한 신경심리학적 평가도구(풀 배터리)를 사용한다.

52 MMPI-2를 수행하던 어떤 수검자가 '나는 머리가 자주 아프다'라는 문항을 가리키며 다음과 같이 질문하였다. 이런 질문을 받은 검사자의 응답으로 가장 적합한 것은?

'자주'라는 말의 기준이 몇 회를 의미합니까? 저는 한 달에 한 번 정도는 그런 편인데, 그 정도면 '아니다'로 응답해야 할지 '그렇다'에 응답해야 하는지 모르겠습니다. 대략적인 기준을 말씀해 주시겠습니까?

① '자주'라는 말은 일반적으로 최근 일주일에 1회 정도를 의미합니다.

② 자신이 생각하는 기준으로 알아서 판단하여 응답해 주십시오.

③ 응답하기가 정 애매하면 응답하지 않고 지나가도 됩니다.

④ 실제로 한 달에 한 번 머리가 아픈 것이므로 '예'라고 응답해야 합니다.

해설

수검자는 '자주'라는 낱말 뜻을 묻고 있다. 이때 검사자는 '자신이 생각하는 기준으로 알아서 판단하여 응답해 주십시오'라고 대답하며 내담자에게 자율적으로 기준을 선정하게 한다.

53 정신상태평가(MSE)의 사고영역에 해당하지 않는 것은?

① 지남력

② 장기기억 및 단기기억

③ 통찰력 판단

④ 지각

해설

- 정신상태평가(Mental Status Examination ; MSE)는 면담을 통해 환자의 심리사회적, 인지적, 정서적 기능과 시간과 장소에 대한 적응성을 결정하기 위해 만든 평가이다. 수검자는 면담을 통해 정서, 사고, 지각, 인지, 치료 동기를 파악한다.
- 정신상태평가에서 평가하는 주요 항목은 일반적인 외모, 행동 면담, 면담과 면담자에 대한 태도, 정신운동기능, 감정과 기분, 언어와 사고, 감각과 지각, 기억력, 기남력, 지적 능력, 판단력 등이 포괄적으로 검토된다.
- 사고영역에는 사고의 내용과 사고과정, 장·단기 기억력, 지남력, 통찰과 판단이 해당된다.
- ④ 감각과 지각 영역에는 지각의 혼란, 환각, 비현실감이 해당된다.

54 한국아동인성평정척도(KPRC)의 자아탄력성 척도에 관한 설명으로 틀린 것은?

① 심리적 문제에 대한 아동의 대처 능력이나 적응 잠재력을 측정하기 위해 만들어졌다.

② 이 척도가 상승한 아동은 상황의 요구에 맞게 행동하고 환경변화에 적절히 대처한다.

③ 다른 모든 임상척도들과 정적인 상관관계를 보인다.

④ 여러 가지 정신병리 발현 시 환경적 요인의 영향력을 반영하며 치료의 좋은 예후를 시사해 주는 지표이다.

해설

- KPRC의 자아탄력성 척도는 심리적 문제에 대한 아동의 대처능력과 적응잠재력을 측정한다. 자신감, 여유, 원만한 대인관계, 인내심, 집중력, 포용력 등을 측정하는 문항으로 이루어져 있다.
- 자아탄력성은 내적, 외적 스트레스에 융통성 있고 적절하게 대처하는 개인의 전반적인 능력으로, 이 척도가 높은 아동들은 상황의 요구에 맞게 행동, 환경적 변화에 적절히 대처하며 융통성 있는 문제해결 책략을 사용한다.
- ③ 모든 임상 척도와 −.35 이상의 부적 상관을 가진다(특히, 우울, 사회관계척도).

55 심리검사 제작과정에서 문항분석에 관한 설명으로 틀린 것은?

① 문항 변별도(item discrimination) 지수란 한 문항이 수검자를 얼마나 잘 변별하여 주는가를 나타낸다.

② 문항 난이도(item difficulty) 지수는 −1.0에서 +1.0의 범위를 갖는다.

③ 문항 난이도(item difficulty) 지수는 각 문항의 어렵고 쉬운 정도를 알려주므로 문항의 상대적인 효율성을 나타낸다.

④ 문항분석에서 요인분석(factor analysis)은 하나의 검사가 단일한 구성개념이나 속성을 평가하는지를 검토하는데 사용된다.

해설

문항 난이도(item difficulty) 지수는 0.0에서 1.0의 범위를 갖는다.

{ 정답 } 53 ④ 54 ③ 55 ②

56 다음 중 자기보고식 성격검사 해석 시 반응경향성을 특히 염두에 두고 해석해야 하는 수검자는?

① IQ가 80정도 되는 20대 청년

② 자살을 생각하고 있는 고등학생

③ 업무스트레스에 시달리는 40대 직장인

④ 가석방 심사를 앞두고 있는 10대 소년원생

해설 💚

- 반응경향성이란 피검자가 특수한 의도나 목적을 가지고 의도적으로 반응을 하는 것으로 자기보고식 객관식 검사를 할 때 많이 발생할 수 있다.
- 업무 스트레스에 시달리는 40대 직장인이 병가를 내기 위해 의도적으로 고통을 호소할 수 있고, 가석방 심사를 앞두고 있는 10대 소년원생의 경우 자신의 범죄행위에 대해 충분히 반성하고 있다는 식으로 응답할 수 있다. 이 두 가지 중 ④의 경우 특히 반응경향성을 염두에 두고 해석해야 한다. 왜냐하면 또 다른 범죄를 저지를 수 있기 때문이다.

57 외상성 뇌 손상 환자의 신경심리평가에 대한 설명으로 틀린 것은?

① 평가의 초점은 기질적인 뇌손상 유무를 판별하는데 있다.

② 결손의 증거를 발견하는데 실패하였더라도 이것이 결손이 없다는 것을 의미하지는 않는다.

③ 병전 적응능력, 병전 지능과 관련된 교육, 직업수준에 대한 정보 또한 중요하다.

④ 두부 손상의 정도는 Glasgow Coma Scale이나 외상 후 기억상실 기간으로 평가할 수 있다.

해설 💚

외상성 뇌 손상 환자의 신경심리평가의 초점은 기능적인 뇌손상 정도의 범위와 위중의 정도를 가려 병전 지능이나 기능으로 얼마나 회복될 수 있는지 판별하는데 있다.

58 다음은 웩슬러 지능검사의 소검사 점수 분산 분석에 대한 설명이다. (   )에 알맞은 것은?

- (ㄱ) 소검사는 지능의 수준을 잘 대표하고 다른 소검사에 비해 부적응 상태에서 점수 저하가 잘 나타나지 않기 때문에 다른 소검사를 비교하는 기준치로 설정된다.
- (ㄴ)은 언어성 소검사에서는 언어성 평균치와 동작성 소검사에서는 동작성 평균치와 비교하는 것이다.
- 유의한 소검사 점수 분산은 평가치가 (ㄷ)점 이상 차이나는 것을 기준으로 한다.

	ㄱ	ㄴ	ㄷ
①	기본지식	평균치 분산	5
②	어휘	평균치 분산	3
③	어휘	변형된 평균치 방식	3
④	기본지식	변형된 평균치 방식	5

- 웩슬러 지능검사의 양적분석에 대한 내용으로 소검사 점수 분산 분석에서 어휘 소검사가 지능을 잘 대표할 뿐 아니라, 다른 소검사에 비해 부적응 상태에서도 점수 저하가 잘 나타나지 않기 때문에 어휘 소검사 환산 점수를 기준으로 다른 10개 소검사 점수 분산을 검토한다.
- 언어성 검사 환산점수의 평균 점수와 각 언어성 소검사 환산 점수를 비교하는 한편, 각 동작성 소검사 환산 점수를 동작성 검사 환산 점수의 평균 점수와 비교하는 방식을 평균치 분산이라고 한다.
- 소검사 점수 분산은 평가치가 3점 이상 차이나면 유의하다고 본다.

59 다음 ( ) 안에 들어갈 내용으로 가장 알맞은 것은?

대다수의 피검사자가 검사를 너무 쉽다거나 너무 어렵다거나 혹은 부적절하거나 불필요하게 본다면, (   )가 검사태도에 영향을 미쳐서 피검사자의 협조적이고 솔직한 응답태도를 결정하는데 부정적인 역할을 하게 된다.

① 내용타당도　　　　　　　　② 준거타당도
③ 구성타당도　　　　　　　　④ 안면타당도

안면타당도란 측정하고자 하는 것이 무엇인지에 대해 알아볼 수 있는 일반인의 평가이다.
이는 대다수의 피검사자가 검사문항이 너무 쉽다거나 너무 어렵다거나 혹은 묻는 내용을 질문하는 문항에 부적절하거나 불필요한 문항이라고 인식하는 것이다.

60 Wechsler 아동지능검사의 소검사와 측정내용을 짝지은 것으로 가장 거리가 먼 것은?

① 불안 – 숫자 외우기, 산수문제
② 추상적 사고 – 공통성 문제, 어휘문제
③ 사회적 이해 – 이해문제, 차례맞추기
④ 정신운동속도 – 기호쓰기, 모양맞추기

폭넓은 독서, 융통성, 풍부한 초기 환경–공통성 문제, 어휘문제

{ 정답 } 59 ④　60 ②

61 치료계획 수립에 관한 설명으로 가장 적합한 것은?

① 치료계획 수립에서 참여, 협의는 환자에 대한 책임감을 가지고 있는 가족 및 전문가에 한해야 한다.

② 치료계획 수립은 잠정적 가설이며 불변의 계획이 되어서는 안 된다.

③ 치료계획 수립에서 환자의 병리를 고려하여 치료자가 가장 적절한 계획을 세워 안내해 주는 것이 바람직하다.

④ 치료계획 수립 시 치료자가 가지고 있는 접근법에 대한 설명을 해주는 것은 환자로 하여금 방어를 일으킬 수 있는 것이기 때문에 치료자의 접근법을 개방해서는 안 된다.

해설

치료계획 수립은 잠정적 가설이다.

62 심리검사결과의 통합적 해석에 대한 설명으로 틀린 것은?

① 규준자료는 검사점수를 해석할 때 일차적으로 참고해야 하는 자료이다.

② 반응의 내용과 주제에 대한 해석은 투사적 검사에만 해당된다.

③ 수검자 자신의 검사반응에 대한 태도도 해석에 중요한 자료를 제공한다.

④ 검사자와 수검자 간의 대인관계도 중요한 정보의 출처가 될 수 있다.

해설

객관적 검사 역시 양적 해석과 함께 반응내용과 주제에 대한 질적 검증을 통해 통합적으로 이루어져야 한다.

63 K-WAIS-Ⅳ 검사에서 한 사람의 수행이 그 사람이 속한 연혁 집단의 평균 수행보다 표준편차가 1 높은 값을 보일 때 부여할 수 있는 지능지수는?

① 70   ② 85   ③ 115   ④ 130

해설

K-WAIS-Ⅳ 검사의 평균은 100, 표준편차는 15이다. 즉 평균 수행보다 표준편차가 1 높은 지능지수는 115이다.

61 ②   62 ②   63 ③ { 정답 }

64 **강박장애에 대한 노출 및 반응방지법(ERP)에 대한 설명으로 옳은 것은?**

① 내담자가 강박사고를 유발하는 자극에 접하지 않도록 배려한다.

② 내담자가 강박사고로 인하여 불쾌감을 지닐 때 치료자는 강박행동을 할 수 있도록 안내한다.

③ 강박사고는 존재하나 강박행동은 존재하지 않는 강박장애를 치료하는데 효과적이다.

④ 내담자가 강박사고를 유발하는 자극에 노출된 뒤, 강박행동을 하지 않도록 유도한다.

해설 🐾

노출 및 반응방지법(exposure and response prevention ; ERP)이란 학습이론에 근거한 행동치료적 기법으로서, 두려워하는 자극(더러운 물질)이나 사고(손에 병균이 묻었다는 생각)에 노출시키되 강박행동(손 씻는 행동)을 하지 못하게 하는 방법으로 이러한 시행을 통해서 두려워하는 자극과 사고를 강박행동 없이 견디어 내는 둔감화 효과가 나타날 뿐만 아니라 강박행동을 하지 않아도 두려워하는 결과(병에 전염됨)가 일어나지 않는다는 것을 체험할 수 있게 된다.

65 **아동을 대상으로 심리치료를 할 때 고려해야 할 상황과 가장 거리가 먼 것은?**

① 이상행동을 정상발달의 맥락에서 이해하는 발달정신병리학적 관점을 취해야 한다.

② 구체적 조작기의 후기까지도 언어적 요소에 중점을 둔 개입의 활용이 제한적이다.

③ 전조작기에 해당하는 아동에게는 놀이같은 비언어적 요소를 활용한 개입이 효과적이다.

④ 일반적으로 치료 장면에 자발적으로 오는 것이 아니므로 동기를 활성화시키고 유지하는 것이 중요하다.

해설 🐾

구체적 조작기의 후기에는 인과관계를 이해할 수 있으므로 언어적 발달로 인한 언어적 요소와 함께 인지적 추론을 함께 개입하는 것이 좋다.

66 **성격평가도구에 관한 설명과 가장 거리가 먼 것은?**

① MMPI : 경험적 준거 방식으로 구성된 검사로서 정신장애나 일반적 성격특성에 이르는 다양한 심리적 특성을 파악하려는 목적으로 사용하고 있다.

② TAT : 일련의 그림에 대한 반응에서 상상력의 산물을 해석함으로써 내적 갈등, 태도, 목표 등을 평가하는 것으로 상황적 요인이나 문화적 요인의 영향이 적은 도구이다.

③ Rorschach test : 대표적인 투사법 검사로서 잉크반점에 대한 반응을 기초로 하여 해석하는 접근으로 신뢰도와 타당도에 대한 논쟁이 있다.

④ NEO-PI-R : Goldberg의 5요인 모델에 기초하여 구성된 성격검사로서 합리적-경험적이다.

{ 정답 } 64 ④ 65 ② 66 ②

TAT에서 일련의 그림에 대한 반응은 개인의 과거경험과 현재 소망에 따라 해석함으로써 전의식 수준에 있는 내적 욕구가 의식화되는 외현화 과정을 통해 욕구 좌절, 갈등, 태도 등을 평가하는 것으로 상황적 요인이나 문화적 요인의 영향을 받는다.

67 법정에서 임상심리사가 재판에 출정하여 의뢰받는 내용과 가장 거리가 먼 것은?

① 범죄 당시 피고인의 정신상태에 대한 평가

② 재판상황을 견뎌 낼 수 있는 능력에 대한 자문

③ 자신을 변호할 수 있는 능력에 대한 평가

④ 피의자의 성격특성을 감안한 감형 제안

변호사는 피의자의 성격특성을 감안한 감형을 제안할 수 있고, 결정은 판사가 내린다.

68 임상심리사 양성을 위한 교육과 수련에 관한 설명으로 가장 거리가 먼 것은?

① 정신건강전문가에 비해 임상심리사의 교육과 수련은 전문가 영역과 과학자 영역이 고루 강조되어 왔다고 할 수 있다.

② 수련과정의 기본적 기능은 습득한 임상적 지식을 임상실제에 통합하는 것으로 실험적-객관적 태도를 발전시키고 다른 분야의 전문가와 협업하는 태도를 촉진시키는 것이다.

③ 임상심리사와 관련된 학위 과정에서는 연구자적 자질을 강조하며 심층적으로 전문적, 학문적인 지식의 습득을 배양하도록 한다.

④ 임상심리사는 정신의학 장면에서의 역할이 가장 중요하기 때문에 학문적 교육보다 병원장면의 수련과정이 중요하며, 이를 반드시 이수하여야만 한다.

과학자-임상가 모델에서 임상심리사는 학문적 교육과 병원에서의 수련과정 모두 중요하게 생각한다.

69 지역사회 정신건강운동에서 추구하는 활동과 가장 거리가 먼 것은?

① 정신병원 이외 사회의 여러 영역에서 정신건강 서비스 제공

② 정신질환의 예방을 강조하는 방향으로 정책 변화

③ 지역사회에 기반을 둔 사회적응훈련 강조

④ 임상심리학자의 개업활동 강화

임상심리학자의 개업활동 강화는 지역사회 정신건강운동에서 추구하는 활동과 거리가 멀다. 지역사회 정신건강운동은 정신병원 이외의 여러 사회 기관에서 환자 뿐 아니라 일반인에게 정신건강 서비스를 제공함과 함께 정신질환의 예방 및 환자의 사회적응훈련을 강조한다.

70 다음 A유형(Type A) 행동 중 관상동맥질환 발병과 관련이 가장 높은 것은?

① 분노-적개 　　　　　　　　　② 조급함

③ 경쟁지향성 　　　　　　　　　④ 책임감

해설

A유형 성격은 대인관계에서 적대적이고 경쟁적이다. 이들은 자신의 성취를 방해하는 사람들에게 높은 적개심을 가지고 있으며, 좌절했을 때 심한 스트레스를 받게 되는 데 이러한 특징은 심장병(관상동맥질환)을 유발한다.

71 다음의 역사적 사건 중 임상심리학의 효시에 해당하는 것은?

① 지능검사의 개발

② Pennsylvania 대학에서의 심리클리닉 설립

③ 미국심리학회의 설립

④ Chicago 청소년 정신병질자 연구소 설립

해설

아동의 학습장애 평가와 치료에서 시작한 임상심리학은 1896년 위트머가 세계 최초로 펜실베니아대학에서 임상심리클리닉을 개설(임상심리학의 효시)하면서 비약적으로 발전하기 시작하였다.

72 임상적 개입과정의 단계별 주의사항에 대한 설명으로 가장 적합한 것은?

① 초기 면접과정 : 초기 면접과정에서는 치료의뢰 사유와 동기 등에 대해 탐색하되, 치료자의 정보나 치료과정에 대하여는 언급하지 않는다.

② 평가 과정 : 평가 과정에서 환자의 특징이나 성향 등에 대하여 확정짓고, 이를 치료 종결 시까지 일관적으로 유지하여 간다.

③ 치료 목표 설정과 이해 : 치료 목표 설정과 치료과정은 치료자가 정하는 것이며, 환자가 이에 동의하도록 적극 설득하는 것이 중요하다.

④ 종결 및 추후 회기 : 치료 종결 시 내담자들은 다양한 반응들을 촉발하게 되며, 추후 회기를 잡는 것이 종결과 관련된 문제들을 예방/해결하는데 도움이 된다.

해설

• 치료자 정보와 치료과정에 대해서도 설명하여야 한다.

• 평가는 치료과정에서 언제든 변화할 수 있다.

• 치료목표 설정은 치료자와 환자가 합의하여 정한다.

{ 정답 } 70 ① 　71 ② 　72 ④

73 다음 중 심리학자의 윤리에 위반되지 않은 것은?

① 내담자의 사전 동의 없이 임상가가 회기에서 내담자와 다룬 내용을 배우자에게 알려주었다.

② 내담자의 사전 동의 없이 임상가가 내담자의 자살 위험성이 현저하게 높다는 점을 관련 기관에 알렸다.

③ 심리학 수업을 듣는 학생이 자발적으로 그 수업 교수의 사적 업무를 무급으로 수행하였고, 그 교수는 그렇게 하도록 두었다.

④ 임상가가 현재 심리치료가 진행 중인 내담자와 상호 합의 하에 성관계를 맺었다.

해설

내담자의 자살 위험성이 높은 경우 관련기관에 보고하는 것은 비밀보장의 윤리에 어긋나지 않는다.

74 면접의 종류와 목적이 바르게 짝지어진 것은?

ㄱ. 초기면접 – 치료실 방문 이유, 비용
ㄴ. 개인병력 면접 – 치료기관 서비스와 환자의 필요와 기대의 적절성 평가
ㄷ. 위기면접 – 개인적 정보와 병력의 파악
ㄹ. 진단적 면접 – 치료와 개입을 위한 구조화된 면담
ㅁ. 정신상태검사 면접 – 내담자의 인지, 정서, 행동의 문제를 평가하는 구조화된 면담

① ㄱ, ㄴ, ㄷ
② ㄱ, ㄹ, ㅁ
③ ㄴ, ㄷ, ㄹ
④ ㄴ, ㄹ, ㅁ

해설

• ㄴ 개인병력 면접 : 현대의 개인병력과 관계된 어린 시절이나 과거의 정보
• ㄷ 위기면접 : 개인이 현재 경험하고 있는 위기사정과 개입여부

75 다음 설명에 해당하는 개념은 무엇인가?

이것은 무의식적 소재를 의식으로 가져오는 것을 방해하거나 통찰을 저해하는 내담자의 모든 행동이나 행위이다.
내담자가 침묵하거나 같은 주제에 대해서 반복해서 이야기하는 것, 혹은 행동화, 주지화 역시 이에 해당될 수 있다.

① 저항
② 역전이
③ 전이
④ 해석

해설

• 저항이란 치료의 진전을 저해하고 내담자가 무의식의 내용을 표현하는 것을 방해하는 모든 것을 말한다.
• 저항은 참을 수 없는 불안에 대항하여 자아를 방어하려는 무의식적 역동으로 치료자는 이 저항을 지적하고 해석함으로써 내담자가 이에 대해 깨달을 수 있도록 돕는다.

76 최근 비둘기 공포증으로 치료를 받던 L군은 자신이 어렸을 때 비둘기에게 먹이를 주다가 낯선 남자에게 폭행을 당했던 경험이 있다는 것을 떠올리게 되었다. 이처럼 인간의 정서 반응이 고전적 조건형성으로 설명될 수 있음을 처음 실험적으로 제시한 사람은?

① Watson　　　② Jones　　　③ Pavlov　　　④ Thorndike

해설 👍

인간의 정서 반응이 고전적 조건형성으로 설명될 수 있음을 처음 실험적으로 제시한 사람은 왓슨이다. 왓슨은 고전적 조건화가 인간에게도 적용될 수 있다는 것을 보여준 행동주의자이다.

77 신경심리학적 기능의 연구방법 중 비(非)침입적 기법에 해당하는 것은?

① 국부 대뇌 혈류(rCBF)　　　② 양전자 방출 단층촬영(PET)
③ 뇌파(EGG)　　　④ WADA 기법

해설 👍

• 비(非)침입적 기법은 몸에 외부적 영향을 미치지 않고 뇌기능을 평가하는 방법이다.
• 뇌파(EGG)검사는 뇌의 어떤 부위에 이상이 있는지 뇌에서 발생하는 전기현상을 증폭하여 기록하는 방법으로 흔히 심장의 기능을 알기 위해 검사하는 심전도와 비슷한 원리이다. 뇌의 주파수(frequency) 및 크기(amplitude), 모양(pattern recognition)을 판독한다.
• 뇌파검사는 간단하며, 환자에게 통증이나 해로움이 없다. 환자는 침대에 누워서 전극이라고 불리는 작고 납작한 20개 정도의 은판을 머리에 붙여 이것을 뇌파기계에 연결하여 기록하면 된다.

78 임상심리학자의 역할 중 자문에 대한 설명으로 가장 거리가 먼 것은?

① 고등학교 교장에게 회의시간에 자신에게 공개적으로 도전하는 교사에 대처하는 가장 좋은 방법에 대한 지침을 제공하는 것
② 소아과 의료진들에게 청소년들이 병동에서 다른 환자들과 성적인 문제를 일으키는 것을 줄이기 위한 프로그램을 개발해 주는 것
③ 수많은 성격 갈등 때문에 비생산적이고 비효율적인 결과를 빚고 있는 어떤 회사의 팀 구성원들에게 서로 더 잘 지낼 수 있는 방법을 알려주는 것
④ 내향적인 성격과 대인관계에 대한 두려움으로 인해 교우관계에 어려움을 겪고 있는 학생을 대상으로 지속적인 개입을 제공하는 것

해설 👍

내향적인 성격과 대인관계에 대한 두려움으로 인해 교우관계에 어려움을 겪고 있는 학생을 대상으로 지속적인 개입을 제공하는 것은 심리상담 영역에 해당한다.

{ 정답 } 76 ①　77 ③　78 ④

79 내담자 중심치료의 치료과정을 바르게 나열한 것은?

> ㄱ. 과거의 감정을 수용할 수 없다고 기술한다.
> ㄴ. 가끔 감정을 기술하지만 여전히 개인적인 경험에서는 떨어져 있다.
> ㄷ. 자신의 감정을 인식하지 못한다.
> ㄹ. 부정하려는 욕구 없이 감정을 수용한다.
> ㅁ. 자기를 경험하는 것에 대해 편안해 한다.

① ㄱ → ㄴ → ㄷ → ㄹ → ㅁ

② ㄴ → ㄷ → ㄱ → ㅁ → ㄹ

③ ㄷ → ㄴ → ㄱ → ㄹ → ㅁ

④ ㄹ → ㄱ → ㄷ → ㄴ → ㅁ

해설 😊

- 내담자 중심치료는 인간중심치료라고도 한다. 치료의 과정은 내담자가 자기경험과 감정에서 분리되어 있거나 수용하지 못하는 상태에서 현상학적 안에 있는 경험적 자기와 실제 자기를 통합시키며 자신의 경험을 일치시키고 수용하는 것이다.
- 치료과정은 ⓒ 자신의 감정을 인식하지 못한다. → ⓑ 가끔 감정을 기술하지만 여전히 개인적인 경험에서는 떨어져 있다. → ⓐ 과거의 감정을 수용할 수 없다고 기술한다. → ⓓ 부정하려는 욕구 없이 감정을 수용한다. → ⓔ 자기를 경험하는 것에 대해 편안해 한다. 순으로 이루어진다.

80 Freud의 심리성적 단계에 대한 설명으로 틀린 것은?

① 아동기를 개인의 성격을 형성한다는 점에서 가장 중요한 시기라고 보았다.

② 구강기는 약 1년 정도 지속되는데, 만족에 도달하기 위한 주요 수단으로 입을 사용한다.

③ 남근기는 5~12세로 성적 기관이 만족의 주된 수단이 되는 시기이다.

④ 성기기는 자아가 성적자극을 성공적으로 조절하는 성숙한 성의 표현이 최고조에 달한다.

해설 😊

남근기는 3~6세로 성적 기관이 만족의 주된 수단이 되는 시기이다.

81 다음은 인지치료 과정 중 생각 기록지 작성의 예이다. 이 중 피상적이고 지엽적인 인지만으로 기록되어 감정과 행동의 이해가 가장 비효과적으로 이루어진 경우는?

① 상황 – 엄마가 아파서 병원에 입원하셨다.

　기분 – 걱정

　생각 – "엄마가 보고 싶다."

② 상황 – 수학시험에서 60점을 받았다.

　기분 – 슬픔

　생각 – "나는 바보야. 선생님이 나를 더 이상 좋아하지 않을 거야"

③ 상황 – 생일파티에 초대받지 못하였다.

　기분 – 슬픔

　생각 – "나를 좋아하는 아이가 없어. 나는 학교에서 제일 인기가 없나봐."

④ 상황 – 선생님께 수업시간에 야단을 맞았다.

　기분 – 걱정

　생각 – "선생님께 문제아로 찍히면 어떡하지?"

해설

	상황	비합리적 사고	기분
①	엄마가 아파서 병원에 입원하셨다.	평소에 내가 엄마 말도 안 듣고 말썽을 피워서 엄마가 속상해서 병이 난거야. 나는 엄마를 아프게 한 나쁜 아이야.	걱정 후회
②	수학시험에서 60점을 받았다.	수학성적이 낮은 걸 보니 나는 바보야. 선생님이 공부를 못하는 나를 더 이상 좋아하지 않을 거야.	슬픔
③	생일파티에 초대받지 못하였다.	나를 좋아하는 아이가 없어. 나는 학교에서 제일 인기가 없나봐.	슬픔
④	선생님께 수업시간에 야단을 맞았다.	선생님께서 나를 문제아로 보실 거야. 나는 선생님께 문제아로 찍혔어.	걱정

{ 정답 } 81 ①

82 다음 사례에서 A양의 읽기 이해력을 증진시키기 위한 개입으로 가장 적절한 것은?

> A양은 초등학교 4학년인데도 읽기 속도가 느리고 이해력도 부족하다. 어머니가 직접 가르치고 학원에도 보내봤지만 별로 소용이 없었다고 한다. 단 A양은 평균 지능수준으로 평가되었다.

① 단어 하나하나에 집중하기보다는 덩어리나 구 단위로 읽도록 한다.

② 읽기의 목적이 무엇인지 파악하도록 한다.

③ 배경음악을 튼 상태에서 혼자서 읽도록 한다.

④ 기본 시선은 문서의 중앙에 두도록 한다.

해설
- A양의 지능이 평균수준이기 때문에, 읽기 속도가 느리고 문장을 이해하지 못하는 것이 읽기장애 때문인지, 책을 읽는 것에 대한 심리적 거부감 때문인지, 발음을 담당하는 신체기관의 문제인지 등 먼저 읽기의 목적이 무엇인지 파악하도록 하는 것이 좋다.
- ①은 덩어리나 구 단위 보다 단어에 집중하며 ③은 읽기에 집중할 수 있도록 조용한 곳에서 치료사가 학습을 도와주는 것이 좋고 ④의 기본 시선은 왼쪽에서 오른쪽, 위에서 아래로 두도록 한다.

83 심리재활의 기본 원리가 아닌 것은?

① 희망을 갖는 것에 대해 강조함　　② 정신장애를 가진 사람만을 대상으로 함

③ 다양한 절충적 방법을 사용함　　④ 내담자의 의존성을 신중하게 다루어야 함

해설
심리재활의 기본 원리는 클라이언트의 병리보다 강점을 강조하며, 개별화된 평가를 통한 돌봄 체계를 확립하고, 개인의 자기결정능력을 향상시키며, 다양한 절충적 방법을 사용하여 조기개입을 통한 직업재활 및 사회로의 복귀에 대한 희망을 갖도록 돕는다.

84 위기개입의 단계를 바르게 나열한 것은?

> ㄱ. 문제 정의하기　　　　　　　　ㄴ. 환경적 지지와 대안 찾기
> ㄷ. 작업 동맹 형성 및 내담자 안정 보장　　ㄹ. 내담자가 변화를 시도하도록 도와주기
> ㅁ. 추수 상담 의뢰

① ㄱ → ㄷ → ㄹ → ㄴ → ㅁ　　　② ㄱ → ㄴ → ㄷ → ㄹ → ㅁ

③ ㄷ → ㄱ → ㄹ → ㄴ → ㅁ　　　④ ㄷ → ㄱ → ㄴ → ㄹ → ㅁ

해설
- Patterson과 Welfel은 위기개입의 6단계를 제시하였다.
- 순서는 작업 동맹 형성, 내담자의 안전 보장, 위기사정(문제 정의하기), 내담자의 지지체계 평가 및 확보(환경적 지지와 대안 찾기), 내담자의 변화시도를 위한 행동계획 지원, 위기해결 점검을 위한 추수상담이다.

82 ② 　83 ② 　84 ④ { 정답 }

85 **Bandura의 자기효능감 증진을 위한 상담법과 가장 거리가 먼 것은?**

① 과정적 성공과 결과적 성공 등 성공경험을 증진시켜야 한다.

② 내적인 자기수용 과정이 매우 필요하다.

③ Modeling을 적절히 활용할 필요가 있다.

④ 자신의 신체반응에 대한 적절한 지각과 해석이 중요하다.

해설
- Bandura의 자기효능감의 4가지 근원은 개인의 성공경험(과정적 성공과 결과적 성공), 정서적 각성(불안에 대한 신체자각과 해석), 대리경험(모델링의 활용), 사회적 설득(격려나 수행에 대한 구체적 피드백)이다.
- ②의 내적인 자기수용 과정은 Bandura의 자기효능감 증진을 위한 상담법에 해당하지 않는다.

86 **심리치료에서 언어적·비언어적 행동 관찰에 관한 설명으로 틀린 것은?**

① 치료자는 참여적 관찰자가 되어 내담자와의 상호작용에서 일어나는 행동의 불일치를 식별할 수 있어야 한다.

② 내담자의 문화적 배경에 따라 상담자의 행동이 다를 필요가 있다.

③ 관계 왜곡이란 치료 장면에서 내담자-치료자 이외의 제3의 어떤 인물이 존재하는 것과 같은 지각적 왜곡 현상을 말한다.

④ 내담자가 언어적·비언어적 행동 불일치인 혼합 메시지를 보일 때 내담자의 진심은 언어적 행동에서 파악될 수 있다.

해설
- 의사소통은 언어적인 측면과 비언어적인 측면으로 나뉠 수 있다.
- 메라비언의 법칙 : UCLA대학의 Albert Merabian(메라비언) 교수는 저서 Slient message에서 메라비언의 법칙을 말하였다.

인간이 대화할 때	비언어적 대화(nonverbal communication) 93 : 언어적 대화 7이다.
	비언어적 대화는 언어 : 음성 : 신체언어가 7 : 38 : 55의 비율을 가진다고 하였다.

- 따라서 내담자가 언어적·비언어적 행동 불일치인 혼합 메시지를 보일 때 내담자의 진심은 비언어적 행동에서 파악될 수 있다.

87 **상담 슈퍼비전에 관한 설명으로 옳은 것은?**

① 수련생의 교육을 위해 긍정적 피드백을 최소화한다.

② 수련생에게 수치심을 유발하지 않도록 '너 메시지'를 많이 사용한다.

③ 수련생의 자기평가는 자기효능감을 저해하므로 가능한 삼가도록 한다.

④ 수련생에게 슈퍼바이저에 따라 서로 다른 피드백이 가능함을 알린다.

해설 💝
• 긍정적 피드백을 많이 한다.
• "나 메시지"를 많이 사용한다.
• 수련생의 자기평가를 지지한다.

88 정신분석적 심리치료의 주요 기법 중 자유연상에 관한 설명으로 틀린 것은?

① 자유연상 기법은 최면 사용에 대한 불만을 품고 개발된 것이다.

② 환자의 방어가 약화됨에 따라 환자의 연상은 점점 기괴해지고 진정한 의미를 찾기 어려워진다.

③ 자유연상에서 환자는 마음속에 떠오르는 어떤 것이든 모두 말하도록 격려된다.

④ 자유연상에서의 연상들을 따라가면 환자의 삶 속의 중요하거나 억압된 어떤 부분에 이르게 된다.

해설 💝
• 자유연상은 치료자가 내담자로 하여금 마음에 떠오르는 모든 내용, 즉 그러한 내용이 아무리 바보 같고, 괴상하고, 시시하게 보일지라도 검열하지 말고 표현하게 하는 것이다.
• 자유연상은 내담자가 방어기제를 사용하여 억압한 무의식에 숨겨진 진실을 찾기 위해 사용하는 기법이다. 내담자 하나하나의 내용은 무의미할 수 있다. 하지만, 연상을 통해 표현된 무의미한 여러 가지 내용이 함께 조각조각 맞추어질 때 의미를 갖게 된다.

89 재활상담에 관한 설명과 가장 거리가 먼 것은?

① 재활상담자는 환자에게 지지적이고 적극적이어야 한다.

② 재활상담의 목적은 환자가 재활하려는 동기를 가지도록 하는데 있다.

③ 재활상담에서는 환자와 상담자의 관계가 특히 중요하다.

④ 재활상담은 모든 훈련과 교육, 환경적 지원이 제공된 이후에 실시하는 것이 좋다.

해설 💝
• 재활상담은 훈련과 교육, 환경적 지원이 제공된 이전에 실시하는 것이 좋다.
• 건강심리학은 사람들이 질병에 걸리지 않도록 예방하기 위해 건강에 영향을 주는 생물학적, 사회학적 조건을 분류하며, 만성질환을 진단하고 생리적, 심리적 재활에 포함되는 부정적인 사고와 부적응적인 행동요인을 수정할 수 있도록 돕는다.
• 정신장애재활의 기본 목표는 각종 질병과 사고로 인하여 장애가 생긴 환자가 주어진 조건에서 최대한의 신체적·정신적·사회적 능력과 잠재적 능력을 발달시켜 가능한 한 정상적인 생활을 하게끔 이끄는 것이다.
• 심한 장애를 입었을 경우 병전 기능을 회복할 수 없을 수도 있다.

88 ② 89 ④ { 정답 }

90 **현실치료 이론에 관한 설명으로 옳은 것은?**

① 내담자의 현실문제에 초점을 두기 때문에 정신병에 대해서는 적용 가능하지 않다.

② 내담자의 문제는 환경적인 여건에 의존하므로 환경의 개선에 많은 노력을 기울인다.

③ 상담자의 지시적이고 적극적인 개입이 필요하기 때문에 유머는 중요하게 고려되지 않는다.

④ 문제를 겪고 있는 사람들은 자신의 기본적 욕구가 충족되지 않기 때문에 고통을 받는다고 가정한다.

해설
- 현실치료는 사람들이 스스로 인생의 방향을 설정하고 좀 더 효율적인 행동선택을 하도록 도와주는 방법이다.
- 현실치료에서는 과거에 어떤 일이 일어났거나 어떤 환경 조건에 처해있음에도 불구하고 연연해 하지 않고, 자신의 행동을 주도적으로 선택하여 책임지고 효율적으로 자신의 욕구를 충족시키면서, 현재와 미래를 즐겁게 살아나갈 수 있도록 인도하는데 역점을 두고 있다.

91 **인간중심치료에서 내담자의 성장을 돕기 위해 치료자가 갖추어야 할 조건으로 가장 강조되는 것은?**

① 명확한 저항 해석　　　　　② 비판적 태도

③ 공감적 이해　　　　　　　④ 마음챙김과 탈중심화

해설
인간중심치료에서 내담자의 성장을 돕기 위해 치료자가 갖추어야 할 조건은 공감적 이해, 무조건적 존중, 진솔성이다.

92 **내담자 평가를 위한 효과적인 면담의 일반적인 원칙과 가장 거리가 먼 것은?**

① 환자의 신뢰를 얻기 위해 유능하다는 것을 보여주는 평범한 방법으로 전문인답게 옷을 입는 것도 방법이 된다.

② 내담자가 침묵할 때 치료자가 직면의 방식으로 내담자가 말하기를 계속 기다리는 것은 긍적적인 관계를 촉진한다.

③ 감정 이입적 진술이 도움이 되지만, 너무 과용하면 부자연스럽고 성의 없이 들릴 수 있다.

④ 유혹적인 환자에게는 공식적인 치료 관계를 유지하는 것이 좋다.

해설
- 내담자가 침묵할 때 치료자는 내담자에게 침묵의 이유를 설명해달라고 하거나, 침묵을 견디고 기다려준다.
- 내담자의 침묵에 직면의 방식으로 내담자가 말하기를 계속 기다리는 것은 부정적인 반응이다.

{ 정답 } 90 ④　91 ③　92 ②

93 다음 중 우울증에 대한 인지치료 접근과 가장 거리가 먼 것은?

① 체계적 둔감법

② 역기능적인 신념 수정

③ 부정적인 자동적 사고 수정

④ 인지적 오류 수정

해설

체계적 둔감법은 불안장애에 대한 행동치료적 접근이다.

94 자기감찰(self monitoring)에 관한 설명과 가장 거리가 먼 것은?

① 행동평가 혹은 인지행동평가 및 치료에서 주로 사용하는 방법이다.

② 저항이 매우 적고 신뢰할 수 있는 자료수집이 가능하다.

③ 역기능적 신념기록지 역시 자기감찰방법이다.

④ 계산기나 초시계 등 도구를 사용하기도 한다.

해설

자기감찰은 피험자로 하여금 스스로에 대한 사고, 행동, 감정을 스스로 파악하여 기록하게 하는 방법으로 피험자가 자신의 반응에 대해 진솔하지 못하고 거짓으로 꾸밀 경우 자료를 신뢰할 수 없다.

95 성 피해 초기 상담 시 주의사항으로 적절하지 않은 것은?

① 치료 과정과 절차에 관해서 이해하고자 노력해야 한다.

② 내담자의 감정과 정서를 이해하고자 노력해야 한다.

③ 내담자가 성 피해 사실을 부정하더라도 상담을 즉시 진행해야 된다.

④ 상담의 진행 속도와 방법에 대해서는 내담자에게 선택권을 주어야 한다.

해설

- 피해자가 상담실에 처음 와서 성폭력 피해 문제가 없다고 부정을 하면 이를 허락해 준다.
- 많은 내담자가 도움을 받고 싶어 하지만 또한 성 피해 사실을 드러내지 않고 부정하고 싶어 한다. 이러한 경우 상담자가 억지로 말하도록 강요하지 않고 피해자가 준비되면 언제든지 상담할 수 있다고 기회를 주는 것이 좋다.
- 마냥 기다리지 않고 피해 후유증에 관하여 교육을 시켜주어 자신의 피해 상황을 알아차리도록 하는 것이 좋다.

96 윤리적 갈등상황에서 상담자가 취할 수 있는 행동으로 옳지 않은 것은?

① 관련된 윤리규정을 찾아 적용하기

② 상급자 혹은 기관의 책임자와 의논하기

③ 윤리적 결정을 내리게 된 근거, 과정에 대해 기록하기

④ 비밀보장 원칙에 따라 상담자가 독자적으로 판단하기

해설

상담자가 독자적으로 판단하지 않고 내담자에게 비밀보장의 원칙을 알려주고 설득한다.

97 중독상담에서 활용하는 인지행동기법으로 옳은 것은?

① 양면은유
② 소크라테스 질문법
③ 인지적 탈융합
④ 빈 의자 기법

해설 💙
- 비합리적 신념을 논박하는 인지행동기법으로는 소크라테스 질문법, 설명식 논박법, 풍자적 방법, 대리적 모델링이 있다.
- 인지적 탈융합은 수용전념치료 이론이며, 빈 의자 기법은 게슈탈트 치료 기법이다.

98 상담자가 비행청소년 상담을 학교와 연계하여 실시하고자 할 때, 수행해야 하는 사전 작업과 가장 거리가 먼 것은?

① 학교 내 물리적 공간의 확보
② 학교 행정책임자와의 관계 형성
③ 비행청소년 집단의 파악
④ 공동작업의 활성화

해설 💙
- 공동작업의 활성화는 비행청소년 상담을 학교와 연계하여 실시하고자 할 때, 수행해야 하는 사전 작업이 아니다.
- 비행청소년 상담을 학교와 연계하여 실시하고자 할 때
  – 학생상담을 학교 행정책임자 및 교사(교장, 생활지도부장, 담임)와 관련된 상황을 알려드리는 회의를 한다.
  – 학생상담을 할 수 있는 학교 내 물리적 공간과 시간을 확보해야 한다.
  – 학생이 어떤 친구들과 어울리고 있는지 교우관계를 파악한다.

99 다음 사례에서 가장 적절하지 못한 개입은?

> 인성이는 초등학교 4학년 남학생으로, 요즘 인터넷 게임에 몰두하느라 잠을 안자고 학교성적도 떨어지고 부모님과의 갈등도 심하다. 치료자는 인성이와 부모님을 만나서 치료를 시작하기로 했다.

① 인터넷 사용에 대한 양자 간의 대화를 이끌었다.
② 인성이가 목표를 달성하면 인기 게임 CD를 사주기로 행동계약을 하였다.
③ 주중에 인터넷 사용기간을 관찰한 후, 행동수정 계획표를 작성하였다.
④ 인성이 혼자 사용하던 컴퓨터를 거실로 옮겨 놓게 하였다.

해설 💙
인성이가 목표를 달성하면 인기 게임 CD를 사주기로 행동계약을 한다면, 인성이는 게임 CD를 얻기 위해 잠시 게임을 멈출 수 있겠지만, 인터넷 몰입행동이 수정된 것은 아니다.

{ 정답 } 97 ② 98 ④ 99 ②

100 성격장애에 관한 Millon의 강화모형에 의하면, 자기애성 성격은 어떤 유형에 해당하는가?

① 능동–독립적

② 수동–독립적

③ 능동–의존적

④ 수동–의존적

해설

Millon의 강화모형에 의하면 자기애성 성격은 자신감 있는 수동–독립적 유형이다.

- Millon의 생물사회적 학습유형 모형
  - 성격 : 정적 강화물을 성취하고 처벌을 회피하는 특정 양식을 반영하는 습관적 대처방식
  - 강화를 추구하는 도구적 양식 2가지와 강화의 출처를 나타내는 4가지 조항으로 8개의 성격유형을 만들어 냄
- Millon의 강화 모형(2×4 : 도구적 행동×강화원천)

도구적 행동양식	강화의 원천			
	독립적	의존적	양가적	이탈적
능동적(순향적)	원기 왕성한 성격	사교적 성격	민감한 성격	억제적 성격
수동적(반응적)	자신감 있는 성격	협동적 성격	공손한 성격	내성적 성격

Plus

Millon의 성격유형은 다음과 같다.

강화모형에 따른 성격유형		병리적인 변형	
원기 왕성한 성격(능동적·독립적)		반사회적 성격장애	
자신감 있는 성격 (수동적–독립적)	자기애성 성격장애	자신감 있는 성격 (수동적–독립적)	자기애성 성격장애
사교적 성격 (능동적–의존적)	히스테리성 성격장애	협동적 성격 (수동적–의존적)	의존성 성격장애
민감한 성격 (능동적–양가적)	수동–공격성 성격장애	공손한 성격 (수동적–양가적)	강박성 성격장애
억제적 성격 (능동적–이탈적)	회피성 성격장애	내성적 성격 (수동적–이탈적)	분열성 성격장애

100 ② { 정답 }

1과목 심리연구방법론

01 연구가설이 갖추어야 할 기준과 가장 거리가 먼 것은?

① 검증 가능해야 한다.

② 단순성을 배제해야 한다.

③ 흔히 미래형으로 진술된다.

④ 두 개 이상의 변인 사이에 기대되는 관계로 진술된다.

해설

연구가설은 둘 이상의 변인관계에 대한 추측성 진술문이다. 좋은 가설의 기준이 2가지가 있다.
- 가설은 변인 간의 관계를 진술한다.
- 가설은 진술한 것을 검증한다는 의미를 담고 있다. 또한 가설을 기술한 문장은 다른 의미로 해석되지 않도록 구체적이고 간단명료해야 하며 흔히 미래형으로 기술된다.

02 도덕적 추론의 발달을 연구하기 위해 한 시점에 50명의 4세 아동, 50명의 6세 아동, 50명의 8세 아동을 대상으로 연구를 진행하였다. 각각의 아이들에게 도덕적 문제의 해결책을 제시하도록 하고 그 과정을 조사하여 결과를 비교하였다. 이는 어떠한 연구에 해당하는가?

① 종단연구

② 질적연구

③ 동년배 집단 시계열 연구

④ 횡단연구

해설

- 종단연구 : 여러 시점에 걸쳐 반복 조사하는 연구방법
- 질적연구 : 대상의 질적 측면에 주목한 연구
- 동년배 집단 시계열 연구 : 시계열(시간의 흐름에 따라 기록된 것) 자료(data)를 분석하고 여러 변수 간의 인과관계를 분석하는 연구방법
- 횡단연구 : 특정한 시점에서 조사하는 연구방법

{ 정답 } 01 ② 02 ④

03 우울증을 측정하기 위해 새로 개발한 검사가 기존의 우울증 검사와 상관이 높은 것으로 나타났다면 이 검사는 어떤 종류의 타당도가 높은 것인가?

① 안면타당도　　　② 수렴타당도　　　③ 내용타당도　　　④ 변별타당도

해설

- 안면타당도 : 피검사자들이 주관적으로 체감하는 타당도
- 수렴타당도 : 서로 다른 방법으로 동일한 개념을 측정했을 때 측정결과들 간의 상관관계가 높다면 수렴타당도가 높아짐
- 내용타당도 : 검사항목이 측정하고자 하는 것을 제대로 측정할 수 있는지 전문가의 의견을 종합하여 평가
- 변별타당도 : 서로 다른 방법으로 동일한 개념을 측정했을 때 측정결과들 간의 상관관계가 낮다면 변별타당도가 높아짐

04 통계적 추론에서 추정에 대한 설명으로 틀린 것은?

① 통계적 추정이란 표본에서 얻은 통계량을 이용하여 모집단의 모수를 추정하는 것이다.

② 기술통계학도 엄격히 말하면 추리통계적 요소를 가지고 있다고 할 수 있다.

③ 모수를 추정하기 위한 통계량을 추정치(estimate)라고 하고, 표본조사의 결과로 얻은 추정치의 측정값을 추정량(estimator)이라고 한다.

④ 기술통계학은 그 자신이 모수가 되는 것이고, 추리통계학은 그 자신이 모수가 되기 어려운 표본에서 모수를 추정하는 것이다.

해설

통계적 추론에서 모수를 추정하기 위한 통계량은 추정량(estimator)이라고 하고 표본조사 등의 결과로 얻은 구체적인 수치로 얻어진 추정량을 추정치(estimate)라고 한다.

05 심리학 과목의 기말고사 성적은 평균(mean)이 40점, 중위값(median)이 38점이었다. 점수가 너무 낮아서 담당 교수는 12점의 기본점수를 더해 주었다. 새로 산정한 점수의 중위값은?

① 40점　　　② 42점　　　③ 50점　　　④ 52점

해설

새로 산정한 중위값＝중위값＋기본점수
38＋12＝50

06 다음 중 비율척도에 해당하지 않는 것은?

① 길이　　　　　② 무게　　　　　③ 시간　　　　　④ 학번

해설 💕

학번은 명명척도이다.

07 다음에서 설명하는 질적연구방법은?

> • 사람들의 경험에 대한 설명이나 묘사된 이야기(story)가 중심이 된다.
> • 등장인물, 문제, 해결 등 문헌적 요소를 포함한 이야기로 재진술한다.

① 문화기술지 연구
② 현상학적 연구
③ 근거이론 연구
④ 내러티브 연구

해설 💕

• 문화기술지 연구 : 문화공유집단이 가지고 있는 가치, 행동, 신념, 언어의 공유되고 학습된 패턴을 기술하고 해석하는 질적연구 설계의 한 형태
• 현상학적 연구 : 하나의 개념이나 현상에 대한 여러 개인의 체험 공통적 의미를 기술
• 근거이론 연구 : 연구자가 많은 수의 참여자들의 관점에서 형성된 과정, 행동, 상호작용에 대한 일반적인 설명(이론)을 창출하는 질적 연구설계
• 내러티브 연구 : 한두 사람을 연구하는 데 초점을 두고, 그들의 이야기를 수집함으로써 자료를 모으며 개별적인 경험을 보고한 이러한 경험들의 의미를 연대기적으로 나열하는 것

08 상관연구에 관한 설명 중 틀린 것은?

① 변인들 간의 관련성의 정도를 측정하는 통계방법이다.
② 두 개 이상의 양적이며 동시에 연속적인 변인이 필요하다.
③ 독립변인을 조작한 실험연구의 자료를 이용한다.
④ 변인들 간 상관의 강도가 클수록 산포도상에서 점수들은 서로 모여 있는 경향이 있다.

해설 💕

독립변인을 조작한 실험연구의 자료는 회귀분석으로 통계분석을 한다.

09 **피험자 내 설계(within-subject design)의 장점으로 가장 적합한 것은?**

① 이중은폐 절차의 사용이 가능하다.

② 연습효과가 있어 정확한 데이터 수집이 가능하다.

③ 개인차로 인한 실험의 효과를 통제할 수 있다.

④ 이월효과(carry-over effect)를 통제할 수 있다.

해설

[피험자 내 설계(Within-subject design)]
동일한 하나의 참가자를 실험처치 이전에 관찰하고, 실험처치 후에 또 관찰하는 방법이다. 이 방법은 피험자를 많이 구하지 않아도 된다는 장점이 있지만 반대로 그 때문에 신뢰도가 떨어진다는 단점이 있다.

10 **요인들 간의 관계가 상호 독립적이라고 간주할 수 있는 경우 사용하는 요인회전방식은?**

① Oblimin   ② Oblique   ③ Quartimin   ④ Varimax

해설

1. 요인분석
- 요인분석은 문항이나 변수들 간의 상호관계를 분석하여 상관이 높은 문항이나 변수들을 모아 요인으로 규명하고 그 요인의 의미를 부여하는 통계적 방법이다.
- 요인분석을 하는 이유는 ① 차원을 축소하여 대상을 파악하고, ② 차원축소를 통한 다중공선성의 문제를 해결하고, ③ 데이터를 축소하여 분석을 용이하게 하기 위함이다.
- 요인분석의 순서는 탐색적 요인분석(EPA ; exploratory factor ananlysis)에서 확인적 요인분석(CFA ; confirmatory factor analysis)의 순으로 이루어진다.

2. 요인회전
- 요인회전 : 요인을 회전한다는 것은 용인행렬을 좌표계 위에서 새롭게 생각한다는 의미이다.
- 요인의 회전 목적은 가장 해석이 쉬운 용인행렬, 즉 최종구조(final structure)를 산출하는 데 있다.

3. 직교회전과 사각회전
요인분석을 할 때는 직교회전과 사각회전이 있다.
- 직교회전 : 회전된 인자들이 서로 상관되지 않도록 제약하는 방법으로 가장 전통적이고 관습적인 방법이다.

varimax	한 공통인자에 대해 변수가 가지는 인자적재값 제곱의 분산이 최대가 되도록 변환하는 방법으로 loading matrix 각 열의 분산을 최대화한다(가로방향).
quartimax	한 변수가 각각의 공통인자에서 차지하는 비중의 제곱에 대한 분산을 최대화하는 방법으로 loading matrix 각 행의 분산을 최대화한다(세로방향).

- 사각회전 : 상관된 인자들을 허용하는 방법이다.

oblimin	인자들 사이의 상관성 정도를 제어
promax	회전에 의해 적재값을 어떤 승수로 올리는 방법, 인자들 사이에 낮은 상관성을 갖도록 함

11 구조방정식 모형에서의 적합도 지수 중 전반적 적합도를 평가하는 절대 적합지수에 해당하는 것은?

① GFI(Goodness of Fit Index) ② NFI(Normed Fit Index)

③ NNFI(Non Normed Fit Index) ④ CFI(Comparative Fit Index)

해설

- GFI(Goodness of Fit Index) : GFI는 일반적으로 0~1.0 사이의 값을 가지며, 예측된 모델에 의해 설명되는 관측모델의 상대적인 분산과 공분산의 양을 측정하는 척도로 정의한다. 따라서 GFI는 회귀분석에서 R-square와 비슷하게 해석될 수 있다.
- NFI(Normed Fit Index) : 기초모델에 비해 제안모델이 어느 정도 향상되었는가를 나타내는 것이다. 예를 들어, NFI가 .90이라는 의미는 기초모델에 비해 제안모델이 90%향상되었음을 의하는 것이다. 일반적으로 .90 이상이면 수용할 만하다고 여긴다.
- CFI(Comparative Fit Index) : 내포모델에서 NFI의 결함을 극복하기 위해 모집단의 모수 및 분포를 표시하는 관점에서 개발되었다. CFI는 0~1 사이의 값을 가지며, 일반적으로 .90이상이면 좋은 적합도를 갖는 것으로 본다.

Plus

유형	적합지수	최적모델
절대적합지수	Chi-square	>0.05
	GFI	0.09 이상, 1.0에 가까울수록
	RMR	0.05 이하, 0에 가까울수록
	RMSEA	0.05 이하, 0에 가까울수록
증분적합지수	NFI	0.09 이상, 1.0에 가까울수록
	TLI	0.09 이상, 1.0에 가까울수록
	CFI	0.09 이상, 1.0에 가까울수록
간명적합지수	AGFI	0.09 이상, 1.0에 가까울수록
	AIC	작은 값일수록(다른 모델과 비교)

12 다음 사례에 해당하는 표집방법은?

한 연구에서 00시 초등학교 6학년 학생들의 평균 지능을 알아보고자 일차표집단위로 00시에 위치한 초등학교 20개를 무선 추출 후, 추출된 학교마다 한 학급 학생 전원을 대상으로 지능검사를 실시하였다.

① 단순무작위표집방법 ② 층화표집방법

③ 군집표집방법 ④ 할당표집방법

해설

- 단순무작위표집방법 : 표집오차를 가장 최소화할 수 있는 표집(난수표 이용이 대표적)
- 층화표집방법 : 특정 하부그룹의 대표성이 요구될 때 이용, 하부그룹을 대표하는 변인들로는 성별, 나이, 종교, 수입 정도 등

{ 정답 } 11 ① 12 ③

- 군집표집방법 : 특정집단, 마을을 표본단위로 무작위 추출하고 추출된 군집 내에서 대상을 표본으로 추출하는 방법으로 각 군집 간 요소들이 이질적이고, 군집 간 평균은 동질적일 때 좋다
- 할당표집방법 : 사전에 결정되어 있는 백분율과 일치하도록 표본을 추출하는 방법, 확률적 표집처럼 보이나 무작위 추출이 아니기 때문에 표본의 대표성은 떨어짐

13 표본크기와 표집오차에 관한 설명으로 옳은 것은?

① 표본크기와 표집오차는 관련이 없다.

② 전수조사를 하면 표집오차가 커진다.

③ 표본크기가 1000 이상이면 표집오차는 0으로 간주한다.

④ 표집오차는 표본크기를 결정하는 요인 중 하나이다.

해설

- ①표본크기가 클수록 표집오차는 작아진다.
- ②전수조사를 하면 표집오차는 0에 수렴할 정도로 작아진다.
- ③표본크기가 아무리 커도 표집오차는 존재한다.

14 다음 중 확률변수에 관한 설명으로 틀린 것은?

① 확률변수 C에 대한 특성을 수치로 나타낸 것을 확률변수의 특정치라 하고, 그 특정치로는 기대치, 분산, 적률 등이 있다.

② 확률변수 C,U가 독립일 때 $E(CU)=E(C)\times E(U)$이다.

③ C와 U가 독립확률변수일 때, $V(C+U)=V(C)+V(U)$이고 $V(C-U)=V(C)-V(U)$이다.

④ 각 자료와 평균의 차이를 평균한 것은 1이다.

해설

- ④ 각 자료와 평균의 차이를 평균한 것은 0이다.
- 확률변수란 일정한 확률을 가지고 발생하는 사건에 수치를 부여한 것으로 통계에서 관측치(개별자료)와 전체 자료 평균 간 차이를 "편차"라 한다. 이러한 편차의 평균은 0이 되는데 이는 개별자료의 편차를 모두 더하면 "0"이 되기 때문이다.

15 과학적인 인과관계를 추정하기 위한 기본조건과 가장 거리가 먼 것은?

① 일관성이 있는 특정 공변성(covariation)

② 원인에서의 변화가 결과에 선행하는 시간적 순서

③ 원인에서의 변화와 결과에서의 변화를 제외한 다른 현상의 통제

④ 유사(spurious)관계의 존재

해설

유사(spurious)관계란 허위관계 혹은 실제로 존재하지 않은 관계로 인과관계와는 상관이 없다.

16 분산분석을 위한 모형에서 오차항에 대한 가정에 해당되지 않는 것은?

① 정규성   ② 일치성   ③ 독립성   ④ 등분산성

> **해설** 💬
>
> 분산분석을 위한 모형에서 오차항에 대한 가정은 다음과 같다.
>
> | 정규성 | 정규분포를 가정 |
> |---|---|
> | 독립성 | 오차의 크기가 다른 오차의 영향을 받지 않고 독립적으로 결정된다는 것을 의미 |
> | 등분산성 | 처지집단별 오차의 분산크기가 동일하다는 가정 |

17 솔로몬 4집단설계에 관한 설명으로 옳지 않은 것은?

① 두 집단에는 사전검사를 실시하지 않는다.

② 통제집단 사전사후 측정설계와 통제집단 사후 측정설계를 통합한 형태이다.

③ 다소 복잡한 것이 문제이지만 내적타당도를 확보한다는 측면에서 이상적이다.

④ 실험처치 기간이 단기일 때보다 장기일 때 더 적합하다.

> **해설** 💬
>
> 실험처치 기간이 단기일 때 더 적합하다.
>
> 😊 **Plus**
>
> - 솔로몬의 4집단 설계는 통제집단 사후설계와 통제집단 사전-사후 설계방안을 혼합한 것.
> - 4가지 조사대상 집단을 필요로 함.
> - 사후설계와 통제집단 사전-사후설계의 장점을 가지는 동시에 실험자로 하여금 사전검사와 처치를 더한 조합과 그렇지 않고 양자 중 하나만 더하거나 양자 모두 배제한 조합이 다른 결과를 보여주는가를 알려준다. 그러한 조합의 효과가 다를 때 이것을 상호작용 효과라고 한다.
> - 솔로몬의 4집단 설계의 장점 및 단점
>
> | 장점 | • 통제집단 동등성을 확보함과 동시에 조사대상의 감사에 대한 민감화 효과를 제거한다는 것이다.
 • 다양한 실험설계 중 가회변인의 영향력을 가장 널리 제거할 수 있는 내적·외적 타당도가 높은 설계 방안이라고 할 수 있다. |
> |---|---|
> | 단점 | • 많은 대상자를 필요로 하고 설계비용이 많이 든다. |

18 중심경향 측정치 중 명목척도에서 구할 수 있는 유일한 중심경향 측정치로 표본오차에 크게 영향을 받는 것은?

① 최빈치   ② 중앙치   ③ 산술평균   ④ 가중평균

> **해설** 💬
>
> 명목척도의 명명의 방법은 전통적인 방법으로 명명 대상의 고유성을 주되게 나타내는 방법이다. 예를 들면 전화번호, 성별, 이름, 주소 등이 있다. 따라서, 순서나 사칙연산의 개념이 불필요하거나 없다. 즉, 불가산 집합이다. 이럴 경우에는 최빈값, 즉 가장 많이 관측되는 수, 즉 주어진 값 중에서 가장 자주 나오는 값이 유일한 통계치이다.

{ 정답 } 16 ②   17 ④   18 ①

19 다중회귀분석에서 나타나는 축소현상(shrinkage)에 관한 설명으로 틀린 것은?

① 표본이 커지면 증가한다.

② 예언변인의 수가 많을수록 증가한다.

③ 동일연구를 반복할 때 예측타당도가 낮아지면서 나타나는 현상이다.

④ 한 표본에서 얻어진 b 값을 다른 표본에 적용했을 때 중다상관계수 R이 처음보다 작아지는 것을 말한다.

해설

다중회귀분석에서 나타나는 축소현상(shrinkage)은 표본의 수와는 상관이 없다.

20 다음 분산분석 결과표에서 ㄱ,ㄴ,ㄷ에 들어갈 숫자는?

source	SS	df	MS	F
집단 간	24	(ㄱ)	(ㄴ)	(ㄷ)
집단 내	24	6	4	
전체	48	8		

① ㄱ : 3, ㄴ : 8, ㄷ : 2   ② ㄱ : 2, ㄴ : 12, ㄷ : 3

③ ㄱ : 2, ㄴ : 8, ㄷ : 2   ④ ㄱ : 3, ㄴ : 8, ㄷ : 3

해설

• ㉠ : df 전체=df 집단 간+df집단 내, 8=ㄱ+ 6, ㄱ=2
• ㉡ : MS=SS/df=24/2=12
• ㉢ : F=집단 간 SS/집단 내 SS=12/4=3

21 **변태성욕장애에 관한 설명으로 틀린 것은?**

① 문화권마다 수용되는 성적 행위나 대상이 다르기 때문에 변태성욕장애는 사회문화적 요인을 고려해야 한다.

② 남녀의 발생비율이 20:1로 추정될 만큼 압도적으로 남자에게 많이 나타난다.

③ 노출장애는 낯선 사람에게 성기를 노출시키지만, 성행위를 하려고 시도하는 경우는 드물다.

④ 소아성애장애는 특히 여아를 선호하는 개인의 경우 만성적이며, 남아를 선호하는 비율이 여아를 선호하는 비율의 2배로 추정된다.

해설

소아성애장애자의 관심은 나이대에 집중되어 있고 성별과는 상관이 없다.

Plus

성도착증(변태성욕장애)은 비정상적인 성적 만족을 위하여 반복적으로 특정 행위 및 대상에 대한 성적 선호를 보이는 것을 말한다.

22 **치매와 섬망을 감별할 때 가장 중요한 인지적 양상은?**

① 기억   ② 사고   ③ 의식   ④ 주의

해설

섬망과 치매의 감별에서 가장 유용한 부분은 증상의 발생과 경과이다. 섬망은 갑작스럽게 발생하고 수일 내 심해지고 다시 호전된다. 이때 섬망의 핵심증상은 의식 혼탁 즉 각성상태와 혼수상태의 중간 상태로 이런 의식장애의 상태는 하루 중에도 각성과 혼수의 상태가 번갈아 오고 간다.

23 **도박장애에 관한 설명으로 옳은 것은?**

① 돈을 따는 과정에서 느끼는 강한 흥분이 도박 행동을 지속하게 만드는 것은 고전적 조건형성에 해당한다.

② 도박을 중단하면 안절부절 못하고 우울해지거나 과민하고 집중력이 저하되는 금단 증상을 보인다.

③ 교감신경계를 활성화시켜 강박사고를 감소시킬 수 있다는 점에서 강박장애의 변형된 형태로 본다.

④ 규칙적이고 즉각적인 강화물이 주어질 경우 병적 도박을 유발, 지킬 가능성이 높다.

{ 정답 } 21 ④ 22 ③ 23 ②

- 돈을 따는 과정에서 느끼는 강한 흥분이 도박 행동을 지속하게 만드는 것은 도구적 조건형성에 해당한다.
- 도박장애는 DSM-5에서 물질사용 및 중독성 장애의 하위유형이다.
- 간헐적 강화물이 주어질 경우 병적 도박을 유발, 지킬 가능성이 높다.

24 **노인우울증의 특징에 관한 설명으로 옳은 것은?**

① 젊은 연령층과는 달리 남녀 유병율이 비슷하다.

② 신체증상, 건강염려증적 호소, 죄책감이 빈번하다.

③ 기억을 효율적으로 인출하는 능력의 저하가 흔하다.

④ 조발성(early onset)보다 만발성(late onset)에서 우울증 가족력이 높다.

- 노인우울증은 여성이 더 많다.
- 불안, 기억력 손상, 신체증상, 초조감, 체중감소, 변비, 건강염려증적 증상, 히스테리성 행동, 망상 등이 많은 것이 노인 우울증 환자의 주된 특징
- 조발성(early onset)에서 우울증 가족력이 높다.

25 **해리장애에 대한 설명으로 틀린 것은?**

① 정신분석적 처치가 가장 널리 적용된다.

② 정체감, 기억, 의식상의 변화가 특징이다.

③ 가장 관계가 깊은 방어기제는 부인(denial)이다.

④ 아동기 때 받은 신체적 성적 학대가 주요원인으로 간주되고 있다.

가장 관계 깊은 방어기제는 해리(dissociaton)이다.

26 조현병은 장애 자체가 만성화 되는 것이 아니라 장애에 대한 취약성이 지속되는 장애이며, 조현병에 대한 취약성 정도는 개인마다 다르고 유전적 요인과 출생 전후의 신체적-심리적 요인에 의해 결정된다는 모델은?

① 취약성-스트레스 모델　　　　　② 취약성-회전 모델

③ 취약성-유전 모델　　　　　　　④ 취약성-분열 모델

해설
- 체질-스트레스 모델(Diathesis – stress model) 또는 취약성-스트레스 모델(vulnerability – stress model)은 선행적 취약성과 인생 경험 등으로 인한 스트레스 사이의 상호작용의 결과로서 장애 또는 그 궤적을 설명하려는 심리학적 이론이다.
- 체질(Diathesis)이라는 용어는 그리스어 단어 (διάθεσις)에서 소인 또는 감수성을 나타낸다. 체질은 유전적, 심리적, 생물학적 또는 상황적(사회적) 요인의 형태를 취할 수 있다. 장애 발병에 대한 개인의 취약성 간에는 큰 차이가 있다.
- 진화심리학 및 동물행동학을 비롯해 많은 연구들이 개체(개인)의 생물학적, 사회심리적 취약성은 이러한 연장선상에서 유전적, 사회심리적 상황의 스트레스와 상호 지속적으로 영향을 주고받음으로써 복합적 관계에서 그 발현이 결과로 진행한다는 사실을 중요하게 언급하고 있다.

27 이상행동에 관한 인지이론의 설명으로 맞는 것은?

① 개인 고유의 정서체계가 적응문제를 유발한다.

② 앨리스(A. Ellis)에 따르면 정서적 장애는 비합리적 신념을 초래한다.

③ 벡(A. Beck)은 우울장애에 널리 쓰이는 치료법을 개발했다.

④ 인지치료에 대한 효과는 실험연구로 검증되었다.

해설
- 개인 고유의 인지체계가 적응문제를 유발한다.
- 앨리스(A. Ellis)에 따르면 비합리적 신념이 정서적 장애를 초래한다.
- 인지치료에 대한 효과는 실험연구로 검증이 가능하다.

28 DSM-5의 파괴적, 충동조절 및 품행장애에 포함되지 않는 것은?

① 병적 방화　　　　　　　　　　② 털뽑기장애

③ 병적 도벽　　　　　　　　　　④ 간헐적 폭발장애

해설
털뽑기장애는 강박 및 관련장애의 하위유형이다.

{ 정답 } 26 ① 　27 ③ 　28 ②

29 **망상장애의 생물학적 원인에 해당하지 않는 것은?**

① 좌반구 측두엽 손상　　　　　　② 우반구 두정엽 손상

③ 변연계와 기저핵 이상　　　　　　④ 시교차상핵 손상

해설

- 망상장애는 생물학적으로 뇌의 도파민 과다에 따라서 망상이 발생한다. 특히 변연계(limbic system)이나 기저핵 부위의 과활성이 많이 보고된다. 항정신병 약물의 경우는 증가한 도파민을 감소시키는 역할을 한다.
- 시교차상핵(suprachiasmatic nuclous)이 손상되면 육체적인 활동과 수면, 각성, 음식 섭취, 수분 섭취 등 하루의 생체 리듬이 파괴된다. 이 부위는 망막으로부터 시냅스를 통해 직접적으로 신호를 받으며, 밤낮의 주기와 하루의 리듬을 동시화하는 기능을 수행한다.

30 **다음 중 알코올사용장애에 대한 설명과 가장 거리가 먼 것은?**

① 알코올을 종종 의도했던 것보다 많은 양, 혹은 오랜기간 동안 사용한다.

② 매일 음주를 하며, 적은 양을 마신다면 가끔 중독을 보이는 것만으로 진단이 가능하다.

③ 알코올에 대한 갈망, 혹은 강한 바람, 혹은 욕구를 보인다.

④ 중독이나 원하는 효과를 얻기 위해 알코올 사용량의 뚜렷한 증가를 보인다.

해설

매일 음주를 하더라도 적은 양을 마시고 다른 생활 상의 적응에 큰 지장이 없다면 굳이 알코올 사용장애로 진단을 내리지는 않는다.

31 **클라크(Clark)와 웰스(Wells)는 사회공포증이 있는 사람에게서 일어나는 세 가지 변화를 언급하였다. 여기에 해당하지 않는 것은?**

① 목소리가 떨리고 주의집중이 안 되는 신체 및 인지의 변화가 일어난다.

② 수행을 하기 전에 자신의 수행이 부정적일 것이라는 반추사고가 나타난다.

③ 불안을 줄이고 부정적 평가를 받지 않기 위해 방어적 행동을 한다.

④ 주의가 자신에게 속하는 자기초점적 주의가 일어난다.

해설

클라크(Clark)와 웰스(Wells)는 사회공포증 모델 : ① 자기초점적 주의 ② 자기 신체 불안반응에 대한 지각 ③ 부정적 평가의 위험을 줄이기 위한 안전추구 행동(방어적 행동)

32 정신분석적 입장에서 설명하는 고착 현상과 이로 인해 나타나는 성격장애 간의 연결이 옳은 것을 모두 고른 것은?

> ㄱ. 구강기 – 의존성 성격장애
> ㄴ. 항문기 – 강박성 성격장애
> ㄷ. 남근기 – 자기애성 성격장애

① ㄱ   ② ㄱ, ㄴ   ③ ㄴ, ㄷ   ④ ㄱ, ㄴ, ㄷ

해설

1. 남근기에 고착된 남성
대부분 경솔하며 과장되고 야심적이다. 남근기형은 성공에 집착하여 항상 그들의 강함과 남자다움(과도한 남성성)을 나타내려고 노력한다.
남들에게 자신이 "진정한 남자"임을 확신시키려 한다(정력, 성기의 크기나 성적 능력에 대한 과시, 터프함, 만용에 가까운 용기, 박력, 술이 세다 등은 남근기적 성격과 밀접한 관련을 맺음).
2. 남근기에 고착된 여성
외양적으로는 매우 여성적이어서 순진무구하고 수줍음이 많으며 남성과의 친밀한 관계를 피하는 경향을 보인다(남성 컴플렉스).

33 신경인지장애에 대한 설명으로 옳은 것을 모두 고른 것은?

> ㄱ. 알츠하이머형은 뇌세포의 점진적 파괴로 인해 증상이 서서히 진행된다.
> ㄴ. 섬망은 기억력이 현저히 저하되고, 언어 및 운동기능이 감퇴한다.
> ㄷ. 섬망은 비가역적이며, 일반적으로 계속 진행되는 상태이다.
> ㄹ. 건망장애(amnestic disorder)는 의학적 상태나 물질의 효과로 인한 기억장애이다.

① ㄱ, ㄷ   ② ㄱ, ㄹ   ③ ㄴ, ㄷ   ④ ㄷ, ㄹ

해설

ㄴ, ㄹ은 치매에 관련된 내용이다.

34 조증 삽화의 진단기준이 아닌 것은?
① 주의집중력의 증가
② 목표지향적 활동의 증가
③ 수면에 대한 욕구의 감소
④ 팽창된 자존감 또는 심하게 과장된 자신감

Plus

조증삽화의 진단기준

자존감의 증가 또는 과대감

수면에 대한 욕구 감소 (예) 3시간의 수면으로도 충분하다고 느낌

평소보다 말이 많아지거나 끊기 어려울 정도로 계속 말을 함

사고의 비약 또는 사고가 질주하듯 빠른 속도로 꼬리를 무는 듯한 주관적인 경험

35 **학습장애에 대한 설명으로 틀린 것은?**

① 지능수준은 평균범위에 속하는 경우가 많다.

② 운동협응능력에 이상이 있을 수 있다.

③ 주된 치료방법은 약물치료이다.

④ 독해장애아동은 학년이 높아질수록 전과목의 성적이 저하될 수 있다.

해설

학습장애의 치료방법은 행동치료이다.

36 **범불안장애에 대한 설명으로 틀린 것은?**

① 근육의 긴장이나 수면 장애가 함께 나타나기도 한다.

② 일종의 다중공포증으로 여겨진다.

③ 벤조디아제핀 계열의 약물은 불안을 증가시켜 이 장애의 원인과 관련 있는 것으로 여겨진다.

④ 이 장애에 취약한 사람들은 위협에 대한 인지도식이 발달되어 있다.

해설

벤조디아제핀(benzodiazepines)은 중추신경계 안정제로 분류되며 우울증 같은 기분장애, 뇌전증, 불면증, 알코올 금단 증상 등의 치료에 널리 사용된다. 불안과 발작을 감소시키고, 근긴장도를 줄이며, 수면을 유도하는 효과를 낸다.

37 **DSM-5에서 조현병(정신분열병)의 진단기준에 포함된 증상에 해당하지 않는 것은?**

① 사고의 장애   ② 지각의 장애   ③ 기억의 장애   ④ 행동의 장애

해설

조현병과 기억은 상관이 없다.

38 **주의력결핍 과잉행동장애 아동에 관한 설명으로 옳은 것은?**

① 뇌의 도파민이 작용하는 영역, 즉 미상핵이나 전두엽 영역의 크기가 정상아동보다 크다.

② 약물 없이도 흥분되기 때문에 물질 중독에 빠질 가능성이 낮다.

③ 성인기가 되면 증상이 거의 없어진다.

④ 신경학적이고 유전적인 요인이 있다.

해설

주의력결핍 과잉행동장애(ADHD ; attention deficit hyperactivity disorder)는 주의산만, 과잉행동, 충동성을 주 증상으로 보이는 만성질환이며 대개 초기 아동기에 발병하여 만성적인 경과를 밟는 특징을 지닌다. 일반적으로 학습장애나 다른 발달상의 장애를 겸하는 수가 많고, 남아가 여아에 비해 3~4배로 보고되며, 적절한 치료가 이루어지지 않으면 학업수행이나 사회적 기능, 성인이 되어서는 직장업무 능력에 어려움을 겪을 수 있다.

39 **주요 우울장애의 진단기준에 관한 설명으로 틀린 것은?**

① 주요 우울삽화의 필수증상은 우울기분 또는 흥미나 즐거움의 상실이다.

② 반복적으로 죽음에 대해 생각하거나 자살사고를 나타낸다.

③ 무가치감 또는 과도하거나 부적절한 죄책감을 보인다.

④ 주요 우울삽화의 증상이 적어도 1주 이상 연속으로 지속되어야 한다.

해설

우울증의 필수증상이 적어도 2주 동안 지속되어야 한다.

40 **인간행동의 습득과정을 설명하고, 그것을 바탕으로 하여 변용을 시도하였으며 모델링 형성과정과 1차적 추동, 2차적 추동을 중시한 이론적 모델은?**

① 정신분석적 모델　　　　　　　② 생리학적 모델

③ 행동주의 모델　　　　　　　　④ 실존주의적 모델

해설

모델링은 행동주의 모델의 대표적 기법이다.

{ 정답 } 38 ④　39 ④　40 ③

41 청소년 내담자의 우울 정도를 측정하기 위한 도구로 적합하지 않은 것은?

① MMPI-A   ② PAI-A   ③ 16PF   ④ BDI-II

해설

16PF는 성격유형 검사이다.

42 다음 중 투사검사에 관한 설명으로 가장 적절한 것은?

① 수검자의 반응의 범위가 넓게 허용된다.

② 검사 실시가 비교적 간편하다.

③ 신뢰도 및 타당도가 양호하다.

④ 수검자가 방어나 반응의 조작이 쉽다.

해설

②, ③, ④는 객관적 검사에 해당하는 내용이다.

43 검사결과에 작용하는 검사자 변인과 수검자 변인으로 옳지 않은 것은?

① 반응효과   ② 기대효과   ③ 강화효과   ④ 코칭효과

해설

검사결과에 작용하는 검사자 변인과 수검자 변인으로는 기대효과, 강화효과, 코칭효과가 있다.

44 지능검사 결과에 관한 설명으로 옳은 것은?

① 웩슬러 검사에서 소검사 환산점수 7과 지표점수 90의 백분위는 같다.

② 신뢰구간 95%의 범위는 모든 지표점수에서 같다.

③ 소검사 환산점수 10과 지표점수 100의 백분위는 같다.

④ 신뢰구간 95%의 범위는 신뢰구간 90%보다 더 작다.

해설

소검사 환산점수 10과 지표점수 100의 백분위는 50%로 평균이다.

45 심리검사의 제작 단계를 순서대로 바르게 나열한 것은?

ㄱ. 문항 작성
ㄷ. 검사 방법의 결정
ㅁ. 문항 분석과 수정

ㄴ. 신뢰도와 타당도 검토
ㄹ. 규준과 검사 요강 작성

① ㄱ - ㄷ - ㄴ - ㅁ - ㄹ
② ㄷ - ㄱ - ㅁ - ㄴ - ㄹ
③ ㄷ - ㄹ - ㄴ - ㅁ - ㄱ
④ ㄹ - ㄱ - ㄴ - ㅁ - ㄷ

해설 🐾

심리검사의 제작단계는 검사방법의 결정 – 문항작성 – 문항분석과 수준 – 신뢰도와 타당도 검토 – 규준과 검사요강 작성의 순이다.

---

46 MMPI 검사의 타당도 척도 중 ?(무응답척도)가 상승할 수 있는 이유로 적절하지 않은 것은?

① 부주의

② 불충분한 읽기 수준

③ 채점이나 기록상 오류

④ 의미 있는 답변에 필요한 정보나 경험이 없을 때

해설 🐾

채점이나 기록상 오류는 ?(무응답 척도)가 상승할 수 있는 이유에 해당하지 않는다.

---

47 Afr $<$ .50에 대한 해석으로 가장 적절한 것은?

① 자신의 감정을 과도하게 표현하는 편이다.

② 비합리적인 사고를 한다.

③ 환상과 공상의 세계로 도피하려는 특성이 있다.

④ 사회적으로 위축되어 있다.

해설 🐾

[정서비 Afr]

- 3개 색채카드(Ⅷ, Ⅸ, Ⅹ)와 비색채카드(Ⅰ~Ⅷ)의 반응비율
- 정서적 자극상황을 개인이 어느 정도 수용하는지 반영
- 외향적인 사람들의 평균 Afr ; .60~.95 내향적인 사람들의 평균 Afr ; .50~.80정서표현에 어려움을 갖고 있는 피험자들이 그렇지 않은 피험자들보다 정서적 자극에 보다 빈번하게 반응하려는 경향

{ 정답 } 45 ② 46 ③ 47 ④

48 A는 학급 친구들로부터 따돌림을 받은 후 불안감과 고통을 호소하였다. A에게 PAI를 사용할 때 고려할 사항으로 옳지 않은 것은?

① 누락된 응답이 17개 이상인지 확인한다.

② 4개의 타당도 척도에서 반응일관성과 부주의, 무관심, 왜곡 등의 문제가 있는지 살펴본다.

③ 결정문항에서 '그렇다'는 반응이 3개 이상일 때부터 즉각적인 개입이 필요하다.

④ 임상척도에서 T점수 70이상이면 정상집단으로부터 이탈되었다고 해석할 수 있다.

해설

- PAI의 결정문항이란 즉각적인 관심을 필요로 하는 행동이나 정신병리가 있다는 것을 말한다.
- 망상과 환각, 자해 가능성, 공격 가능성, 물질남용, 꾀병 가능성, 비신뢰성과 저항, 외상적 스트레스에 관련된 27개의 문항으로 구성되어 있고 별지로 제공된다.
- 결정문항은 어떤 한 문항이라도 '그렇다'는 반응이 있을 경우 문항을 자세히 검토하고 추적질문을 해야 한다.

Plus

PAI 해석방법

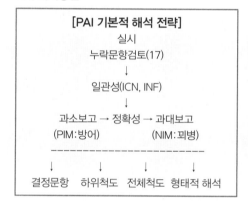

49 A는 평균 20점, 표준편차 4점, 측정의 표준오차 3점인 자존감 검사에서 14점이 나왔다. 자존감 검사가 정규분포라고 가정할 때 A의 점수의 위치에 관한 설명으로 옳은 것은?

① T점수 40점에 해당한다.

② Z점수 -1.5에 해당한다.

③ 웩슬러(Wechsler) 지능검사의 전체 IQ 70점에 해당한다.

④ 웩슬러(Wechsler) 지능검사의 소검사 환산점수 7점에 해당한다.

해설

Z점수 = (자료값 - 평균)/표준편차
    = (14 - 20)/4 = -1.5

50 객관적 성격검사에 관한 설명으로 옳은 것은?

① TCI의 인내력(P)척도는 성격척도이다..

② PAI의 공격성(AGG)척도는 치료고려 척도이다.

③ 16PF는 융(C. Jung)의 성격이론을 기반으로 개발되었다.

④ K-CBCL의 학업수행 척도는 문제행동증후군의 하위척도이다.

해설 ♥

① TCI의 인내력(P)척도는 기질척도이다..
② PAI의 공격성(AGG)척도는 치료고려 척도이다.
③ 16PF는 카텔(Cattel)의 성격이론을 기반으로 개발되었다.
④ K-CBCL의 학업수행 척도는 사회능력척도의 하위척도이다.

51 TAT에 관한 설명으로 틀린 것은?

① 통각은 객관적 자극과 주관적 경험의 상호작용으로 이루어진다.

② 모든 수검자에게 동일한 카드를 제공하지 않는다.

③ 검사는 두 번으로 나누어 시행할 수 있다.

④ Murray의 욕구-압력 분석법의 기본 가정은 욕구와 초자아가 상호작용한다는 것이다.

해설 ♥

Murray의 욕구-압력 분석법의 기본 가정은 욕구와 환경의 압력이 상호작용한다는 것이다.

52 Cattell-Horn이 제안한 유동-결정 지능 모형에 대한 설명으로 틀린 것은?

① 사고로 뇌 손상을 당한 경우 대게 유동 지능 보다 결정 지능이 더 큰 영향을 받는다.

② 결정지능은 환경과 경험으로 결정될 가능성이 크다.

③ 결정지능은 유동 지능이 경험을 통해 결정된 지능이기 때문에 두 지능은 서로 상관이 있다.

④ 유동지능은 선천적으로 타고나고 문화나 환경에 따라 변화되지 않는 일반적인 지적 능력이다.

해설 ♥

유동지능은 뇌손상이나 노령화에 민감하고 영향을 잘 받는다.

{ 정답 } 50 ② 51 ④ 52 ①

53 **심리검사를 위한 면담에서 유의할 사항과 가장 거리가 먼 것은?**

① 내담자의 비언어적 행동뿐만 아니라 면담자 자신의 반응에 대해서도 의식하고 있어야 한다.

② 면담자는 눈 맞춤, 안면 표정, 언어적. 비언어적 반응을 통해 내담자에 대한 관심을 표현해야 한다.

③ 내담자의 방어성은 '왜'라는 이유를 묻는 질문을 통해 다루는 것이 권장된다.

④ 면담자는 면담이 끝나기 5~10분쯤 전에 남은 시간을 내담자에게 미리 알려줌으로써 시간을 준수하도록 도와주어야 한다.

해설

내담자의 방어성은 상담자의 수용과 공감으로 다루는 것이 권장된다.

54 **신경심리검사의 면담 및 행동 관찰에 대한 설명으로 틀린 것은?**

① 개인력 조사에 시간을 투자하는 것보다는 여러 검사를 추가적으로 실시하는 것이 보다 좋은 평가를 할 수 있다.

② 퇴행성 질환과 같이 서서히 진행하는 질환의 경우 초기 신경심리검사가 조기 진단에 도움을 줄 수 있다.

③ 증상을 위장하는 환자의 경우 평가가 병전 기능을 가늠하는 자료가 될 수 있음을 명확하게 고지하여 과장하려는 의도를 포기하도록 해야 한다.

④ 두부 외상과 같이 급작스레 발병한 상태의 겨우 급성기 이후에 검사를 하는 것이 바람직하다.

해설

자세한 면담과 행동관찰도 검사결과 못지않은 중요한 정보원이다.

55 **면담에 관한 설명으로 옳은 것은?**

① 구조화된 면담에서는 개방형 질문이 폐쇄형 질문보다 더 많이 사용된다.

② 구조화된 면담에서는 면담자의 개입이 최소화된다.

③ 비구조화된 면담에서는 면담자의 주관적 추론이 개입될 여지가 매우 적다.

④ 정신상태평가는 행동주의의 원리에 근거하여 개발된 면담법이다.

해설

• 구조화된 면담에서는 폐쇄형 질문이 더 많이 사용된다.

• 비구조화된 면담에서는 면담자의 주관적 추론이 개입될 여지가 매우 많다.

• 정신 상태 검사(MSE ; Mental Status Examination)는 신경 및 정신과 실습에서 임상 평가 과정의 기초적이고 중요한 부분으로 다루어진다. 그것은 특정 시점에서, 외모, 태도, 행동, 기분 및 정서, 말, 사고 과정, 사고 내용, 지각등의 영역에서 환자의 심리적 기능을 관찰하고 설명하는 구조적 접근방법이다.

53 ③ 54 ① 55 ② { 정답 }

315

56 Korean Kaufman Assessment Battery for Children에서 검사자의 부주의로 어떤 하위검사를 실시하지 않았거나 검사 중에 예기치 못한 일이 발생하여 채점이 불가능하게 되었다. 또한 부득이한 이유로 특정 하위검사를 실시할 수 없는 상황이 벌어져 통상적인 방법으로 종합척도의 표준점수를 계산할 수 없을 때가 있다. 이때는 비례추정법을 사용하여 문제가 생긴 하위검사를 추정할 수 있는데, 비례추정법의 사용이 불가능한 종합척도는?

① 순차처리척도　　　　　　　　　② 동시처리척도
③ 비언어성 처리척도　　　　　　　④ 습득도 척도

해설
K-ABC에서 습득도척도는 후천적으로 습득한 사실적 지식수준을 측정하는 척도로 채점에서 비례추정법이 사용되지 않는다.

57 MMPI-2 척도 해석에 관한 설명으로 틀린 것은?
① L척도가 의미있게 상승할 경우 자신의 증상이나 문제를 부인할 가능성이 높다.
② 척도 6과 척도 8이 동반 상승할 경우 경계심과 의심이 많고 피해적 사고, 망상, 환각 등이 나타날 가능성이 있다.
③ 척도 6의 단독 상승은 척도 4의 단독 상승보다 사회전반에 대한 불평, 불만 및 권위적 대상에 대한 분노와 적대감이 나타날 가능성이 더 높다.
④ 척도 9가 매우 낮을 경우 겉으로는 우울한 감정을 표현하지 않더라도 우울증상을 탐색해 볼 필요가 있다.

해설
척도 6의 단독상승에 관한 내용이다.

58 참여관찰법의 특징과 가장 거리가 먼 것은?
① 광범위한 문제행동에 적용될 수 있다.
② 출현빈도가 낮은 행동의 평가에 유용하다.
③ 관찰자 선입견의 영향을 배제하기가 용이하다.
④ 관찰자와 피관찰자의 상호작용이 관찰에 영향을 줄 수 있다.

해설
참여관찰법은 조사자가 직접 연구 대상자의 행동을 관찰하여 자료를 수집하는 방법으로 관찰자의 선입견이 영향을 미치기 쉽다.

{ 정답 } 56 ④　57 ③　58 ③

59 심리평가 결과를 수검자에게 전달하는 방법으로 가장 바람직하지 않은 것은?

① 피검자의 정서적 반응까지 고려해서 결과를 전달한다.

② 정확한 수치만을 알려준다.

③ 전문 용어의 사용을 피한다.

④ 문제점뿐만 아니라 강점에 대해 알려준다.

해설

해설 심리평가 결과를 수검자에게 전달할 때 수치보다는 수치의 의미와 수검자에게 어떻게 적용되는지를 설명하는 것이 중요하다.

60 심리검사 및 평가에 관한 윤리사항으로 옳은 내용을 모두 고른 것은?

ㄱ. 수검자가 자해나 타해 위험이 있는 경우 비밀보장의 원칙을 지키지 않아도 된다.
ㄴ. 평가서에 수검자가 이해하기 어려운 특수한 전문용어나 어려운 표현을 사용하지 않아야 한다.
ㄷ. 가장 적은 시간과 노력을 들여 가장 타당하게 평가할 수 있는 검사를 선택해야 한다.
ㄹ. 검사를 실시하는 목적과 검사결과의 용도에 대해 충분히 이해시키는 것이 바람직하다.

① ㄱ, ㄴ, ㄹ

② ㄱ, ㄷ, ㄹ

③ ㄴ, ㄷ, ㄹ

④ ㄱ, ㄴ, ㄷ, ㄹ

해설

모든 지문이 심리검사 및 평가에 관한 윤리사항에 해당한다.

61 **면접기법에 대한 설명으로 옳지 않은 것은?**
① 환자의 과거사를 알려주고 환자가 대인관계 상황에 참여하고 관찰될 수 있는 기회를 제공해 준다.
② 의식으로부터 해리된 정보나 환자에 의해 언어화되기 어려운 정보를 얻기 위해서 필요하다.
③ 신뢰도를 높이기 위해서 구조화된 면접이 제안되기도 하며, 인성 질문지는 구조화된 면접의 한 형태로 볼 수 있다.
④ Adler 학파의 심리학자는 개인의 출생순위와 가족 내 위치에 관한 정보를 추구할 것이다.

해설 ♥
면접에서 해리된 정보나 언어화되기 어려운 정보를 얻기는 어렵다. 이런 정보들은 투사검사를 통해 얻어야 한다.

62 **심리치료의 초기 과정에 대한 설명으로 틀린 것은?**
① 내담자의 문제를 평가하며 사례개념화를 한다.
② 치료자와 내담자가 함께 목표에 대해 논의하며 설정한다.
③ 상담 및 심리치료에 대한 구조화를 실시한다.
④ 내담자가 자신의 문제를 독립적으로 다룰 수 있는지를 판단하며 추수 회기를 계획한다.

해설 ♥
④번은 심리치료의 종결기에 관한 내용이다.

63 **행동주의적 관점의 설명으로 틀린 것은?**
① 행동주의적 관점에서 대표적인 이론가는 Skinner이다.
② 자극과 반응의 연합을 이해하는 것으로 인간행동을 설명할 수 있다.
③ 행동주의 관점에서 대표적인 이론은 잠재학습, 통찰학습, 유관성이다.
④ 개인이 경험했던 강화사가 한 개인의 성격을 형성한다.

해설 ♥
③ 행동주의 관점에서 대표적인 이론은 고전적 조건형성, 도구적 조건형성, 모델링 등이다.

{ 정답 } 61 ② 62 ④ 63 ③

64 어떤 환자가 오늘이 무슨 요일인지 말하지 못하고 자신이 어디 있는지를 알지 못한다면 가장 일차적으로 의심되는 신경학적 손상의 결과는 무엇인가?

① 손상된 지남력

② 손상된 기억력

③ 손상된 지적기능

④ 손상된 판단력

해설

지남력은 시간과 장소, 상황이나 환경 따위를 올바르게 알아차리는 능력으로 자신이 놓인 상황을 시간적, 공간적으로 바르게 파악하여 이것과 관계되는 주위 사람이나 대상을 똑똑히 알아보는 능력을 말한다.

65 '자신의 행위가 나쁜지를 모르는 상태에서 불법적 행동을 했다는 것을 입증하면 정신이상에 의한 무죄평결을 받도록 한 기준'과 관계가 없는 것은?

① M'Naughten rule

② Durham standaed

③ ALI(American Law Institute) standard

④ GBMI verdict

해설

M'Naughten rule	맥노튼 법칙이란 범죄실행 당시 피고인은 정신적 질병으로 인하여 생긴 이성의 결함으로 고통으로 신음하느라 자신의 행위의 본질을 이해하지 못하거나, 그것을 말았다고 하더라도 자신의 행위가 잘못이라는 것을 알지 못하는 것이 명백하게 입증되어야 한다.
Durham standaed	더럼기준이란 범죄 행위가 정신질환의 산물이기 때문에 배심원이 정신이상으로 피고인이 무죄라고 결정할 수 있는 형사사건의 규칙
ALI(American Law Institute) standard	ALI 규칙 또는 American Law Institute Model Penal Code 규칙은 배심원들에게 형사 재판에서 피고인을 찾는 방법을 지시하기 위해 권장되는 규칙이다. 이에 의하면 결함의 정신질환의 결과로 그러한 행위를 하는 시점에 자신의 행위의 범죄성을 인식하거나 자신의 행위를 법률의 요구 사항에 부합시킬 수 있는 상당한 능력이 결여된 사람은 범죄 행위에 대해 책임을 지지 않는다.
DBMI verdict	유죄지만 정신병자의 법적 정의 정신과 치료가 필요한 검사결과 피고인이 유죄판결을 받은 것으로 간주되지만 정신병원에 수감되지 않고 정신병원에 수감되는 정신이상 변호와 관련된 사건에서 일부 관할권에서 사용 가능한 평결이다.

66 임상심리학자의 비윤리적 행동에 해당하지 않는 것은?

① 내담자와 심리치료 회기 이외에 다른 시간에 만나서 저녁을 먹는 등 친구관계를 유지하는 것

② 내담자가 에이즈 환자임을 심리치료 도중 알게 되었을 때 이를 관계 보건당국에 알리는 것

③ 치료관계에서 얻은 내담자에 관한 정보와 사생활을 내담자에게 미리 알리지 않고 사례회의에서 발표하는 것

④ 임상심리학자가 유능한 사업가인 내담자와 정신건강서비스 사업에 공동투자하여 새로운 사업을 시작하는 것

해설 🫀

②번은 비밀보장 예외에 해당한다.

67 임심리학 역사에서 중요한 1차 대전과 2차 대전 사이에서 일어난 내용이 아닌 것은?

① Thurstone, Spearman 및 Thoendike가 지능 영역에서 중요한 공헌을 하였다.

② David Wechsler가 Wechsler-Bellvue 검사를 출판하였다.

③ Hermann Rorshach가 Psychodiagnostik 을 출판하였다.

④ Cattell은 정신검사(Mental Test)라는 용어를 만들었다.

해설 🫀

정신검사(Mental Test)라는 용어를 처음 쓴 사람은 Galton이다.

68 Type A 행동패턴을 가진 사람들의 특성과 가장 거리가 먼 것은?

① 시간이 빨리 간다고 지각한다.

② 지연된 반응을 요구하는 과제에서 수행이 향상된다.

③ 좌절하면 공격적이고 적대적이 된다.

④ 피로감과 신체적 증상을 덜 보고한다.

해설 🫀

프리드만과 로젠만이 심장병 환자들을 관찰하여 참을성 없고 높은 목소리를 가지며 성공을 갈구하는 성격의 양상들을 요약하여 A 유형 행동양식이라고 기술하였다. A유형 성격은 다음의 양상들 중 적어도 한 가지 이상으로 구성되어 있다. 즉 극도의 경쟁심, 성공을 향해 몰아냄, 성급함, 과잉흥분, 시간에 대한 주관적인 압박감, 관여와 책임에 대한 압박감 등이다.

{ 정답 } 66 ② 67 ④ 68 ②

69 행동치료 시행에 관한 설명으로 옳은 것은?

① 신체적 고통으로 우는 아동의 행동도 조작적 절차를 통해서 완화시킬 수 있다.

② 아동의 경우 주 치료자 이외의 주변인물에 의한 조작적 절차는 치료효과가 거의 없다.

③ 혐오치료는 혐오자극이 보다 긍정적인 자극으로 변환되게 하는 조건형성 절차이다.

④ 혐오치료는 문제행동이 생명이나 건강에 위협적일 경우로 한정되어 적용되는 것이 좋다.

해설

- 신체적 고통으로 우는 아동의 행동은 고통부터 완화해 주어야 한다.
- 아동의 경우 주 치료자 이외의 주변인물에 의한 조작적 절차도 효과가 있다.
- 혐오치료는 극단적 요법으로 사용에 신중하여야 한다.

70 Procaska와 동료들이 제시한 내담자의 변화단계 중 내담자가 자신에게 문제가 있다고 인식하고는 있지만 아직 변화의 과정에 참여하고 싶어하지 않는 단계는?

① 숙고 전 단계   ② 숙고 단계

③ 준비 단계   ④ 유지 단계

해설

Prochaska는 삶에서 긍정적인 변화를 성공적으로 이룬 사람들은 사전 숙고, 묵상, 준비, 행동 및 유지의 5가지 특정 단계를 거친다는 것을 발견하였다.

숙고 전 단계	• 숙고 전 단계는 예측 가능한 미래에 행동을 변경할 의도가 없는 단계이다. • 이 단계의 많은 사람들은 자신의 문제를 인식하지 못하거나 인식하지 못하고 있습니다." 어떤 사람들은 이 단계를 "거부"라고 부른다.
숙고단계	• 숙고단계는 문제가 있음을 인지하고 이를 극복하기 위해 진지하게 고민하고 있지만 아직 실천하겠다는 의지를 내비치지 않는 단계"이다. • 이 단계에 있는 많은 사람들은 양면적이라고 설명할 수 있다. 그들은 혈당을 개선하고 싶지만 아직 단 음식을 줄일 준비가 되어 있지 않다.
준비단계	• 준비단계는 정보수집 및 계획단계라고 할 수 있다. • 준비단계가 가장 중요하다. • Prochaska의 책, Change for Good에서 행동변화를 시도하고 이 단계를 건너뛰는 사람들의 50%가 21일 이내에 재발한다고 한다.
행동단계	• 행동단계는 개인이 자신의 문제를 극복하기 위해 행동, 경험 또는 환경을 수정하는 단계이다. • 행동에는 가장 명백한 행동변화가 포함되며 상당한 시간과 에너지를 투입해야 한다. • 행동단계에서는 준비 단계에서 개발된 계획과 수집된 정보를 실행한다.
유지단계	• 유지단계는 사람들이 재발을 방지하고 행동 중에 얻은 이익을 통합하기 위해 노력하는 단계이다. • 중독성 행동의 경우 이 단계는 6개월에서 초기 행동 이후 불확실한 기간까지 연장된다.

69 ④ 70 ② { 정답 }

71 면접의 시행에 관한 설명으로 맞는 것은?

① 일반적으로 면접 중 임상가가 간단한 메모를 하는 것은 권장된다.

② 면접 중 그 대화의 녹음과 녹화를 절대해서는 안 된다.

③ 평가면접 시 의뢰 사유를 알게 될 경우 내담자에 대한 선입견을 갖게 되므로 사전 정보 없이 첫 면접이 진행되어야 한다.

④ 커플, 가족 등의 여러 명의 내담자를 면접하는 경우에는 그 중 중요한 한 명과의 라포 형성만이 중요하다.

해설
- 면접 중 그 대화의 녹음과 녹화는 내담자의 동의를 얻은 후에 가능하다.
- 평가면접시 의뢰 사유에 대한 정보는 매우 중요한 정보이다.
- 커플, 가족 등의 여러 명의 내담자를 면접하는 경우에는 모든 구성원과 라포를 형성해야 한다.

72 자신, 타인, 세상에 대한 '반드시 ~해야 한다(should or must)'는 식의 불합리한 요구를 정서적 스트레스와 행동적 문제의 원인으로 보고 이를 치료하려는 접근법을 제안한 학자는?

① Beck   ② Ellis   ③ Wolpe   ④ Eysenck

해설
일반적으로 개인이나 집단이 지니고 있는 비논리적이거나 비현실적인 신념은 엘리스(H.Ellis)의 합리적 정서행동치료에서 인간의 부적응행동을 유발하는 모든 형태의 사고를 가리키는 말이다. 비합리적 신념은 경험적으로 타당화될 수 없고, 비현실적이거나 경직되어 융통성없는 사고방식으로서, 흔히 "~해서는 절대 안 된다", "~하는 것은 엄청나게 비참한 일이다" 등과 같은 형태를 띤다.

73 심리평가에서 수집된 정보를 해석하는 것과 관련한 설명으로 가장 적합한 것은?

① 심리평가를 통해 확인된 내용을 전달하는 것은 환자의 알 권리를 위해 모든 정보를 구체적으로 알려주어야 한다.

② 심리평가 내용을 전달할 때는 양적수치를 중심으로 최대한 직접적으로 전달해야 한다.

③ 심리평가 결과는 환자가 의뢰한 목적에 한해 가정적 서술로 전달해야 한다.

④ 심리평가 결과를 전달하는 것은 치료적 활용보다 환자의 자신에 대한 직면에 중점을 둔다.

해설
- 심리평가를 통해 확인된 내용을 환자가 의뢰한 목적에 부합하게 이해하기 쉽게 전달한다.
- 심리평가 내용을 전달할 때는 양적수치의 의미를 해석적으로 전달한다.
- 심리평가 결과는 치료적 활용에도 중요하다.

{ 정답 } 71 ① 72 ② 73 ③

74 임상심리학자의 교육적 기능과 가장 거리가 먼 것은?

① 6학년 교사를 대상으로 학급의 남학생과 여학생들 사이의 갈등을 중재하는 방법에 대해 조언한다.

② 간호사를 대상으로 심리치료에 관한 워크숍을 수행한다.

③ 회사 직원을 대상으로 스트레스 관리법에 관한 강의를 한다.

④ 5명의 임상심리 수련생을 대상으로 심리평가에 관한 사례지도를 한다.

해설

①은 자문의 역할이다.

Plus

임상심리학자의 역할은 ① 내담자에 대한 심리치료, 진단과 평가 ② 행정, 자문을 통해 기업이나 단체에 대한 업무수행 ③ 연구/저술, 임상 슈퍼비젼을 통해 다음 세대의 전문가를 육성하고 학문적 발전에 기여 등으로 볼 수 있다.

75 다음의 정신건강 자문의 유형은?

이 자문의 목적은 미래에 운영자가 보다 잘 기능할 수 있도록 운영자의 기술을 증진시키는 것이다. 예를 들어, 운영자의 의사소통 기술 증진을 위해 운영자 감수성 집단을 구성하고 감독한다.

① 내담자 중심 사례 자문   ② 피자문자 중심 사례 자문

③ 프로그램 중심 운영 자문   ④ 피자문자 중심 운영 자문

해설

피자문자가 조직의 운영을 보다 잘 할 수 있도록 하는 자문역할이다.

76 Salter(1949)와 Wolpe(1958)에 의해 개발된 체계적 둔감법이 기초하고 있는 주요 행동원리는?

① 상호억제   ② 소거

③ 부적강화   ④ 고전적 조건형성

해설

[체계적 둔감법]

체계적 둔감법은 환자가 두려움을 유발하는 자극을 상상하면서도 이완반응을 유지하는 것이다. 이완반응이 두려움 발생을 억제하거나 방지하기 때문에 울페는 이 과정을 상호억제라고 불렀다.

74 ①   75 ④   76 ① **{ 정답 }**

77 현실치료에서 우볼딩(R. Wubbolding)이 제안하는 행동계획의 특징으로 옳은 것은?

> ㄱ. 상담자의 관여와 통제 하에 수행한다.
> ㄴ. 지속적인 행동의 변화가 요구된다.
> ㄷ. 계획의 성취가 가능해야 한다.
> ㄹ. 눈에 보이지 않는 내면적 성장을 추구한다.

① ㄱ, ㄴ   ② ㄴ, ㄷ   ③ ㄷ, ㄹ   ④ ㄱ, ㄴ, ㄷ

해설
- ㉠ 현실치료에서 통제가 강조되지만 다른 사람의 행동은 통제할 수 없다.
- ㉣ 내면적 성장을 포함 행동적 변화도 추구한다.

78 지역사회 심리학이 대두되게 된 정신건강에 대한 관점과 가장 거리가 먼 것은?
① 행동에 대한 사회환경의 중요설
② 정서장애에 대한 병리적 측면에 대한 강조
③ 정신건강 프로그램에 대한 지역사회의 참여
④ 사회체계에 대한 관심 및 비전문가의 활용 강조

해설

[지역사회 심리학의 정의(Community psychology)]
- 문제의 발생 및 완화에서 환경적 힘의 역할을 강조하는 정신건강 접근
- 사회적, 환경적 요인들이 행동에 미치는 영향을 개인, 집단, 조직, 사회적 차원에서 연구하는 학문분야
- 개인치료모형에 집중하는 '개인의 심리학'과는 다른 새로운 접근

79 내재화 장애와 외현화 장애에 대한 설명으로 옳은 것은?
① 우울, 불안, 신체화 등은 외현화 장애의 대표적인 증상이다.
② 내재화 장애를 지닌 청소년은 과소통제형에 속한다.
③ 품행장애를 지닌 청소년은 외현화 장애에 속한다.
④ 외현화 장애를 지닌 청소년은 적절한 수준의 통제보다 많은 통제를 스스로 자신에게 행한다.

해설

내현화장애	어려움을 지나치게 외부로 표출하지 않고 통제만 하는 과잉통제로 인해 내부에서 문제가 발생하는 경우를 말한다. 이 장애의 행동문제는 불안, 신체적 통증, 사회적 위축, 백일몽이나 환상에 빠짐, 신체적 학대나 정신적 학대 성적학대 증후를 보인다.
외현화장애	어려움을 내부에서 적절히 통제하지 못하고 겉으로 심하게 표출하는 통제 결여로 인해 문제가 겉으로 나타나는 것을 말한다. 이 장애의 행동문제는 공격, 불복종, 과잉행동, 성빌 부리기, 규칙 위반 및 비행 등을 보인다.

{ 정답 } 77 ② 78 ② 79 ③

80 MMPI-2의 타당도 척도에서 내용상 서로 반대되는 23개 문항 쌍으로 구성되어 있고, 이 점수가 높을 때는 무분별하게 그렇다 반응을 하는 경향을 시사하는 척도는?

① F ② TRIN ③ VRIN ④ Fb

해설

F	MMPI 규준집단에서 10% 이하로 반응되는 60개의 문항으로 구성, 수검자가 자신의 심리적 문제나 어려움을 보고하는 정도이다.
VRIN	수검자의 무선반응을 탐지하는 척도로서 내용이 서로 비슷하거나 또는 상반되는 67문항으로 구성
Fb	검사 후반부의 비전형 반응을 탐색하는 척도로서 검사과정에서 수검자의 태도변화를 알려준다.

81 학습장애가 있는 아동들의 특징으로 틀린 것은?

① 학습장애 아동들은 대개 평균 혹은 그 이하의 지능을 가진다.

② 학습장애 아동들의 약 1/3은 주의집중에 문제를 보인다.

③ 학습장애 아동들은 한 가지 이상의 학습 문제를 복합적으로 나타난다.

④ 학습장애 아동들은 누적된 학습 실패로 인해 낮은 학습 자아개념을 가진다.

해설 💬

학습장애 아동들은 대개 평균 정도의 지능을 가지고 있다.

82 최근에 변화되고 있는 심리치료 경향과는 거리가 먼 것은?

① 단기화　　　　② 대중화　　　　③ 심층화　　　　④ 다양화

해설 💬

최근의 심리치료의 경향은 단기상담이 늘어나고 집단교육적 상담이 활성화되며 상담매체가 다변화되는 추세를 보이고 있다.

83 상담심리치료 이론 중 정신분석적 치료에서 상담자와 내담자의 관계에 관한 설명으로 틀린 것은?

① 전이는 내담자가 과거의 중요 타인에게서 느꼈던 감정이나 환상을 전이시켜 무의식적으로 상담자에게로 이동시킨 것이다.

② 치료가 진행됨에 따라 아동기의 감정이나 갈등이 깊은 무의식으로부터 표면으로 부상하기 시작하고, 내담자는 정서적으로 퇴행한다.

③ 심리적으로 독립하기 위해서는 내담자가 무의식으로 인식하고 부모로부터의 완전한 사랑이나 수용 같은 유아적 욕구에 의해 동기화된 행동으로부터 자유로워져야 된다고 가정한다.

④ 내담자가 상담자에게 느끼는 모든 감정은 전이의 표현이라고 가정해야 한다.

해설 💬

[전이(transference)]

• 내담자가 과거에 중요하게 생각했던 사람에게 느꼈던 감정을 상담자에게 옮겨서 생각하는 것

• 내담자가 과거에 충족되지 못했던 욕구가 상담자를 통해 해결해나가려는 것으로 일종의 투사 현상

{ 정답 } 81 ①　82 ③　83 ④

84 **사회기술훈련에 대한 설명으로 틀린 것은?**

① 사회기술훈련은 약을 복용하지 않은 우울증 외래환자의 우울증상을 감소시킨다.

② 사회기술훈련은 정신과적 증상의 심한 정도 및 재발 가능성과 반비례한다.

③ 사회기술훈련은 가벼운 장애를 보이는 환자에게는 도움이 되지만 만성 정신질환자에게는 도움이 되지 않는다.

④ 사회기술훈련의 중요한 목표는 환자에게 대화기술을 가르치는 것이다.

해설

사회기술훈련은 만성정신질환자의 재활을 돕는 중요한 수단이다.

85 **행동치료의 기본적 특성과 가장 거리가 먼 것은?**

① 시행방법이 간단하지 않고 복합적이다.

② 쉬운 것에서 어려운 것으로 진행된다.

③ 전체 치료 소요시간이 짧다.

④ 자기 통제적 접근을 사용한다.

해설

행동치료의 시행방법은 매뉴얼화되어 있어 그리 복잡하지 않다.

86 **인본주의 치료에 대한 설명으로 틀린 것은?**

① 과거보다는 현재와 미래에 초점을 맞춘다.

② 숨어있는 원인을 밝히기보다는 자신의 감정과 행동에 즉각적인 책임을 진다.

③ 병을 치료하기보다는 성장을 촉진시킨다.

④ 치료자가 판단이나 해석을 바탕으로 내담자에게 특정 통찰력을 키워주는 것이다.

해설

④번은 정신분석적 치료에 관한 내용이다.

87 손상, 불능, 장애에 관한 설명으로 가장 적합한 것은?

① 손상이나 불능은 시간과 공간에 의해 제한된다.

② 장애는 영구적인 것으로 절대적인 개인차가 존재한다.

③ 시력에 문제가 있는 경우 상황에 따라 장애가 될 수도 있고 되지 않을 수도 있다.

④ 인간이 능력있는 사람이 되느냐를 결정하는 것은 손상 또는 불능을 가지고 있는가 여부에 의해 결정된다.

해설 🌚

- 장애를 사회적·독립생활·고객주의 모델의 관점에서 보는 시각에서 장애는 사회구조가 장애를 배려하지 않아서 생기는 사회활동의 불리함과 제약으로 정의하며, 이러한 사회적 불리와 제약 때문에 장애인에 사회의 주류에 참여하는데 배제되고 있다고 주장한다.
- 장애문제가 개인의 문제라기보다는 장애인이 속한 사회나 환경의 문제라고 본다. 따라서 개인의 심리적 부적응 문제도 해결해야 하지만 그보다는 건축물의 장애요소, 편견, 교육기회 부족, 낮은 인식 등의 사회구조와 환경요인을 개선해야 한다고 주장한다.
- 장애인은 서비스 수혜자로서가 아니라 주체자로서, 고객이나 소비자로서의 위치를 갖는다. 따라서 장애인 자신이 중심이 되며 사회전반의 제도화된 차별을 제거하는 노력이 요구된다.

88 정신증 환자의 상단에 있어 망상에 대한 평가로서 가장 거리가 먼 것은?

① 망상을 통해 정신내적 갈등을 알 수 있다.

② 시대적, 문화적 배경의 영향을 받는다.

③ 논리적 방식으로 적절히 교정되지 않는다.

④ 과대망상이 가장 흔하다.

해설 🌚

망상은 피해망상이 가장 흔하다.

89 자살상담에 관한 설명과 가장 거리가 먼 것은?

① 어떤 경우에도 내담자를 존중하는 지지적인 자세를 취한다.

② 상담자가 주도적으로 상담을 진행하는 것이 중요하다.

③ 자살에 관한 구체적 내용은 묻지 않는 것이 좋다.

④ 자살은 우울증 외에도 경계선 성격장애 등 다른 정신장애에서도 발생할 수 있음을 감안한다.

해설 🌚

자살시도 방법, 시도 경험, 시도의 계기 등의 자세한 탐색이 필요하다.

{ 정답 } 87 ③ 88 ④ 89 ③

90 성폭력 가해자 상담에 관한 설명으로 틀린 것은?

① 정서·인지적 특성에 대해 미리 학습하여 가해자를 이해하기 위한 준비를 한다.

② 상담 초기에 사건에 대해 합리화하는 가해자에게는 자신의 잘못을 알 수 있도록 훈육한다.

③ 자신이 한 행동에 대한 책임의식을 갖도록 상담한다.

④ 사건발생의 원인탐색, 성행동에 대한 태도나 패턴이 충동적이거나 공격적인지 탐색한다.

해설

성폭력 가해자 상담이라 하더라도 한 개인으로 존중하고 다른 유형의 내담자와 상담의 진행에 차이를 두지 않는 것이 바람직하다.

91 중독치료에서 집단상담을 선택하는 이유에 해당하지 않는 것은?

① 비슷한 문제를 경험한 타인과 상호작용할 기회를 제공한다.

② 집단을 통해 새로운 인간관계를 경험함으로써 소외감을 극복한다.

③ 집단을 통해 자신의 부정적인 행동패턴을 인식하게 된다.

④ 자신의 욕구와 감정을 표현하기보다 타인을 관찰할 기회를 제공한다.

해설

집단상담에서도 집단원의 욕구와 감정은 표현되어야 한다.

92 트라우마 체계 치료에서 내담자의 정서 상태를 평가하는 4개 단계에 해당되지 않는 것은?

① 활성화하기(reviving) ② 재구성하기(reconstituting)

③ 재경험하기(reexperiencing) ④ 재개념화하기(reconceptualizing)

해설

• 트라우마 체계는 ① 정서상태를 조절하는 데 어려움을 겪는 트라우마를 가진 아동과 청소년 내담자 ② 내담자의 정서조절 장애를 도울 수 없는 사회환경과 돌봄 체계로 트라우마 체계치료는 아동을 돕는 사회환경·돌봄 체계의 적절성과 아동의 정서조절 능력 사이의 적합성을 측정하며, 이러한 측정의 결과에 기반을 둔 다양한 치료 구성요소를 제공한다.

• 트라우마 체계치료에서 내담자의 정서 상태를 평가하는 4개 단계는 ① 활성화하기(reviving) ② 재구성하기(reconstituting) ③ 재경험하기(reexperiencing) ④ 복원하기이다.

93 **심리치료에 있어서 최초면접 시에 다루어져야 할 사항이 아닌 것은?**

① 내담자가 호소하는 심리적 문제나 증상에 대한 탐색

② 치료에 대한 내담자의 기대 탐색

③ 내담자가 사용하고 있는 방어기제의 탐색

④ 치료 목표 설정

> **해설**
>
> 일반적으로 방어기제는 상담의 중기에 탐색된다.

94 **상담계획 수립과정에서 치료자가 유의할 사항에 관한 설명으로 가장 적합한 것은?**

① 내담자가 초기에 보이는 불만은 차차 해소되기 때문에 내담자의 불만보다는 긍정적 반응에 초점을 유지한다.

② 내담자의 의사전달 방식은 언어적 작업인 심리치료에서는 부차적으로 취급되어야 한다.

③ 치료는 내담자가 호소하는 문제들을 위주로 진행되어야 한다.

④ 내담자의 문제 정의 및 해결방안은 치료의 진행과정에서 작업가설의 형태로 검증되어야 한다.

> **해설**
>
> • 내담자의 불만은 항상 최우선적으로 다뤄져야 한다.
> • 내담자의 의사전달 방식 같은 비언어적 정보는 언어적 정보 못지않게 중요하다.
> • 치료는 내담자가 호소하는 문제들 포함 성격이나 행동문제들도 다뤄져야 한다.

95 **노인 환자가 치료자와 효과적인 의사소통을 못하게 되는 이유와 가장 거리가 먼 것은?**

① 치료자를 대하는 신중함의 증가

② 치료자에 대한 비현실적인 높은 기대

③ 치료자를 자식같이 여기는 전이 발생

④ 비의도적인 실수와 보고 누락

> **해설**
>
> 노인환자 치료에서 환자가 치료자를 자식처럼 여기는 일은 좀처럼 일어나지 않는다.

{ 정답 } 93 ③   94 ④   95 ③

96 ADHD 아동의 부모를 훈련시키는 프로그램에서 부모가 반드시 알아야 할 아동관리 훈련의 기본 개념에 대한 설명으로 틀린 것은?

① 아동행동에 대한 결과는 즉각적이고 특정적이고 일관적이어야 한다.

② 아동의 부적절한 행동에 대한 처벌을 내린 후에 보상체계를 확립한다.

③ 아동의 부적절한 행동을 예상하고 그것에 대해 미리 계획을 세운다.

④ 아동의 행동은 타고나는 것이며, 가족의 상호작용은 상호보완적임을 인식시킨다.

해설 💬

처벌은 최대한 자제하고 가장 마지막 수단으로 생각해야 한다.

97 상담자 윤리 기준에 위배되지 않는 경우는?

① 동의를 구하지 않고 사례발표를 위해 상담내용을 녹음하였다.

② 상담을 전공한 A교사는 반 학생에게 소정의 상담료를 받으며 주 1회 상담을 진행하였다.

③ 판사가 정보공개를 요청하여 내담자에게 그 사실을 알리고 필요한 최소한의 정보를 공개하였다.

④ 약물남용 사실을 알고 부모에게 알리려고 하였으나 내담자가 약물을 중단하겠다고 하여 부모에게 알리지 않았다.

해설 💬

• 사례발표를 위한 상담내용의 녹음은 반드시 내담자의 동의를 받아야 한다.

• 상담을 전공한 A교사가 반 학생에게 소정의 상담료를 받으며 주 1회 상담을 진행하는 것은 이중관계의 위반이다.

• 약물남용 사실을 알고 부모에게 알리는 것은 내담자의 동의여부와 상관없이 알려야 한다.

98 상담 슈퍼비전에 관한 설명과 가장 거리가 먼 것은?

① 슈퍼비전 계약 시 시간소요, 교육구조, 슈퍼비전 구조, 평가 방법 등 세부적인 내용을 명시한다.

② 신뢰적 관계형성과 상호 책임감을 갖도록 슈퍼비전 계약을 명문화한다.

③ 전이 형성을 위해 슈퍼바이저의 학위와 경력은 가급적 노출하지 않는 것이 바람직하다.

④ 객관성 확보를 위해 수련 평가도구를 사전에 수련생들에게 고지한다.

해설 💬

슈퍼바이저의 학위와 경력은 공개하는 것이 원칙이다.

99 **Beck의 인지치료에서 사용하는 인지적 왜곡에 해당되지 않는 것은?**

① 근거없는 추론 ② 우상화
③ 확대와 축소 ④ 이분법적 사고

해설

우상화는 Beck의 인지적 왜곡에 해당하지 않는다.

100 **알코올 효과에 관한 설명으로 틀린 것은?**

① 알코올은 10%는 위에서, 나머지는 소장에서 흡수된다.
② 혈중 알코올농도가 0.05% 이상일 때 사고와 판단력에 영향을 줄 수 있다.
③ 알코올은 중추신경을 흥분시키고 우울 및 불안을 동반한다.
④ 장기간 심한 음주를 할 경우, 위궤양과 간경화를 동반할 수 있다.

해설

알코올은 중추신경을 억제하는 역할을 한다.

01 다중양식이론은 행동치료나 합리적-정서적 행동치료 및 인지치료 등에서 나왔지만 다른 모든 접근들과는 별개의 독특한 특성을 가지고 있다. 다중양식이론(MMT)의 특성을 5가지만 쓰시오.

(2011)

모범답안

① BASIC ID 전체에 독특하고 포괄적인 주의를 둔다.
② 이차적인 BASIC ID 평가를 사용한다.
③ 양식 프로파일과 구조적 프로파일을 사용한다.
④ 의도적인 다리놓기 절차를 사용한다.
⑤ 양식의 점화 순서를 추적한다.
※출처 : 중다양식 치료〈한국심리학회〉

실력UP ➕ **Plus 1**

BASIC-ID의 7가지 영역을 쓰시오 (2014)

모범답안

B	행동 Behavior
A	정서 Affect
S	감각 Sensation
I	심상 Imagery
C	인지 Cognition
I	대인관계 Interpersonal
D	약물/섭식 Drug/Diet

※ 출처 : 심리상담 치료의 이론과 실제〈조현춘, 조현대 공역〉

라자루스(Lazarus)의 BASIC ID의 다리놓기와 추적하기 절차에 대하여 설명하시오.

(2009, 2016)

모범답안

다리놓기	더 생산적으로 여겨지는 다른 차원으로 갈라지기 전에 내담자가 선호하는 양식에 치료자가 신중하게 파장을 맞추는 절차. 내담자가 현재 있는 곳에서 시작하고, 그 다음 더 생산적인 이야기의 영역으로 다리를 놓는다.
추적하기	서로 다른 양식들의 점화 순서를 신중하게 조사하는 것을 말한다. 추적하기를 사용해 가장 적절한 개입 기법을 선택할 수 있으며 대처심상이나 자기교습훈련과 같은 기법을 사용할 수 있다.

02 심리검사의 문항작성 시 고려해야 할 사항 5가지를 쓰시오.

모범답안

① 수검자들이 올바르게 내용을 이해할 수 있도록 명확한 문항을 구성해야 한다.
② 어떤 형태로든 정답이 노출되는 것을 피해야 한다.
③ 문항의 이중적인 의미를 피해야 한다.
④ 가급적 간단하고 이해하기 쉽게 구성해야 한다.
⑤ 긍정/부정을 표현하는 문자의 비율이 비슷하도록 구성해야 한다.

03 MMPI 검사에서 0번 척도가 낮을 경우 내담자에 대해 기술할 수 있는 경우 5가지를 쓰시오.

모범답안 😀

① 사교적이고 외향적인 성향으로 주위 사람들과 어울리고 싶어하는 욕구가 강하다.
② 활발하고 유쾌하고 친절하고 말수가 많다.
③ 능동적이고 에너지가 넘치고 활기가 있다.
④ 권력과 지위와 사회적 인정에 관심이 많으며 경쟁적인 성향을 갖는다.
⑤ 대인관계가 피상적인 경향이 있고 때로 타인을 조종하려는 기회주의적이다.
⑥ 충동조절에 어려움이 있어 행동의 결과를 생각해보지 않고 행동하는 경향이 있다.
※ 출처 : MMPI-2 시그마프레스

04 로르샤하 검사에서 채점된 점수가 다음과 같을 때 소외지표를 계산하시오. (2015)

Bt =1, Cl=0, Ge=0, Ls=1, Na=1, R=16

모범답안 😀

Isolate/R=(Bt+2Cl+Ge+Ls+2Na)/R=(1+2*0+0+1+2*1)/16=0.25

05 K-WAIS 검사의 지각추론지표에 속하는 소검사 5가지를 쓰시오.

모범답안
① 토막짜기(BD) ② 행렬추론(MR) ③ 퍼즐(VP) ④ 무게비교(FW) ⑤ 빠진곳 찾기(PCm)

06 음주가 심한 부모와 자녀들의 집단 상담을 계획할 때 포함될 내용 5가지를 쓰시오.

(2013)

모범답안
① 부모님의 음주행동은 자신의 탓이 아님을 알도록 한다.
② 상호의존성 관계로 부모의 일에 몰두되어 자신을 돌보지 않기에 스스로 자신을 돌볼 수 있도록 지지한다.
③ 안정감을 경험하며 비폭력 의사소통기법을 통해 심리적 위기상황에서도 자신의 감정을 표현한다.
④ 서로의 문제를 공감하며 보편성을 느끼고 정서적 지지를 경험한다.
⑤ 희망을 모색해 낙관적 태도를 갖도록 한다.
※ 출처 : 약물중독총론〈김성이 저〉

07 Locke와 Latham(1984)의 내담자가 치료목표를 정했을 때 얻어지는 장점 4가지를 작성하시오.

모범답안
① 주의와 행동을 집중하게 해준다.
② 에너지와 노력을 기울이게 한다.
③ 목표를 달성하기 위한 전략을 찾게 동기화시킨다.
④ 지속적인 행동을 하도록 돕는다.

08 로르샤하 검사에서 반응응답으로 알 수 없을 때 추가로 확인해야 하는 정보 3가지를 쓰시오.
(2013)

모범답안
① 어디서 그렇게 보았나요? (반응영역)
② 이것은 무엇입니까? (반응내용)
③ 무엇 때문에 그렇게 보았습니까? (결정인)

09 행동수정에서 처벌의 사용이 야기할 수 있는 해로운 효과 5가지를 쓰시오. (2011)

모범답안 👾
① 물리적 처벌은 공격성을 가르치게 된다.
② 바람직하지 않은 행동을 그만두기보다 피하는 쪽으로 행동하게 된다.
③ 효과가 일시적이고 짧은 시간 동안 행동을 억제시킬 뿐이다.
④ 처벌은 부정적 감정을 초래한다.
⑤ 처벌이 지속되면 둔감화가 일어날 수 있다.

10 치료 중 내담자가 '죽고 싶다'고 보고하였을 때 치료자의 적절한 반응 6가지를 쓰시오.
(2014)

모범답안 👾
① 죽고 싶다는 말을 하셨는데 자살을 생각하고 있나요? (중앙자살예방센터에서 내담자가 죽고 싶다고 말할 때 본인의 입으로 직접 자살에 대해 생각한다고 말하기가 힘들기에 자살생각을 하고 있는지 직접적으로 상담자가 확인할 필요가 있다고 하였음)
② 언제부터 자살에 대해 생각했는지 얘기해 줄 수 있을까요?
③ 얼마나 힘들고 좌절했으면 죽고 싶다는 생각을 했을까요?
④ 죽고 싶다고 하니 걱정이 되는데 더 자세히 얘기를 듣고 싶어요.
⑤ 혹시 구체적으로 자살계획을 세운 것이 있을까요?
⑥ 내게 00님 생각을 말해줘서 정말 고마워요. 제가 도와주고 싶어요.

11 벡의 인지적 오류의 종류 5가지를 쓰고 각각 설명하시오. (2014, 2017)

모범답안

임의적 추론	어떤 결론을 지지하는 증거가 없거나 그 증거가 결론에 위배됨에도 불구하고 그와 같은 결론을 내린다.
선택적 추상화	사건의 일부 세부사항만을 기초로 결론을 내리고 전체 맥락 중의 중요한 부분을 간과하는 것이다.
과잉일반화	한두 가지의 고립된 사건에 근거해서 일반적인 결론을 내리고 그것을 서로 관계없는 상황에 적용하는 것이다.
이분법적 사고	완전한 실패 아니면 대단한 성공과 같이 극단적으로 흑과 백으로 구분하는 경향이다.
의미확대와 의미축소	어떤 사건의 의미나 중요성을 실제보다 지나치게 확대하거나 축소하는 오류를 말한다.

12 로르샤하 검사 시 연령 및 환경, 특성 등을 고려하여 해석해야 하는데 특히 수검자가 아동인 경우 해석하는 과정에서 고려해야 할 사항 4가지를 기술하시오. (2018 응용)

모범답안

① 수검자의 적응성에 대한 해석적 의미를 도출할 때 영향을 줄 수 있는 규준 자료에서 나타나는 연령에 따른 차이를 고려해야 한다.
② 감정표현이나 정서적 안정 능력 및 자아중심성은 발달에 따라 다른 규준을 갖기 때문에 연령에 따른 로르샤하 검사의 변인에 대한 해석적 의미를 이해하고 있어야한다.
③ 기본적으로 아동의 발달과정을 이해하고 관련한 정신병리에 대한 지식과 더불어 보호자 면담이 필요하다. 이를 바탕으로 검사 결과와 함께 종합적인 결론을 기술하는 것이 중요하다.

④ 아동의 경우 몇 시간이 걸리는 검사를 견디기 어려울 수 있다. 때로는 검사와 검사 사이에 검사와 무관한 활동을 삽입하거나 검사를 2~3회로 나누어 실시함으로써 아동을 오랜 시간 계속 검사하는 것은 피해야 한다.

13 투사적 검사의 장점과 단점을 2가지씩 쓰시오. (2017)

모범답안

투사적 검사의 장점	투사적 검사의 단점
• 수검자의 독특한 검사반응을 알 수 있다.	• 검사의 신뢰도가 전반적으로 결여되어 있다.
• 수검자의 의도된 방어적 반응에 대처할 수 있다.	• 심리 검사의 해석에 대한 타당도 검증이 빈약하다.
• 모호한 자극에 의한 수검자의 다양한 반응이 나타난다.	• 여러 상황적 요인들이 검사반응에 영향을 미친다.

※출처: 심리평가의 실제〈박영숙 저〉

14 문장완성검사를 실시할 때 수검자에게 설명해야 할 핵심적인 내용 5가지를 쓰시오. (2011, 2014)

모범답안

① 답에는 정답과 오답이 없으니 생각나는 대로 써야한다.
② 글씨와 문장이 좋은지 나쁜지는 상관이 없다.
③ 주어진 어구를 보고 제일 먼저 생각나는 것을 적는다.
④ 시간제한은 없으나 너무 오래 걸리지 않도록 빨리 쓴다.
⑤ 볼펜이나 연필로 쓰되 지울 때는 두 줄로 긋고, 다음 빈 공간에 쓴다.

※ 출처 : 최신 심리평가〈박영숙 저〉

15 REBT 상담에서 논박의 유형 4가지를 예로 들어 설명하시오. (2009, 2011, 2016, 2018)

모범답안

논리적 논박	내담자의 비합리적인 신념의 비논리성을 평가하는 것 예 그러한 신념이 타당하다는 논리적 근거는 무엇인가요?
경험적 논박	내담자의 비합리적 신념의 사실인 근거를 평가하는 것 예 그러한 신념이 타당하다는 사실적이거나 경험적인 근거는 무엇인가요?
기능적 논박	내담자가 지닌 신념과 행동, 정서가 내담자의 목표 달성에 얼마나 도움이 되는지를 평가하는 것 예 그것이 당신에게 도움이 되나요?
철학적 논박	'삶에 대한 만족' 이라는 주제를 내담자와 함께 생각하는 것 예 그러한 신념이 당신을 행복하게 하나요?

※출처 : 인지 정서 행동 치료〈박경애 저〉, 현대 심리치료와 상담이론〈권석만 저〉

16 로르샤하 검사의 특수지표 중 우울 지표 5가지를 쓰시오. (2009, 2012, 2016)

모범답안

① (FV +VF+V〉0) OR (FD〉2)   ② (Col-Shd Blends〉0) OR (S〉2)
③ (3r+(2)/R〉.44 and Fr+rF=0) OR (3r+(2)/R〈.33) ④ (Afr〈.46) OR (Blends〈4)
⑤ Sum Shading〉FM+m) OR (Sum C′〉2)   ⑥ (MOR〉2) OR (2AB+Art+Ay〉3)
⑦ (COP〈2) OR ([Bt+2Cl+Ge+Ls+2NA]/R〉.24)

※ 출처 : 로르샤하 구조적 요약지 4판

17 비구조화 면담의 단점을 2가지를 쓰시오.

① 수집된 자료를 객관적으로 수량화하는데 한계가 있다.
② 임상가의 판단과 능력이 다양하기 때문에 신뢰도와 타당도 확보에 한계가 있다.
③ 체계적인 방식을 통해 다양한 정보를 얻을 수 있는 구조화된 면담에 비해 비구조화된 면담으로 수집되는 정보에는 제한이 있을 수 밖에 없다.

18 유동성 지능과 결정성 지능을 측정하는 소검사를 각각 3가지 이상 제시하고 설명하시오.
(2009)

유동성 지능	• 선천적으로 타고나며 환경이나 문화에 따라 변화되지 않는 일반적인 지적 능력이다. • 10대 후반이나 20대 초반에 절정에 달하며, 뇌손상이나 정상적 노령화에 따라 감소되는 지적 능력이다. 예 빠진 곳 찾기, 토막짜기, 모양 맞추기 (K–WAIS IV에서는 소검사 중 차례 맞추기, 모양 맞추기가 없어짐)
결정성 지능	• 환경이나 경험, 문화적 영향에 의해서 발달되는 지능으로, 유동적 지능을 바탕으로 후천적으로 발달한다. • 40세까지, 환경에 따라서 그 이후에도 발전될 수 있는 지능을 의미한다. 예 상식, 이해, 어휘

19 지능검사를 실시했을 때 내담자의 병전 지능 추정 방법을 설명하시오.

모범답안 😮

① 지능검사에서 점수가 가장 안정적이면서 언어성, 동작성 검사의 가장 대표적인 소검사인 상식, 어휘문제, 토막짜기는 병전 지능 추정의 기준이 될 수 있다.
② 언어적 소검사에서 요구되는 복잡한 언어적 능력이 제한되어 있어 좌반구 손상 환자의 경우 빠진 곳 찾기 소검사로 병전 지능 추정이 가능하다.
③ 수검자의 연령, 학력, 직업, 학교성적 등을 고려하여 추정이 가능하다.

😮 **Plus**

웩슬러 지능검사에서 즉시적 기억검사를 제외한 나머지 언어성 검사 점수들의 변량을 이 점수들의 평균과 비교한다. 혹은 웩슬러 검사에서 가장 높은 세 가지 점수를 합하여 하나의 지능 추정 점수를 산출할 수도 있다.

20 법정에서 검사 사용 시 MMPI에서 모두-그렇다, 모두-아니다로 반응한 내담자에 대한 해석을 기술하시오.

모범답안 😮

내담자의 검사에 대한 방어적, 거부태도를 반영한다. MMPI-2의 타당도 척도 TRIN(고정반응 비일관성)이 80T 이상인 경우 검사 결과를 무효처리한다.

2021년 임상심리사 1급 실기

01 우볼딩이 제시한 내담자 자살 위협평가 시 살펴보아야 할 사항 5가지를 쓰시오.

(2009, 2015, 2021)

모범답안
① 값비싼 물건 처분
② 자살계획을 구체적으로 토의
③ 자살 시도 이력
④ 자신과 세상에 대한 분노
⑤ 희망의 상실과 무력감

02 내담자의 저항 확인할 수 있는 사항 6가지를 쓰시오.

(2012, 2021)

모범답안
① 생각을 검열하거나 편집하는 형태의 저항
② 침묵에 따른 저항
③ 짧고 퉁명스러운 대답의 저항
④ 증상의 축소를 나타내는 저항
⑤ 약속 시간의 변경을 자주 요구하는 저항
⑥ 지나치게 말이 많은 내담자의 저항

344 원큐패스 임상심리사 1급 필기·실기

03 내담자가 상담을 끝낼 준비가 되어 있는가를 평가하는데 유용한 기준을 5가지만 쓰시오. (2011, 2021)

모범답안
① 상담 초기에 제시되었던 문제나 증상이 줄어들었거나 개선되었는지 여부
② 내담자로 하여금 상담을 받도록 압력을 준 스트레스가 없었는지 확인
③ 적응 능력이 증진되었는지 평가
④ 자기 자신과 다른 사람을 이해하고 가치 있게 여기는 정도가 증진되었는지 평가
⑤ 다른 사람들과 관계를 맺는 수준, 사랑받고 사랑하는 수준이 증진되었는지 평가

04 REBT를 적용하기 어려운 임상군 4가지를 쓰시오. (2015, 2021)

모범답안
① 자살과 같이 위기 상황에 있는 내담자
② 심각한 정신장애를 지닌 내담자
③ 성격장애 문제를 지닌 내담자
④ 언어적 표현과 사고능력이 낮은 내담자로 심리적 내성 능력이 현저히 낮은 내담자

05 다음 문장에서 해당하는 인지 왜곡 종류를 쓰시오. (2021)

(1) 지난번에도 술 끊으려다가 실패했으니 이번에도 반드시 실패할 거야

(2) 이번에도 금주에 실패한다면 내 인생은 끝장난 거야

(3) 아내는 내가 술을 먹는다고 잔소리를 할 게 아니라, 나를 따뜻하게 감싸줘야 했어.

모범답안 👥

(1) 지난번에도 술 끊으려다가 실패했으니 이번에도 반드시 실패할 거야 : 과잉 일반화
(2) 이번에도 금주에 실패한다면 내 인생은 끝장난 거야 : 파국화
(3) 아내는 내가 술을 먹는다고 잔소리를 할 게 아니라, 나를 따뜻하게 감싸줘야 했어 : 당위론적 진술

😊 **Plus**

인지적 왜곡의 종류

흑백논리	이분법적 사고. 흑백논리는 개인의 특성을 극단적이고 흑백논리에 의해 평가하는 경향성을 의미. 이런 사고는 완벽주의의 기초를 형성함. (성공 vs 실패, 좋음 vs 나쁨, 양극단적 사고)
과잉 일반화	한 번 일어난 일이 앞으로도 계속 모든 상황에서 일어날 것이라고 임의적으로 결론짓는 것을 의미함.(1번의 취업 실패로 취업이 안 될 거라는 성급한 일반화)
선택적 추상	모든 상황에서 부정적인 것들만 골라서 생각하고, 결국 세상이 부정적이라고 인식함.(중간고사는 잘 보았음에도 기말고사를 못 봐서 모든 시험을 망쳤다고 생각함)
긍정 격하	중립적인 것들, 심지어 긍정적인 경험들까지도 부정적인 것으로 변형시킴. 긍정적인 경험을 단순히 무시하는 데 그치는 것이 아니라 교묘하게 부정적인 것으로 바꾸어 버림.(잘한 일에 대한 칭찬을 듣고도 '누구라도 할 수 있었던 거야.'라고 긍정적인 면을 거부함)
섣부른 결론에 도달하기	사실로서 입증되지 않은 내용을 부정적으로 결론 내리는 것. (수업 중 졸고 있는 학생을 보고 늦게까지 공부하느라 잠을 못 잔 것이 아닌 내 수업이 지루해서라고 판단)
극대화 / 극소화	어떤 사실이 가진 중요성과는 무관하게 과대평가하거나 과소평가 하는 것. (한두 번의 지각으로 게으르다고 판단)
정서적 추론	자신이 느끼는 정서적인 반응을 사실(진실)의 증거로 삼는 것을 말함. (나는 내가 어리석다고 느낀다. 그러므로 나는 어리석은 것이 분명하다.)
당위론적 진술	"~해야만 해."라고 말하는 것은 보통 자신이나 타인을 동기화시켜서 어떤 일을 하도록 유도하기 위해 하는 말임.
명명 / 잘못된 명명	과대 일반화의 극단적인 형태로서, 실수나 결점을 기초로 완전히 부정적인 이미지를 만드는 것을 의미함. (한 번의 지각으로 '지각 대장'이라고 명명)
개인화	'죄책감'을 만드는 인지적 왜곡으로, 그렇게 해야 할 아무런 근거가 없음에도 불구하고, 부정적인 일들에 대해서 책임감을 느끼는 것. (면접에 떨어져 연인과 헤어졌다고 판단)

06 유능한 슈퍼바이저의 5가지 기준을 쓰시오. (2021)

모범답안

① 교사 : 교사로서의 슈퍼바이저는 훈련 중에 있는 상담자에게 상담에 필요한 기법과 지식을 가르치고 전달하는 역할을 수행
② 상담자 : 상담자로서 슈퍼바이저는 수련생들이 상담 과정이나 슈퍼 비전 과정에서 자신의 감정을 탐색하도록 촉진함으로써 자신을 이해하고 성장하도록 돕는 역할을 수행
③ 자문가 : 자문가로서는 슈퍼바이저가 스스로 원하는 것이 무엇인지 진술하도록 촉진함으로써 슈퍼바이저와의 협력적인 관계를 구축하도록 돕는다.
④ 상담자로서 자기에 대한 인식이 되어 있는 슈퍼바이저
⑤ 유능한 상담자로서의 슈퍼바이저

07 심리치료 초기에 구조화에 포함되어야 하는 사항 5가지를 쓰시오. (2021)

 모범답안

① 상담에 대한 정확한 지식의 제공
② 정서적 안정과 희망 고취
③ 적극적이고 책임감 있는 태도 형성
④ 상담자와 내담자의 역할 및 내담자의 권리 등 상담 과정에 대한 이해
⑤ 비상 연락 방법과 문의 사항 처리 등

08 실존 치료와 관련하여 심리치료가 같이 관심 갖는 사항 2가지를 쓰고 설명하시오. (2021)

① 실존 치료에서 심리치료는 내담자의 주관적 세계를 깊이 있게 다루는 치료자와 내담자의 동반 여행으로 봄
② 실존 치료에서 심리치료의 중요성은 내담자로 하여금 삶의 실존적 문제들에 대해 검토하도록 하고 진실한 삶을 살기 위해 그 대답을 바꾸도록 독려하는 것임

09 규준참조검사와 준거참조검사의 기본적 차이를 설명하시오. (2009, 2021)

규준참조검사	개인의 점수와 다른 사람의 점수와의 비교를 통해 해당 피험자가 상대적으로 어느 위치에 있는지를 밝히는데 목적이 있다. 예 성취 및 적성검사, 지능검사
준거참조검사	연구자가 미리 설정한 기준 점수와 비교하여 그 수보다 높은지 또는 낮은지의 정보를 얻는 것이 주목적인 검사이다. 예 자격증 시험, 국가수준 학업성취도 평가

10 심리검사를 실시 할 때 검사자는 미리 준비가 되어 있어야 한다. 검사자가 준비해야 할 사항 3가지를 쓰시오. (2021)

① 상담 목적에 부합하는 등 내담자의 특성에 적합한 심리검사를 선택한다.
② 실용성 있고 신뢰도와 타당도가 높은 표준화된 심리검사를 선택한다.
③ 검사 선택에 내담자를 포함하는 등 내담자와의 라포를 형성한다.

11 웩슬러 지능검사는 임상, 상담, 교육 장면에서 다양하게 활용되고 있다. 웩슬러 지능검사의 유용성 5가지를 쓰시오. (2021)

모범답안 😃
① 개인의 전반적인 지적 능력의 평가에 활용
② 지능검사의 소검사 프로파일을 통해 개인의 인지적 특성, 인지적 강점 및 약점을 파악하는 데 활용
③ 지능검사의 결과에 기초해 임상적 진단을 명료화
④ 지능검사의 결과에 기초해 두뇌 손상 여부 및 두뇌 손상으로 인한 인지적 손상을 평가하는 데 활용
⑤ 지능검사의 결과에 기초해 치료 계획 및 치료 목표를 수립

12 상식 소검사 수행 시 영향을 미치는 요소 6가지를 쓰시오. (2015, 2021)

모범답안 😃
① 풍부한 초기 환경
② 지적 호기심과 추구
③ 폭넓은 독서
④ 문화적 기회
⑤ 외국에서의 학습경험
⑥ 학교학습 경험

13 MMPI 척도 중 F점수가 상승하는 이유 5가지를 쓰시오. (2011, 2021)

모범답안 🗨️

① 무작위 응답
② 나쁘게 보이려는 고의적 시도
③ 증상을 과장하면서 도움을 요청하는 경우
④ 극심한 스트레스 상황
⑤ 혼란, 망상적 사고 또는 다른 정신병적 과정

14 MMPI-2에서 K교정을 사용하지 않는 것이 유리한 경우 2가지를 쓰시오. (2014, 2021)

모범답안 🗨️

① 심각한 정신과적 문제가 없는 사람들을 대상으로 규준집단에서 상대적 위치를 파악하는 경우
② 비임상 장면에서 주로 혹은 전적으로 K교정으로 인해 임상척도 점수가 경미하게 상승하는 검사자료 해석 시

15 MMPI-2 6번 척도에서 T점수가 70인 경우 나타나는 특징 5가지를 쓰시오.

(2014, 2017, 2021)

모범답안 💬

① 명백하게 정신적 행동을 보인다.
② 사고장애, 피해망상, 과대망상, 관계망상을 가지고 있다.
③ 부당한 대우를 받고 피해를 입고 있다고 느낀다.
④ 과도한 분노와 적개심을 느낀다.
⑤ 원한을 품고, 앙갚음을 하려한다.
⑥ 방어기제는 주로 투사를 사용한다.

16 다음은 로르샤하 검사 시 피검사자의 흔한 질문들이다. 질문에 적절한 답을 쓰시오.

(2017, 2021)

(1) 이 검사를 왜 하나요?

(2) 카드를 돌려봐도 되나요?

(3) 다른 사람들은 보통 몇 가지 반응을 하나요?

(4) 이 카드를 보고 보통 뭐라고 응답하나요?

(5) 전에 검사를 받은 경험이 있는데 그때와 똑같이 대답해도 되나요?

모범답안

(1) 이 검사는 개인의 특성, 성격을 이해하는데 도움을 주는 검사입니다. 그런 정보를 통해 치료계획을 세우거나 치료 중이라면 어느 정도 진전이 되었는지를 알 수 있습니다.

(2) 편하신 대로(좋을 대로) 하시면 됩니다.

(3) 많은 사람들은 보통 한 개 이상의 반응을 합니다.

(4) 사람마다 다양한 반응을 합니다. 보이시는 그대로 말씀하시면 됩니다.

(5) 이전에 받았던 경험이 있더라도, 지금 보이는 것을 말씀하시면 됩니다.

---

17 로르샤하 검사를 채점하는데 있어 주요한 기준 2가지를 쓰시오. (2021)

모범답안

반응의 채점	• 반응 채점은 로르샤하 검사에 대한 내담자의 반응을 로르샤하 부호로 바꾸는 과정이다. • 로르샤하 검사의 반응은 반응의 위치, 발달질, 결정요인, 형태질, 반응 내용, 평범반응, 조직활동, 특수점수, 쌍반응의 9가지 항목으로 채점된다.
구조화된 요약	• 각 반응을 정확하게 기호화하는 목적은 구조적 요약을 완성하기 위한 것이다. • 요약에는 채점기호와 비율, 백분율과 같은 수치들을 기록한다. 이러한 자료들을 근거로 수검자의 심리적 특성과 기능에 대해 해석적 가치가 있는 여러 가지 가정을 세울 수 있다.

18 로르샤하 검사는 9가지 유목으로 채점된다. 이 중 5가지를 쓰고 설명하시오. (2014, 2021)

① 반응위치(W, D, Dd, S) – 반점 중 어느 위치에서 반응을 보였는가?
② 발달질(+, 0 , V/+, V) – 반응영역 질과 구체성은 어떠한가?
③ 결정인(F, C, C', T, Y, V 등) – 반응 결정하는데 영향을 준 반점의 특징은 무엇인가?
④ 형태질(+, 0, U, −) – 반응은 잉크반점 특징에 얼마나 부합하는가?
⑤ 반응내용(H, A, Na, Bl 등) – 반응은 어떤 내용의 범주에 해당하는가?

19 TAT검사에서 편집증 환자가 보일 수 있는 반응상의 특징 5가지를 쓰시오. (2011, 2021)

① 회피적이고 검사의 목적을 의심하는 태도
② 자기 개인의 이야기가 아니라고 강조
③ 단서에 과도하게 민감, 방어가 심하다
④ 이야기가 매우 간결, 의심과 방어가 나타남
⑤ 인물의 성별, 연령을 오지각하는 경우 자주 보임.

20 신경심리평가 방법에서 배터리법과 개별검사법이 있는데 배터리법의 장점과 단점 2
가지를 쓰고 설명하시오. (2011, 2013, 2019, 2021)

모범답안

장점	• 피검자의 기능에 대해 종합적이고 폭넓은 자료 제공 • 임상장면에서 동일한 검사 자료 축적으로, 임상적 자료와 동시에 연구목적까지 함께 충족 가능 • 다양한 검사자료를 바탕으로 한 결과로 측정오차는 최소화하고 검사 정확도는 최대화하여, 보다 확실한 자료를 근거로 결론 내릴 수 있다.
단점	• 검사 시행, 시간, 에너지, 경비 면에서 소모적이다. • 일부 기능은 중복자료를 제공하는 반면, 어떤 기능은 불충분한 자료 제공 • 검사 목적과 효용에 따라 충분히 활용되지 않을 경우 비효율적이다.

01 행동관찰을 통한 객관적 평가방법의 장점 3가지를 설명하시오. (2015, 2016, 2022)

모범답안 🗨️

① 그 목적이 피검자에게 알려지지 않기 때문에 실제 임상장면에서 적절하게 사용될 수 있다.
② 질문지법에서와 같은 피검자의 반응 경향성이 방지될 수 있다.
③ 특히 신체반응 측정과 같은 방법은 성격의 횡문학적 연구에 널리 사용될 수 있다.
※ 출처 : 심리평가의 실제 〈박영숙 저〉

02 NEO 성격검사에서 알 수 있는 영역 3가지를 쓰고 설명하시오. (2019, 2022)

모범답안 🗨️

① N(Neuroticism ; 신경증) : 적응 대 정서적 불안정성의 평가, 심리적인 고통, 비현실적인 생각, 과도한 욕망이나 충동, 부적응적인 대처 반응을 평가한다.
② E(Extroversion ; 외향성) : 대인관계의 상호작용의 양과 강도에 대한 평가, 활동성의 수준, 자극에 대한 추구, 즐거워할 수 있는 능력을 평가한다.
③ O(Openness ; 개방성) : 혁신성의 추구와 경험지체에 대한 존중에 대한 평가, 친숙하지 않은 것의 탐색과 수용을 평가한다.

인지적 왜곡의 종류

흑백논리	Openness(개방성)
과잉 일반화	Consciousness(성실성)
선택적 추상	Extroversion(외향성)
긍정 격하	Agreeableness(친화성)
개인화	Neuroticism(신경증)

※ 출처 : 심리평가의 실제 〈박영숙 저〉

03 정신병적 상태의 환자가 지능검사 실시 또는 검사결과에서 전형적으로 나타나는 특징 5가지를 쓰시오. (2012, 2019, 2022)

모범답안 😀

① 일반능력지표(GAI)에 비해 인지숙달지표(CPI)
② 주의집중력의 어려움 또는 정신운동 속도의 저하
③ 지나치게 길고 세부적인 응답을 하거나 정서적 반응
④ 기계적이고 단순한 반응을 반복하거나 기괴한 사고반응
⑤ 그림에서 없는 부분을 빠져있다고 응답하는 작화반응

※ 출처 : 심리평가의 실제 〈박영숙 저〉

04 **다음 번호에 해당하는 채점 기호와 명칭을 쓰시오.** (2012, 2016, 2022)

엑스너(Exner) 종합 체계 방식으로 채점할 경우 반응영역에 관련된 채점 기호는 (1), (2), (3), (4)가 있으며 어떤 경우든 (5)는 단독으로 기호화할 수 없다.

모범답안

① 전체반응(W ; Whole Response) : 반점 전체를 사용하여 반응한 경우
② 부분반응(D ; Common Detail Response) : 95%이상 흔히 사용한 반점영역을 사용한 부분 반응
③ 이상부분반응(Dd ; Unusual Detail Response) : 5 %미만으로 드물게 사용하는 반점영역을 사용한 부분 반응
④ 공간반응(S ; Space Response) : 흰 공간 부분이 사용된 경우

※ 출처 : 임상심리검사의 이해 〈김재환 저〉

05 **MMPI-2에서 성격병리 5요인 척도를 쓰시오.** (2015, 2022)

모범답안

AGGR(Aggressiveness)	공격성
PSYC(Psychoticism)	정신증
DISC(Disconstraint)	통제결여
NEGE(Negative Emotionality/Neuroticism)	부정적 정서증/신경증
INTR(Introversion/Low Positive Emotionality)	내향성/낮은 긍정적 정서성

※ 출처 : 최신 심리평가 〈박영숙 저〉

06 MMPI-2 검사에서 수검자의 독해력, 나이, 정신상태, 지능 등 실시대상의 조건에 대해 각각 설명하시오. (2022)

모범답안 💬

① MMPI-2는 만19세 이상 성인에게 실시 가능하다.
② MMPI-2는 초등학교 6학년 수준 이상의 독해력을 가지고 있어야 한다.
③ MMPI-2는 검사 실시 이전에 수검자의 언어능력, 인지 능력, 기타 다른 신체적 기능 상태에 대한 점검이 필요하다.
④ MMPI-2는 수검자가 치매나 섬망, 약물이나 알코올 중독상태, 혹은 그로인한 금단상태, 감염병 병원균에 의한 중독반응, 뇌손상이나 뇌진탕으로 인한 지남력 상실, 간질 후 혼란, 장기간에 걸친 여러 약물처방으로 인한 신경학적 손상, 급성 정신병리 혹은 환각으로 인한 혼란 등으로 인지 기능에 문제가 생긴 경우 검사실시에 어려움이 발생할 수 있다.
⑤ MMPI-2는 한국어가 모국어가 아닌 수검자의 경우 검사문항에 포함된 관용구나 문화적 의미를 이해하지 못할 수 있다.

07 로르샤하 검사의 결정인 기호에서 V, VF, FV 명칭과 채점기준을 쓰시오. (2017, 2022)

모범답안 💬

① 순수차원반응(V) : 음영특징을 깊이나 차원으로 반응하였고, 이차적인 결정인으로 형태를 사용한 경우
② 차원-형태반응(VF) : 일차적으로 음영특징을 깊이 또는 차원으로 반응하였고, 이차적인 결정인으로 형태를 사용한 경우
③ 형태-차원반응(FV) : 일차적으로 형태에 근거하여 반응하였고, 이차적인 결정인으로 음영특징 깊이 또는 차원으로 반응한 경우
※ 출처 : 로르샤하 종합체계 워크북 〈김영환 외 2인 공역〉

08 기질적 뇌손상 환자가 BGT에서 나타낼 수 있는 반응 특성 6가지를 쓰시오. (2012, 2018)

09 심리치료 면접의 구조화에서 확인되어야 할 사항 5가지를 쓰시오. (2022)

10 치료목표 설정을 위해 탐색해야 할 내담자의 중요정보 4가지를 쓰시오. (2015, 2022)

모범답안

① 내담자가 호소하는 증상에 대한 목록과 특성
② 내담자의 대처능력과 방법에 대한 고찰
③ 가족관계에서의 문제점 유무에 대한 고찰
④ 내담자가 가지고 있는 강점이나 자원조사
※ 출처 : 현대 심리치료와 상담이론 〈권석만 저〉

11 심리치료 초기 단계에서 중심적으로 다루어야 할 내용 3가지를 쓰시오.

(2012, 2014, 2022)

모범답안

① 내담자가 호소하는 심리적 증상이나 증상에 대한 탐색을 한다.
② 치료에 대한 내담자의 기대를 탐색한다.
③ 긍정적인 치료적 관계를 형성한다.
④ 치료에 대한 이해를 확인하고 구조화한다.
⑤ 치료계획을 수립한다.
※ 출처 : 현대 심리치료와 상담이론 〈권석만 저〉

12 상담구조화 과정 중 '고지된 동의'의 주요 내용 6가지를 쓰시오. (2009, 2012, 2013, 2018)

모범답안

① 비밀보장의 한계를 설명한다.
② 상담자의 자격과 배경에 대해 알려준다.
③ 상담자와 내담자의 역할과 책임을 이해하도록 한다.
④ 상담의 목표와 과정에 대해 이야기한다.
⑤ 치료과정의 대략적 기간
※ 출처 : 심리상담과 치료의 이론과 실제 〈조현재 저〉

13 단기상담이 적합한 내담자의 특징 6가지를 쓰고 설명하시오. (2011, 2022)

모범답안

① 내담자가 비교적 건강하며 그 문제가 심각하지 않은 경우
② 내담자가 자신의 경미한 문제에 대한 명확한 인식을 원하는 경우
③ 내담자가 임신, 출산 등 발달과정상의 문제를 경험하는 경우
④ 내담자가 중요 인물의 상실로 인해 생활상의 적응을 필요로 하는 경우
⑤ 내담자가 급성적인 상황으로 인해 정서적 어려움을 겪는 경우
⑥ 내담자가 조직이나 기관의 구성원으로 소속되어 있는 경우
※ 출처 : 상담심리학의 이론과 실제 〈천성문 저〉

14 차별강화의 종류 중 3가지를 쓰고 설명하시오. (2016, 2022)

모범답안

고율 차별강화 (Differential Reinforcement of High Rates)	발생비율이 높은 행동에 대한 차별강화
저율 차별강화 (Differential Reinforcement of Low Rates)	발생비율이 낮은 행동에 대한 차별강화
무반응 차별강화 (Differential Reinforcement of Zero Responding)	표적행동이 일정 기간동안 전혀 발생하지 않은 경우 다른 행동에 대해 강화를 제공함
대안행동 차별강화 (Differential Reinforcement of Alternative Behavior)	문제행동을 대체하는 바람직한 행동을 차별강화
상반행동 차별강화(Differential Reinforcement of Incompatible Responding)	표적행동과 양립할 수 없는 상반되는 행동을 강화함

※ 출처 : 임상심리사 2급 필기이론 〈김형준 저〉

15 게슈탈트 상담의 목표 5가지를 쓰시오. (2019, 2022)

【모범답안】
① 내담자의 체험을 확장하는 것이다.
② 삶에 존재하는 양극성 요인을 알아차리고 상황을 인정하고 수용하여 양극성의 통합을 이룬다.
③ 내담자의 자립 능력을 증진한다.
④ 내담자의 성장을 돕는다.
⑤ 내담자의 실존적인 삶을 촉진한다.
※ 출처 : 현대 심리치료와 상담이론 〈권석만 저〉

16 약물중독자들에게 집단상담이 필요한 경우를 설명하시오. (2013, 2022)

【모범답안】
① 타인과의 유대감, 소속감 및 협동심의 향상이 필요한 경우
② 사회적 기술의 습득이 필요한 경우
③ 동료나 타인의 이해와 지지가 필요한 경우
④ 자기노출에 관해서 필요 이상의 위험을 느끼는 경우
⑤ 개인의 감정표현이나 자기주장의 표현이 부족한 경우
※ 출처 : 청소년 상담사 1급 필기 기출, 약물중독 총론 〈김성이 저〉

17 정신장애 재활모델에서 다음 용어를 정의하고 예를 들어 설명하시오. (2017, 2022)

| · 손상 | · 장애 | · 핸디캡 |

단계	손상	장애	핸디캡
정의	심리적, 생리적, 해부학적 구조 또는 기능에 이상이 있는 상태	손상으로 인해 정상적인 행동을 수행할 능력이 제한 또는 결핍된 상태	손상이나 장애로 인해 정상적인 역할 수행에 제한 또는 장애가 발생함으로써 불이익을 경험한 상태
예	환각, 망상, 우울	직무적응 기술 부족, 일상생활기술 부족, 사회기술 부족	학교를 다니지 못함, 취업을 하지 못함, 거주지가 없음
개입법	약물치료, 정신치료	재활상담, 기술훈련, 환경지원	제도변화, 권익옹호

18 숫자외우기 소검사 점수에서 영향을 미치는 요인 3가지를 쓰시오. (2011, 2014, 2019, 2022)

① 주의집중력의 폭
② 불안
③ 주의산만
④ 비협조적 태도(의미없다고 생각하기 때문에 숫자들을 외우려하지 않음)
⑤ 유연성 및 융통성(바로 따라 외우기에서 거꾸로 따라 외우기로 바꿀 때)
⑥ 학습장애
※ 출처 : WAIS IV 평가의 핵심 〈황순택 저〉

19 다음은 21세 미혼 남성이 입원 시 실시한 심리검사 결과이다. 지능검사에서 사회적 관습과 사물에 대한 현실적 방식에 집착하며 계획능력과 예견능력이 저하됨을 시사하는 소검사는 무엇인지 쓰고, 이 환자에게 가능한 진단을 설명하시오. (2011, 2022)

로르샤하 X-%＞0.63

K-WAIS : 언어성 112, 동작성 90, 전체 104

기본 서식	숫자 외우기	어휘 문제	산수 문제	이해 문제	공통성 문제	빠진 곳 찾기	차례 맞추기	토막 짜기	모양 맞추기	바꿔 쓰기
13	16	14	11	13	13	9	8	14	11	10

MMPI 검사결과

L	F	K	Hs	D	Hy	Pd	Mf	Pa	Pt	Sc	Ma	Si
45	78	50	59	69	58	56	42	78	60	75	47	62

모범답안

(1) 계획 예기능력 저하 관련 소검사 : 차례 맞추기
(2) 진단명 : 조현병, 분열성 혹은 편집성 성격장애

로르샤하 X-%＞0.63	자극을 적절하고 정확하게 지각하는 것에 어려움이 예상되며, 사고장애, 지각장애, 현실력검증 손상을 시사한다.
K-WAIS	언어성 지능이 동작성 지능에 비해 높으며 차례 맞추기와 빠진 곳 찾기가 낮아 정신병 진단 특성에 부합된다.
MMPI	타당도 척도(L, F, K)의 삿갓 모양, 6-8 코드 type 척도의 상승은 극심한 정신병리의 가능성을 시사한다.

※ 출처 : 로르샤하 해석의 원리〈김영환 역〉, 다면적 인성검사 〈김중술 저〉

20 내담자의 저항을 확인할 수 있는 지침 6가지를 쓰시오. (2012, 2022)

모범답안
① 침묵에 따른 저항
② 지나치게 말이 많은 내담자의 저항
③ 생각을 검열하거나 편집하는 형태의 저항
④ 짧고 퉁명스러운 대답의 저항
⑤ 증상의 축소를 나타내려는 저항
⑥ 약속시간의 변경을 자주 요구하는 저항
※ 출처 : 상담의 기초 〈김환 저〉

21 벡의 우울증 환자의 인지적 3요소를 쓰시오. (2018)

모범답안
① 자기 자신에 대한 부정적 생각
② 세상에 대한 부정적 생각
③ 미래에 대한 부정적 생각
※ 출처 : 현대 심리치료와 상담이론 〈권석만 저〉

2023년 임상심리사 1급 실기

01 행동관찰법의 종류 중 3가지를 쓰고 설명하시오. (2014, 2023)

모범답안

자연관찰법	문제행동이나 증상을 임상가가 실생활에서 직접 관찰하고 평가하는 방법이다.
유사관찰법	관찰자가 문제행동을 보이는 상황을 조작해 놓고 그 조건에서 문제행동을 관찰하는 것이다.
자기관찰법	자신의 행동, 사고, 정서 등을 스스로 관찰하고 기록하는 것이다.
참여관찰법	실생활에서 내담자와 함께 생활하는 사람으로 하여금 행동평가를 대행하도록 하는 방법이다.

※ 출처 : 임상심리학〈안창일 저〉

02 이해 소검사에 영향을 미치는 요인 4가지를 쓰시오. (2017, 2023)

모범답안

① 문화적 기회
② 양심이나 도덕적 판단의 발달
③ 부정적 태도
④ 지나치게 구체적인 사고
※ 출처 : 심리평가의 실제〈박영숙 저〉

03 다음 사례에 해당하는 MMPI-2 검사의 코드타입을 쓰시오. 임상적 특징 4가지를 쓰시오.

(2017 변형, 2023)

> 이 척도의 상승을 보이는 사람들은 미성숙하고 자기도취적이며 자신의 행동의 원인과 결과에 대한 통찰이 결여되어 있어 제멋대로 행동하는 모습을 보인다. 이들은 타인의 관심과 인정을 갈망하면서도 타인에게 냉소적이고 의심하는 경향이 있고, 거절에 취약하여 비난을 받으면 적대감을 드러내며 수동-공격적으로 변한다. 타인의 동기를 의심하고 깊은 정서적 관계를 맺지 않으려 한다. 이들은 자주 비아냥거리고 쉽게 화를 내며, 논쟁적이고, 특히 권위자를 몹시 싫어한다.

모범답안

4-6 코드타입.

① 억제된 분노와 적개심을 갖고 있는 것이 특징이다.

② 자신에게 문제가 있다는 것을 부인하고 합리화하며 타인에게 책임을 전가한다.

③ 미성숙하고, 자기도취적이고, 자기 탐닉적이다.

④ 수동-의존적 성향이 강하여 타인에게는 관심과 동정을 지나치게 요구하며 타인의 사소한 요구를 들어주는 것은 몹시 싫어한다.

⑤ 사회적 관계에서 타인의 동기를 의심하며 잘 지내지 못한다. 특히 이성에 대해 불편을 자주 느낀다.

⑥ 수동-공격형 성격이나 조현병(편집형)으로 진단할 수 있다.

※ 출처 : 심리평가의 실제〈박영숙 저〉

04 17세의 우울증 환자에게 MMPI-A(청소년용)를 실시하였다. 타당도 척도 F와 임상척도가 모두 상승하였다면 확인해야 할 사항 5가지를 쓰시오. (2013, 2016, 2023)

모범답안

① 타당도 척도를 확인해 무효 프로파일인지 확인해야 함
② 임상척도의 상승은 내담자가 주관적 고통을 호소하며 도움을 요청하는 상태로 적절한 대처 양식이 부족한 경우일 수 있음
③ 나쁘게 보이려는 고의적인 시도
④ 심각한 정신병리 및 기능 손상의 가능성
⑤ 검사자 또는 검사 자체에 저항하는 경우

※ 출처 : 임상심리검사의 이해〈김재환 저〉

05 로르샤하 검사에서 채점된 점수가 다음과 같을 때, 자아 중심성 지표를 계산하시오. (2016, 2023)

Fr=2, rF=3, (2)=5, R=20

모범답안

자아 중심성 지표
[3r + (2)] / R = [3(Fr + rF) + Sum(2)] / R
= [3(2+3) + 5] / 20 = 1

※ 출처 : 임상심리검사의 이해〈김재환 저〉

06 로르샤하 검사의 자살 관련 지표 6가지를 설명하시오. (2015, 2023)

모범답안

① FV+VF+V+FD>2
② Col-Shd Blends>0
③ 3r+(2)/R>.44 OR 3r+(2)/R<.31
④ MOR>3
⑤ es>EA
⑥ R<17
⑦ S>3

※ 출처 : 로르샤하 구조적 요약지 4판

07 내담자의 저항을 다루는 지침 6가지를 쓰시오. (2015, 2022, 2023)

모범답안

[저항을 다루는 일반 원리]
① 내담자의 저항을 예민하게 느낄 수 있어야 한다.
② 상호 신뢰하는 관계의 토대 위에 작업할 수 있다.
③ 저항에 대해 진지하게 함께 논의한다. 저항 극복의 중요성이나 가치에 대해 설명하고 설득한다.
④ 내담자의 저항이 어디서 왔는가? 저항에 의해 보상받는 것이 무엇인가? 상담자의 어떤 행동이 내담자의 저항을 촉발시켰는가? 등을 탐색한다.
⑤ 저항을 부드럽게 반영해주거나 직면시키거나 해석해 준다. 부드러우면서 덜 비판적인 태도를 보여준다. "오늘은 침묵이 길어지고 있군요. 마치 무언가에 화가 나 있는 것 같아요."
⑥ 저항을 직면과 해석으로 다룰 경우에는 상담의 단계와 내담자와의 라포 형성 등을 고려하여 적절하게 사용하는 것이 좋다.

08 벡의 인지적 오류 5가지를 쓰고 각각 설명하시오.   (2014, 2017, 2020, 2023)

모범답안

① 임의적 추론

　어떤 결론을 지지하는 증거가 없거나 그 증거가 결론에 위배됨에도 불구하고 그와 같은 결론을 내린다.

② 선택적 추상화

　사건의 일부 세부사항만을 기초로 결론을 내리고 전체 맥락 중의 중요한 부분을 간과하는 것이다.

③ 과잉일반화

　한두 가지의 고립된 사건에 근거해서 일반적인 결론을 내리고 그것을 서로 관계없는 상황에 적용하는 것이다.

④ 이분법적 사고

　완전한 실패 아니면 대단한 성공과 같이 극단적으로 흑과 백으로 구분하는 경향이다.

⑤ 의미확대와 의미축소

　어떤 사건의 의미나 중요성을 실제보다 지나치게 확대하거나 축소하는 오류를 말한다.

09 자신의 분노반응을 조절하지 못해 심리적 문제를 겪는 경우 적용할 수 있는 인지행동적 접근의 분노조절 기법을 5가지를 쓰시오.   (2013, 2018, 2023)

모범답안

① 인지적 재구성 치료 : 비합리적이거나 왜곡된 사고 양상을 확인하고 논박을 통해서 합리적인 사고를 할 수 있도록 돕는 것이다.

② 이완치료 : 내담자로 하여금 긴장과 양립될 수 없는 이완을 하도록 하여 각성수준을 낮추어 분노치료에 도움이 되도록 한다.

③ 사회적 기술훈련 : 대인관계 상황에서 적절히 활용할 수 있는 사회적으로 수용 가능한 언어 및 동작 기술을 교육 시키는데 초점을 둔다.

④ 인지적 문제해결 치료 : 부적절한 인지적 문제해결 방식이 사회적으로 역기능적인 행동의 원인이 되기 때문에 문제를 해결하는 기술을 학습하고 적용시키는 것이다.

⑤ 통합적 치료 : 인지, 정서, 생리적 요인, 행동적 요인을 구분하여 각각에 대한 치료적 접근을 시행하는 것보다 각각에 대한 적절한 통합적 개입이 필요하다.

※ 출처 : 인지행동적 분노조절 훈련프로그램 논문

10 자살위기 고위험군 내담자를 대상으로 상담자가 할 수 있는 대처방법 5가지를 쓰시오.

(2017, 2018, 2023)

모범답안

① 즉시 환자를 안전하게 보호한다.

② 치료의 정도를 결정한다.(**예** 응급센터, 병원입원, 외래 치료 등)

③ 병원이나 집에서의 즉각적인 안전 계획을 수립한다.

④ 개입을 위한 범위를 확인 : 환자의 자살과 관련된 신체적, 정서적, 인지적, 사회심리적 위험요인을 확인한다.

⑤ 지속적인 관찰과 평가를 제공한다.

※ 출처 : 자살 위기자 관리 매뉴얼(이상열 저)

11 슈퍼비전 과정을 방해하는 슈퍼바이저의 특성을 설명하시오. (2011, 2023)

모범답안

(1) 슈퍼바이저 특성
    ① 판단, 과도한 비판, 개인적 이론이 경직된 태도   ② 슈퍼비전 과정에 전념하지 않음
    ③ 제한된 임상적 지식과 기술   ④ 비윤리적 모습이나 한계설정을 하지 못함
    ⑤ 자기중심적인 경향
(2) 슈퍼바이지 특성
    ① 배우고자하는 열정 부족   ② 피드백에 방어적
    ③ 슈퍼비전에 대한 준비 부족   ④ 의사소통, 기술, 공감의 부족
    ⑤ 미성숙한 태도
※ 출처 : 상담슈퍼비전의 이론과 실제〈유영권 외 4인 공저〉

12 의사교류분석, 형태치료, 현실치료의 치료목표를 쓰시오. (2011, 2012, 2018, 2023)

모범답안

의사교류분석	내담자의 자율성 성취와 통합된 어른 자아의 확립이고, 현재 그의 행동과 인생의 방향과 관련하여 새로운 결단을 내리도록 하는 것이다.
형태치료	첫째는 내담자의 체험을 확장하고 인격을 통합하는 것이다. 둘째는 내담자의 자립능력을 증진하며, 자신의 삶에 대한 책임을 자각하게 한다. 마지막으로, 내담자의 성장을 돕고 실존적 삶을 촉진한다.
현실치료	내담자가 기본욕구를 잘 충족시킬 수 있는 지혜로운 선택을 하게 함으로써 더 행복하고 만족스러운 삶을 살도록 하는 것이다.

※ 출처 : 현대 심리치료와 상담이론〈권석만 저〉, 상담심리학의 이론과 실제〈천성문 저〉

13 극대 수행검사, 습관적 수행검사의 특징 및 대표검사를 예를 들어서 설명하시오.

(2011, 2023)

모범답안 💬

(1) 극대 수행검사(최대 수행검사)
　　① 지적인 능력을 평가하기 위한 검사로서, 지능검사, 적성검사, 성취도 검사 등이 여기에 속한다.
　　② 일반적으로 문항에 정답이 있고, 시간제한이 있으며, 피험자의 능력을 최대한 발휘할 것을 요구한다.
(2) 습관적 수행검사(전형적 수행검사)
　　① 성격, 정서, 동기, 흥미, 태도 등을 측정하는 비인지적 검사이다.
　　② 일반적으로 정답도 없고, 시간제한도 없으며, 정직한 응답을 요구한다.

※ 출처 : 연구방법론〈성태제 저〉

14 문장완성검사로 알 수 있는 4가지 영역을 쓰고 대표 문항을 1개씩 쓰시오. (2014, 2023)

모범답안 💬

① 가족 : 어머니, 아버지, 가족에 대한 태도 예 나의 아버지는 좀처럼...
② 성 : 여성, 결혼, 성 관계에 대한 태도 예 내가 생각하기에 대부분의 여자들은...
③ 대인관계 : 친구, 지인, 직장동료, 직장상사에 대한 태도 예 윗사람이 오는 것을 보면...
④ 자기개념 : 두려움, 죄의식, 목표, 자신의 능력, 과거와 미래에 대한 태도 예 나의 가장 큰 실수는 ...

※ 출처 : 임상심리검사의 이해〈김재환 저〉

15 Beck의 인지치료 기본개념 4가지를 쓰시오. (신출)

모범답안

자동적 사고	우울증 환자 등에서 매우 빠르게 의식 속을 지나가는 사고로 부정적 내용과 심상으로 구성되어 있다. 심사숙고하거나 합리적으로 판단한 결과가 아니며 아주 빠르게 떠오르기 때문에 자동적인 것처럼 느껴진다.
인지적 오류	생활사건의 의미를 해석하는 정보처리 과정에서 범하는 체계적 잘못을 말하며 생활사건을 나름대로 해석하여 자동적 사고를 만들어 내는 인지적 과정의 잘못을 의미한다.
역기능적 인지도식	인지도식은 과거경험을 추상화한 기억체계로 생활 속에서 경험하는 사건들의 다양한 정보를 선택하고 사건의 의미를 해석하며 미래의 결과를 예상하는 인지적 구조를 의미하는데, 우울한 사람들은 생활사건의 의미를 부정적으로 해석하게 하는 역기능적 인지도식을 지니고 있다.
역기능적 신념	우울한 사람들이 가지고 있는 당위적이고 완벽주의적인 완고한 신념을 가지고 있다. 이러한 신념은 비현실적이기 때문에 필연적으로 좌절과 실패를 초래하게 된다.

16 TAT로 알 수 있는 내담자의 특성 4가지를 쓰시오. (신출)

모범답안

내담자의 주요 욕구와 추동	내담자의 가장 분명하고 강력한 욕구와 그것이 내담자에게 어떤 의미가 있는지를 알 수 있다.
내담자에게 주요한 인물 및 관계	내담자에게 주요한 인물에 대한 생각, 태도 및 행동 등이 드러난다.

내담자의 진정한 갈등	내담자가 말로 표현하는 욕구나 감정과는 상충되는 내면의 진솔한 욕구를 파악할 수 있다.
내담자 불안의 본질	내담자가 느끼는 불안의 본질과 강도를 파악할 수 있다.
내담자의 갈등과 두려움에 대한 방어	내담자가 각 자극판에 대해 진술하는 반복적인 내용으로 내담자의 불안과 갈등에 어떤 방어를 하는지를 알 수 있다.

17 실존주의 치료의 기본전제 3가지를 쓰시오. (신출)

모범답안

① 인간은 자기인식 능력을 지닌 존재이다.
② 인간은 실존적인 불안을 지니고 살아가는 존재이다.
③ 인간은 선택의 자유와 책임을 지닌 존재이다.
④ 개인은 그만의 주관적 세계 속에서 이해되어야 한다.

18 첫 회 상담 시 다루어야 할 5가지를 쓰시오. (신출)

모범답안

① 내담자의 호소문제 파악
② 현재 및 최근의 주요 상태를 체크
③ 내담자의 스트레스 원인
④ 문제해결에 필요한 내담자의 강점을 파악
⑤ 내담자의 개인사나 가족사

19 문항분석방법 4가지를 쓰시오.

(신출)

모범답안

문항난이도	어떤 문항의 어렵고 쉬움의 정도를 나타내는 지수로, 그 문항에 있어서 전체 반응자 중 정답자의 비율을 백분율로 나타낸 것이다. 대략 20%~80% 범위 사이의 문항 난이도를 가진 문항을 배열하여 평균 난이도가 50% 정도에 머무르는 것이 바람직하다.
문항변별도	어떤 문항이 측정하고자 하는 능력의 상하를 얼마나 예리하게 구분해 주느냐 하는 정도를 말한다. 어떤 검사의 총점에 따라 피검자를 상위집단과 하위집단으로 반분했을 때, 상위집단의 정답률이 하위집단의 정답률보다 높을수록 변별도가 높은 것이다.
문항반응분포	문항 속에 포함되어 있는 답지 하나하나에 학생들이 어떻게 반응했는지를 분석하는 것이다. 문항반응분포를 통해 답지가 의도했던 기능이나 역할, 즉 답지의 오답이 얼마나 오답으로서 매력이 있으며, 정답은 정답 구실을 했는가 등을 알아볼 수 있다.
문항유형분석	문항유형 분석이란 형성평가 및 종합평가에서 다루어진 문항반응이 기대하는 학습위계를 제대로 반영하고 있는지를 분석하는 방법이다.

20 **MMPI-2 검사의 임상척도 5가지를 쓰시오.** (신출)

모범답안

[임상 척도(Clinical Scales)]

1(Hs)	Hypochondriasis	건강염려증
2(D)	Depression	우울증
3(Hy)	Hysteria	히스테리
4(Pd)	Psychopathic Deviate	반사회성
5(Mf)	Masculinity-Femininity	남성성-여성성
6(Pa)	Paranoia	편집증
7(Pt)	Psychasthenia	강박증
8(Sc)	Schizophrenia	조현병
9(Ma)	Hypomania	경조증
0(Si)	Social Introversion	내향성

01 행동관찰을 통한 객관적 평가방법의 장점 3가지를 설명하시오. (2015, 2016, 2024)

모범답안

① 그 목적이 피검자에게 알려지지 않기 때문에 실제 임상장면에서 적절하게 사용될 수 있다.
② 질문지법에서와 같은 피검자의 반응 경향성이 방지될 수 있다.
③ 특히 신체반응 측정과 같은 방법은 성격의 횡문화적 연구에 널리 사용될 수 있다.

※ 출처 : 심리평가의 실제(박영숙 저)

02 행동관찰법 중 자연관찰법의 오차변인 4가지를 쓰시오. (신출)

모범답안

관찰자 편향 (Observer Bias)	연구자가 가진 선입견이나 기대가 관찰 내용에 무의식적으로 반영되어 발생하는 오류
관찰자 효과 (Observer Effect)	'내가 관찰되고 있다'는 사실 때문에 피험자나 대상이 평소와는 다른 행동을 보이게 되는 현상(예 호손 효과 등)
참가자 반응성 (Participant Reactivity)	연구 대상자가 의식적·무의식적으로 연구자의 기대나 상황에 맞춰 행동을 바꿀 수 있는 요소
환경적·상황적 변인 (Situational Variables)	관찰이 이루어지는 장소나 시간, 우발적 사건 등 예측하기 어려운 주변 환경 요인이 행동에 영향을 주어 발생하는 오류

03 배터리법의 장점과 단점 2가지를 쓰고 설명하시오. (2011, 2013, 2019, 2024)

모범답안

장점	단점
• 피검자 기능에 대한 종합적이고 폭넓은 자료를 제공해 준다.	• 배터리 검사의 실시는 시간과 노력 및 경비문제에 있어서 소모적일 수 있다.
• 임상장면에서 동일한 검사 자료가 자동으로 축적되게 함으로써 임상적 평가 목적과 연구 목적이 함께 충족될 수 있다.	• 배터리 검사 중 일부 기능에 대해서는 필요 이상으로 중복된 자료를 제공하는 반면 어떤 기능에 대해서는 불충분한 자료를 제공한다.
• 다양한 검사로부터 얻어진 자료는 측정 오차를 최소화하고 결과의 정확도를 최대화함으로써 보다 확실한 근거를 얻을 수 있다.	• 평가 목적이나 효용성에 비추어 검사결과를 충분히 활용하지 않을 경우 비효율적이다.

※ 출처 : 심리평가의 실제〈박영숙 저〉

실력UP + Plus

신경심리평가에서 개별검사의 장점과 단점 3가지를 쓰시오.

모범답안

■ 개별검사의 장점
① 꼭 필요한 검사를 실시하기 때문에 시간과 경비를 절약할 수 있어 효율적이다.
② 필요한 검사도구를 선택하여 집중적이고 심도 있는 검사를 시행할 수 있다.
③ 기본 검사에서 기능이 온전하게 평가되면 불필요한 검사를 시행하지 않아도 된다.

■ 개별검사의 단점
① 피검사자에게 적합한 단일 검사도구를 선택하고 해석하는 데 있어 고도의 전문성을 요구한다.
② 여러 영역이 상호작용하는 역동적인 심리를 파악하기가 어렵다.
③ 환자마다 다른 검사가 선택되어 시행되어야 하므로 검사결과와 연구가 쉽게 연결될 수 없다.

※ 출처 : 심리평가의 실제〈박영숙 저〉

04 신뢰도 검사방법 중 검사–재검사법의 단점 3가지를 쓰시오. (2018, 2024)

모범답안

① 두 검사 사이의 시간 간격이 너무 길면 측정대상의 속성이나 특정이 변할 가능성이 있다.
② 반응 민감성에 의해 검사를 치르는 경험이 개인의 진점수를 변화시킬 가능성이 있다.
③ 두 검사 사이의 시간 간격이 너무 짧으면 첫 번째 검사 때 응답했던 것을 기억해서 그대로 쓰는 이월효과가 있다.

실력UP Plus

심리검사 도구의 신뢰도 3가지를 쓰고 설명하시오.

모범답안

① 검사–재검사 신뢰도 : 동일한 검사를 동일한 대상에게 일정 시간 간격을 두고 두 번 실시하여 얻은 두 검사점수 간의 상관관계를 구하는 방법이다. 시간변화에 따라 얼마나 일관성이 있는지를 나타낸다.
② 동형검사 신뢰도 : 두 개의 동형검사를 동일한 사람에게 실시하여, 두 점수 간의 상관관계를 구하는 방법이다. 검사점수가 얼마나 일관성이 있는지를 나타낸다.
③ 반분 신뢰도 : 전체 문항을 반으로 나누어 실시하여, 두 점수 간의 상관계수를 구하는 방법이다.

※ 출처 : 임상심리검사의 이해(김재환 저)

05 규준 참조검사와 준거 참조검사의 기본적 차이점을 설명하시오. (2009, 2024)

모범답안

규준 참조검사	개인의 점수와 다른 사람의 점수와의 비교를 통해 해당 피험자가 상대적으로 어느 위치에 있는지를 밝히는데 목적이 있다. 예 성취 및 적성검사, 지능검사
준거 참조검사	연구자가 미리 설정한 기준 점수와 비교하여 그 수보다 높은지 낮은지의 정보를 얻는 것이 주 목적인 검사이다. 예 자격증 시험, 국가수준 학업성취도 평가

※ 출처 : 연구방법론〈성태제 저〉

06 심리검사의 결과 해석이 내담자에게 주는 긍정적 효과 4가지를 쓰시오. (2018, 2024)

모범답안

① 수검자의 자존감을 높인다.
② 수검자로 하여금 희망을 갖게 해주는 동시에 소외감으로부터 벗어나게 해준다.
③ 자신에 대한 통찰을 갖게 해준다.
④ 치료나 상담에 적극적으로 참여할 수 있게 해준다.

※ 출처 : 최신 심리평가〈박영숙 저〉

07 K-WAIS 단축형 검사가 실시될 수 있는 상황 3가지를 쓰시오. (2012, 2024)

모범답안

① 정신장애를 감별하고 성격의 일부분인 지능에 대한 대략적인 평가가 목적인 경우
② 많은 피검자들을 대상으로 하여 철저한 임상적, 신경심리적 평가가 필요한지를 가리기 위해 스크린용 검사를 시행하는 경우
③ 현실적 조건에 따라 제한된 시간만이 허용될 수 있고 지능평가가 일차적인 목적이 아니고 다른 심리평가의 일부인 경우
④ 임상평가의 목적이 피검자 지능수준의 판단이고 특정한 능력이나 인지적 손상에 대한 평가가 아닌 경우
⑤ 과거 1년 이내에 피검사자에 대한 완전한 심리평가가 완료되었고(신경심리 평가를 포함) 임상적으로 특이한 변화가 없는 상태에서 현재의 심리적 상태나 지능에 대한 대략적인 평가가 요구되는 경우

※ 출처 : 심리평가의 실제(박영숙 저)

08 '숫자 외우기' 소검사 점수에 영향을 미치는 요인 5가지를 쓰시오. (2011, 2014, 2019, 2024)

모범답안

① 주의집중력의 폭
② 불안
③ 주의산만
④ 비협조적 태도(의미없다고 생각하기 때문에 숫자들을 외우려하지 않음)
⑤ 유연성 및 융통성(바로 따라 외우기에서 거꾸로 따라 외우기로 바꿀 때)
⑥ 학습장애

※ 출처 : WAIS Ⅳ 평가의 핵심(황순택 저)

09 MMPI 검사에서 0번 척도가 낮을 경우에 기술할 수 있는 경우 5가지를 쓰시오.

(2020, 2024)

모범답안

① 사교적이고 외향적인 성향으로 주위 사람들과 어울리고 싶어하는 욕구가 강하다.
② 활발하고 유쾌하고 친절하고 말수가 많다.
③ 능동적이고 에너지가 넘치고 활기가 있다.
④ 권력과 지위와 사회적 인정에 관심이 많으며 경쟁적인 성향을 갖는다.
⑤ 대인관계가 피상적인 경향이 있고 때로 타인을 조종하려는 기회주의적이다.
⑥ 충동조절에 어려움이 있어 행동의 결과를 생각해보지 않고 행동하는 경향이 있다.

※ 출처 : MMPI-2 시그마프레스

10 로샤 검사에서 '두 마리 닭이 농구공을 들고 있다'라는 반응의 특수 점수 채점은?

(2013, 2024)

모범답안

FABCOM

※ 출처 : 임상심리검사의 이해〈김재환 저〉

☺ Plus

부적절한 반응합성

INCOM	부적절하게 하나의 사물로 합쳐질 때 채점 ⑩ 네개의 고환을 가진 개구리
FABCOM	둘 이상의 사물이 있을 수 없는 방식으로 관계를 맺고 있는 것으로 지각될 때 채점 ⑩ 두마리 개미가 춤을 추고 있다.
CONTAM	두 개 이상의 인상들이 비현실적인 방법으로 하나의 반응으로 융합 ⑩ 곤충황소의 얼굴
ALOG	논리적 설명이 타당하지 않고 지나치게 단순하거나 작위적임 ⑩ 토끼 옆에 있으니까 당근이다.

11 다음은 학습의욕이 없고 일상생활에 흥미가 떨어지는 11세 남자 아동의 검사결과이다. 진단명과 그 근거를 제시하시오.

(2017, 2024)

모범답안 ☺〇

(1) **진단명** : 주의력결핍 및 과잉행동장애

(2) **근거**

① Rorschach : ZD ⟨ −3.5로 제대로 정보를 모으지 않은 채 의사결정을 하는 경향(과소통함)

② KPI–C : 우울척도, 과잉행동척도의 상승을 보이고 있으며, 낮은 자아탄력성 시사

③ HABGT

수행시간 1분 10초 정도	수행시간이 짧아서 충동적이고 집중력이 부족하거나 요구된 과업을 수행하려는 노력이 부족함을 시사
도형 A 중앙 배치	자기중심적 성향 시사
5개 도형의 각도 변화	감정조절과 충동통제 문제 시사
2번 도형 재작성	현재 불안 수준이 상승

12 상담의 구조화 과정 중 '고지된 동의'의 주요 내용 6가지를 쓰시오.

(2009, 2012, 2013, 2018, 2024)

모범답안

① 비밀보장의 한계를 설명한다.
② 상담자의 자격과 배경에 대해 알려준다.
③ 상담자와 내담자의 역할과 책임을 이해하도록 한다.
④ 상담의 목표와 과정에 대해 이야기 한다.
⑤ 내담자가 기대할 수 있는 서비스
⑥ 치료과정의 대략적 기간

※ 출처 : 심리상담과 치료의 이론과 실제〈조현재 저〉

13 REBT를 적용하기 어려운 임상군 4가지를 쓰시오.

(2015, 2024)

모범답안

① 언어적 표현과 사고 능력이 낮은 내담자
② 심각한 정신장애를 지닌 내담자
③ 자살과 같이 위기상황에 있는 내담자
④ 성격장애의 문제를 지닌 내담자

※ 출처 : 현대 심리치료와 상담이론〈권석만 저〉

14 에릭 번의 교류분석적 상담과 REBT의 유사점 3가지를 쓰시오. (2016, 2024)

모범답안
① 내담자의 역기능적 반응을 바꾸기 위한 목적으로 최근 사건에 관한 분석을 강조한다.
② 행동 변화를 위해 직접적인 시도를 강조한다.
③ Ellis의 'should' 와 Berne의 '부모자아' 개념이 비슷하며, 둘 다 치료를 위해 제거해야 하는 것으로 본다.
※ 출처 : 인지 정서 행동 치료〈박경애 저〉

실력UP Plus

교류분석적 상담과 REBT의 주요한 차이점을 설명하시오.

모범답안
① REBT는 개인 내적인 대화에 초점을 두며, 교류분석은 개인 간의 대화에 초점을 둔다.
② REBT의 욕구들은 전형적으로 잘못 낙인된 'want'로 지각하며 이것들이 비합리적 철학의 발달로 파생한 것이라 한다. 그러나 교류분석에서는 욕구가 어떻게 충족될 것인가와 더불어 욕구를 자각하는 것을 격려한다.
③ REBT는 성인 자아상태의 사용을 강조하는 반면, 교류분석에서는 총체적인간성의 부분으로서 자아상태의 통합을 강조한다.
※ 출처 : 인지 정서 행동치료〈박경애 저〉

15 약물중독자들에게 집단상담이 필요한 경우를 5가지 설명하시오. (2013, 2024)

모범답안 🗨

① 타인과의 유대감, 소속감 및 협동심의 향상이 필요한 경우
② 사회적 기술의 습득이 필요한 경우
③ 동료나 타인의 이해와 지지가 필요한 경우
④ 자기노출에 관해서 필요 이상의 위험을 느끼는 경우
⑤ 개인의 감정표현이나 자기주장의 표현이 부족한 경우

※ 출처 : 청소년 상담사 1급 필기 기출, 약물중독 총론〈김성이 저〉

실력UP 🧩 Plus

집단치료는 집단구성원의 유형, 집단상담자, 집단원의 수에 따라 그 양상이 다르지만 공통요인이 존재한다. 집단치료의 일반적인 치료요인 5가지를 쓰시오.

모범답안 🗨

① 희망의 고취 : 집단은 집단구성원들에게 문제가 개선될 수 있다는 희망을 심어주는데, 이때 희망 그 자체가 치료적 효과를 가질 수 있다.
② 보편성 : 비슷한 문제의 집단구성원을 통하여 위로를 받는다.
③ 정보전달 : 집단 상담자에게 다양한 정보를 습득함으로써 문제에 대해 보다 명확하게 이해한다.
④ 이타심 : 서로의 문제를 위로하고 도움으로써 자존감을 획득한다.
⑤ 사회기술의 발달 : 집단구성원으로부터의 피드백이나 특정 사회기술에 대한 학습을 통해 대인관계에 필요한 사회기술을 개발한다.

16 음주행동이 심한 부모의 자녀들을 대상으로 집단상담을 할 경우 포함되어야 할 사항 5가지를 쓰시오. (2013, 2020, 2024)

모범답안
① 부모님의 음주행동은 자신의 탓이 아님을 알도록 한다.
② 자기 스스로를 돌볼 수 있도록 지지한다.
③ 안정감을 경험하며 자신의 감정을 표현하고 정서적 발산 기회를 갖도록 한다.
④ 서로의 문제를 공감하고 정서적 지지를 경험한다.
⑤ 희망을 모색해 낙관적 태도를 갖도록 한다.
※ 출처 : 청소년 상담사 1급 필기 기출, 약물중독 총론〈김성이 저〉

17 문장완성검사를 실시할 때 수검자에게 설명할 핵심내용 5가지 쓰시오.

(2011, 2014, 2020, 2024)

모범답안
① 답에는 정답과 오답이 없으니 생각나는 대로 써야한다.
② 글씨와 문장이 좋은지 나쁜지는 상관이 없다.
③ 주어진 어구를 보고 제일 먼저 생각나는 것을 적는다.
④ 시간제한은 없으나 너무 오래 걸리지 않도록 빨리 쓴다.
⑤ 볼펜이나 연필로 쓰고 지울 때는 두 줄을 긋고, 다음 빈 공간에 쓴다.
※ 출처 : 최신 심리평가〈박영숙 저〉

18 심리전문가의 전문적 책임 및 윤리적 고려사항 5가지 쓰시오.

(2018, 2024)

유능성	자신의 강점과 약점, 자신이 가지고 있는 기술과 그것의 한계에 대해 충분히 자각해야 한다.
성실성	내담자와 부적절한 이중관계나 착취관계, 성적 관계를 금한다.
전문적이고 과학적인 책임	전문적이고 과학적인 기초 위에서 활동하며, 자신의 지식과 능력의 범위를 인식할 의무가 있다.
인간의 권리와 존엄에 대한 존중	타인의 비밀과 사생활을 존중해주며, 자신의 일방적인 지식과 편견을 지양해야 한다.
타인의 복지에 대한 관심	자신이 제공하는 서비스를 통해 타인의 삶의 질이 개선될 수 있도록 노력해야 한다.
사회적 책임	임상심리학자는 자신의 기술을 사회에 이익이 되도록 사용하고, 타인을 돕는다.

※ 출처 : 임상심리학〈안창일 저〉

19 다중양식이론은 행동치료나 합리적 정서적 행동치료 및 인지치료 등에서 나왔지만 다른 모든 접근들과는 별개로 독특한 특성을 갖고 있다. MMT의 특성을 5가지 쓰시오.

(2011, 2020, 2024)

① BASIC ID 전체에 독특하고 포괄적인 주의를 둔다.
② 이차적인 BASIC ID 평가를 사용한다.
③ 양식 프로파일과 구조적 프로파일을 사용한다.
④ 의도적인 다리 놓기 절차를 사용한다.
⑤ 양식의 점화 순서를 추적한다.
※ 출처 : 중다양식 치료〈한국심리학회〉

20 우볼딩이 제시한 내담자 자살위협평가 시 치료자가 살펴보아야 할 징후 5가지 쓰시오.

(2009, 2015, 2024)

_____

_____

_____

_____

모범답안

① 값비싼 물건을 처분한다.
② 자살계획을 세우고 토의한다.
③ 이전에 자살 시도가 있었다.
④ 희망의 상실과 무력감을 보인다.
⑤ 자신이나 세상에 대한 분노를 보인다.
⑥ 우울 이후 갑작스러운 긍정을 보인다.

※ 출처 : 자살의 이해와 예방〈한국자살예방협회 편〉

memo

memo

Q PASS는 '원큐에 패스'
즉, **한 번에 합격**을 뜻합니다.

이경희

[약력]
합격 이후까지 책임지는 "심리서비스M (www.psymlms.com)"의
대표로, 심리서비스M에서는 임상심리사 2급/1급 자격증, 상담심
리사 2급/1급 자격증 수련과정이 있으며 임상·상담 분야 전문가
들의 현장실습과 실력 향상을 돕는 다양한 M멤버십 과정이 있다.

임상심리사 1급 필기&실기

지은이 이경희
펴낸이 정규도
펴낸곳 (주)다락원

초판 1쇄 발행 2021년 6월 10일
개정4판 1쇄 발행 2025년 4월 15일

기획 권혁주, 김태광
편집 이후춘, 윤성미, 박소영

디자인 최예원, 이승현

다락원 경기도 파주시 문발로 211
내용문의 : (02)736-2031 내선 291~296
구입문의 : (02)736-2031 내선 250~252
Fax : (02)732-2037
출판등록 1977년 9월 16일 제406-2008-000007호

Copyright© 2025, 이경희

ISBN 978-89-277-7445-7 13180

● 다락원 원큐패스 카페(http://cafe.naver.com/1qpass)를 방문하시면 각종 시험에 관한 최신 정보와 자료를 얻을 수 있습니다.